Schriften zum Unternehmens- und Kapitalmarktrecht

Herausgegeben von
Jörn Axel Kämmerer, Karsten Schmidt und Rüdiger Veil

74

Sven Asmussen

Haftung für CSR

Mohr Siebeck

Sven Asmussen, geboren 1986; Studium der Rechtswissenschaften an der Universität Rostock und der Albert-Ludwigs-Universität Freiburg; Referendariat am Kammergericht; 2018 Promotion an der Humboldt-Universität zu Berlin; seit 2019 Wissenschaftlicher Mitarbeiter und Habilitand am Lehrstuhl für Bürgerliches Recht, Wirtschaftsrecht und Ökonomik an der Humboldt-Universität zu Berlin.
orcid.org/0000-0002-2111-7211

ISBN 978-3-16-158968-3 / eISBN 978-3-16-158969-0
DOI 10.1628/978-3-16-158969-0

ISSN 2193-7273 / eISSN 2569-4480
(Schriften zum Unternehmens- und Kapitalmarktrecht)

Die Deutsche Nationalbibliothek verzeichnet diese Publikation in der Deutschen Nationalbibliographie; detaillierte bibliographische Daten sind über *http://dnb.dnb.de* abrufbar.

© 2020 Mohr Siebeck Tübingen. www.mohrsiebeck.com

Das Werk einschließlich aller seiner Teile ist urheberrechtlich geschützt. Jede Verwertung außerhalb der engen Grenzen des Urheberrechtsgesetzes ist ohne Zustimmung des Verlags unzulässig und strafbar. Das gilt insbesondere für die Verbreitung, Vervielfältigung, Übersetzung und die Einspeicherung und Verarbeitung in elektronischen Systemen.

Das Buch wurde von Gulde Druck in Tübingen auf alterungsbeständiges Werkdruckpapier gedruckt und von der Buchbinderei Spinner in Ottersweier gebunden.

Printed in Germany.

Vorwort

Die vorliegende Arbeit wurde im Sommersemester 2018 von der Juristischen Fakultät der Humboldt-Universität zu Berlin als Dissertation angenommen. Rechtsprechung und Literatur sind bis April 2019 berücksichtigt, anschließende Gesetzesänderungen bis zur Drucklegung.

Mein besonderer Dank gilt allen voran meiner Doktormutter, Prof. Dr. Susanne Augenhofer, LL.M. (Yale), die die Arbeit umsichtig sowie mit großem Interesse betreut und mir doch stets den erforderlichen Freiraum gewährt hat. Ohne diesen Vertrauensvorschuss würde es die Arbeit so nicht geben. Prof. Dr. Christoph Paulus, LL.M. (Berkeley) danke ich nicht nur für die äußerst rasche Erstellung des Zweitgutachtens, sondern für unzählige – fachliche wie fachfremde – Gespräche und Diskussionen, die mich auf meinem Weg sehr bestärkt haben. Den Herausgebern der „Schriften zum Unternehmens- und Kapitalmarktrecht" danke ich für die Aufnahme in ihre Schriftenreihe.

Die Arbeit entstand während meiner Zeit als wissenschaftlicher Mitarbeiter bei Prof. Dr. Katharina de la Durantaye, LL.M. (Yale). Sie stand mir über den gesamten Zeitraum mit Rat und Tat zu Seite und hat mich wie meine wissenschaftliche Arbeit erheblich geprägt. Dafür danke ich ihr sehr. Prof. Dr. Gerhard Wagner, LL.M. (University of Chicago) danke ich für die Gelegenheit, wesentliche Thesen vorab zu diskutieren. Großen Beitrag an der Fertigstellung dieser Arbeit hatten auch meine (ehemaligen) Kollegen und Freunde, die mir in allen Phasen fachlich wie moralisch erhebliche Hilfe waren. An der Humboldt-Universität zu Berlin gilt mein Dank insbesondere Prof. Dr. Linda Kuschel, LL.M. (Harvard), Adrian Lingens, Benjamin Lück und Dr. Benedikt Schwarzkopf.

Mein innigster Dank gilt schließlich meiner Familie. Dr. Antonia Stein danke ich insbesondere für ihre Zuversicht und ihre Geduld, die mich über weite Strecken dieser Arbeit getragen haben. Besonders erwähnen möchte ich zudem meine Großeltern, denen ich mich zutiefst verbunden fühle. Sie nahmen außergewöhnlichen Anteil an meinem Werdegang und förderten ihn nach Kräften. Gewidmet ist die Arbeit meinen Eltern, Angelika und Jörg Asmussen, die mich in der Dissertationsphase wie über meine gesamte Ausbildung hinweg jederzeit rückhaltlos unterstützt haben.

Berlin, im September 2019 Sven Asmussen

Inhaltsübersicht

Vorwort V
Inhaltsverzeichnis IX

Einleitung 1

§ 1 Grundlagen 3

A. Phänomenologie 3
B. Wirtschaftswissenschaftliche Grundlagen 14
C. Eingrenzung des Untersuchungsgegenstands 23

Erster Teil: Horizontalverhältnis 25

§ 2 Haftung gegenüber Wettbewerbern 27

A. Interessenlage 27
B. Zuwiderhandlungshaftung 28
C. Informationshaftung 49
D. Ergebnis 51

Zweiter Teil: Vertikalverhältnis 53

§ 3 Haftung gegenüber Anlegern 55

A. Interessenlage 55
B. Zuwiderhandlungshaftung 57
C. Informationshaftung 63
D. Ergebnis 143

§ 4 Haftung gegenüber Abnehmern 145

A. Interessenlage 145
B. Zuwiderhandlungshaftung 146
C. Informationshaftung 170

D. Ergebnis 234

Zusammenfassung der Ergebnisse in Thesen 237
Literaturverzeichnis 247
Sachregister 279

Inhaltsverzeichnis

Vorwort V
Inhaltsübersicht VII

Einleitung 1

§ 1 Grundlagen 3
A. Phänomenologie 3
    I. Corporate Social Responsibility 3
    II. Corporate Social Responsibility Codes 9
B. Wirtschaftswissenschaftliche Grundlagen 14
    I. Motivlage 14
    II. CSR-Belange als Externalitäten 18
    III. Informationsasymmetrien 21
C. Eingrenzung des Untersuchungsgegenstands 23

Erster Teil: Horizontalverhältnis 25

§ 2 Haftung gegenüber Wettbewerbern 27
A. Interessenlage 27
B. Zuwiderhandlungshaftung 28
    I. Vertragshaftung 28
        1. Abgrenzung nach dem Rechtsbindungswillen 28
        2. Bedeutung des Wortlauts 30
        3. Bedeutung der (wirtschaftlichen) Interessenlage 34
    II. Lauterkeitsrechtliche Zuwiderhandlungshaftung 38
        1. Inkorporation über § 3a UWG 38
        2. Inkorporation über § 5 Abs. 1 S. 2 Nr. 6 UWG 40
            a) Kodex-Verstoß als Unlauterkeitsvorwurf 40
            b) Erfordernis einer Marktverhaltensregel 42
            c) Der Marktbezug von CSR-Codes 44
        3. Generalklausel, § 3 UWG 48
C. Informationshaftung 49
D. Ergebnis 51

X Inhaltsverzeichnis

Zweiter Teil: Vertikalverhältnis 53

§ 3 Haftung gegenüber Anlegern 55
A. Interessenlage 55
B. Zuwiderhandlungshaftung 57
    I. Gesellschaftsrechtliche Haftung 57
    II. Haftung im Zusammenhang mit der Wertpapiertransaktion 58
        1. Rechtsgeschäftliche Zuwiderhandlungshaftung 58
        2. Vertrauenshaftung 60
        3. Kaufrechtliche Äußerungshaftung, § 434 Abs. 1 S. 3 BGB 61
    III. Deliktische Haftung 62
C. Informationshaftung 63
    I. Täuschungen in speziellen Informationsinstrumenten 64
        1. Spezialgesetzliche Prospekthaftung 65
            a) Hintergrund und Bedeutung für CSR-Codes 66
            b) Grobe Skizze der Prospekthaftung, §§ 9 ff. WpPG n.F. 68
        2. Haftung für fehlerhafte nichtfinanzielle Erklärungen,
           §§ 289b-e; §§ 315b, c HGB 70
            a) Inhalt der CSR-Berichtspflicht 70
            b) Regelungszweck 72
            c) Haftung gegenüber Anlegern 76
                aa) Gleichbehandlung der §§ 289b-e, 315b und c HGB
                    mit den übrigen Publizitätspflichten 77
                bb) Institutionen- und Individualschutz 79
                cc) Konflikt mit dem haftpflichtrechtlichen Gesamtsystem 80
                dd) Modifikation des subjektiven Tatbestands 83
        3. Ergebnis 84
    II. Allgemeine Kapitalmarktinformationshaftung 84
        1. Bürgerlich-rechtliche Prospekthaftung im eigentlichen Sinn 85
            a) Begründung und historischer Anwendungsbereich 86
            b) Beschränkung des Anwendungsbereichs über den
                Prospektbegriff 86
            c) Allgemeine Kapitalmarktinformationshaftung 88
        2. Deliktische Sekundärmarktinformationshaftung,
           §§ 826, 31 BGB 90
            a) Verbot aktiver Kapitalmarkttäuschung als
                Sittenwidrigkeitsregel 90
                aa) Ausgangspunkt: die Infomatec-Rechtsprechung 91
                bb) Kriterien zur Bestimmung einer Sittenwidrigkeitsregel. 92
                cc) CSR-bezogene Täuschungen als sittenwidriges
                    Verhalten 97

(1) Grundprinzip: Verbot aktiver Täuschungen am
    Sekundärmarkt..97
(2) Feinjustierung: Kein Verbot von Täuschungen,
    die lediglich ideelle Interessen betreffen 100
    (a) Institutionen- und Individualschutz................101
    (b) Kein Schutz rein ideeller Interessen 105
(3) Sanktionierung durch Haftpflichtrecht 107
dd) Dogmatische Konkretisierung: Umfang des
Täuschungsverbots und Maßstab der Unrichtigkeit.....109
b) Konkretisierung der weiteren Tatbestandsmerkmale auf
   Grundlage der Ad-hoc-Mitteilungs-Rechtsprechung
   des BGH..111
   aa) Schaden(-sersatz)...112
   bb) Kausalität...113
   cc) Subjektiver Tatbestand: Vorsatz................................115
   dd) Zusammenfassung..117
c) Angemessenheit der deliktischen Sekundärmarktinformationshaftung für unrichtige CSR-Versprechen.......117
   aa) Kritik am Schaden(-sersatz) 118
       (1) Gefahr der Überkompensation durch
           Rückabwicklung..118
       (2) Keine Abweichende Beurteilung bei CSR-
           Informationen 120
       (3) Beschränkung auf den Kursdifferenzschaden
           gem. § 251 Abs. 1 BGB......................................124
   bb) Kritik am strengen Kausalitätserfordernis 128
   cc) Angemessenheit des Vorsatzerfordernisses................130
       (1) Verhinderung ineffizienter Ressourcen-
           aufwendungen...130
       (2) Verhinderung einer Übersteuerung bei privaten
           Schäden 133
       (3) Verhinderung einer Überabschreckung bei
           Nachhaltigkeitsinformationen.............................135
d) Zurechnung und Zwischenergebnis...................................137
3. Keine abweichende Bewertung am Primärmarkt 138
4. Ergebnis 140
III. Lauterkeitsrechtliches Irreführungsverbot................................140
D. Ergebnis...143

§ 4 Haftung gegenüber Abnehmern 145

A. Interessenlage 145
B. Zuwiderhandlungshaftung 146

I. Rechtsgeschäftliche Erfüllungshaftung 147
   1. Begründung durch ausdrückliche Vereinbarung 147
   2. Einbeziehung durch erläuternde Auslegung des
      Abnahmevertrags 150
   3. Einbeziehung durch ergänzende Auslegung des
      Abnahmevertrags 155
II. Positive Vertrauenshaftung 155
III. Kaufrechtliche Äußerungshaftung, § 434 Abs. 1 S. 3 BGB 155
   1. Grundsatz: Begrenztheit des Beschaffenheitsbegriffs 156
   2. Reichweite des Beschaffenheitsbegriff im Hinblick auf
      CSR-Codes 157
      a) Ausschluss unternehmensbezogener Faktoren 157
      b) Ausschluss prozessorientierter Versprechen 159
   3. Systematische Erweiterung des Beschaffenheitsbegriffs 159
   4. Erweiterung des Beschaffenheitsbegriffs über den
      Auslegungsmaßstab 160
      a) Ausgangslage 161
      b) Europäisches Verbraucherleitbild als Maßstab für b2c-
         Konstellationen 162
      c) Vergleich zur Auslegung nach §§ 133, 157 BGB 162
         aa) Heranzuziehendes Auslegungsmaterial 163
         bb) Eigenschaften des (fiktionalen) Musteradressaten 163
         cc) Anzuwendender Sorgfaltsmaßstab 166
         dd) Zwischenergebnis 167
      d) Plädoyer für eine einheitliche Auslegung und
         Zwischenergebnis 168
   5. Zwischenergebnis 169
C. Informationshaftung 170
   I. Bürgerlich-rechtliche Informationshaftung 170
   1. Anfechtung wegen arglistiger Täuschung 170
      a) Schutz ideeller Interessen 170
      b) Tatbestand 171
         aa) Unternehmensbezogene Faktoren als Tatsachen 171
         bb) Täuschung 173
         cc) Kausalität 174
         dd) Arglist des Anbieters 177
      c) Zwischenergebnis 178
   2. Vorvertragliche Informationshaftung auf Grundlage der c.i.c. .. 178
      a) Schutz ideeller Interessen 179
      b) Werbung als Teil der Vertragsverhandlung 182
      c) Direkthaftung des werbenden Herstellers 183
         aa) Ansätze Lehmanns, Kerstings & Leistners 184
         bb) Anwendung auf unternehmensbezogene CSR-Codes .. 188

d) Begrenzung auf produktbezogene Faktoren 191
   aa) Funktionale Betrachtung 191
   bb) Systematische Betrachtung 193
e) Zwischenergebnis 196
3. Deliktische Informationshaftung 196
II. Lauterkeitsrechtliches Irreführungsverbot 197
1. Schutz ideeller Interessen 198
2. Unternehmensbezogene Faktoren und prozessorientierte
   Versprechen als lauterkeitsrechtlich relevante Umstände 199
3. Maßgebliche Verkehrskreise für die Irreführungsprüfung 202
   a) Beschränkung durch Veröffentlichung auf der
      Unternehmenswebseite 204
   b) Beschränkung auf Abnehmer mit
      Nachhaltigkeitsinteressen 205
   c) Gespaltene Verkehrsauffassung für unterschiedliche
      Stakeholdergruppen 208
4. Irreführungsgefahr von CSR-Codes 209
   a) Maßstab 210
   b) Unwahre Angaben in CSR-Codes 214
   c) Sonderproblem: Greenwashing 218
5. Wettbewerbliche Relevanz von CSR-Codes 223
   a) Empirie 224
   b) Prognoseargumentarium 226
   c) Verwässerung von CSR-Strategien 229
6. Rechtsfolgen 231
   a) Lauterkeitsrechtliches Rechtsfolgeninstrumentarium 231
   b) Schadensersatzansprüche der Abnehmer über
      § 823 Abs. 2 BGB 232
D. Ergebnis 234

Zusammenfassung der Ergebnisse in Thesen 237

Literaturverzeichnis 247
Sachregister 279

Einleitung

Wirtschaft, Politik und Zivilgesellschaft diskutieren energisch über die gesellschaftliche Verantwortung kommerzieller Unternehmen. Die globale Finanzkrise von 2007, Produktionsskandale etwa in Zulieferbetrieben international agierender Tech-Unternehmen[1] und nicht zuletzt der Abgasskandal des Automobilherstellers Volkswagen[2] haben die öffentliche Wahrnehmung von Arbeitsweise und Gebaren insbesondere großer und international agierender Unternehmen negativ beeinflusst. Gleichzeitig erweitert sich der Blickwinkel der Wirtschaftswissenschaft: Seit der Entwicklung des *stakeholder value*-Ansatzes in der Management-Theorie der 80er-Jahre[3] bezieht sie zunehmend andere Parameter als die Maximierung des Unternehmenswertes in ihre Überlegungen mit ein.

Mehr und mehr Unternehmen reagieren auf diese Entwicklung mit Maßnahmen, die soziale und ökologische Belange in ihrem Kerngeschäft verankern – d.h. mit *corporate social responsibility*-Initiativen. Diese können vielfältige Gestalt annehmen, beispielsweise Sponsoring, Einführung von Umweltsiegeln, Implementierung von Arbeitsschutzmaßnahmen etc. Von besonderer praktischer und theoretischer Bedeutung sind sogenannte *corporate social responsibility codes* (CSR-Codes). In diesen schriftlich fixierten Regelwerken formulieren Unternehmen ihre CSR-Politik. Ihre Verbreitung steigt rasant, was sich sowohl an der Anzahl der Codes als auch an der Vielfalt der behandelten Inhalte ablesen lässt.[4]

Für den Bedeutungsgewinn von CSR-Codes werden unterschiedliche Gründe angeführt: Während sich der Staat immer weiter aus der Regulierung wirtschaftlicher Unternehmen zurückgezogen habe,[5] sei das Selbstverständnis der Wirtschaft ein anderes geworden.[6] Besonders wesentlich scheint, dass CSR vermehrt als Marktchance wahrgenommen wird.[7] Die Europäische

---

[1] Vgl. nur zu den Arbeitsbedingungen bei der Foxconn Technology Group, einem Zulieferer u.a. von Apple, *Duhigg/Barboza*, The New York Times v. 26.01.2012, S. A1.

[2] Eingehende Darstellung bei *Ewing*, Faster, Higher, Farther (2017).

[3] Grundlegend *Freeman*, Strategic Management (1984). Aus der Lehrbuchliteratur etwa *Wöhe/Döring/Brösel*, Allgemeine Betriebswirtschaftslehre, S. 65 ff.

[4] *Beckmann/Pies*, ZfbF 59 (2007), 615 f.

[5] *Ladeur*, Die Verwaltung, Beiheft 4 (2001), 57, 59.

[6] *Schwan*, in: Hilty/Henning-Bodewig (Hrsg.), CSR, S. 9, 10.

[7] Etwa *Schreck*, in: Schneider/Schmidpeter (Hrsg.), CSR, S. 71 ff.

Kommission etwa meint: Ein strategischer CSR-Ansatz „kann das Risikomanagement fördern, Kosteneinsparungen bringen sowie den Zugang zu Kapital, die Kundenbeziehungen, das Management von Humanressourcen und die Innovationskapazitäten verbessern."[8]

Äußerlich weisen CSR-Codes erhebliche Ähnlichkeit mit staatlichem Recht auf: Sie formulieren Regeln mit unterschiedlichem Konkretheitsgrad, adressieren Probleme, deren Bewältigung ständiger Aufmerksamkeit und Sorgfalt bedarf, und richten sich häufig an die gesamte Öffentlichkeit.[9] Trotzdem genießen sie einen schlechten Ruf; mit Begriffen wie „Green-" oder „Whitewashing" werden sie pauschal zu wohlklingenden Absichtserklärungen degradiert, denen lediglich Werbewirkung zukomme.[10] Dabei steht ebenso außer Frage, dass viele CSR-Codes tatsächlich eingehalten werden und bisweilen reale Veränderungen herbeiführen, wie die Tatsache, dass „symbolische Gesetzgebung" auch im Bereich privater Regeln existiert.[11]

In jüngerer Zeit ist der Komplex CSR auch in den Fokus der Privatrechtswissenschaft gerückt; im Vordergrund steht dabei vor allem die Frage, ob Unternehmen den durch die Codes begünstigten für Verstöße gegen CSR-Codes haften.[12] Die Frage nach einer Haftung im Zusammenhang mit CSR-Codes ist auch das Kernanliegen dieser Arbeit. Sie wird dafür aber einen anderen Fokus wählen: die Haftung in Markt- und Wettbewerbsverhältnissen. Ziel der Arbeit ist es, grundlegende Strukturen einer solchen Haftung zu erarbeiten. Strukturell wird sie nach dem konkreten Haftungstatbestand differenzieren, d.h. danach, ob eine mögliche Haftung anknüpft an Verstöße gegen einen CSR-Code (Zuwiderhandlungshaftung) oder an Täuschungen über die Einhaltung eines CSR-Codes (Informationshaftung). Zwischen beiden Tatbeständen – das wird die Arbeit zeigen – bestehen erhebliche dogmatische wie funktionale Unterschiede, die auch für die Wirkweise von CSR-Codes fundamental sind.

---

[8] Eine neue EU-Strategie (2011-14) für die soziale Verantwortung von Unternehmen (CSR), KOM(2011) 681 endg., S. 4 („Neue CSR-Strategie").

[9] *Herberg*, ZfRSoz 22 (2001), 25.

[10] *Herberg*, ZfRSoz 22 (2001), 25, 29 ff.

[11] Treffend *Teubner*, in: FS Hopt, S. 1449, 1451; ebenso *Paulus/Schneider*, Jura 2013, 1197, 1201.

[12] Aus dem monografischen Schrifttum etwa, *Beckers*, Enforcing CSR-Codes (2015); *Glinski*, Private Regulierung; *Rühmkorf*, CSR (2015); *Roth-Mingram*, CSR (2017); *Zimmer*, Soziale Mindeststandards (2011).

§ 1 Grundlagen

Corporate social responsibility ist in seiner heutigen Form vorrangig ein unternehmerisches, ein betriebswirtschaftliches Phänomen. Eine profunde rechtliche Auseinandersetzung muss sich daher zunächst dessen wirtschaftlichen und sozialwissenschaftlichen Grundlagen zuwenden. Dabei gilt es, den Begriff CSR so hinreichend zu schärfen, dass die dahinter liegenden Überlegungen, Erwartungen und Prinzipien deutlich zutage treten, sowie die hier untersuchten Verhaltenskodizes im allgemeinen CSR-Kontext zu verorten (dazu A.). Im zweiten Schritt ist die unternehmerische Motivlage zu untersuchen. Unternehmen sind zu CSR-Maßnahmen rechtlich nicht verpflichtet; wer ihre Wirkweise verstehen will, muss analysieren, warum Unternehmen sich zu ihrer Durchführung entscheiden (dazu B I.). Wesentlich für die rechtswissenschaftliche Auseinandersetzung mit CSR-Fragen ist aber nicht nur ein hinreichendes Verständnis von der unternehmerischen Innenperspektive. Erforderlich ist vielmehr, sich ihren wohlfahrtstheoretischen Hintergründen ebenso zuzuwenden wie den strukturellen Hindernissen, die einem effizienten Einsatz von CSR-Codes im Wege stehen mögen (dazu B II–III.).

A. Phänomenologie

I. Corporate Social Responsibility

In seinem weit beachteten Aufsatz „The Changing Basis of Economic Responsibility" schrieb *Clark* 1916:

„Twenty years ago an economist writing under this title would have been expected to deal chiefly or solely with the responsibility of the individual for his own economic destiny: his responsibility for paying his debts and keeping out of the poor-house. Economic responsibility meant self-reliance and self-dependence. Today any treatment of the subject from such a limited standpoint would be an anachronism."[1]

Und weiter:

---

[1] *Clark*, 24 J. Pol. Econ. 209 (1916).

„[If] men are responsible for the known results of their actions, business responsibilities must include the known results of business dealings, whether these have been recognized by law or not."[2]

Treffender lässt sich die Diskussion um das Phänomen *corporate social responsibility* kaum zusammenfassen; aktueller auch nicht. Wären diese Zeilen erst 100 Jahre später geschrieben, wundern würde es nicht. Die Diskussion um die Verantwortung von Wirtschaftsunternehmen für gesellschaftliche Fragestellungen und Probleme ist also keinesfalls neu, sondern beschäftigt Wissenschaft wie Akteure spätestens seit der Spätphase der Industrialisierung.[3] Auch der Begriff CSR ist keine Erfindung der letzten Jahrzehnte. Maßgeblich geprägt wurde er durch *Bowens* 1953 erschienenes Buch „Social Responsibilities of the Businessman",[4] um in jüngerer Zeit lediglich um den Begriff der *corporation* ergänzt zu werden.

Und dennoch: In den vergangenen drei bis vier Jahrzehnten hat die CSR-Diskussion erheblich Schwung genommen. Dazu ergangene betriebswissenschaftliche Untersuchungen lassen sich kaum noch überblicken. Eine einheitliche Definition dessen, was genau unter CSR zu verstehen ist, hat die Forschung bisher allerdings nicht hervorgebracht.[5] Eine wesentliche Schwierigkeit bei der Definitionsfrage liegt mutmaßlich darin, dass nicht nur nach einer deskriptiven Beschreibung dessen gesucht wird, was Unternehmen unter dem Label CSR tatsächlich tun; vielmehr wird versucht, normative Leitlinien herauszuarbeiten, nach denen sich Unternehmen zu verhalten haben.[6] Die damit verbundenen Theoriekonflikte sind kaum zu überwinden.

Insbesondere das Aufkommen der Stakeholder-Theorie in den 1980er-Jahren hat die CSR-Diskussion erheblich beeinflusst. Ihr Ansatz, unternehmerischen Erfolg nicht nur am wirtschaftlichen Ergebnis, d.h. am *shareholders' value*, zu messen, sondern daran, inwieweit das Management die konfligierenden Interessen seiner Stakeholder (etwa Anteilseigner, Arbeitnehmer, Kunden, Lieferanten, Anwohner, Zivilgesellschaft, Staaten etc.) angemessen

---

[2] *Clark*, 24 J. Pol. Econ. 209, 223 (1916).

[3] Vgl. zur Historie von CSR etwa *Carroll*, 38 Bus. & Society 268 ff. (1999); ders., in: Crane/McWilliams/Matten/Moon/Siegel (Hrsg.), Oxford Handbook CSR, S. 19 ff.; *Spießhofer*, Unternehmerische Verantwortung, S. 45 ff.

[4] *Bowen*, Social Responsibilities (1953).

[5] Treffend und bis heute richtig, *Votaw/Sethi*, Corporate Dilemma, S. 11: „The term [CSR] is a brilliant one; it means something, but not always the same thing to everybody [...]." Zu den Definitionsschwierigkeiten und den mitunter fundamentalen Auswirkungen vgl. auch *Wan-Jan*, 6 J. Publ. Aff. 176, 177 ff. (2006).

[6] Ebenso *Crane/McWilliams/Matten/Moon/Siegel*, in: dies. (Hrsg.), Oxford Handbook CSR, S. 3, 6.

in Ausgleich bringt, weist erhebliche Überschneidungen zum CSR-Konzept auf.[7]

Diese Sichtweise findet ihren Ausdruck auch in dem wohl berühmtesten Definitionsansatz für CSR – *Carrolls* sogenannter CSR-Pyramide.[8] Unternehmerische Verantwortung umfasse demnach eine wirtschaftliche, eine rechtliche, eine ethische sowie eine philanthropische Ebene. Im Detail: Ökonomisch verantwortliches Verhalten sei die Grundlage allen unternehmerischen Handelns; Wirtschaftsunternehmen komme daher zuallererst die Aufgabe zu, Waren und Dienstleistungen bereitzustellen und Erträge zu erwirtschaften (Ebene 1).[9] Diese Aufgabe dürften Unternehmen aber nur innerhalb des rechtlich zulässigen Rahmens verfolgen (Ebene 2).[10] Und: Neben dem staatlichen Recht müssten Unternehmer auch soziale Regeln befolgen, insbesondere müssten sie die ethischen Erwartungen erfüllen, die Abnehmer, Arbeitnehmer, Anteilseigner und die Gesellschaft als Ganzes an sie stellten (Ebene 3).[11] Schließlich würden diese Aufgaben flankiert durch philanthropisches Verhalten der Unternehmen, d.h. jedes proaktive Engagement mit dem Ziel, dem gesamtgesellschaftlichen Wohl zu dienen (Ebene 4)[12] – mit *Carroll*: the responsibility to „be a good corporate citizen".[13] Ebene 3 und 4 unterschieden sich vor allem dadurch, dass philanthropische Aktivitäten nicht erwartet würden, sondern nur erwünscht sein. Während derjenige, der gegen soziale Normen der Ebene 3 verstößt, als unethisch angesehen würde, passiere dies demjenigen, der lediglich die Anforderungen an einen „good coporate citizen" auf Ebene 4 nicht erfülle, nicht.[14]

Die CSR-Pyramide weist große Ähnlichkeit zu einem weiteren wesentlichen Begriff der CSR-Diskussion auf, dem der „Nachhaltigkeit". Bezeichnete nachhaltiges Wirtschaften ursprünglich lediglich Verhalten, das weniger

---

[7] Vgl. etwa *Hentze/Thies*, Stakeholder-Management, S. 11 ff. Mitunter werden jedwede Unterschiede sogar komplett verneint, vgl. etwa *Freeman/Harrisson/Wicks/Parmar/de Colle*, Stakeholder Theory, S. 60: „Since stakeholders are defined widely and their concerns are integrated into the business processes, there is simply no need for a separate CSR approach." Zur aus rechtlicher Sicht prägenden Entscheidung *Dodge v. Ford Motor Co.* mit Blick auf die CSR-Thematik, *Windbichler*, FS-Baums, Bd. II, 1443.

[8] *Carroll*, 34 Bus. Horizons 39, 40 (1991); aufbauend auf *ders.*, 4 Acad. Manag. Rev. 497 (1979). Abwandlungen und Weiterentwicklungen dieses Modells finden sich etwa bei *Aupperle/Carroll/Hatfield*, 28 Acad. Manag. J 446, 457 f. (1985); *Quazi/O'Brien*, 25 J. Bus. Ethics 33, 35 ff. (2000); *Schwartz/Carroll*, 13 Bus. Ethics Q. 503 ff. (2003).

[9] *Carroll*, 34 Bus. Horizons 39, 40 f. (1991).

[10] *Carroll*, 34 Bus. Horizons 39, 41 (1991).

[11] *Carroll*, 34 Bus. Horizons 39, 41 f. (1991).

[12] *Carroll*, 34 Bus. Horizons 39, 42 f. (1991).

[13] *Carroll*, 34 Bus. Horizons 39, 42 (1991).

[14] *Carroll*, 34 Bus. Horizons 39, 42 (1991).

Ressourcen verbraucht als nachwachsen,[15] wurde der Nachhaltigkeitsbegriff über die Jahre stetig erweitert. Beachtung erlangte vor allem die Definition der sogenannten *Brundlandt-Kommission*, einer von der UN eingesetzten Sonderkommission für Umwelt und Entwicklung. „Nachhaltigkeit" bezeichne demnach ein Zielbündel, in dem soziale, ökologische und ökonomische Belange gleichberechtigt nebeneinander stehen (sogenannte *triple bottom line*[16]).[17]

Beide Definitionen haben ihre Berechtigung. Als chirurgisches Handwerkszeug für die rechtswissenschaftliche Auseinandersetzung taugen sie allerdings nicht. Unternehmerisches Verhalten, dass sich nicht unter die genannten Aspekte fassen lässt, ist kaum vorstellbar. Dennoch können sowohl die CSR-Pyramide als auch der Nachhaltigkeitsbegriff als Ausgangspunkt und Leitlinien zur näheren Bestimmung der hier untersuchten Konzepte herangezogen werden. Für die rechtswissenschaftliche Untersuchung geht es schließlich „nur" darum, den Markenkern von CSR-Maßnahmen zu erfassen, also um die Frage, was ein bestimmtes unternehmerisches Verhalten zu einer CSR-Maßnahme macht und was nicht. Und: Dass jede einzelne unternehmerische Handlung die Kriterien der CSR-Pyramide oder der *triple bottom line* erfüllt, verlangen auch die stärksten Verfechter der dargestellten Theorien nicht. Sie sind vielmehr darum bedacht, dass das Unternehmensverhalten als Ganzes an den genannten Zielen ausgerichtet wird.

Im Grunde ist weitgehend anerkannt, dass CSR-Maßnahmen im engeren Sinne vor allem die *Carroll*'schen Ebenen 3 und 4 betreffen.[18] Bezeichnet wird also jedes Verhalten, das sich an ethischen oder moralischen Erwartungen ausrichtet, sowie alle sonstigen philanthropischen Beiträge zum gesellschaftlichen Wohl. Einzelfragen sind gleichwohl umstritten. Schon die Frage, welche konkreten Themen unter den CSR-Begriff fallen, wird uneinheitlich betrachtet: Wurden unter CSR ursprünglich eher gesellschaftlich-soziale Themen gefasst, während der Nachhaltigkeitsbegriff für ökologische Fragen reserviert war, werden beide heute weitgehend synonym verwendet.[19]

Auch die Vorstellung dessen, was soziales Verhalten ist, hat sich in den Jahren stetig erweitert: Die EU-Kommission fokussierte in ihrem Grünbuch

---

[15] Vgl. zum Nachhaltigkeitsbegriff und seiner Entwicklung etwa *Grunwald/Kopfmüller*, Nachhaltigkeit, S. 18 ff.

[16] Dieser Begriff stammt von *Elkington*, 36 Cal. Manag. Rev. 90 (1994); *ders.*, Cannibals (1997).

[17] Vgl. *Brundlandt-Kommission*, Report of the World Commission on Environment and Development: Our Common Future, Annex zu A/42/427, S. 1 ff., abrufbar unter: http://www.un-documents.net/wced-ocf.htm.

[18] Vgl. etwa die Darstellung bei *Duong Dinh*, CSR, S. 19.

[19] *Duong Dinh*, CSR, S. 19, Fn. 64. Vgl. zur Entwicklung auch *Möslein/Mittwoch*, WM 2019, 481, 482 f.

CSR 2001 noch allgemein auf „soziale Belange und Umweltbelange",[20] um in ihrer CSR-Strategie 2011 den „multidimensionalen Charakter von CSR" zu betonen, der zumindest „Menschenrechte, Arbeits- und Beschäftigungspraktiken (z.B. Aus- und Fortbildung, Diversität, Gleichstellung von Frauen und Männern, Gesundheit der Arbeitnehmer und Wohlbefinden) und Ökologie (z.B. Artenvielfalt, Klimawandel, Ressourceneffizienz, Lebenszyklusanalyse und Prävention von Umweltverschmutzung) sowie Bekämpfung von Bestechung und Korruption" umfasst. Eine wichtige Rolle spiele zudem „die Einbindung und Weiterentwicklung der Gemeinschaft, die Integration von Menschen mit Behinderungen sowie die Vertretung der Verbraucherinteressen, einschließlich des Schutzes der Privatsphäre" sowie verantwortungsvolles Handeln im Steuerbereich.[21] Insbesondere die Einbeziehung von Fragen der Steuergerechtigkeit sowie der Gleichstellung der Geschlechter hat für gewisse Verwirrung gesorgt; beide wurden bisher eher als eigenständige Themenbereiche betrachtet, die mit dem CSR-Kontext zwar verwandt sind, sich aber nicht vollständig überschneiden.[22]

Neben der konkreten Zielbestimmung führen vor allem zwei Aspekte immer wieder zu erheblichen Abgrenzungsschwierigkeiten: die Rolle (betriebs-)wirtschaftlicher Erwägungen und das Kriterium der Freiwilligkeit. Von verschiedenen Seiten wurde und wird bisweilen recht vehement vertreten, dass „echtes" CSR nur sein könne, was nicht wirtschaftlich motiviert sei.[23] Mit *Mintzberg*: „In its purest form, social responsibility is supported for its own sake because that is the noble way for corporations to behave."[24] Auch die mitunter harsche Kritik am CSR-Ansatz wird vor allem dann verständlich, wenn man unter den Begriff lediglich solche Maßnahmen fasst, die aus betriebswirtschaftlicher Sicht verschwendet sind.[25] Anders lässt sich etwa *Friedmans* berühmte Attacke,

„there is one and only one social responsibility of business—to use its resources and engage in activities designed to increase its profits so long as it stays within the rules of the game, which is to say, engages in open and free competition without deception or fraud",[26]

kaum erklären. Und in der Tat: Die Besonderheit von CSR-Maßnahmen zeigt sich gerade dort, wo sie wirtschaftlichen Irrsinn darstellen.

---

[20] Grünbuch Europäische Rahmenbedingungen für die soziale Verantwortung der Unternehmen, KOM(2001) 366 endg., S. 7 („Grünbuch CSR").
[21] Neue CSR-Strategie, KOM(2011) 681 endg., S. 8 f.
[22] Vgl. *Schneider*, in: Schneider/Schmidpeter, CSR, S. 21.
[23] Etwa *Baron*, 10 J. Econ. & Manag. Strat. 7, 17 (2001); *Engel*, 32 Stan. L. Rev. 1, 3 (1979); *Empt*, CSR, S. 3; *Manne/Wallich*, Modern Corporation, S. 4 ff.; *Mintzberg*, 4 J. Bus. Strat. 3 (1983).
[24] *Mintzberg*, 4(2) J. Bus. Strat. 3 (1983).
[25] Ebenso *Wan-Jan*, 6 J. Publ. Aff. 176, 177 (2006) m.w.N. zur Kritik.
[26] *Friedman*, New York Times Magazine v. 13. September 1970, S. 17.

Wer sich im Wirtschaftsleben umschaut, muss aber erkennen, dass der CSR-Begriff in dieser Reinheit praktisch kaum (noch) verwendet wird. Auch in der wissenschaftlichen und politischen Diskussion sehen sich heute vor allem solche Stimmen in der Mehrheit, die die wirtschaftlichen Chancen von unternehmerischem CSR-Engagement betonen.[27] Ganz im Sinne der oben dargestellten Ansätze von *Carroll* und der *Brundtlandt-Kommission* werden heute in aller Regel auch solche Begriffe unter den CSR-Begriff gefasst, die sich kurz- oder zumindest langfristig rentieren (können).

Kann man die Diskussion um die Einordnung wirtschaftlich lohnenswerter CSR-Maßnahmen damit als praktisch überholt bezeichnen, ist der Streit um den Begriff der „Freiwilligkeit" weiterhin aktuell. Befeuert wurde die Debatte insbesondere durch die Europäische Kommission. In ihrer CSR-Strategie von 2011 verzichtete sie, anders als noch im Grünbuch von 2001, bewusst auf ein den CSR-Begriff einschränkendes Freiwilligkeitskriterium.[28]

Wirtschaftsvertreter stießen sich an der neuen CSR-Definition vor allem aus Sorge um eine neue Regulierungswelle.[29] Anlass war nicht nur der Verzicht auf das Freiwilligkeitskriterium, sondern auch die neue CSR-Reporting-Richtlinie (RL 2014/95/EU), die CSR-Berichterstattungspflichten für bestimmte Unternehmen und Konzerne statuiert.[30] Wenn CSR-Maßnahmen auf diese Weise verrechtlicht würden, ließen sich Unterschiede zu herkömmlicher Regulierung nicht mehr erkennen, so die Kritik.[31]

Auch in der sozialwissenschaftlichen Debatte spielt das Freiwilligkeitskriterium eine wesentliche Rolle: Der Freiwilligkeitsbegriff, so heißt es insbesondere von Vertretern (neo-)institutionalistischer Erklärungsansätze, verdecke, dass sich Unternehmen auch ohne rechtliche Verpflichtungen nicht vollkommen frei zu CSR-Maßnahmen durchringen, sondern im Wesentlichen auf soziale Erwartungen und Normen reagieren.[32]

Im Hinblick auf eine für die rechtswissenschaftliche Analyse handhabbare Begriffsbestimmung dürfen beide Diskussionen nicht überbewertet werden: Als kleinster gemeinsamer Nenner dürfte anerkannt sein, dass CSR-Maßnahmen zumindest solche sind, die über das verbindlich Vorgeschriebene hinausgehen.[33] Daran hat weder die neue CSR-Strategie der Kommission

---

[27] Dazu sogleich S. 21 ff.
[28] Vgl. Grünbuch CSR, KOM(2001) 366 endg., S. 7; Neue CSR-Strategie, KOM(2011) 681 endg., S. 7.
[29] Vgl. etwa die gemeinsame Erklärung von BDA, BDI, DIHK und ZDH, abrufbar unter: https://www.arbeitgeber.de/www/arbeitgeber.nsf/id/DE_PI05311-Gem.
[30] Dazu ausführlich unten S. 70 ff.
[31] Vgl. etwa die gemeinsame Erklärung von BDA, BDI, DIHK und ZDH, abrufbar unter: https://www.arbeitgeber.de/www/arbeitgeber.nsf/id/DE_PI05311-Gem.
[32] Vgl. nur *Brammer/Jackson/Matten*, 10 Socio-Econ. Rev. 3 ff., 5, 7 (2012).
[33] Vgl. etwa *McWilliams/Siegel/Wright*, 43 J. Manag. Stud. 1, 3 (2006).

A. Phänomenologie

noch die CSR-Reporting-RL 2014/95/EU etwas geändert. Zur Durchführung bestimmter CSR-Maßnahmen verpflichtet auch Letztere nicht.

Für die Zwecke dieser Arbeit ist ungeachtet aller theoretischen Konfliktlinien von einem weiten CSR-Begriff auszugehen. Mit der Europäischen Kommission ist unter einer CSR-Maßnahme alles unternehmerische Verhalten zu verstehen, das über die gesetzlichen Vorgaben hinausgeht und darauf abzielt, gesamtgesellschaftliche Interessen zu fördern. Letztere umfassen mit der Europäischen Kommission nicht nur ökologische und soziale Themen im engeren Sinne, sondern sind ebenso weit zu verstehen.[34] Und: Reiner Altruismus ist nicht erforderlich; erfasst sind auch Maßnahmen, die zur Gewinnmaximierung beitragen können.

II. Corporate Social Responsibility Codes

Wie das CSR-Konzept selbst stellen auch CSR-Codes keine neuartige Erscheinung dar. Bereits 1943 veröffentlichte das US-amerikanische Pharmaunternehmen *Johnson & Johnson* mit seinem „Credo" eine Art CSR-Code *avant la lettre*.[35] Dort heißt es unter anderem:

„We are responsible to our employees, the men and women who work with us throughout the world. Everyone must be considered as an individual. We must respect their dignity and recognize their merit. [...] Compensation must be fair and adequate, and working conditions clean, orderly and safe. [...] We are responsible to the communities in which we live and work and to the world community as well. We must be good citizens – support good works and charities and bear our fair share of taxes. [...] Our final responsibility is to our stockholders. Business must make a sound profit."[36]

Zu einem relevanten Phänomen wurden CSR-Codes etwa Mitte der 1970er-Jahre; ihre große Blütezeit begann in den späten 1990er-Jahren und dauert bis heute an. In diesem Zeitraum haben die Kodizes nicht nur zahlenmäßig immer weiter zugenommen – aktuell verfügen 29 der DAX-30 Unternehmen über CSR-bezogene Verhaltenskodizes.[37] Auch inhaltlich und strukturell

---

[34] Neue CSR-Strategie, KOM(2011) 681 endg., S. 8 f.

[35] Teilweise wird sogar auf bereits im 19. Jahrhundert vorhandene Verhaltenskodizes verwiesen, *Carroll*, 38 Bus. & Society 268 ff. (1999).

[36] Der Volltext ist abrufbar unter: https://www.jnj.com/about-jnj/jnj-credo.

[37] *Adidas AG*: https://www.adidas-group.com/en/sustainability/reporting/policies-and-st andards/; *Allianz SE*: https://www.allianz.com/de/nachhaltigkeit/publikationen-meldungen/publikationen.html; BASF SE: https://www.basf.com/global/de/who-we-are/sustainability.html; *Bayer AG*: https://www.bayer.de/de/sustainable-development-policy.aspx; *Beiersdorf AG*: http://www.beiersdorf.de/nachhaltigkeit/ueberblick; *BMW AG* etwa: https://www.bmwgroup.com/content/dam/grpw/websites/bmwgroup_com/responsibility/downloads/de/2018/2018-BMW-Group-Umwelterklaerung.pdf; *Continental AG*: https://www.continental.com/de/nachhaltigkeit/nachhaltige-unternehmensfuehrung/organisation-und-management-61836; *Covestro AG:* https://www.covestro.com/-/media/covestro/country-sites/global/documents/sustainability/policies/covestro_policy_booklet_d_2018.pdf?la=de&hash=180

haben sich die Codes erheblich diversifiziert.[38] Im Kern hat sich seit dem „Credo" von *Johnson & Johnson* aber nicht viel geändert: Unternehmen nutzen die schriftlich fixierten Rahmenwerke, um die wesentlichen Elemente ihrer CSR-Strategie darzulegen.[39]

Versucht man die unterschiedlichen Ausformungen von CSR-Codes zu strukturieren, bietet es sich zunächst an, zwischen Verhaltens- und Berichtskodizes zu unterscheiden. Verhaltenskodizes stellen den historischen Normalfall von CSR-Codes dar.[40] Inhaltlich enthalten sie regelmäßig mehr oder minder konkrete Zielbestimmungen und/oder im Hinblick auf CSR-Themen gerichtete Sollenssätze. Ein typisches Beispiel ist etwa der UN Global Compact, der von seinen Mitgliedern die Beachtung von zehn Prinzipien bei der Unter-

---

252CAFB9C51968310C8B5284CD111226DC96D; *Daimler AG*: https://www.daimler.com/nachhaltigkeit/; *Deutsche Bank AG*: https://www.db.com/cr/de/konkret-unser-rahmenwerk-zu-risiken-fuer-umwelt-und-gesellschaft.htm; *Deutsche Börse AG*: http://deutsche-boerse.com/dbg-de/nachhaltigkeit/unsere-verantwortung/strategie; *Deutsche Lufthansa AG*: https://www.lufthansagroup.com/de/verantwortung/klima-und-umweltver-antwortung/umweltstrategie-und-massnahmen.html; *Deutsche Post AG*: https://www.dpdhl.com/de/verantwortung/verantwortungsvolle-geschaeftspraxis.html; *Deutsche Telekom AG*: https://www.telekom.com/de/verantwortung/verantwortung-uebernehmen/verantwortung-uebernehmen/unser-verstaendnis-verantwortung-leben-333458; *E.ON SE*: https://www.eon.com/de/ueber-uns/nachhaltigkeit/leitlinien.html; *Fresenius SE & Co. KGaA*: https://www.fresenius.de/media/Fresenius_Verhaltenskodex_de.pdf; *Fresenius Medical Care AG & Co. KGaA*: https://www.freseniusmedicalcare.com/de/ueber-uns/verantwortung/; *HeidelbergCement AG*: https://www.heidelbergcement.com/de/nachhaltige-unternehmensfuehrung; *Henkel AG & Co. KGaA*: https://www.henkel.de/nachhaltigkeit; *Infineon Technologies AG*: https://www.infineon.com/cms/de/about-infineon/sustainability/; *Linde AG*: http://www.the-linde-group.com/de/corporate_responsibility/strategy/index.html; *Merck KGaA*: https://www.merckgroup.com/de/company/responsibility/regulations-and-guidelines.html; *Münchener Rück AG*: https://www.munichre.com/corporate-responsibility/de/strategy/our-guiding-principles/index.html; *ProSiebenSat.1 Media SE*: https://nachhaltigkeitsbericht2018.prosiebensat1.com/unsere-verantwortung/nachhaltigkeit-bei-prosiebensat1/strategie.html; *RWE AG*: http://www.rwe.com/web/cms/de/1904252/rwe/verantwortung/verantwortungsvolleunternehmensfuehrung/verantwortung-in-der-lieferkette/; *SAP SE*: https://www.sap.com/corporate/en/company/sustainability-csr/sustainability-impact.html#operations; *Siemens AG*: https://new.siemens.com/global/de/unternehmen/nachhaltigkeit.html; *thyssenkrupp AG*: http://www.thyssenkrupp.com/de/unternehmen/nachhaltigkeit/nachhaltigkeitsstrategie-und-ziele; *Volkswagen AG*: https://www.volkswagenag.com/de/sustainability/policy.html; *Vonovia AG*: https://www.vonovia.de/geschaeftsverstaendnis. Bei *Wirecard AG* ist eine konkrete Strategie in Planung, vgl. Corporate-Governance-Bericht und Erklärung zur Unternehmensführung, S. 6, abrufbar unter: https://ir.wirecard.com/download/companies/wirecard/Hauptversammlung/110_15_DE_CorpGovBericht_de.pdf.

[38] *Beckmann/Pies*, ZfbF 59 (2007), 615 f.
[39] Vgl. etwa *Béthoux/Didry/Mias*, 15 Corp. Governance 77, 78 (2007).
[40] Vgl. zur historischen Entwicklung *Zimmer*, Soziale Mindeststandards, S. 140 ff.

nehmensführung fordert.⁴¹ Auch Berichtskodizes wie etwa der Deutsche Nachhaltigkeitskodex oder die G4-Leitlinien der Global Reporting Initiative, einer NGO, geben in ihrer Präambel bestimmte Ziele oder Leitlinien vor, verlangen von den teilnehmenden Unternehmen aber keine Befolgung, sondern lediglich Berichterstattung darüber, welche Ziele sich ein Unternehmen setzt, welche Maßnahmen zur Zielerreichung vorgesehen sind sowie Offenlegung von deren Ergebnissen.⁴² Zum Zwecke der Übersichtlichkeit wird sich die Arbeit lediglich mit Verhaltenskodizes im engeren Sinne befassen.

Verhaltenskodizes selbst unterscheiden sich noch einmal erheblich in ihrer inhaltlichen Gestaltung. Differenzieren lässt sich vor allem zwischen Codes, die eher allgemeine Leitprinzipien vorgeben, wie etwa der UN Global Compact, und solchen, die relativ konkrete Handlungsvorgaben enthalten.⁴³ Auch der Bezugspunkt der Verhaltensregeln variiert. Zwar beziehen sich CSR-Codes immer auf Handlungen, die zum Kernbereich des unternehmerischen Verhaltens gehören. Dennoch lassen sich gewisse Unterschiede erkennen, die die rechtliche Analyse maßgeblich beeinflussen können.

Aus rechtlicher Sicht – das wird diese Arbeit zeigen – macht es einen erheblichen Unterschied, ob ein Unternehmen verspricht, seine Produkte seien frei von bestimmten Chemikalien oder Umweltgiften, oder ob es lediglich verspricht, solche in der Produktion auch dann nicht zu verwenden, wenn Rückstände am Endprodukt ausgeschlossen sind. Angesprochen ist damit die Unterscheidung zwischen qualitäts- und herstellungsprozessbezogenen Faktoren.⁴⁴ Zwar betreffen beide das angebotene Produkt selbst (zusammen daher: produktbezogene Faktoren). Erstere beziehen sich aber auf die physischen Eigenschaften einer Ware oder Dienstleistung.⁴⁵ Letztere umfassen die Herstellungsweise des Produkts, etwa die Beachtung von Sozial- oder Umweltschutzstandards im Produktionsprozess.⁴⁶ Der Unterschied ist bereits deswe-

---

⁴¹ Abrufbar unter: https://www.unglobalcompact.org/what-is-gc/mission/principles. Vgl. dazu etwa auch *Leisinger*, zfwu 3 (2002), 406, 408 ff., der allerdings zu der zu engen Einschätzung kommt, es handele sich beim UN Global Compact nicht um einen Verhaltenskodex, weil dieser nur „komplementärer Rahmen für selbstverpflichtetes unternehmerisches Wertemanagement sein" will (407).

⁴² Abrufbar unter: https://www.globalreporting.org/standards/; http://www.deutscher-nachhaltigkeitskodex.de/de/dnk/der-nachhaltigkeitskodex.html. Vgl. zur CSR-Berichterstattung eingehend *Roth-Mingram*, CSR, S. 80 ff.

⁴³ Vgl. etwa das Vaude Greenpeace Detox Commitment, abrufbar unter: http://nachhaltigkeitsbericht.vaude.com/griwAssets/pdf/en/VAUDEGreenpeaceDetoxCommitmentFINAL.pdf. Vgl. auch *Leisinger*, zfwu 3 (2002) 406.

⁴⁴ Dazu grundlegend *Kysar*, 118 Harv. L. Rev. 526 ff. (2004), der von einer „product/process distinction" spricht. Ebenso *Collins*, ERPL 22 (2014), 619, 637.

⁴⁵ Zu dieser Kategorie etwa *Dilling*, in: Winter (Hrsg.), Umweltverantwortung, 283, 294 ff.; *Zimmer*, Soziale Mindeststandards, 250.

⁴⁶ Bspw. Verzicht auf Kinderarbeit. Zur rechtlichen Bewertung von herstellungsprozessbezogenen Faktoren etwa *Collins*, ERPL 22 (2014), 619, 634 ff.; *Dilling*, in: Winter

gen erheblich, weil nicht alle herstellungsprozessbezogenen Faktoren auch Einfluss auf die Qualität der Sache selbst nehmen.

Darüber hinaus enthalten CSR-Codes häufig Versprechen, die sich nicht einmal mehr auf den Herstellungsprozess eines konkreten Produkts beziehen, etwa die paritätische Besetzung von Leitungsgremien oder die Beachtung von Sozial- oder Umweltschutzstandards bei jedweder betrieblichen Entscheidung. Solche unternehmensbezogenen Faktoren spielen in der rechtlichen Analyse von CSR-Codes – soweit ersichtlich – noch keine wesentliche Rolle.[47] Das überrascht: In tatsächlicher Hinsicht dürften sie nämlich den größten Anteil CSR-bezogener Versprechen ausmachen.[48] Zudem treten mögliche ideelle Interessen oder Präferenzen der Stakeholder bei ihnen am deutlichsten zutage. Die rechtliche Beurteilung stellen sie vor die schwierigsten Probleme.

Ebenso wie die Unterscheidung zwischen produkt- und unternehmensbezogenen Faktoren tritt eine weitere Differenzierung vor allem dann hervor, wenn man CSR-Codes mit einer juristischen Brille betrachtet: In aller Regel enthalten CSR-Codes lediglich prozess-, keine erfolgsorientierten Versprechen.[49] Dies zeigt bereits der Blick auf die inhaltlich verhältnismäßig simplen Bestimmungen zur Verhinderung von Kinderarbeit. Ein Unternehmen, das sich etwa auf den UN Global Compact verpflichtet, soll lediglich „für die Abschaffung von Kinderarbeit eintreten".[50] Die ISO 26000 fordert: „Die grundlegenden Rechte (wie z.B. [...] Abschaffung der Zwangs- und Kinderarbeit) der Internationalen Arbeitsorganisation (IAO) sollten von einer Organisation berücksichtigt werden."[51] Auch die Teilnehmer des BSCI-Verhaltenskodex „verpflichten sich, alle zumutbaren Anstrengungen zu unternehmen, um die im BSCI-Verhaltenskodex festgelegten Ziele [u.a. keine Kinderarbeit] zu erreichen".[52] Ähnlich formulieren auch Verhaltenskodizes einzelner Unternehmen; das Einrichtungsunternehmen IKEA schreibt etwa: „IKEA akzeptiert keine Kinderarbeit bei seinen Lieferanten oder deren Subunternehmern und arbeitet aktiv daran, sie zu verhindern."[53] Dass ein Unter-

---

(Hrsg.), Umweltverantwortung, 283, 296 ff.; *Glinski*, Private Regulierung, S. 181 ff.; *Schrader*, ZUR 2013, 451, 452; *Zimmer*, Soziale Mindeststandards, 250 ff.

[47] Vgl. bereits *Asmussen*, NJW 2017, 118.

[48] Vgl. nur die Codes soeben in Fn. 37.

[49] Dazu auch *Zimmer*, Soziale Mindeststandards, S. 205 ff.

[50] UN Global Compact, Prinzip Nr. 5, abrufbar unter: https://www.globalcompact.de/de/ueber-uns/Dokumente-Ueber-uns/DIE-ZEHN-PRINZIPIEN-1.pdf.

[51] ISO 26000, S. 40 ff. Dazu etwa *Spießhofer*, Unternehmerische Verantwortung, S. 219 ff.

[52] BSCI Verhaltenskodex, 2014, S. 3, abrufbar unter: http://www.fta-intl.org/sites/default/files/BSCI% 20Code% 20of%20Conduct_DE_2014.pdf; vgl. auch Umsetzungsbedingungen für BSCI-Teilnehmer, 2014, abrufbar unter: http://www.fta-intl.org/sites/default/files/Terms%20of%20Implementation%20for%20BSCI%20Participants_DE_2014.pdf.

[53] Abrufbar unter: http://www.ikea.com/ms/de_DE/about_ikea/our_responsibility/working_conditions/preven-ting_child_labour.html.

nehmen tatsächlich keine Kinder einstellt oder garantiert, dass auch seine Zulieferer dies nicht tun, verlangt – soweit ersichtlich – kein CSR-Code.[54]

Anders liegt der Fall mitunter, wenn ein CSR-Code keine „Selbstverpflichtung" darstellt, sondern wiedergibt, was ein Unternehmen von seinen Zulieferern oder Mitarbeitern verlangt. So legt etwa der „Workplace Code of Conduct" der Fair Labor Association (FLA), einer NGO, fest: „No person shall be employed under the age of 15 or under the age for completion of compulsory education, whichever is higher."[55] Das Unternehmen, das sich für die Implementation der FLA-Regeln entscheidet, verpflichtet sich aber gerade nicht auf den „Workplace Code of Conduct", sondern auf die „Principles of Fair Labor and Sourcing and Production". Diese wiederum verlangen lediglich, dass die beitretenden Unternehmen Prozesse einrichten, die die Einhaltung der im „Workplace Code of Conduct" enthaltenen Regeln fördern – insbesondere indem sie ihre Zulieferer vertraglich auf den Code verpflichten und die Einhaltung überwachen.[56]

Wie schon die bisherigen Beispiele zeigen, divergieren CSR-Codes schließlich darin, wer an ihrer Aufstellung und Durchführung beteiligt ist. Standen bei Aufkommen des Phänomens CSR-Codes vor allem solche Regelwerke im Vordergrund, die von oder mit (zwischen-)staatlichen Institutionen herausgegeben wurden, hat sich die Codesetzung heute weitgehend privatisiert.[57] Die größte Anzahl an CSR-Codes wird heutzutage wohl von Unternehmen selbst hervorgebracht. Daneben existiert eine Vielzahl von Kodizes, die von mehreren Unternehmen gemeinsam („Multicorporate-Codes"),[58] von Branchenverbänden („Branchen-Codes")[59] und/oder in Zusammenarbeit mit NGOs („Multistakeholder-Codes")[60] aufgesetzt werden.[61]

(Regelungs-)Adressat von CSR-Codes sind typischerweise die beteiligten Unternehmen als Ganzes, mitunter ergänzt um deren Mitarbeiter oder Zulie-

---

[54] Bei anderen Inhalten, etwa der Verwendung von Chemikalien, mag dies vorkommen.

[55] Abrufbar unter: http://www.fairlabor.org/our-work/code-of-conduct.

[56] Vgl. etwa der Workplace Code of Conduct von *Nike Inc.* Abrufbar unter: http://s3.am azonaws.com/nikeinc/as-sets/48557/Nike_Code_of_Conduct.pdf?1445396121.

[57] Vgl. bspw. den UN Global Compact; abrufbar unter: https://www.unglobalcompact .org/what-is-gc/mission/principles.

[58] „Wolfsberg AML-Grundsätze für das Private Banking Geschäft" der Wolfsberg Gruppe, einem Zusammenschluss 13 weltweit tätiger Banken; abrufbar unter: http://www. wolfsberg-principles.com/pdf/german/private-german.pdf.

[59] Vgl. etwa die Responsible Care Initiative der Chemie-Industrie; abrufbar unter: htt ps://www.vci.de/nachhaltigkeit/responsible-care/uebersichtsseite.jsp.

[60] Vgl. bspw. den „ETI Base Code" der Ethical Trading Initiative, einem Zusammenschluss von Unternehmen NGOs und Gewerkschaften; abrufbar unter: http://www.ethical trade.org/sites/default/files/resources/ETI%20Base%20Code%20-%20German.pdf.

[61] Vgl. zu den unterschiedlichen Arten von CSR-Codes auch *Zimmer*, Soziale Mindeststandards, S. 148 ff. Zu einer Vielzahl branchenspezifischer CSR-Initiativen *Spießhofer*, Unternehmerische Verantwortung, S. 311 ff.

ferer. Gleichwohl wenden sich die Codes in aller Regel (auch) an die übrigen Stakeholder des Unternehmens. Die Codes werden typischerweise auf der Webseite des sich verpflichtenden Unternehmens veröffentlicht und damit der Allgemeinheit zugänglich gemacht.[62] CSR-Maßnahmen, einschließlich der Erarbeitung einer CSR-Strategie und daran angelehnte CSR-Codes, sind häufig wesentlicher Teil der unternehmerischen Öffentlichkeitsarbeit. Die Codes den relevanten Stakeholdern vor Augen zu führen, trägt maßgebend zu ihrer Daseinsberechtigung bei.[63] Wie ein Blick auf die Internetauftritte zeigt, legen sich die meisten Unternehmen dabei erheblich ins Zeug. Hinweise auf die CSR-Strategie finden sich bei so gut wie allen DAX-Unternehmen bereits auf deren Startseite; die meisten Unternehmen haben dem Thema gar eine eigene Rubrik gewidmet.[64]

B. Wirtschaftswissenschaftliche Grundlagen

I. Motivlage

Die Veröffentlichung von CSR-Codes schlägt die Brücke zur unternehmerischen Motivlage. CSR-Codes sind Ausdruck zweier Entwicklungen, die die betriebswissenschaftliche CSR-Diskussion seit etwa geraumer Zeit beobachtet. Bereits 1989 konstatierte *Brooks*:

„The reaction of corporations to the most recent wave of increasing interest in their social performance has been two-fold. First, there has been a move toward the management of corporate social performance rather than leaving it to happenstance. Second, corporations have been disclosing more about their social performance in demand for such information."[65]

Mit anderen Worten: CSR professionalisiert sich. Wer einen Blick in die sozialwissenschaftliche Literatur wagt, um nach den Gründen für diesen Wandel zu suchen, beziehungsweise um der Frage nachzugehen, warum Unternehmen sich überhaupt im CSR-Bereich engagieren, dem präsentiert sich eine ganze Reihe von Ansätzen. In Anlehnung an *Wolf* lassen sich diese treffend mit den Begriffen „intrinsische Motivation", „Sozialisation" und Gewinninteresse zusammenfassen.[66] Unternehmer bemühten sich um CSR also entweder, weil sie selbst von den Maßnahmen überzeugt sind und es auch als Unternehmer für ihre Aufgabe halten, dem gesellschaftlichen Wohl über die

---

[62] Selbstverständlich gibt es auch rein intern bleibende Standards, Richtlinien und Verhaltenskodizes, bei denen es sich aber um ein anderes Phänomen handelt, das hier nicht im Fokus stehen soll.
[63] Vgl. *Béthoux/Didry/Mias*, 15 Corp. Governance 77, 88 (2007).
[64] Vgl. die Nachweise soeben in Fn. 37.
[65] *Brooks*, 8 J. Bus. Ethics 117, 120 (1989).
[66] *Wolf*, in: Kadelbach/Günther (Hrsg.), Recht ohne Staat?, S. 101, 106.

unternehmerische Tätigkeit hinaus zu dienen (intrinsische Motivation),[67] oder weil sie von ihrem Umfeld dazu „erzogen" wurden (Sozialisation).[68] Etwas weiter gefasst ist mit Letzterem vor allem gemeint, dass sich Unternehmen in einem institutionellen Umfeld befinden, das ihr Handeln erheblich prägt und sie selbst dann zu CSR-Maßnahmen anhält, wenn diese aus betriebswirtschaftlicher Sicht keinen Erfolg versprechen.[69] Gerade dieser, die Rolle des Unternehmens im Verhältnis zu seinem Umfeld in den Blick nehmende Ansatz erhält in jüngerer Zeit erheblichen Aufwind.[70] Und dennoch: Der weiterhin wesentliche Ansatzpunkt in der Forschung gilt dem Gewinninteresse der Unternehmen. CSR-Maßnahmen, so die Überlegung, würden von Unternehmen schlicht dann vorgenommen, wenn und soweit ihr wirtschaftlicher Nutzen deren Kosten übersteigt – bildlich: *making green by being green* oder *doing good while doing well*.

Zwar stößt dieser Ansatz mitunter auf scharfe Kritik. Insbesondere haben verschiedene Metastudien nahegelegt, dass sich eine belastbare Verbindung zwischen der *corporate social performance* und der *corporate financial performance*, d.h. dem wirtschaftlichen Ergebnis, aus der bisherigen Forschung nicht herleiten lässt.[71] Angesichts der Unterschiede bei den Messmethoden der den Studien zugrunde liegenden Annahmen – insbesondere der CSR-Definition – sowie den verwendeten Daten nimmt dieses Ergebnis aber nicht wunder.[72]

Auch die Tatsache, dass Unternehmen mitunter eher der Herde folgen und sich bei Art und Umfang der CSR-Strategie eher an Branchengrößen orientieren, als eine an den Besonderheiten des eigenen Unternehmens ausgerichtete Entscheidung zu treffen,[73] mag man kritisieren. Den Schluss, Unternehmen würden bei CSR-Maßnahmen nicht vornehmlich monetäre Interessen verfolgen, lässt die Beobachtung aber nicht zu. Wenn überhaupt, mag man unternehmerisches Herdenverhalten als Zeichen nachlässigen Managements deuten, weniger als das fehlender Gewinnorientierung.[74] Was aber zweifelsohne

---

[67] *Wolf*, in: Kadelbach/Günther (Hrsg.), Recht ohne Staat?, S. 101, 106. Vgl. zudem etwa *Godos-Díez/Fernández-Gago/Martínez-Campillo*, 98 J. Bus. Ethics 531 ff. (2010); *Hunt/Kiecker/Chonko*, 18 J. Acad. Mark. Sci. 239 ff. (1990); *Waldman/Siegel*, 19 Leadership Q. 117 ff. (2008).

[68] *Wolf*, in: Kadelbach/Günther (Hrsg.), Recht ohne Staat?, S. 101, 106.

[69] Vgl. etwa *Brammer/Jackson/Matten*, 10 Socio-Econ. Rev. 3 ff. (2012) m.v.w.N.

[70] Vgl. *Brammer/Jackson/Matten*, 10 Socio-Econ. Rev. 3 ff. (2012) m.v.w.N.

[71] Vgl. etwa *Margolis/Walsh*, 48 Admin. Sci. Q. 268 (2003); *de Bakker/Groenewegen/den Hond*, 44 Bus. & Society 283 (2005); *Griffin/Mahon*, 36 Bus. & Society 5 (1997).

[72] Ebenso *Schreck*, in: Schneider/Schmidpeter (Hrsg.), CSR, S. 71, 76.

[73] Etwa *Schultz*, Moral, S. 279.

[74] Dazu, dass solches Verhalten durchaus rational sein kann, *The Economist*, Special Report CSR, S. 13 f.

zutreffen dürfte: Das Phänomen CSR ist zu komplex, um es monokausal erklären zu können.[75] Und: Regelmäßig werden CSR-Maßnahmen (zumindest) auf einer Kombination der oben genannten Aspekte beruhen. Gleichwohl dürfte den wichtigsten Antrieb immer noch die Erwartung verschaffen, dass sich eine CSR-Maßnahme – auf lange Sicht gesehen – auszahlt.[76]

Nimmt man die Untersuchungen zur Verbindung von CSR und Profitinteresse näher in den Blick, zeigen sich verschiedene Wirkweisen, über die CSR-Maßnahmen Einfluss auf das Unternehmensergebnis nehmen können (sogenannte Mediatoren)[77]. Unterschieden wird regelmäßig zwischen internen und externen Mediatoren.[78] In interner Hinsicht sollen CSR-Maßnahmen beispielsweise als Grundlage für eine Steigerung der organisatorischen Effizienz und der Innovationskraft dienen,[79] insbesondere im Hinblick auf die effiziente Nutzung und Verteilung von Ressourcen sowie die Fähigkeit, externe Veränderungen und Umbrüche im Voraus zu erkennen und sich darauf vorzubereiten.[80] Dies helfe Unternehmen, ihr Betriebsrisiko zu verringern.[81] Auch die enge Beziehung zu den Stakeholdern könne die betrieblichen Kosten senken sowie positive Auswirkungen auf die Arbeitsmoral und damit die Produktivität eines Unternehmens insgesamt haben.[82] Eine weitaus größere Bedeutung dürfte aber den externen Mediatoren und dort vor allem der Reputation des Unternehmens zukommen.[83] Einerseits könne positive Reputation zu einer Erlössteigerung führen: Sie könne beispielsweise zur Förderung des Absatzes/Marktanteils[84] und der Zahlungsbereitschaft[85] von Verbrauchern

---

[75] *Schultz*, Moral, S. 278.

[76] Vgl. *Wolf*, in: Kadelbach/Günther (Hrsg.), Recht ohne Staat?, S. 101, 106. Dies bestreiten auch die Vertreter institutioneller Ansätze nicht, vgl. etwa *Brammer/Jackson/Matten*, 10 Socio-Econ. Rev. 3, 10 (2012) m.v.w.N.

[77] „Mediatoren" i.S.d. Mediatorenanalyse sind Variablen (m) durch die ein Zusammenhang zwischen einer unabhängigen Variable (x) und einer abhängigen Variable (y) vermittelt wird, vgl. *Baron/Kenny*, 51 J. Pers. & Soc. Psychol. 1173 (1986). Zeigt sich bspw. ein Zusammenhang zwischen der Motivation (x) eines Freizeitsportlers und seinem Abschneiden im Wettbewerb (y), ist es denkbar, dass die Trainingsdauer ein Mediator (m) ist, der diesen Zusammenhang vermittelt.

[78] Vgl. etwa die ausführliche Literaturübersicht bei *Aguinis/Glavas*, 38 J. Manag. 932 (2012).

[79] Z.B. *Russo/Fouts*, 40 Acad. Manag. J. 534, 549 ff. (1997).

[80] *Orlitzky*, in: Crane/McWilliams/Matten/Moon/Siegel (Hrsg.), Oxford Handbook CSR, S. 113, 119.

[81] Z.B. *King*, 20 Acad. Manag. Rev. 961 (1995); *Orlitzky/Benjamin*, 40 Bus. & Society 369 (2001).

[82] Z.B. *Bertelsmann Stiftung*, Gesellschaftliche Verantwortung, S. 13.

[83] *Orlitzky*, in: Crane/McWilliams/Matten/Moon/Siegel (Hrsg.), Oxford Handbook CSR, S. 113, 118 m.w.N.

[84] Z.B.*Cochran/Wood*, 27 Acad. Manag. J. 42, 48 ff. (1984).

und Zwischenhändlern beitragen, die wegen ihrer moralischen Einstellung Produkte oder Leistungen von gemeinwohlorientierten Unternehmen bevorzugen. Sie ist auch bedeutend für Anleger, die sich auf „ethische" Investitionen spezialisiert haben.[86] Anderseits dienten CSR-Maßnahmen dazu, aktuelle oder potenzielle Kosten durch Reputationsschäden zu verhindern.[87] CSR-Maßnahmen könnten das Investitionsrisiko verringern und zu einer höheren Bewertung an Kapitalmärkten führen beziehungsweise die Kapitalkosten senken.[88] Das soziale Engagement eines Unternehmens sei zudem ein nicht unwesentlicher Faktor auf dem Markt um qualifizierte Mitarbeiter und könne positive Auswirkungen auf die Arbeitsmoral und damit die Produktivität eines Unternehmens haben.[89] CSR-Codes würden zudem als Mittel eingesetzt, um staatliche Interventionen in den Markt zu vermeiden oder sie zumindest zu präjudizieren.[90] Schließlich biete sich die Möglichkeit für Unternehmen, die einem relativ strengen staatlichen Regulierungsrahmen unterliegen, ihre Mitbewerber durch die Schaffung einheitlicher Codes den gleichen Anforderungen zu unterwerfen.[91] Dabei gilt selbstverständlich, dass CSR-Maßnahmen nicht in jedem Fall über alle Mediatoren wirken; oft genug wird sogar überhaupt kein positiver Einfluss auf das Unternehmensergebnis spürbar sein. Grundsätzlich ist auch die Überlegung, ob und, wenn ja, welche CSR-Maßnahmen ein Unternehmen im Einzelfall durchführen sollte, eine komplexe Abwägungsentscheidung unter Unsicherheit. Von üblicher Unternehmenstätigkeit unterscheidet sie das aber nicht.

Aus theoretischer Sicht liegt der wesentliche Reiz des Ansatzes darin, keinen Rückgriff auf die Stakeholder-Theorie zu erfordern und damit auch in einem normativ-ökonomischen Umfeld leicht handhabbar zu bleiben. Wer weiterhin den *shareholder value* als Unternehmensziel definiert, erhält denn auch eine (theoretische) Antwort auf die Frage, welche Menge und Art von CSR-Maßnahmen ein Unternehmen durchführen sollte: die, die seinen Profit maximiert. Auch in deskriptiver Hinsicht mag man zwar nicht annehmen,

---

[85] Z.B. *McWilliams/Siegel*, 26 Acad. Manag. Rev. 117, 124 (2001); einschränkend *Orlitzky*, in: Crane/McWilliams/Matten/Moon/Siegel (Hrsg.), Oxford Handbook CSR, S. 113, 121 m.w.N.

[86] Vgl. zur zunehmenden Bedeutung von Social Responsible Investing (SRI) und dessen Bedeutung für die CSR-Politik von Unternehmen *Sparkes/Cowton*, 52 J. Bus. Ethics 45 (2004).

[87] Z.B. *Godfrey*, 30 Acad. Manag. Rev. 777, 786 ff. (2005); *Epstein/Roy*, 34 Long Range Plann. 585, 591 ff. (2001).

[88] Z.B. *Ioannou/Serafeim*, 36 Strat. Mgmt. J. 1053 (2015). Vgl. auch *Ferrel/Liang/Renneboog*, 122 J. Fin. Econ. 585 (2016).

[89] Z.B. *Bertelsmann Stiftung*, Gesellschaftliche Verantwortung, S. 13; *Davis*, 16 Acad. Manag. J. 312, 314 (1973).

[90] Z.B. *Metcalf*, 28 Pace Envtl. L. Rev. 145, 157 (2010); *Wolf*, in: Kadelbach/Günther (Hrsg.), Recht ohne Staat?, S. 101, 106.

[91] Z.B. *Lyon/Maxwell*, 2 Rev. Envtl. Econ. Policy 240, 245 ff., 253 ff. (2008).

dass Unternehmer immer so handeln, dass sie dieses Ziel erreichen, wohl aber, dass sie es häufiger versuchen als nicht. Wenn dies auch nur daran liegen mag, dass die meisten aktiven Unternehmer in Vorlesungen und Seminaren unterrichtet wurden, die ihnen dieses Ideal gepredigt haben.

II. CSR-Belange als Externalitäten

Nimmt man CSR aus volkswirtschaftlicher Sicht in den Blick, gilt es zunächst, etwas eigentlich Offensichtliches festzustellen: Massive Umweltverschmutzung, Menschenrechtsverletzungen, Diskriminierung und das Nichtzahlen von Steuern wirken sich regelmäßig wohlfahrtsmindernd aus. Treten derartige Verhaltensweisen systematisch und hinreichend häufig auf, stellen sie ein gesamtgesellschaftliches Problem dar.

Anderes vertreten auch die neoklassischen Kritiker des CSR-Ansatzes nicht. Die ökonomische Begründung dafür, dass Unternehmen dennoch systematisch soziale und ökologische Belange missachten, liegt – kurz gesagt – darin, dass es sich bei diesen um öffentliche Güter handelt, die sich durch Nicht-Ausschließbarkeit und Nicht-Rivalität auszeichnen.[92] Unternehmen müssen daher die Kosten für den Verbrauch der Güter, d.h. der Schädigung der Belange, nicht tragen und müssen diese darum auch nicht an ihre Kunden weiterreichen und können so die aus der Schädigung resultierenden Gewinne einstreichen.[93] Kurz: Es bestehen systematische Anreize für die Unternehmen, CSR-relevante Belange zu missachten. Oder in Anlehnung an *Ernst Ulrich von Weizsäckers* bekannten Leitspruch: Die Preise der Produkte sagen nicht ihre „ökologische Wahrheit".[94]

Der herkömmliche Ansatz zur Behebung dieses Problems lautet: staatliche Regulierung. Öffentliche Güter verursachen ein Marktversagen, das nur durch staatliche Eingriffe zu beheben sei. Unternehmen müssten dazu gezwungen werden, die von ihnen verursachten externen Kosten zu internalisieren.[95] Der CSR-Ansatz beschreibt einen anderen Weg. Aus den dargelegten Gründen kann es für Unternehmen rational sein, bestimmte Externalitäten eigenständig und ohne staatliche Regulierung zu internalisieren.[96] Um das deutlichste Beispiel zu wählen: Wenn die Abnehmer eines bestimmten Produkts Präferenzen haben für dessen Herstellung oder allgemeiner für ein

---

[92] Vgl. nur *Kitzmueller/Shimshack*, 50 J. Econ. Lit 51, 54 (2012).

[93] Vgl. dazu im CSR-Kontext in der deutschen rechtswissenschaftlichen Literatur auch *Habersack/Ehrl*, AcP 219 (2019), 156, 160 f.

[94] Etwa *v. Weizsäcker*, in: Vohrer (Hrsg.), Ökologische Marktwirtschaft, S. 9, 11.

[95] Nichts anderes meint auch *Friedman*, New York Times Magazine v. 13. September 1970, S. 17.

[96] Vgl. dazu nur *Bagnioli/Watts*, 12 J. Econ. & Manag. Strat. 419 ff. (2003); *Besley/Gatak*, 91 J. Publ. Econ. 1645 ff. (2007); *dies*, 95 Am. Econ. Rev. 616 (2005); Zur Übersicht *Kitzmueller/Shimshack*, 50 J. Econ. Lit 51, 54 ff. (2012).

CSR-freundliches Verhalten von Konsumgüterherstellern,[97] würde ein rational handelnder Unternehmer die an ihn gestellten Erwartungen so lange erfüllen, bis die Grenzkosten einer weiteren CSR-Maßnahme deren Grenznutzen übersteigen. Und: Auf dem Markt würde ein Wettbewerb dahingehend entstehen, wer die CSR-bezogenen Präferenzen der Abnehmerschaft bestmöglich erfüllt. Es entstünde ein Markt für CSR.

Dieser Gedanke lässt sich auf andere Mediatoren übertragen. So legt die CSR-Forschung nahe, dass Abnehmer Produkte von Unternehmen mit einer guten CSP nicht nur aufgrund von CSR-bezogenen Präferenzen vorziehen, sondern auch, weil sie in den CSR-Maßnahmen ein Signal für eine gute Produktqualität sehen. Die Maßnahmen, so die Überlegung, verursachten bei den Unternehmen Kosten, die sie sich nur dann leisten könnten, wenn ihre Produkte qualitativ besser seien als die der anderen Marktteilnehmer. Die Verhaltensökonomie ergänzt dieses Argument dadurch, dass CSR-Maßnahmen bei der Abnehmerschaft einen sogenannten „Halo-Effekt" auslösen könnten: Unabhängig von rationalen Erwägungen würde der durch CSR-Maßnahmen erworbene gute Ruf auf die Erwartungen zur Produktqualität ausstrahlen, selbst wenn eine rationale Verknüpfung nicht herzustellen ist.[98] Das Vorgesagte gilt *mutatis mutandis* für den Markt um Arbeitnehmer wie Anleger. Und schließlich müssen rationale Unternehmer bei der Wahl ihrer CSR-Strategie auch interne Mediatoren miteinbeziehen. Auch interne Kostenersparnisse, die aus der Durchführung von CSR-Maßnahmen herrühren, schlagen sich im Preis der angebotenen Produkte nieder.

Bereits aus dieser kurzen Skizze der ökonomischen Wirkweise von CSR lassen sich die Chancen, aber auch die Grenzen des CSR-Ansatzes gut erkennen: Erstens erfordert die Frage, welche CSR-Strategie ein Unternehmer wählen sollte, erhebliches Wissen und komplexe Überlegungen. Eine Maßnahme kann über unterschiedliche Mediatoren wirken, Interferenzen nicht ausgeschlossen. Aber: Auch wenn dieser Prozess komplex sein mag, ist er aus ökonomischer/mathematischer Sicht durchaus möglich. Gleichzeitig zeigt sich zweitens, dass eine optimale CSR-Maßnahme nicht unbedingt die ist, die die anvisierten CSR-Belange maximal schützt.[99] Ein rationales Unternehmen wird CSR-Maßnahmen nur insoweit vornehmen, wie sie sich wirtschaftlich rentieren. Nimmt man lediglich die Präferenzen der Abnehmer in den Blick, hieße das beispielsweise: Ein Unternehmen wird versuchen, die CSR-Präferenzen seiner Abnehmer optimal zu bedienen. Das bedeutet nicht, dass damit notwendigerweise auch die sozialen und ökologischen Probleme inso-

---

[97] Dazu und zum Folgenden unten S. 146 f.
[98] Vgl. eindrücklich *Hong/Liskovich*, Crime, Punishment and the Halo Effect of Corporate Social Responisiblity, S. 1 ff.
[99] Kritisch deswegen *Eickenjäger*, Menschenrechtsberichterstattung, S. 89 ff.

weit gelöst werden, wie es gesamtgesellschaftlich wünschenswert wäre.[100] Es bedeutet noch nicht einmal, dass der Wettbewerb um CSR notwendigerweise dazu führt, dass gesamtgesellschaftlich sinnvolle Maßnahmen ergriffen werden.

In einer weit beachteten Studie haben etwa *Davis, Guenther, Krull* und *Williams* auf ein vermeintliches Paradox hingewiesen: Selbst Unternehmen, die in hohem Maße CSR-Maßnahmen durchführen, neigten dazu, ihre Steuerlast (zum Teil über das gesetzlich Zulässige hinaus) zu minimieren.[101] Diese Erkenntnis führte zu folgender Frage: Warum fördern diese Unternehmen gesellschaftliche Ziele nicht auf die einfachste Art und Weise, durch Zahlung von Steuern? Mögliche Antworten auf diese Frage sind vielfältig. Vorgeschlagen wird neben bloßer Heuchelei etwa die Tatsache, dass CSR- und Steuerabteilungen regelmäßig getrennte Einrichtungen sind. Und jede Abteilung versuche nun einmal, seine Handlungen zu optimieren – aus Sicht der CSR-Abteilungen die CSP, aus Sicht der Steuerabteilung die Steuerlast.[102] Die Autoren schlagen darüber hinaus zwei andere Erklärungsansätze vor. Einerseits sei es denkbar, dass Unternehmen CSR-Maßnahmen und das Zahlen von Steuern als Substitute betrachten. Beides diene dazu, Gemeinwohlbelange zu fördern, durch CSR-Maßnahmen könnten die Unternehmen aber anhand ihrer eigenen Präferenzen entscheiden, welche Ziele sie fördern wollen.[103] Andererseits ließe sich – im Einklang mit dem Vorgesagten – vermuten, dass sich CSR-Maßnahmen im Wettbewerb stärker auszahlen als das Abführen von Steuern.[104] Etwa weil Abnehmer, Anleger, Arbeitnehmer, und sonstige relevante ökonomische Stakeholder eine stärkere Präferenz für soziale und ökologische Belange haben als für die Steuergerechtigkeit. Steuern zu zahlen, würde sich aus unternehmerischer Sicht also mitunter einfach nicht rechnen.

Dass der CSR-Ansatz das Externalitätenproblem nicht vollumfänglich lösen kann, verwundert kaum. Es wird aber deutlich, dass er sehr wohl geeignet sein mag, das Problem zu lindern und damit erhebliche Wohlfahrtsgewinne zu erzeugen. Und: Gerade dort, wo der Königsweg zur Verhinderung von Marktversagen – rechtliche Regulierung – etwa wegen zu schwacher staatlicher Strukturen ausscheidet, mag der CSR-Ansatz sogar den einzigen funktionalen Weg darstellen.

---

[100] Ein Gleichlauf würde nur dann bestehen, wenn die Abnehmer den Nutzen der CSR-Maßnahmen für die CSR-Belange in vollem Umfang internalisieren könnten. Besonders wahrscheinlich ist das freilich nicht, vgl. etwa m.w.N. *Kaas*, in: Gerd Wagner (Hrsg.), Betriebswirtschaft und Umweltschutz, S. 29, 30.

[101] *Davis/Guenther/Krull/Williams*, 91 Acct. Rev. 47 ff. (2016).

[102] *The Economist*, 2.–8. Januar 2016, S. 48.

[103] *Davis/Guenther/Krull/Williams*, 91 Acct. Rev. 47, 52 (2016).

[104] *Davis/Guenther/Krull/Williams*, 91 Acct. Rev. 47, 51 (2016).

III. Informationsasymmetrien

Ein solcher wettbewerbsbezogener CSR-Ansatz steht vor einer weiteren systematischen Hürde, der des Marktversagens aufgrund von Informationsasymmetrien.[105] Während der Unternehmer weiß, ob er eine ankündigte CSR-Maßnahme tatsächlich durchführt – konkret: ob er einen veröffentlichten CSR-Code einhält –, können die Nachfrager dies zu vertretbaren Kosten nur sehr selten überprüfen, was verschiedene, umfassend beschriebene Ineffizienzen zur Folge haben kann.[106]

Generell gilt: Können Abnehmer die Qualität einer versprochenen Eigenschaft nicht überprüfen, besteht für Unternehmer der Anreiz zu opportunistischem Verhalten durch Über- oder Unterversorgung beziehungsweise Preisbetrug.[107] Dass sich hieraus erhebliche Probleme für den Wettbewerb, bis zur Gefahr totalen Marktversagens, ergeben können, hat bereits *Akerlof* in seinem berühmten *Lemons*-Problem beschrieben: Am Beispiel des Gebrauchtwagenmarktes zeigte er, dass Abnehmer, die lediglich die Durchschnittsqualität der angebotenen Produkte, nicht aber die Qualität jedes einzelnen Produkts bestimmen können, allenfalls bereit sind, den Durchschnittspreis für ein Gut zu bezahlen. Aber: Anbieter von Produkten höherer Qualität werden ihre Produkte zu diesem – für sie zu niedrigen – Preis nicht verkaufen. Es kommt zu einer Negativauslese, die die Anbieter höherwertiger Produkte aus dem Markt drängt (sog. *adverse selection*).[108]

Im Hinblick auf CSR-Versprechen ist dieses Problem sogar besonders dringlich. Angesprochen ist damit die von *Nelson* begründete und von *Darby/Karni* erweiterte Einteilung in Such-, Erfahrungs- und Vertrauensgüter, die sich auch in der juristischen Rezeption großer Beliebtheit erfreut.[109] Waren- und Dienstleistungen, besser: die einzelnen Eigenschaften von Waren- oder Dienstleistungen, lassen sich grundsätzlich einer dieser Kategorien zuordnen, wobei für die Einteilung maßgeblich ist, mit welchen Kosten die Bestimmung der Warenqualität verbunden ist (deshalb: Suchkostenkategorien).[110] Die Grundannahme lautet: Ein Abnehmer wird so lange versuchen,

---

[105] *Kaas*, in: Gerd Wagner (Hrsg.), Betriebswirtschaft und Umweltschutz, S. 30.

[106] Vgl. zur Übersicht insbes. *Dulleck/Kerschbamer/Sutter*, 101 Am. Econ. Rev. 526, 527 (2011).

[107] Überversorgung, d.h. die Leistung und Abrechnung einer höheren Qualität als für den Abnehmer erforderlich, kommt dagegen nur in Fällen vor, in denen er seine eigenen Bedürfnisse nicht kennt.

[108] *Akerlof*, 84 Q. J. Econ. 488 (1970).

[109] *Nelson*, 82 J. Pol. Econ. 729 (1974); *Darby/Karni*, 16 J. L. & Econ. 67 (1973). Aus rechtlicher Sicht grundlegend, Fleischer, Informationsasymmetrie, S. 42 ff. Für lauterkeitsrechtliche Rezeption etwa *Lettl*, Schutz vor Irreführung, S. 78 f.

[110] Etwas missverständlich ist daher die wettbewerbsrechtliche Rechtsprechung Literatur, die zu stark auf das zu erwerbende Produkt fokussiert (Erfahrungsgüter, seien häufig erworbene billige, Suchgüter selten gekaufte, langlebige und teure Produkte) und dabei die

die Qualität eines Produkts beziehungsweise einer Eigenschaft zu bestimmen, bis er sein Ziel erreicht hat und/oder bis die Grenzkosten einer erneuten Suchanstrengung deren Grenznutzen überschreiten; so maximiert er den Gesamtnutzen der Konsumentscheidung.[111]

Auf dieser Grundlage lassen sich Suchgüter definieren als Produkte, bei denen die zur eindeutigen Qualitätsbestimmung erforderlichen Grenzkosten der Suche vor Vertragsschluss niedriger sind als ihr Grenznutzen beziehungsweise sie diesem entsprechen. Um ein Erfahrungsgut handelt es sich, wenn die Grenzkosten der Suche vor Vertragsschluss deren Grenznutzen übersteigen, wobei die Grenzkosten der Suche nach Vertragsschluss, die für die eindeutige Feststellung der Qualität erforderlich sind, geringer oder gleich ihrem Grenznutzen sind. Bei Vertrauensgütern übersteigen die erforderlichen Grenzkosten der Qualitätssuche ihren Grenznutzen sowohl vor als auch nach Vertragsschluss.[112]

Reale Güter sind regelmäßig Mischformen, die sowohl über Such-, Erfahrungs- als auch Vertrauenseigenschaften verfügen. Während der Reifegrad eines Bio-Apfels etwa bereits vor dem Erwerb zweifelsfrei und zu geringen Kosten feststellbar ist (Sucheigenschaft), lässt sich sein Geschmack erst danach erfahren (Erfahrungseigenschaft). Die Frage, ob er tatsächlich aus biologischem Anbau stammt, kann der Abnehmer weder vor noch nach dem Kauf zu vertretbaren Kosten überprüfen (Vertrauenseigenschaft).

Inwieweit für den Anbieter ein Anreiz zur Lüge besteht, ist davon abhängig, auf was für ein Produkt beziehungsweise auf was für eine Eigenschaft sich seine Aussage bezieht.[113] Während Lügen hinsichtlich der Qualität von Sucheigenschaften regelmäßig zwecklos sind, weil der Abnehmer die Wahrheit noch vor Vertragsschluss erfahren und von dem Erwerb absehen wird,

---

Kosten für die Qualitätsbestimmung außer Betracht lässt, vgl. etwa BGH GRUR, 163, 164 – *Computerwerbung II*; *Beater*, Unlauterer Wettbewerb, Rn. 1191; *Lettl*, Irreführung, S. 79; *ders.*, GRUR 2004, 449, 454; *Pfeiffer*, NJW 2011, 1, 4. Dies kritisiert zu Recht auch *Busch*, Informationspflichten, S. 49.

[111] Grundlegend *Stigler*, 69 J. Political Econ. 213 (1961) für die Suche nach dem günstigen Preis; *Nelson*, 82 J. Political Econ. 729 (1974) für die Qualitätssuche.

[112] Genau genommen lassen sich auch Vertrauensgüter wiederum in zwei Stränge teilen: Entweder ist ein Gut Vertrauensgut, weil die Abnehmer ihre eigenen Bedürfnisse nicht richtig kennen (bspw. bei der Reparatur von Kraftfahrzeugen, ärztliche Heilbehandlungen oder die Tätigkeit von Rechtsanwälten) oder weil sie keine Möglichkeit haben festzustellen, ob die erhaltene Leistungen ihre Bedürfnisse erfüllt. CSR-Maßnahmen eines Unternehmens können grundsätzlich beide Varianten betreffen, regelmäßig wird aber das Problem Nichtverifizierbarkeit der Bedürfnisbefriedigung im Vordergrund stehen. Vgl. zur ersten Variante etwa, *Dulleck/Kerschbamer*, 44 J. Econ. Lit. 5 (2006); zur zweiten, *Baksi/Bose*, 37 Environ. Resour. Econ. 411 (2007); *Feddersen/Gilligan*, 10 J. Econ. Manag. Strat. 149 (2001); *Reik*, Einfluss von Information, S. 226 ff.

[113] Hierzu und zum Folgenden *Nelson*, 82 JPE 729 (1974); *Darby/Karni*, 16 J. L. & Econ. 67 (1973).

können sich unternehmerische Täuschungen im Fall von Erfahrungs- oder Vertrauenseigenschaften durchaus rentieren. Zwar muss ein Anbieter, der über die Qualität von Erfahrungseigenschaften täuscht, damit rechnen, dass ein Abnehmer das Produkt nicht noch einmal erwirbt. Gerade bei teureren Produkten mit einer langen Lebenszeit mag das aber ein vertretbares Risiko darstellen. Bei Vertrauenseigenschaften gilt noch nicht einmal dies. Der Abnehmer kann das Vorliegen der Eigenschaft grundsätzlich überhaupt nicht verifizieren. Und: Um genau solche Vertrauenseigenschaften handelt es sich bei der Durchführung von CSR-Maßnahmen.

C. Eingrenzung des Untersuchungsgegenstands

Die Arbeit wird das ökonomische CSR-Verständnis aufnehmen und dabei untersuchen, wie das Privatrecht den genannten Interessen Rechnung trägt sowie inwieweit es effektive Mittel vorsieht, die dargelegten Hindernisse zu beseitigen. Dabei wird sie sich auf die Analyse der externen Wirkweisen von CSR-Maßnahmen beschränken. Sie wird insbesondere die Beziehungen zu den Wettbewerbern, den Anlegern und den Abnehmern des Unternehmens beleuchten, das die Durchführung bestimmter CSR-Maßnahmen verspricht. Die Beziehung zu umworbenen Arbeitnehmern wird sie aussparen. Soweit in diesem Verhältnis vertragsrechtliche oder wettbewerbsrechtliche Fragen betroffen sind, ergeben sich keine wesentlichen Unterschiede zum Abnehmerverhältnis; soweit arbeitsrechtliche Besonderheiten gelten, führten sie weg vom Fokus dieser Untersuchung.

Schließlich wird die Arbeit mit CSR-Codes nur einen Teil dessen ins Auge fassen, was gemeinhin unter CSR-Maßnahmen verstanden wird. Gerechtfertigt ist dies aufgrund der fundamentalen Bedeutung der Codes für die unternehmerische CSR-Strategie. Sie wird zudem auf solche Kodizes fokussieren, die entweder unternehmensbezogene Versprechen enthalten oder, sofern es sich um produktbezogene Versprechen handelt, lediglich prozessorientierte Vorgaben machen. Gleichzeitig produkt- und erfolgsbezogene CSR-Codes stellen einen absoluten Ausnahmefall dar, der den Blick auf die typische Wirkweise von CSR-Codes versperren würde. Aus demselben Grund wird die Untersuchung auch solche Fälle unberücksichtigt lassen, in denen Unternehmen ihren Stakeholdern CSR-Informationen persönlich, d.h. durch Direktansprache, übermitteln und diese nicht nur auf der Unternehmenswebseite verfügbar halten. Insgesamt zielt die Arbeit darauf ab, Strukturen herauszuarbeiten und die wesentliche Funktionalität des marktbezogenen Privatrechts für den CSR-Ansatz untersuchen. Eine gewisse tatsächliche wie dogmatische Flughöhe ist dafür unerlässlich.

Erster Teil
Horizontalverhältnis

§ 2 Haftung gegenüber Wettbewerbern

A. Interessenlage

Unternehmen, die CSR-Codes veröffentlichen, tun dies – wie dargelegt – häufig nicht alleine. Namhafte Initiativen wie der „UN Global Compact", die „Responsible Care Initiative" der Chemieindustrie oder die „Wolfsberg Principles" aus der Bankenwirtschaft stellen sogenannte Multistakeholder-Initiativen dar, an denen zumindest verschiedene sich verpflichtende Unternehmen, mitunter auch andere Akteure wie staatliche oder zwischenstaatliche Einrichtungen, Branchenverbände oder NGOs beteiligt sind. Derartige Codes sind weit verbreitet: Allein der Global Compact zählt über 13.000 Mitglieder.[1] Und: Diese Liste ließe sich mühelos erweitern. In den meisten Wirtschaftsbereichen haben sich inzwischen CSR-bezogene Standards, Selbstverpflichtungen oder Leitlinien herausgeprägt, die für eine nachhaltige Wirtschaft eintreten.

Für die hier untersuchte Fragestellung – die Haftung im Horizontalverhältnis – sind insbesondere Initiativen interessant, die auf rein privatem Engagement gründen. Nur solche Multicorporate-Codes sind Gegenstand dieser Untersuchung. Dort treten die hinter den Codes liegenden wirtschaftlichen Interessen am deutlichsten zutage, dort fehlen externe Dritte, die sich um die Einhaltung der Codes bemühen.

Fragt man nach den unternehmerischen Motiven, etwa an allgemeinen Branchenkodizes teilzunehmen, zeigt sich im Gegensatz zu eigens entworfenen CSR-Strategien ein erheblicher Unterschied: Ein Alleinstellungsmerkmal im Wettbewerb kann die Teilnahme an derartigen Codes nicht darstellen. Bisweilen bemühen sich die Initiativen sogar um (zumindest) branchenweite Verbreitung. Statt der individuellen Absatzwerbung rücken dann andere Zwecke in den Vordergrund – etwa die Verbesserung der Branchenreputation, die Vermeidung oder Präjudizierung regulativer Eingriffe oder auch das Ziel einer bestimmten Gruppe von Unternehmen, den ihnen auferlegten scharfen Regulierungsrahmen zu exportieren.[2]

---

[1] https://www.globalcompact.de/de/ueber-uns/dgcn-ungc.php?navid=539859539859.
[2] Dazu bereits oben S. 16 f.

B. Zuwiderhandlungshaftung

I. Vertragshaftung

Aus privatrechtlicher Sicht liegt es nahe, Multicorporate-Codes als Vertrag zu qualifizieren.[3] Der Vertrag ist das Standardinstrument privater Regelsetzung. Die Einhaltung bestimmter CSR-Standards vertraglich zu vereinbaren, wäre die einfachste wie effektivste Methode, deren verbindliche Geltung unter den Beteiligten anzuordnen.[4]

Kartellrechtliche Zulässigkeitsfragen außer Acht gelassen, gilt: Wenn und soweit die beteiligten Unternehmen wollen, können sie selbstverständlich auch ihre Nachhaltigkeitspolitik durch rechtsgeschäftliche Vereinbarungen für die Zukunft festlegen. An Zuwiderhandlungen würden – soweit nicht anders vereinbart – die Rechtsfolgen des allgemeinen Leistungsstörungsrechts knüpfen. Mit *Hager* gesprochen: „Haben die Parteien von ihrer Freiheit Gebrauch gemacht und einen Vertrag geschlossen, werden sie an diesen gebunden, und zwar auch dann, wenn sich die Verhältnisse ändern. Es herrscht Rechtssicherheit. Aus dem freien Willen wird ein gebundener."[5]

Allein die theoretische Möglichkeit einer vertraglichen Vereinbarung von CSR-Codes lässt jedoch nicht den Schluss zu, die beteiligten Unternehmen würden auch von ihr Gebrauch machen. In weiten Teilen der Öffentlichkeit scheint vielmehr ein anderes Bild unternehmerischer CSR-Initiativen vorzuherrschen: das unverbindlicher Absichtserklärungen, die ohnehin nicht eingehalten würden.[6] Nimmt man dagegen eine weniger pessimistische Sicht ein und versucht, CSR-Codes mit den Mitteln der Rechtsgeschäftslehre zu greifen, gilt aber nichts anderes als bei jeder anderen Erklärung: Verbindliche Zusagen sind von unverbindlichen, rechtsgeschäftliche von sozialen Versprechen abzugrenzen.[7]

1. Abgrenzung nach dem Rechtsbindungswillen

Die herrschende Meinung trifft die Abgrenzung zwischen rechtlich verbindlichen und rechtlich unverbindlichen Versprechen anhand des Rechtsbin-

---

[3] Generell zur Einordnung von Multistakeholder-Initiativen als Vertrag etwa, *Frenz*, Selbstverpflichtungen, S. 197 ff.; *Glinski*, Private Regulierung, S. 138; *Hucklenbruch*, Umweltrelevante Selbstverpflichtungen, S. 101 ff.

[4] Allgemein vom Vertrag als „Grundmodell privater Selbstregulierung" sprechen *Buck-Heeb/Dieckmann*, Selbstregulierung, S. 255. Ebenso *Hoeren*, Selbstregulierung, S. 358 f. Vgl. zudem *Windbichler*, in: Jürgens/Sadowski/Schuppert/Weiss (Hrsg.), Perspektiven, S. 282, 296, im Hinblick Selbstregulierung im Mitbestimmungsrecht.

[5] *Hager*, Strukturen, S. 8.

[6] Vgl. oben Einleitung.

[7] *Ohly/Liebenau*, in: Hilty/Henning-Bodewig (Hrsg.), CSR, S. 197, 198.

dungswillens.⁸ Entscheidend ist lediglich, ob die beteiligten Unternehmen einen CSR-Code als verpflichtenden Vertrag ausgestalten wollten oder nicht. Mit *Bork*:

„Die Rechtsfolgen des Vertrags treten nur deshalb ein, weil sie von den Parteien übereinstimmend gewollt sind, und sie treten nur dann ein, wenn sie von den Parteien gewollt sind. Deshalb kommt die rechtsgeschäftliche Regelung nur zustande, wenn beide Parteien ausdrücklich oder stillschweigend zum Ausdruck gebracht haben, dass sie diese Rechtsfolgen verbindlich wollen."⁹

In funktionaler Hinsicht ist das vollkommen richtig. Wenn der Rechtsbindungswille seit jeher als Fiktion kritisiert wird und stattdessen objektivere Ansätze vorgeschlagen werden,¹⁰ liegt dies wohl eher an einer allgemeinen Kritik des „Willensdogmas" als an der Suche nach praktisch handhabbaren Lösungen. Auch wenn es zunächst charmant klingen mag, das Rechtsgeschäft etwa solchen Abreden vorzuenthalten, die in familiären, freundschaftlichen oder gesellschaftlichen Bereichen beheimatet sind, es aber immer dann zur Anwendung zu bringen, sobald Vermögensinteressen betroffen sind,¹¹ zeigt sich der Konflikt mit den Grundsätzen der (negativen) Vertragsfreiheit unmittelbar: Warum sollte es den Parteien verwehrt sein, die Einladung zu einem Abendessen vertraglich auszugestalten, wenn die Beteiligten dies wollen? Warum müssen alle geschäftlichen Abreden vertraglicher Natur sein, wenn die Beteiligten auf rechtliche Durchsetzungsmechanismen bewusst verzichten wollten?¹²

---

⁸ RGZ 157, 228, 233; BGHZ 21, 102, 106; *Bork*, AT, Rn. 676; *Gernhuber*, Schuldverhältnis, S. 124 f.; *Kötz*, Vertragsrecht, Rn. 31; *Leenen*, AT, § 8 Rn. 22 f.; *Leipold*, BGB I, § 10 Rn. 11; Staudinger/*Olzen*, § 241 Rn. 79 f.; Esser/*Schmidt*, Schuldrecht I 1, S. 159; Soergel/*Teichmann*, 12. Aufl. § 241, Rn. 3; *v. Tuhr*, AT II 1, S. 170; Erman/*Westermann*, Einl § 241, Rn. 14; *Wolf/Neuner*, AT, § 28 Rn. 17 ff. Aus rechtsvergleichender Sicht *Kötz*, Europäisches Vertragsrecht, S. 97 ff.
⁹ Staudinger/*Bork*, Vorbem zu §§ 145-156, Rn. 2.
¹⁰ Etwa *Flume*, AT II, S. 87 f.; *Plander*, AcP 176 (1976), 425, 440 ff. Anders *Medicus/Petersen*, AT, Rn. 191 ff., die zwar grundsätzlich einer Abgrenzung nach dem Rechtsbindungswillen zustimmen, aber auf objektive Ansätze zurückgreifen wollen, wenn die Parteien einen solchen Willen nicht gebildet hätten. Im Grunde liegt darin aber nur eine konsequente Anwendung der Auslegungsregeln.
¹¹ So etwa *Flume*, AT II, S. 82 f.; *v. Giercke*, Entwurf, S. 194 f.; *v. Tuhr*, AT II 1, S. 170, 182. In diese Richtung auch *Stoll*, Handeln auf eigene Gefahr, S. 25 f. Zu den historischen Grundlagen dieser Ansicht eingehend etwa *Hellwig*, AcP 86 (1896), 223 ff. Ähnlich aber mit einem weiteren Vermögensbegriff operierend *Kohler*, ArchBürgR 12 (1897), 1 ff., 4. A.A. bereits *Windscheid*, Pandektenrecht, Bd. II, § 250, Fn. 3; § 314, Fn. 8; *Jhering*, Jher-Jb. 18 (1880), 1, 43 ff. Deutlich gegen eine Beschränkung auf Vermögensinteressen auch Prot. I, S. 280 f. = Mugdan II, S. 501 f. Vgl. zum Ganzen ausführlich *Willoweit*, Nicht rechtsgeschäftliche Vereinbarungen, S. 19 ff.
¹² Ebenso etwa MüKo-BGB/*Bachmann*, § 241 Rn. 167; Staudinger/*Bork*, Vorbem zu § 145 Rn. 80; *Comes*, Rechtsfreier Raum, S. 49 f.; *Mantz*, Rechtsfragen offener Net-

Im Hinblick auf CSR-Codes ist gerade dieser letzte Ansatz von Bedeutung. Trotz ihrer sozialen, ethischen oder ökologischen Zielsetzung handelt es sich ohne Frage um geschäftliche Absprachen, die das unternehmerische Kerngeschäft und damit Vermögensinteressen betreffen. Auch hier muss es den Parteien aber freistehen, sich lediglich sozialer Sanktionsmechanismen zu bedienen.[13]

Maßgeblich für die Feststellung des Rechtsbindungswillens ist die Auslegung der Erklärungen (§§ 133, 157 BGB).[14] Das heißt zweierlei: Erstens bestimmt sich die Frage, ob ein Multicorporate-Code vertraglich ausgestaltet ist, nach dem Verständnis eines objektiven Dritten.[15] Zweitens gilt gleichzeitig: Wenn die Parteien einen rechtsverbindlichen Code übereinstimmend wollten, ist dieser verbindlich, unabhängig davon, was der Text sagt (Vorrang des übereinstimmend Gewollten).[16] Praktisch relevanter ist aber vermutlich die gegenteilige Variante: Auch wenn ein CSR-Code noch so rechtsverbindlich aussieht; wenn die Parteien kein Rechtsgeschäft wollten, liegt keines vor.[17]

2. Bedeutung des Wortlauts

Im Gegensatz zu den meisten Fällen, in denen eine Bestimmung des Rechtsbindungswillens relevant wird, liegen mit CSR-Codes schriftlich fixierte Erklärungen vor. Es nimmt denn auch nicht wunder, dass sich die CSR-Literatur vor allem auf Wortlaut und Systematik gestürzt und diese umfänglich analysiert hat.

Abgestellt wird etwa auf die Bezeichnung des Codes: Begriffe wie „Prinzipien", „Standards", „Kodex" oder „Selbstverpflichtung" würden deutlich

---

ze, S. 98; Staudinger/*Olzen*, § 241 Rn. 80; *Willoweit*, Nicht rechtsgeschäftliche Vereinbarungen, S. 27.

[13] Vgl. generell *Bahntje*, Gentlemen's Agreement (1981); *Reuss*, AcP 154 (1955), 485 ff.; *Willoweit*, Nicht rechtsgeschäftliche Vereinbarungen, S. 89 f.; *Flume*, AT II, S. 92 ff.; *Medicus/Petersen*, AT, Rn. 191; Staudinger/*Olzen*, § 241 Rn. 89 m.w.N.

[14] Vgl. nur BGHZ 109, 171, 177; BGHZ 21, 102, 106 f.; Palandt/*Ellenberger*, § 133 Rn. 3, 9; Soergel/*Hefermehl*, § 133 Rn. 9; Jauernig/*Mansel*, § 133 Rn. 1; Erman/*Arnold*, § 133 Rn. 1 f.; Staudinger/*Singer*, § 133 Rn. 25, jeweils m.w.N.

[15] Vgl. zur Auslegung nach dem objektiven Empfängerhorizont statt vieler etwa *Wolf/Neuner*, AT, § 35 Rn. 2 ff.

[16] Vgl. statt aller etwa *Leenen,* AT, § 5 Rn. 45 f.; Staudinger/*Singer*, § 133 Rn. 13, 18; *Wolf/Neuner*, AT, § 35 Rn. 27.

[17] Auch wenn nur einige der Beteiligten den Code als unverbindlich verstanden haben, gilt zwischen ihnen dieses Auslegungsergebnis. Gegenüber den übrigen Teilnehmern ist auf den objektiven Empfängerhorizont abzustellen, vgl. *Flume*, AT II, S. 304. Eine Ausnahme mag man bei offenen Codes sehen, denen beliebig viele Unternehmen beitreten können. Dort tritt das Verständnis der Gründungsmitglieder wohl zurück, vgl. zur Auslegung von Gesellschaftsverträgen *Grunewald*, ZGR 1995, 69, 71 ff.; *Coing*, ZGR 1978, 659 ff.

machen, dass eine rechtliche Bindungswirkung der Parteien nicht gewollt sei.[18] Ebenso große Bedeutung komme auch den verwendeten Verben zu. So sollen Formulierungen wie „sich (verbindlich) verpflichten", „sich bereit erklären", „zusagen" eher auf einen Rechtsbindungswillen schließen lassen als ein bloßes „anstreben", „sich bemühen" oder „sich zum Ziel setzen".[19] Letztere zeigten gerade keinen auf die Begründung rechtsgeschäftlicher Pflichten gerichteten aktuellen Willen an, sondern eher die Überlegung, einen solchen zukünftig möglicherweise bilden zu wollen.[20]

In den Blick zu nehmen sei zudem der Konkretisierungsgrad des in einem CSR-Code versprochenen Verhaltensprogramms. Gerade wenn vage Formulierungen in Verbindung mit besonders unpräzisen Zielvorgaben verknüpft werden[21] beziehungsweise sich Unternehmen zwar grundsätzlich auf Leistungen „verpflichten", diese aber nach Art und Umfang noch vollkommen unbestimmt seien,[22] sei regelmäßig von einem fehlenden Rechtsbindungswillen auszugehen. Umgekehrt spreche ein hoher Konkretisierungsgrad eher für die Verbindlichkeit.[23]

Schließlich soll von den vereinbarten Kontroll- und Sanktionsmechanismen auf den Rechtsbindungswillen geschlossen werden können. Enthielten CSR-Codes etwa Mitteilungspflichten, Überwachungs- oder Kündigungsrechte, eventuell sogar Möglichkeiten zum Ausschluss dem Code zuwiderhandelnder Teilnehmer, könne dies als ein starkes Indiz für einen Rechtsbindungswillen herhalten.[24] Mit *Frenz*: „Etwas Unverbindliches kann nicht erzwungen und braucht nicht überwacht zu werden."[25]

Das alles ist grundsätzlich richtig, gleichzeitig aber wenig zwingend. Dass nicht allein vom Titel einer Vereinbarung auf deren Rechtsnatur geschlossen werden kann, hat der BGH zum Thema *gentlemen's agreement* treffend fest-

---

[18] Vgl. zum Begriff „Kodex" etwa *Augsberg*, Rechtsetzung, S. 279, der meint: „Schon die Bezeichnung als ‚Kodex' [...] stellt gemessen am herrschenden Sprachgebrauch [...] eine deutliche Unterscheidung zu rechtsverbindlichen Kodifikationen dar. So findet sich der Begriff vor allem im sozialen Bereich, wo ein Eingreifen des Staates aus unterschiedlichen Gründen nicht erwünscht ist (‚Ehrenkodex')." Kritisch zu Recht *Frenz*, Selbstverpflichtungen, S. 208.

[19] *Frenz*, Selbstverpflichtungen, S. 208 f.; *Glinski*, Private Regulierung, S. 138; *Hucklenbruch*, Umweltrelevante Selbstverpflichtungen, S. 104 f., 106. Vgl. aus anderen Zusammenhängen *Lutter*, Letter of Intent, S. 19 ff.; *Michalski*, WM 1994, 1229, 1235.

[20] *Lutter*, Letter of Intent, S. 21 f.

[21] *Hucklenbruch*, Umweltrelevante Selbstverpflichtungen, S. 106.

[22] *Hucklenbruch*, Umweltrelevante Selbstverpflichtungen, S. 105 f.

[23] *Frenz*, Selbstverpflichtungen, S. 210; *Glinski*, Private Regulierung, S. 138; *Hucklenbruch*, Umweltrelevante Selbstverpflichtungen, S. 106.

[24] Vgl. *Frenz*, Selbstverpflichtungen, S. 210; *Hucklenbruch*, Umweltrelevante Selbstverpflichtungen, S. 106; differenzierter *Glinski*, Private Regulierung, S. 138.

[25] *Frenz*, Selbstverpflichtungen, S. 210.

gestellt.[26] Und: Man wird auch den Unternehmer verstehen können, der sich bloß aus Gründen sprachlicher Eleganz gegen „mehrseitiges Dauerschuldverhältnis" und für „Kodex" entscheidet, ohne damit inhaltliche Vorgaben zu machen. Vage und wenig konkretisierte Klauseln mögen ebenfalls Ausdruck der Tatsache sein, dass CSR-Codes auf einen längeren Zeitraum angelegt sind, sich technisch wie organisatorisch mit komplexen Fragen befassen und es allen Unternehmen weiterhin möglich sein muss, auf veränderte Sachlagen im Sinne des Kodex zu reagieren.[27] Wie bei anderen relationalen Verträgen auch können sich die Unternehmen in den meisten Fällen sinnvollerweise wohl nur versprechen, sich zukünftig aufrichtig und ernsthaft um die gemeinsamen Nachhaltigkeitsziele zu bemühen.

Dass (lediglich) eine Bemühungszusage vorliegt, hindert die rechtsgeschäftliche Einordnung jedenfalls nicht. Echte Bemühungszusagen sind dem Privatrecht ebenso geläufig wie konkrete Erfolgsversprechen.[28] Schließlich steht es den Beteiligten ebenso frei, bei rechtsgeschäftlichen Vereinbarungen Rechtsfolgenregelungen auszusparen und damit das allgemeine Leistungsstörungsrecht zur Anwendung zu bringen wie außerrechtliche Verpflichtungen mit Monitoring- und Compliance-Systemen abzusichern.[29] Einer expliziten *sanctio legis* bedürfen Verträge jedenfalls nicht.

Im Einzelfall wird man all diese Auslegungsfragen ohne Frage hinreichend sauber lösen können. Das grundlegendere Problem einer auf den Wortlaut bezogenen Auslegung von Multicoporate-Codes ist aber, dass sich diese anders als typische (Willens-)Erklärungen nicht nur an die daran beteiligten Parteien richten. CSR-Codes werden aufgestellt, um sie zu veröffentlichen. Die Codes sollen zumindest auch von unterschiedlichsten Stakeholdern (etwa sonstige Mitbewerber, Abnehmer, Anleger, Arbeitnehmer, staatliche Einrichtungen etc.) wahrgenommen werden. Zielt ein Code etwa darauf ab, den Ruf einer Branche zu verbessern, ist dafür unbedingt erforderlich, dass die angesprochenen Stakeholder den Code auch in einem Sinne verstehen, der ihr Vertrauen fördert. Soll ein Code staatlicher Regulierung vorgreifen, muss dessen *wording* die verantwortlichen Stellen überzeugen. Typischerweise

---

[26] BGH MDR 1964, 570; zustimmend *Willoweit*, JuS 1986, 96, 105 f.; anders OLG Hamburg MDR 1953, 482.

[27] Vgl. insbes. zur Problematik der Dauerschuldverhältnisse *Stöhr*, AcP 214 (2014), 425, 453; zu den Problemen bei der Formulierung transnationaler Kodizes *Veil*, in: Bumke/Röthel (Hrsg.), Privates Recht, 269, 283.

[28] Ebenso *Hucklenbruch*, Umweltrelevante Selbstverpflichtungen, S. 106; *Michalski*, WM 1994, 1229, 1235.

[29] Vgl. etwa *Glinski*, Private Regulierung, S. 138; *Hucklenbruch*, Umweltrelevante Selbstverpflichtungen, S. 110; *Krebber*, EuZA 2008, 315, 327 f.

werden CSR-Codes denn auch an diesen Adressaten ausgerichtet[30] und wohl eher von PR- als von Rechtsabteilungen formuliert.[31]

Bei der Beantwortung der Frage, ob die Parteien mit Rechtsbindungswillen gehandelt haben, wie bei der rechtsgeschäftlichen Auslegung generell, kommt es auf das Verständnis der sonstigen Adressaten allerdings nicht an. Maßgeblich sind allein die Verständnismöglichkeiten der an dem Multicorporate-Code beteiligten Unternehmen.[32]

Dagegen lässt sich auch nicht erinnern, dass sich die Rechtsgeschäftslehre der Beachtung von Drittinteressen bei der Auslegung nicht vollkommen verschließt. Angesprochen wären damit ausschließlich Ausnahmefälle, die CSR-Codes offensichtlich nicht umfassen. Anders als bei formbedürftigen Erklärungen, bei deren Auslegung Dritt- oder öffentliche Interessen beispielsweise dem *falsa demonstratia*-Grundsatz entgegenstehen können, wenn die Formvorschrift speziell auf den Schutz dieser Interessen abzielt,[33] oder bei der Auslegung von Tarifverträgen[34] mangelt es an einer gesetzlichen Bestimmung zugunsten der an der Einhaltung von CSR-Codes interessierten Stakeholder. Letztere kommen auch nicht als potenzielle Vertragsparteien von Multistakeholder-Codes in Betracht, sodass ihre Interessen deswegen Berücksichtigung finden müssten.[35]

Dass andere Drittinteressen, auch wenn sie erheblich sein mögen, im Rahmen der Auslegung unbeachtlich sind, zeigt ein Blick auf den echten Vertrag zugunsten Dritter: Bei der Auslegung des Deckungsverhältnisses zwischen Versprechenden und Versprechensempfänger, aus dem sich die Leistungspflicht an den Dritten ergibt, ist das Verständnis des begünstigten

---

[30] Vgl. *Frenz*, Selbstverpflichtungen, S. 208.

[31] Formulierungen von Juristen kommt grundsätzlich stärkere Bedeutung zu, vgl. BGH NJW 1996, 2648, 2650; *Prütting*, FS-Wagenburg, S. 735, 740 ff.

[32] Dogmatisch ergibt sich dies bereits aus der Empfangsbedürftigkeit von Willenserklärungen (vgl. § 130 Abs. 1 BGB). Zur Empfangsbedürftigkeit vgl. nur MüKo-BGB/*Einsele*, § 130 Rn. 1; *Wolf/Neuner*, AT, § 33 Rn. 10; *Medicus/Petersen*, AT, Rn. 259.

[33] Mit Bsp. und weiteren Nachweisen etwa MüKo-BGB/*Busche*, § 133 Rn. 31; *Wolf/Neuner*, AT, § 35 Rn. 39 f.

[34] MüKo-BGB/*Busche*, § 133 Rn. 41; eingehend *Ananiadis*, Auslegung von Tarifverträgen, S. 46 ff. und *passim*.

[35] Aus diesem Grund gelten andere Auslegungsmaßstäbe etwa bei AGB: *Brander*, AcP 162 (1963), 237 ff.; *Wolf/Neuner*, AT, § 35 Rn. 34; bei Wechsel- und Scheckerklärungen beziehungsweise Inhaberschuldverschreibungen: eingehend *Pflug*, ZHR 148 (1984), 1 ff.; bei Emissionsprospekten: etwa BGH NJW-RR 2017, 930, 932; BGH NJW 2001, 1270, 1271; bei Personengesellschaftsverträgen, sofern es sich um eine Publikumsgesellschaft handelt oder sich die Gesellschaft durch Gesellschafterwechsel von ihren Gründern „abgelöst" hat: BGH NJW-RR 1989, 993, 994; BGH NJW 1985, 974; BGH NJW 1979, 419, 420; BGH NJW 1979, 2102; MüKo-BGB/*Busche*, § 133 Rn. 40; *Grunewald*, ZGR 1995, 68, 72 ff.; Soergel/*Hadding/Kießling*, § 705 Rn. 38; *Coing*, ZGR 1978, 659, 674 f. (andernfalls gilt ein individualisierter Maßstab, *Flume*, AT I 1, S. 32 f.).

Dritten irrelevant (vgl. § 328 Abs. 2 BGB).[36] Auch die Auslegung körperschaftlicher Satzungen ist nicht etwa an den Interessen der Gesellschaftsgläubiger auszurichten, selbst wenn es sich um Bestimmungen handelt, die für sie von besonderer Bedeutung sind (etwa Vertretungsregeln).[37]

Vor allem aber der für CSR-Codes nicht unbedeutende § 117 Abs. 1 BGB zeigt dies in aller Klarheit: Gibt der Erklärende eine Erklärung mit Einverständnis des Erklärungsempfängers nur zum Schein ab, ist diese nichtig.[38] Selbst die Tatsache, dass Dritte durch den Abschluss eines Scheingeschäfts getäuscht werden sollen, führt zu keinem anderen Ergebnis.[39] Mit *Coester-Waltjen*: „Der allgemeine Rechtsverkehr wird bei der Frage nach der Wirksamkeit der Willenserklärung gegenüber dem Erklärungsempfänger praktisch ausgeblendet."[40] Auch wenn sich Unternehmen nur deswegen zu einem eindeutig rechtsverbindlich erscheinenden CSR-Code zusammentun, um andere Stakeholder zu täuschen, ändert dies nichts an der rechtlichen Unverbindlichkeit des Codes. Mit *Stathopoulos*: „Wenn das Rechtsgeschäft eine Sache der Parteien ist, soll es das auch nach der Auslegung bleiben."[41]

3. Bedeutung der (wirtschaftlichen) Interessenlage

Auch wenn der Wortlaut einer Erklärung den Ausgangspunkt der Auslegung bildet, darf diese dort nicht stehen bleiben.[42] Neben dem Vorverhalten und

---

[36] Etwa *Bayer*, Vertrag zugunsten Dritter, S. 133 ff.; *Raab*, Austauschverträge mit Drittbeteiligung, S. 55 ff.; Staudinger/*Klumpp*, § 328 Rn. 84. Der Dritte ist am Vertrag nicht beteiligt, er ist lediglich Profiteur, Staudinger/*Klumpp*, Vorbem zu §§ 328 ff. Rn. 4. A.A. MüKo-BGB/*Gottwald*, § 328 Rn. 33; Soergel/*Hadding*, § 328 Rn 70.

[37] *Grunewald*, ZGR 1995, 68, 88.

[38] Im Grunde ergibt sich dies bereits aus allgemeinen Auslegungsregeln, *Coester-Waltjen*, Jura 1990, 362, 364; zumal es nach wohl herrschender Meinung einer eigenständigen rechtsgeschäftlichen Simulationsabrede nicht bedarf, vgl. BGHZ 144, 331, 332; BGH NJW 1999, 2882; MüKo-BGB/*Armbrüster*, § 117 Rn. 9; Staudinger/*Singer*, § 117 Rn. 7; *Wolf/Neuner*, AT, § 40 Rn. 15; a.A. v. *Hein*, ZIP 2005, 191, 193; *Kallimopoulus*, Simulation, S. 53 ff.

[39] Zum Schutz der Getäuschten greifen allenfalls spezielle oder allgemeine Vertrauensschutztatbestände, vgl. etwa *Coester-Waltjen*, Jura 1990, 362, 365; *Flume*, AT II, S. 410; *Medicus/Petersen*, AT, Rn. 599, die eine generelle Ausweitung von § 405 BGB vorschlagen; kritisch etwa *Michaelis*, FS-Wieacker, S. 444, 449.

[40] *Coester-Waltjen*, Jura 1990, 362, 364.

[41] *Stathopoulos*, FS-Larenz I, S. 357, 364.

[42] Vgl. nur BGH NJW 2008, 2702, 2704; BGH NJW 1992, 170; BGH NJW 1981, 2295, 2296; MüKo-BGB/*Busche*, § 133 Rn. 58 ff.; Palandt/*Ellenberger*, § 133 Rn. 9; Soergel/*Hefermehl*, § 133 Rn. 14; Jauernig/*Mansel*, § 133 Rn. 3; Erman/*Arnold*, § 133 Rn. 19; Staudinger/*Singer*, § 133 Rn. 18, jeweils mw.N. Es gilt „den in dem toten Buchstaben niedergelegten lebendigen Gedanken vor unserer Betrachtung wieder entstehen zu lassen", *Savigny*, System III, S. 244; *ders.*, Obligationenrecht II, S. 189.

sonstigen objektiv erkennbaren Umständen heißt dies insbesondere, auf den hinter den Erklärungen liegenden Zweck zu fokussieren:

„Rechtsgeschäfte werden vorgenommen, weil die Beteiligten bestimmte Ziele verfolgen und Interessen miteinander zum Ausgleich bringen, und hieran hat sich die Auslegung der Erklärungen auszurichten."[43]

Dem entspricht es, wenn die Rechtsprechung zur Abgrenzung von Rechtsgeschäften und bloßen Gefälligkeiten insbesondere die „Art der Gefälligkeit, [ihren] Grund und Zweck, ihre wirtschaftliche und rechtliche Bedeutung [...], die Umstände, unter denen sie erwiesen wird, und die dabei bestehende Interessenlage der Parteien [...]" als maßgeblich erachtet,[44] wobei besonders der wirtschaftlichen Interessenlage entscheidende Bedeutung zukommt.[45] Eine rechtliche Verpflichtung liege immer dann nahe, wenn wichtige wirtschaftliche Interessen „auf dem Spiel stehen",[46] beziehungsweise wenn eine Erklärung „die beruflichen, geschäftlichen oder das Vermögen betreffenden Interessen desjenigen [betrifft], der sich auf die Zusage verläßt".[47]

Für Multicorporate-Codes gilt dies umso mehr. Die an ihnen beteiligten Unternehmen werden regelmäßig nicht erwarten, dass ihre Mitbewerber sich zu wirtschaftlich nachteiligen Maßnahmen rechtlich verpflichten wollen. Gleichzeitig werden sie nicht erwarten, dass die anderen Beteiligten Aufwand tätigen, ohne sich wirtschaftliche Vorteile zu versprechen. Für die Abgrenzung zwischen rechtsverbindlichen und unverbindlichen Multicorporate-Codes lohnt es daher, sich näher mit deren wirtschaftlichen Hintergründen zu befassen. Lassen sich Situationen herausarbeiten, in denen ein verbindlicher Code aus wirtschaftlichen Motiven einem unverbindlichen vorzuziehen ist, besteht durchaus Grund zu der Annahme, dass Unternehmen, die auf ihre Gewinnmaximierung bedacht sind, auch eine verbindliche Regelung schaffen wollten. Ob dies dann auch tatsächlich zutrifft, ist eine Einzelfallfrage, die hier nicht beantwortet werden kann.

Aus betriebswirtschaftlicher Sicht dürfte das wesentliche unternehmerische Motiv für die Aufstellung von Multicorporate-Codes wohl der Ruf ihrer Branche oder gar der Wirtschaft insgesamt sein. Verallgemeinert wirkt sich

---

[43] *Leenen*, AT, § 5 Rn. 74. Dies gilt umso mehr, wenn der Zweck – wie hier – ein gemeinsamer ist. Vgl. etwa *Flume*, AT I 1, S. 32, der den gemeinsamen Zweck als „archimedische[n] Punkt" bei der objektiven Auslegung von Gesellschaftsverträgen beschreibt.

[44] Grundlegend BGHZ 21, 102, 107 f.

[45] BGH NJW 2016, 317, 319 f.; BGHZ 206, 254, 256; BGH NJW 2012, 3366, 3367; BGHZ 165, 276, 280; BGH NJW-RR 1993, 795; BGH NJW 1992, 498; BGHZ 92, 164, 168; BGHZ 88, 373, 382; BGHZ 56, 204, 210; BGHZ 30, 40, 46 ff.; BGHZ 21, 102, 107; MüKo-BGB/*Bachmann*, § 241 Rn. 171; *Bork*, AT, Rn. 677; Staudinger/*Olzen*, § 241 Rn. 85; *Wolf/Neuner*, AT, § 28 Rn. 19; rechtsvergleichend *Schmidt*, Vertragsschluss, S. 173 ff., 193.

[46] So die Formulierung etwa bei BGH NJW 2012, 3366, 3367; BGH NJW 1992, 498.

[47] So etwa *Larenz*, Schuldrecht II 1, S. 412.

eine gute Reputation positiv auf die unternehmerischen Erlöse aus,[48] schützt vor Kosten, falls es doch einmal zu Skandalen kommt,[49] und mag staatliche Regulierer vor allzu viel Aktivismus bewahren. Dies gilt grundsätzlich auch für die Reputation jedes einzelnen Unternehmens.

Häufig aber ist der Unternehmensruf abhängig von dem der Konkurrenz, besser: der ganzen Branche. Die verheerende Ölpest im Golf von Mexiko, die 2010 durch einen Unfall an der Ölbohrplattform „Deepwater Horizon" hervorgerufen wurde, führte nicht nur zu einem Reputationsverlust von BP, die die Plattform als Leasingnehmer betrieb, sondern setzte der gesamten Ölindustrie zu.[50] Vereinfacht gilt Folgendes: Einzelne Unternehmen können von einem positiven Branchenruf profitieren; gleichzeitig kann ein von einem einzelnen Unternehmen verursachter Skandal die Reputation der gesamten Branche in Mitleidenschaft ziehen (sog. *spillover effect*).[51]

Die Gründe für diese Abhängigkeit des Unternehmensrufs vom Branchenruf sind rasch dargestellt: Informationen über das Verhalten der Unternehmen sind nicht gleich verteilt. Diejenigen, die die Reputation eines Unternehmens bilden, d.h. die relevanten Stakeholder, können dessen Verhalten mangels ausreichender Information oft nicht überprüfen beziehungsweise innerhalb einer Branche zwischen Gut und Schlecht unterscheiden; positive wie negative Entwicklungen werden daher der Branche als Ganzes zugeschrieben.[52] *King, Lennox* und *Barnett* haben dies am Beispiel der Chemieindustrie treffend illustriert: Soll eine Verbindung von Ausstößen im Herstellungsprozess zu auftretenden Krebserkrankungen gezogen werden, müssten die Stakeholder, um eine belastbare Unterscheidung zwischen den verschiedenen Unternehmen ziehen zu können, Kenntnisse über alle verwendeten Chemikalien, deren Giftigkeit und deren Einfluss auf die Wahrscheinlichkeit von Krebserkrankungen haben. Selbst wenn dies der Fall wäre, müssten sie die Informationen über das jeweilige Unternehmen in Relation zu seinen Wettbewerben

---

[48] Z.B. *Cochran/Wood*, 27 Acad. Manag. J. 42, 48-54 (1984); *McWilliams/Siegel*, 26 Acad. Manag. Rev. 117, 124 (2001); einschränkend *Orlitzky*, in: Crane/McWilliams/Matten/Moon/Siegel (Hrsg.), S. 113, 121 m.w.N.

[49] Z.B. *Godfrey*, 30 Acad. Manag. Rev. 777, 786-90 (2005); *Epstein/Roy*, 34 Long Range Plann. 585, 591-92 (2001).

[50] Vgl. nur die Kursentwicklung der Unternehmen kurz nach dem Unglück, *Heinzelmann*, Süddeutsche Zeitung vom 21.06.2010. Zu anderen vergleichbaren Fällen, etwa dem Bhopalunglück 1984 in Indien oder der durch den Untergang der Exxon Valdez hervorgerufen Ölpest 1989 vor Alaska aus ökonomischer Sicht etwa, *Rees*, 19 Law and Policy, 477 (1997); *Hoffman/Ocasio*, 12 Organ. Sci. 414 (2001).

[51] *Barnett/Hoffman*, 11 Corp. Reputation Rev. 1 (2008); *Barnett/King*, 51 Acad. Manag. J., 1150, 1153 (2008); *Hautzinger*, Ruf von Branchen, S. 132; *King/Lenox/Barnett*, in: A. Hoffman/Ventresca (Hrsg.), Organizations Pol., S. 393.

[52] *King/Lenox/Barnett*, in: A. Hoffman/Ventresca (Hrsg.), Organizations Pol., S. 393, 395 ff.; *Barnett/King*, 51 Acad. Manag. J. 1150, 1152 (2008); *Dawson/Segerson*, 84 Land Economics 97 (2008).

setzen können, was in der Regel nicht möglich ist. Aber selbst wenn dies einmal möglich sein sollte: Die Tendenz scheint dahin zu gehen, die Lösung von Umwelt- und Sozialproblemen innerhalb einer Branche als Aufgabe der Industrie insgesamt anzusehen.[53] Reputationsschäden sind damit auch dann nicht ausgeschlossen, wenn ein Unternehmen in den Augen der Öffentlichkeit alles richtig gemacht hat, die Industrie als Ganzes aber nicht.[54] Die Reputation einer Branche wird so zu einer gemeinsamen Ressource der beteiligten Unternehmen – zu einer Art öffentlichem Gut mit allen hinlänglich beschriebenen Ineffizienzen.[55]

CSR-Codes können zur Lösung dieses Problems auf vielfältige Weise beitragen.[56] Durch eigene CSR-Strategien können die einzelnen Unternehmen versuchen, ihren Ruf zu privatisieren.[57] Sie müssten sich dafür aber so eindeutig von ihren Konkurrenten abgrenzen, dass deren Rufschäden sie nicht mittreffen. Immer dann, wenn solche Privatisierungslösungen nicht hinreichend erfolgversprechend sind, etwa weil die dafür erforderlichen Informationen zu komplex sind, als dass sich die Unternehmen effektiv vergleichen ließen,[58] oder weil die Stakeholder trotzdem eher die gesamte Branche in den Blick nehmen, scheinen verbindliche Multicorporate-Codes eine Lösung zu sein. Es mag einer Gruppe von Unternehmen leichter fallen, vergleichbar über ihre CSR-Strategien zu berichten oder einzelne „schwarze Schafe" als solche auszugrenzen. Bestenfalls können die Codes sogar dazu dienen, die gemeinsamen Bemühungen um die Verhinderung rufschädigender Skandale zu fördern.[59] Voraussetzung wären in beiden Fällen verbindliche Regelungen und effektive Sanktionsmechanismen, die Trittbrettfahrer ausschließen.[60] Hier kämen dann rechtsgeschäftliche CSR-Codes zum Tragen.[61]

Nun lässt das Vorgesagte sicher nicht den Schluss zu, dass Multicorporate-Codes immer verbindlich ausgestaltet sind. Wahrscheinlich dürfte man sogar

---

[53] *Fauchart/Cowan*, 35 Strat. Manag. J., 532, 537 (2014).

[54] *Fauchart/Cowan*, 35 Strat. Manag. J., 532, 537 (2014); *Zietsma/Winn*, 47 Bus. & Society 68 (2008).

[55] *Barnett/Hoffman*, 11 Corp. Reputation Rev. 1, 2 (2008); *Barnett/King*, 51 Acad. Manag. J., 1150, 1153 (2008); *Hautzinger*, Der Ruf von Branchen, S. 132; *King/Lenox/Barnett*, in: Hoffman/Ventresca (Hrsg.), Organizations Pol., S. 393; *Spar/La Mure*, 45 Cal. Manag. Rev. 78 (2003). Grundlegend zur *tragedy of the commons Hardin*, 162 Science 1243 (1968).

[56] Vgl. auch *Ingram/Inman*, 41 Admin. Sci. Q. 629 (1996).

[57] *King/Lenox/Barnett*, in: Hoffman/Ventresca (Hrsg.), Organizations Pol., S. 393, 400.

[58] *King/Lenox/Barnett*, in: Hoffman/Ventresca (Hrsg.), Organizations Pol., S. 393, 401.

[59] *King/Lenox/Barnett*, in: Hoffman/Ventresca (Hrsg.), Organizations Pol., S. 393, 400.

[60] *King/Lenox/Barnett*, in: Hoffman/Ventresca (Hrsg.), Organizations Pol., S. 393, 400. Vgl. zudem etwa *King/Lenox,* 43 Acad. Manag. J., 698 (2000) sowie *Howard/Nash/Ehrenfeld*, 42 Cal. Manag. Rev. 63 (2000); *Rivera/de Leon*, 32 Policy Stud. J. 417 (2004); *King/Toffel*, Self-regulating, S. 14 f.

[61] *King/Lenox/Barnett*, in: Hoffman/Ventresca (Hrsg.), Organizations Pol., S. 393, 400.

eher vom Gegenteil ausgehen. Zumal mit dem Abschluss verbindlicher Codes häufig erheblich höhere Transaktionskosten einhergehen dürften[62] und auch unverbindliche Vereinbarungen durchaus die Reputation der gesamten Branche steigern können.[63] Im Grunde kommt es hier auf jeden Einzelfall an. Aber: Die wirtschaftswissenschaftlichen Ansätze haben zumindest gezeigt, dass es Situationen geben kann, in denen sich die verbindliche Ausgestaltung von Multicorporate-Codes auch aus wirtschaftlicher Sicht rechnen kann. Und: Immer dann, wenn besondere Umstände vorliegen, etwa eine Branche fundamental abhängig ist von ihrer Reputation, dürfte es sich daher lohnen, einen genaueren Blick auf die wirtschaftlichen Hintergründe zu werfen. Vollkommen abwegig ist eine verbindliche Ausgestaltung auch in wirtschaftlicher Perspektive jedenfalls nicht.

II. Lauterkeitsrechtliche Zuwiderhandlungshaftung

Weitaus schärfer wäre aber eine lauterkeitsrechtliche Haftung für Verstöße gegen einen CSR-Code, die unter Umständen auch dann zum Tragen käme, wenn kein Rechtsbindungswille vorliegt. Wäre der Verstoß gegen den Code selbst als unlautere Handlung anzusehen, könnten Mitbewerber von dem verstoßenden Unternehmen Unterlassen oder Beseitigung der Verletzungsfolgen verlangen, unter Umständen sogar Schadensersatzansprüche geltend machen (§§ 8 f. UWG). Als mögliche Anknüpfungspunkte für ein solches lauterkeitsrechtliches Verbot, gegen CSR-Codes zu verstoßen, werden unterschiedliche Vorschriften diskutiert. Der Fokus liegt insbesondere auf dem Rechtsbruchtatbestand (§ 3a UWG, dazu 1.) sowie der lauterkeitsrechtlichen Generalklausel (§ 3 UWG, dazu 3.). Richtigerweise sind die beiden Ansätze um § 5 Abs. 1 S. 2 Nr. 6 UWG zu ergänzen, der dogmatisch ebenso eine Regelbefolgungspflicht statuiert wie § 3a UWG (dazu 2.). Um dies noch einmal hervorzuheben: Nicht das irreführende Versprechen, ein CSR-Code werde befolgt, sondern erst der Verstoß gegen die selbst gesetzte Regel müsste dafür einen der lauterkeitsrechtlichen Verbotstatbestände erfüllen.

1. Inkorporation über § 3a UWG

Mit § 3a enthält das UWG eine Transformationsnorm, die außerwettbewerbsrechtlichen Vorschriften lauterkeitsrechtliche Wirkung verleiht.[64] Als Kodifi-

---

[62] Die häufig prohibitiven Kosten selbst unverbindlicher Codes beschreibt *Barnett*, 43 J. Manag. Stud. 1753 (2006).
[63] Etwa *Barnett/King*, 51 Acad. Manag. J. 1150, 1155 (2008).
[64] *Ohly*/Sosnitza, § 3a Rn. 1. Mit dem Zweiten UWG-Änderungsgesetz wurde die lauterkeitsrechtliche Fallgruppe des Rechtsbruchs aus dem Beispieltatbestand in § 4 Nr. 11 UWG a.F. in den selbstständigen § 3a UWG überführt und um eine eigenständige Spürbarkeitsschwelle i.S.d. § 3 Abs. 1 und Abs. 2 S. 1 UWG a.F. ergänzt. Inhaltliche Änderungen ergeben sich hieraus nicht, BGH GRUR 2016, 516, 517 – *Wir helfen im Trauerfall*.

kation des bereits seit dem UWG von 1909 anerkannten Rechtsbruchtatbestands erklärt sie Verstöße gegen eine gesetzliche Vorschrift für unlauter, „die auch dazu bestimmt ist, im Interesse der Marktteilnehmer das Marktverhalten zu regeln", wenn „der Verstoß geeignet ist, die Interessen von Verbrauchern, sonstigen Marktteilnehmern oder Mitbewerbern spürbar zu beeinträchtigen". § 3a UWG verfolgt den Zweck, das weitreichende lauterkeitsrechtliche Rechtsschutzinstrumentarium auch für bestimmte außerhalb des UWG liegende Normen zu öffnen.[65]

Dass eine solche Vorschrift Begehrlichkeiten der CSR-Literatur weckt, ist nicht überraschend.[66] Überzeugen können Ansätze, die CSR-Codes unter den Tatbestand des § 3a UWG subsumieren wollen, aber nicht. Unabhängig von allen anderen Streitpunkten stellen sie bereits keine „gesetzlichen Vorschriften" dar, wie § 3a UWG voraussetzt.[67] Hierunter sind nach ganz herrschender und zutreffender Ansicht nur innerstaatliche Rechtsnormen im Sinne von Art. 2 EGBGB zu fassen, d.h. formelle Bundes- und Landesgesetze, Rechtsverordnungen und Satzungen von Gebietskörperschaften oder berufsständischen Kammern.[68] Private Regeln wie CSR-Codes, die nicht auf staatlicher Rechtssetzung beruhen, sind von § 3a UWG nicht umfasst.

Hiergegen lässt sich auch nicht einwenden, dass ein solch formaler Rechtsnormbegriff, der nur im weitesten Sinne staatliches Recht umfasst, aus soziologischer wie ökonomischer Sicht überholt ist und sich die Rechtswissenschaft stärker auch anderen Regeln zuwenden sollte.[69] Einerseits sollte bei allen – berechtigten – theoretischen Überlegungen zum Inhalt des Begriffs von Rechtsnormen nicht aus den Augen verloren werden, dass sich staatlich gesetzte Regeln immer noch wesentlich von nicht staatlich gesetzten unterscheiden.[70] Andererseits ist die Frage nach der Reichweite von § 3a UWG

---

[65] Großkomm-UWG/*Metzger*, § 4 Nr. 11 Rn. 13.
[66] Vgl. etwa *Kocher,* GRUR 2005, 647, 649; *Podszun,* in: Hilty/Henning-Bodewig, CSR, S. 51 ff.
[67] Vgl. etwa BGH GRUR 2011, 431, 432 – *FSA-Kodex*; BGH GRUR 2009, 970, 972 – *Versicherungsberater*; BGHZ 166, 154, 161 f. – *Probeabonnement*; *Alexander,* GRUR-Int. 2012, 965, 971; *Balitzki,* GRUR 2013, 670, 672; *Birk,* GRUR 2011, 196, 197 f; *Henning-Bodewig*, WRP 2011, 1014, 1021; *Köhler*/Bornkamm/Feddersen, § 3a Rn. 1.58; *Ohly/Liebenau*, in: Hilty/Henning-Bodewig (Hrsg.), CSR, S. 197, 203 f.; Großkomm-UWG/*Peukert*, § 2 Rn. 532; *Schmidhuber,* WRP 2010, 593, 595; *v. Walter*, Rechtsbruch, S. 163 ff.; differenzierend: *Kocher,* GRUR 2005, 647, 649. Zu datenschutzrechtlichen Verhaltenskodizes ebenso *Spindler*, ZD 2016, 407, 413.
[68] Etwa BGH GRUR 2005, 960, 961 – *Friedhofsruhe*; BGH GRUR 2005, 520, 521 – *Optimale Interessenvertretung*; Fezer/Büscher/Obergfell/*Götting/Hetmank*, § 3a Rn. 50; Harte/Henning/*v. Jagow*, § 3a Rn. 12 ff.; *Köhler*/Bornkamm/Feddersen, § 3a Rn. 1.52; *Ohly*/Sosnitza, § 3a Rn. 12; Großkomm-UWG/*Metzger*, § 4 Nr. 11 Rn. 30 ff.; eingehend *v. Walter*, Rechtsbruch, S. 54 ff., 57 f.
[69] So aber *Podszun*, in: Hilty/Henning-Bodewig, CSR, S. 51, 55 ff.
[70] Treffend *Bachmann*, Private Ordnung, S. 20.

nicht gleichzusetzen mit der nach dem Untersuchungsgegenstand der Rechtswissenschaft.[71] Bei Ersterer geht es lediglich darum herauszufinden, welche Regel der Gesetzgeber mit § 3a UWG in das Wettbewerbsrecht inkorporieren wollte und welche nicht. Dass dies im Allgemeinen nur solche Gesetze sind, die selbst aus der (inner-)staatlichen Einflusssphäre stammen, ist wenig verwunderlich und im Sinne der Rechtssicherheit grundsätzlich zu begrüßen.

2. Inkorporation über § 5 Abs. 1 S. 2 Nr. 6 UWG

Die Frage nach einer Anwendung des § 3a UWG auf unternehmerische Verhaltenskodizes ist aber insgesamt deutlich weniger brisant, als die Literatur den Eindruck erweckt. Dass es mitunter erhebliche Effizienzgewinne und andere Vorteile verspricht, auch untergesetzliche Standards in das Wettbewerbsrecht zu transformieren, hat auch der Gesetzgeber erkannt. Mit § 5 Abs. 1 S. 2 Nr. 6 UWG hat er daher eine Norm geschaffen, die genau dies ermöglicht. Diese setzt Art. 6 Abs. 2 lit. b) UGP-Richtlinie um und erklärt Verhalten für unlauter, das gegen solche Verhaltenskodizes verstößt, auf die sich ein Unternehmer verbindlich verpflichtet hat.

Sinn und Zweck der Vorschrift liegt darin, Unternehmern die Möglichkeit zu geben, lauterkeitsrechtliche Standards zu konkretisieren und zu flankieren.[72] Deutlich ergibt sich dies aus Erwägungsgrund 20 der UPG-Richtlinie:

„Es ist zweckmäßig die Möglichkeit von Verhaltenskodizes vorzusehen, die es Gewerbetreibenden ermöglichen, die Grundsätze dieser Richtlinie in spezifischen Wirtschaftsbranchen wirksam anzuwenden. In Branchen, in denen es spezifisch zwingende Vorschriften gibt, die das Verhalten von Gewerbetreibenden regeln, ist es zweckmäßig, dass aus diesen auch die Anforderungen an die berufliche Sorgfalt in dieser Branche ersichtlich sind."

Die Festsetzung wettbewerbsrechtlicher Standards durch die beteiligten Unternehmer entspricht britischem Rechtsdenken; dahingehende Möglichkeiten auch auf dem Kontinent zu schaffen, war ein wichtiges Anliegen des Richtliniengebers bei der Harmonisierung des Lauterkeitsrechts.[73]

a) Kodex-Verstoß als Unlauterkeitsvorwurf

Allein aus dem Wortlaut wird der in § 5 Abs. 1 S. 2 Nr. 6 UWG enthaltene Unlauterkeitsvorwurf nicht recht deutlich. Er könnte sich sowohl auf die

---

[71] Missverständlich *Podszun*, in: Hilty/Henning-Bodewig, CSR, S. 51 ff.
[72] Etwa *Birk*, GRUR 2011, 196, 199 f.; Harte-Henning/*Dreyer*, § 5 H Rn. 3; *dies.*, WRP 2007, 1294, 1295; *Fezer*/Büscher/Obergfell, § 2 F Rn. 3; Harte-Henning/*Keller*, § 2 Rn. 168; *Köhler*/Bornkamm/Feddersen, § 2 Rn. 113; Großkomm-UWG/*Peukert*, § 2 Rn. 564; Ohly/*Sosnitza*, § 2 Rn. 83.
[73] Es war ein Ziel der UGP-RL/2005/29/EU, die in anderen Mitgliedstaaten geübte Praxis der Regulierung durch wettbewerbsrechtliche Verhaltenskodizes (etwa GB, IT, Skandinavien) zu fördern, vgl. *Alexander*, GRUR-Int. 2012, 965; Ohly/*Sosnitza*, § 2 Rn. 83.

irreführende Behauptung des Unternehmers beziehen, einen Kodex einzuhalten beziehungsweise einhalten zu wollen, oder auf den Verstoß gegen einen Kodex selbst. Dass nur Letzteres gemeint sein kann, ergibt sich aber aus der eindeutigeren Formulierung in Art. 6 Abs. 2 lit. b) UGP-Richtlinie, den § 5 Abs. 1 S. 2 Nr. 6 UWG umsetzt.[74] Eine unlautere Geschäftspraxis ist demnach die „Nichteinhaltung von Verpflichtungen, die der Gewerbetreibende im Rahmen von Verhaltenskodizes, auf die er sich verpflichtet hat, eingegangen ist".

Dreyer schreibt klarstellend: „Irreführend ist es, die Verpflichtung aus dem Verhaltenskodex nicht einzuhalten, wenn der Unternehmer zuvor gegenüber dem Verbraucher auf seine Bindung an den Kodex hingewiesen hat."[75] Eine solche Auslegung ist gegenüber Verbrauchern, d.h. im Anwendungsbereich der UGP-Richtlinie, zwingend. Sie ist auch gegenüber sonstigen Marktteilnehmern vorzuziehen. Genau genommen handelt es sich bei § 5 Abs. 1 Nr. 6 UWG also nicht um ein besonderes Irreführungsverbot. Sanktioniert wird nicht die Täuschung der Marktteilnehmer, sondern der Verstoß gegen die in dem Verhaltenskodex enthaltene Regel – vergleichbar zu § 3a UWG.

Für diese Auslegung streitet auch ein weiterer Aspekt: Nach § 5 UWG sind nur solche Irreführungen unlauter, die für die Marktgegenseite relevant sind.[76] Für § 5 Abs. 1 S. 2 Nr. 6 UWG würde dies bedeuten: Die Abnehmer müssten sich (auch) deswegen zu einer wirtschaftlichen Entscheidung durchgerungen haben, weil der Unternehmer die Einhaltung bestimmter Kodizes versprochen hat. Dies kann bereits für CSR-Codes nicht ohne Weiteres angenommen werden. Für den Kernanwendungsbereich des § 5 Abs. 1 S. 2 Nr. 6 UWG, d.h. für Kodizes, die Branchenanforderungen an das lautere Verhalten im Wettbewerb präzisieren,[77] ist es schlicht abwegig: Kein Abnehmer entscheidet sich für ein bestimmtes Produkt, weil ein Unternehmer verspricht, etwa die Verhaltensregeln des deutschen Werberats einzuhalten.[78] Für die Abnehmer relevant ist vielmehr ein Verstoß gegen dessen Regeln – wenn ein Unternehmer zum Beispiel fälschlicherweise damit wirbt, die von ihm vertriebenen Autoreifen würden auf eisglatter Straße ebenso gut haften wie auf trockener.[79] In letzter Konsequenz würde eine starre Einordnung als Irrefüh-

---

[74] Eine inhaltliche Änderung war durch die Umsetzung nicht beabsichtigt. Vgl. RegE zum UWG (2008), BT-Drs. 16/10145, S. 17.

[75] *Dreyer*, WRP 2007, 1294, 1299. A.A. wohl MüKo-UWG/*Busche*, § 5 Rn. 673; Köhler/*Bornkamm/Feddersen*, § 5 Rn. 7.2; *Schmidhuber*, WRP 2010, 593, 595 ff., die allesamt die Werbung mit einem Verhaltenskodex in den Vordergrund stellen.

[76] Dazu ausführlich unten S. 223 ff.

[77] Vgl. etwa die Beispiele bei *Fezer*/Büscher/Obergfell, § 2 F Rn. 40 ff.; *Köhler*/Bornkamm/Feddersen, § 2 Rn. 113c; Ohly/*Sosnitza*, § 2 Rn. 83.

[78] Abrufbar unter: https://www.werberat.de/werbekodex.

[79] Vgl. die Verhaltensregeln des deutschen Werberats für Reifenwerbung, abrufbar unter: https://www.werberat.de/werbekodex/reifenwerbung.

rungstatbestand § 5 Abs. 1 S. 2 Nr. 6 UWG die Fälle ausschließen, für die die Regelung geschaffen wurde.

b) Erfordernis einer Marktverhaltensregel

An die Konkretisierung des Unlauterkeitsvorwurfs auf kodexwidriges Verhalten schließt sich unmittelbar die Frage an, ob § 5 Abs. 2 S. 1 Nr. 6 UWG Verstöße gegen jedweden Verhaltenskodex sanktioniert oder in Anlehnung an den Rechtsbruchtatbestand bestimmte inhaltliche Voraussetzungen erfüllt sein müssen.

Dem Wortlaut lassen sich dahingehende Vorgaben nicht entnehmen. Anders als § 3a UWG enthält weder die Legaldefinition in § 2 Abs. 1 Nr. 5 UWG noch die in Art. 2 lit. f) UGP-Richtlinie, auf die die deutsche Regelung zurückgeht, eine Beschränkung auf Marktverhaltensregeln. Beide verlangen lediglich, dass sich ein Kodex allgemein auf das „Verhalten" eines Unternehmers bezieht.[80]

Ein Teil der Literatur lehnt deswegen jedwede Beschränkung des Anwendungsbereichs von § 5 Abs. 1 S. 2 Nr. 6 UWG ab.[81] Auch CSR-Codes sollen danach unabhängig von ihrem Inhalt als Verhaltenskodex interpretiert werden, bei Verstößen stünde der Weg zum lauterkeitsrechtlichen Rechtsfolgeninstrumentarium offen. Die Ansicht fußt im Wesentlichen auf der Überlegung, dass es aus Sicht der Abnehmerschaft keine Rolle spiele, ob sich ein Kodex auf ein bestimmtes Marktverhalten oder auf die Einhaltung anderer, etwa ethischer, Regeln bezieht – sie würde in beiden Fällen in die Irre geführt.[82]

Wer so argumentiert, verkennt aber den Regelungsgehalt des § 5 Abs. 1 S. 2 Nr. 6 UWG. Funktional sprechen denn auch die besseren Argumente für

---

[80] Vgl. zum lauterkeitsrechtlichen Verhaltensbegriff nur RegE zum UWG (2008), BT-Drs. 16/10145, S. 20; Harte/Henning/*Keller*, § 2 Rn. 19; *Köhler*/Bornkamm/Feddersen, § 2 Rn. 10; Ohly/*Sosnitza*, § 2 Rn. 21.

[81] *Alexander*, GRUR-Int. 2012, 965, 968 f.; *Beck*, Verhaltenskodizes, S. 58 ff.; *Kopp/Klostermann*, CCZ 2009, 155, 157; *Kopp*, Selbstkontrolle, S. 91 f.; *Lamberti/Wendel*, WRP 2009, 1479, 1482 f.; Götting/*Nordemann*, § 5 Rn. 6.8 f.; *Halfmeier/Herbold*, WRP 2017, 1430, 1432 f.; *Spindler*, FS-Fezer, S. 849, 861; wohl auch *Dreyer*, WRP 2007, 1294, 1295 f.

[82] Besonders deutlich etwa *Alexander*, GRUR-Int. 2012, 965, 968 f.; *Spindler*, FS-Fezer, S. 849, 861. Dieser Gedanke scheint auch dem – unverbindlichen – Arbeitspapier der Generaldirektion Gesundheit und Verbraucher „Leitlinien zur Umsetzung/Anwendung der Richtlinie 2005/29/EG über unlautere Geschäftspraktiken" zugrunde zu liegen (Guidance on the implementation/application of directive 2005/29/EC on unfair commercial practices, SEC(2009)1666 final, S. 43 f.). Dort wird zur Erläuterung des Begriffs Verhaltenskodex ein fiktives Beispiel des britischen Office of Fair Trading/Department for Business Enterprise and Regulatory Reform genannt, in dem sich ein Gewerbetreibender auf einen Kodex zur nachhaltigen Holzverarbeitung verpflichtet.

eine Beschränkung des Anwendungsbereichs auf Verhaltenskodizes, die sich konkret auf das Marktverhalten von Unternehmern beziehen: Wenn es der Norm im Wesentlichen darum geht, Unternehmern Möglichkeiten zu bieten, die Grundsätze des Lauterkeitsrechts für ihre jeweilige Branche zu spezifizieren,[83] müssen sich die in einem dazu genutzten Verhaltenskodizes auch thematisch in das Lauterkeitsrecht einpassen.[84] Ebenso wie nur Verstöße gegen gesetzliche Marktverhaltensnormen über § 3a UWG lauterkeitsrechtlich sanktioniert werden können, sollte das lauterkeitsrechtliche Rechtsfolgeninstrumentarium lediglich zur Durchsetzung solcher Verhaltenskodizes zur Verfügung stehen, denen „zumindest eine sekundäre Schutzfunktion zugunsten des Wettbewerbs zukommt".[85]

Lauterkeitsrecht ist Marktverhaltensrecht, das einen Schutz sonstiger Allgemeininteressen nicht zur Aufgabe hat.[86] Systematisch ergibt sich eine solche Begrenzung bereits aus dem in § 1 UWG niedergelegten Schutzzweck, der die Auslegung der lauterkeitsrechtlichen Vorschriften maßgeblich beeinflusst.[87] Demnach schützt das UWG gleichberechtigt die Interessen der Mitbewerber, der Verbraucher und sonstigen Marktteilnehmer sowie das Interesse der Allgemeinheit an einem unverfälschten Wettbewerb (sogenannte „Schutzzwecktrias").[88] Nur Verhaltenskodizes, die diesen Zwecken zumindest sekundär dienen, können daher lauterkeitsrechtlich sanktioniert werden.

---

[83] So ErwG 20 UGP-RL/2005/29/EG.

[84] Ebenso *Augsburger*, MMR 2014, 427, 429; MüKo-UWG/*Bähr*, § 2 Rn. 295 f.; *Beater*, Unlauterer Wettbewerb, Rn. 1273; *Birk*, GRUR 2011, 196, 199; Harte/Henning/ *Dreyer*, § 5 H Rn. 3; *dies.*, WRP 2007, 1294, 1295 f.; Harte/Henning/*Keller*, § 2 Rn. 168; Großkomm-UWG/*Peukert*, § 2 Rn. 564 f. Wohl auch Ohly/*Sosnitza*, § 2 Rn. 84. Widersprüchlich *Köhler*/Bornkamm/Feddersen, § 2, Rn. 113b, der zwar für eine Einschränkung auf Verhaltenskodizes plädiert, die sich auf die Lauterkeit geschäftlicher Handlungen beziehen, gleichzeitig aber herstellungsprozessbezogene CSR-Codes erfasst sehen will (dazu sogleich c).

[85] So die Gesetzesbegründung zu § 4 Nr. 11 UWG (2004), mit dessen Einführung der Rechtsbruchtatbestand erstmals kodifiziert wurde, RegE zum UWG (2004), BT-Drs. 15/1487, S. 19.

[86] Etwa RegE zum UWG (2004), BT-Drs. 15/1487, S. 16; *Beater*, WRP 2012, 6 ff.; *Geis*, FS-Tilmann, 121, 128; *Henning-Bodewig*, WRP 2010, 1094, 1105; *Köhler*/Bornkamm/Feddersen, § 1 Rn. 41; *ders.*, NJW 2002, 2761, 2763; Harte/Henning/*Podszun*, § 1 Rn. 71; MüKo-UWG/*Sosnitza*, § 1 Rn. 30 f.; *Ulmer*, GRUR 2003, 817, 821; *Wuttke*, WRP 2007, 119 ff. Kritisch etwa *Fezer*/Büscher/Obergfell, § 1 Rn. 96 ff., 98.

[87] Die Schutzzweckbestimmung setzt einen verbindlichen Maßstab für die Auslegung und Fortbildung des UWG, *Köhler*/Bornkamm/Feddersen, § 1 Rn. 6; Harte/Henning/ *Podszun*, § 1 Rn. 19; Ohly/*Sosnitza*, § 1 Rn. 10. *Fezer*/Büscher/Obergfell, § 1 Rn. 19 spricht von einer „Auslegungsdirektive".

[88] Vgl. nur RegE zum UWG (2004), BT-Drs. 15/1487, S. 16; *Köhler*/Bornkamm/ Feddersen, § 1 Rn. 45 ff.; Ohly/*Sosnitza*, § 1 Rn. 10.

c) Der Marktbezug von CSR-Codes

Auf CSR-Codes trifft dies aus zwei Gründen nicht zu.[89] Erstens regeln sie üblicherweise nur Verhaltensweisen im Vorfeld des eigentlichen Marktverhaltens.[90] Letzteres umfasst grundsätzlich nur Tätigkeiten im Zusammenhang mit dem Angebot und der Nachfrage von Waren und Dienstleistungen einschließlich der Leistungserbringung; das Vor- und Umfeld des Marktgeschehens reguliert das UWG nicht.[91] Der Herstellungsprozess von Produkten oder andere rein betriebsinterne Vorgänge, mit denen sich CSR-Codes typischerweise befassen, stellen mangels Marktbezug bereits keine geschäftliche Handlung im Sinne des § 2 Nr. 1 UWG dar und sind daher dem Anwendungsbereich des Lauterkeitsrechts entzogen.[92]

Zweitens liegt auch der Schutzzweck der in CSR-Codes enthaltenen Bestimmungen außerhalb des Lauterkeitsrechts.[93] Die in CSR-Codes enthaltenen Regeln dienen zweifelsohne fundamental wichtigen Interessen. Sie dienen aber weder den Mitbewerbern, der geschäftlichen Entscheidungsfreiheit der Verbraucher beziehungsweise der sonstigen Marktteilnehmer noch dem Allgemeininteresse an einem funktionsfähigen Wettbewerb und damit anderen Zielen als das Lauterkeitsrecht. Das lauterkeitsrechtliche Schutzinstrumentarium aber ist konkret zugeschnitten auf den Schutz des Wettbewerbs. Es bedenkenlos für die Durchsetzung anderer Interessen zu öffnen, war weder beabsichtigt noch ist es zu befürworten.

Wenn in der CSR-Diskussion immer wieder die Hoffnung keimt, das Lauterkeitsrecht könne Probleme der Wirtschaftsethik ebenso lösen wie die üblicher Wettbewerbsverstöße, hat das in erster Linie historische Gründe: § 1 UWG von 1901 lautete:

„Wer im geschäftlichen Verkehre zu Zwecken des Wettbewerbs Handlungen vornimmt, die gegen die guten Sitten verstoßen, kann auf Unterlassung und Schadensersatz in Anspruch genommen werden."

---

[89] Insofern kann auch dahinstehen, ob CSR-Codes ansonsten unter die Definition eines Verhaltenskodizes i.S.d. § 2 Abs. 1 Nr. 5 UWG fallen, was aber zumindest für Multicorporate-Codes unproblematisch der Fall sein dürfte, dazu etwa *Alexander*, GRUR-Int. 2012, 965. 967, *Birk*, GRUR 2011, 196, 199; Fezer/Büscher/Obergfell/*Peifer/Obergfell*, § 5 Rn. 419. Ebenso dahinstehen kann die Frage, ob sie „verpflichtend" sind i.S.d. § 5 Abs. 1 S. 2 Nr. 6 UWG, dazu etwa *Halfmeier/Herbold*, WRP 2017, 1430, 1433 f.

[90] *Augsburger*, MMR 2014, 427, 429; *Birk*, GRUR 2011, 196, 199 f.; *Ohly/Liebenau*, in: Hilty/Henning-Bodewig (Hrsg.), CSR, S. 197, 203 f.

[91] Vgl. nur Großkomm-UWG/*Metzger*, § 4 Nr. 11 Rn. 34.

[92] Etwa *Fezer*/Büscher/Obergfell, § 2 B Rn. 75; Harte/Henning/*Keller*, § 2 Rn. 28; *Köhler*/Bornkamm/Feddersen, § 2 Rn. 36; Großkomm-UWG/*Peukert*, § 2 Rn. 48; Ohly/*Sosnitza*, § 2 Rn. 14 f. Vgl. zudem BGHZ 144, 255, 262 – *Abgasemissionen*.

[93] Ebenso Großkomm-UWG/*Peukert*, § 2 Rn. 564. Vgl. auch *Birk*, GRUR 2011, 196, 199 ff.; *Ohly/Liebenau*, in: Hilty/Henning-Bodewig (Hrsg.), CSR, S. 197, 207 f.

Für fast ein gesamtes Jahrhundert hat die lauterkeitsrechtliche Generalklausel so den Eindruck vermittelt, die Grenze zwischen „Recht und Moral" zu durchbrechen und ethische Werte mit rechtlichen Mitteln durchzusetzen.[94]

Leitbild des UWG war der „ehrbare Kaufmann", der sein Verhalten an „anständigen Gepflogenheiten" in Handel, Gewerbe und Handwerk ausrichtet.[95] Solche anständigen Gepflogenheiten, so könnte man meinen, seien eben auch Fragen der Nachhaltigkeit. Und in der Tat: Wäre die Frage nach dem Inhalt der „guten Sitten" lediglich durch empirische Gutachten zu ermitteln, könnten sich wohl die meisten Marktteilnehmer darauf einigen, dass Unternehmen etwa ohne den Einsatz von Kinderarbeit im Produktionsprozess auskommen sollten.

Generell scheint die aktuelle Tendenz in der öffentlichen Meinung dahin zu gehen, eher mehr denn weniger „ethische" Verantwortung von Wirtschaftsunternehmen einzufordern. Spätestens seit der globalen Finanzkrise von 2007 spielt denn auch die Figur des ehrbaren Kaufmanns wieder eine wichtigere Rolle in der rechtlichen Diskussion und hat als Leitbild sogar Eingang in den Deutschen Corporate Governance Kodex gefunden.[96]

Und dennoch: Mit dem UWG von 2004 und der Einführung der Schutzzwecktrias hat der Gesetzgeber ausdrücklich Position bezogen und neben den geschäftlichen Interessen der konkreten Marktteilnehmer lediglich das Allgemeininteresse an einem funktionsfähigen Wettbewerb anerkannt. Den Schutz anderer Rechte und Interessen hat er aus dem UWG ausgeklammert. Auch nach der Finanzkrise vorgenommene Gesetzesänderungen, insbesondere das UWG von 2015, haben die Schutzzwecktrias unberührt gelassen.[97]

Dem Gesetzgeber ist beizupflichten. Das UWG ist kein allgemeines Ordnungsrecht, das die Aufgabe hat, „auf dem Markt umfassend für Rechtmäßigkeit und Sauberkeit zu sorgen, insofern das Verwaltungsrecht zu ergänzen und dessen Vollzugsdefizite auszugleichen".[98] Dem Lauterkeitsrecht geht es vielmehr darum, einen funktionsfähigen Wettbewerb für Waren und Dienstleistungen ebenso zu sichern wie die (kollektiven) Interessen der Teilnehmer

---

[94] Treffend *Peifer*, in: Hilty/Henning-Bodewig (Hrsg.), Lauterkeitsrecht und Acquis Communautaire, S. 125.

[95] Zur Bedeutung des Begriffs für CSR-Codes insbes. *Henning-Bodewig*, WRP 2011, 1014 ff.; *dies.*, WRP 2010, 1094 ff.

[96] Vgl. Präambel der aktuellen Fassung des DCGK; dazu etwa *DAV-Handelsrechtsausschuss*, NZG 2017, 57; *Fleischer*, DB 2017, 2015 f.; *Hauschka*, CCZ 2017, 97; *Nikoleyczik/Graßl*, NZG 2017, 161 f. Speziell zu CSR auch *Spießhofer*, NZG 2018, 441 ff. Für das Lauterkeitsrecht insbesondere *Henning-Bodewig*, WRP 2011, 1014 ff.; *dies.*, WRP 2010, 1094 ff.

[97] Für einen Überblick zu den Neuerungen vgl. etwa *Ohly*, GRUR 2016, 3 ff.

[98] So das Gegenmodell treffend beschreibend *Ohly/Liebenau*, in: Hilty/Henning-Bodewig (Hrsg.), CSR, S. 197, 209.

an diesem Markt.[99] Die Aufgabe ist bereits schwer genug, dem Lauterkeitsrecht auch noch die Aufgabe zu überverantworten, die komplizierten wirtschaftsethischen Fragestellungen angemessen zu verrechtlichen, würde es schlicht überfordern.

Dies gilt umso mehr, als es sich bei den in Frage stehenden Handlungen gar nicht um Tätigkeiten am Markt handelt, sondern um allgemeines unternehmerisches Verhalten. Im Grunde geht es um die bereits oben angerissene Frage nach den Zielen wirtschaftlichen Verhaltens, um die Debatte zwischen *shareholder* und *stakeholder value*.[100] Wer fordert, Unternehmen sollten sich etwa um eine geschlechterparitätische Besetzung ihrer Leitungsorgane bemühen, keine Kinder beschäftigen oder den Ausstoß umweltschädlicher Schadstoffe minimieren, verlangt von den Unternehmen kein lauteres Verhalten im Wettbewerb, sondern generell an nachhaltigen Prinzipien ausgerichtetes unternehmerisches Handeln.

Systematisch ist das eine Frage des allgemeinen Unternehmensrechts, die auch dort, d.h. etwa im HGB, im GmbHG oder im AktG, zu beantworten wäre.[101] Die Tatsache, dass der Streit um eine über den *shareholder value* hinausgehende unternehmerische Zielvorgabe das Unternehmensrecht bis heute beschäftigt,[102] sollte nicht durch eine systemwidrige Ausweitung des Lauterkeitsrechts überwunden werden. An welchen Zielen sich unternehmerisches Handeln aus gesamtgesellschaftlicher Sicht ausrichten sollte, ist eine verzwickte Fragestellung, die von komplexen ökonomischen, gesellschaftspolitischen und unternehmensrechtlichen Erwägungen abhängig ist[103] und für die das rein wettbewerbsorientierte Lauterkeitsrecht kein hinreichendes Argumentationsinstrumentarium bereithält.

Hiergegen lässt sich weder einwenden, dass die Sanktionierung von CSR-Code-Verstößen auch den Präferenzen der Abnehmer diene,[104] noch, dass

---

[99] Dazu ausführlich unten S. 198 f.

[100] Dazu bereits oben S. 14 ff. Vgl. im Zusammenhang mit CSR eingehend *Fleischer*, AG 2017, 509, 510 ff.

[101] Die Einordnung in den DCGK ist daher zumindest systematisch richtig; die inhaltliche Bewertung ist nicht Teil dieser Arbeit.

[102] Vgl. etwa die Diskussion um die Frage, welche Zielvorgaben der Vorstand einer Aktiengesellschaft bei seinen Leitentscheidungen (§ 76 AktG) zu verfolgen hat: Während die wohl h.M. eine der *stakeholder*-Theorie nahe „interessenplurale Zielkonzeption" präferiert, die auch die Belange von Arbeitnehmern und der Öffentlichkeit miteinschließe (so etwa Hüffer/*Koch*, § 76 Rn. 28 ff.; *Schmidt*, Gesellschaftsrecht, S. 805 f.; MüKo-AktG/*Spindler*, § 76 Rn. 82), plädieren andere für einen Vorrang der Aktionärsinteressen auf Grundlage des *shareholder value*-Ansatzes (so etwa *Empt,* CSR, S. 139 ff., 199 f.; Spindler/Stilz/*Fleischer*, § 76 Rn. 29 ff., 37; Schmidt/Lutter/*Seibt*, § 76 Rn. 23; *Wiedemann*, Gesellschaftsrecht, Bd. I, S. 338 f.).

[103] Vgl. in ökonomischer Hinsicht etwa Spindler/Stilz/*Fleischer*, § 76 Rn. 29 ff.

[104] A.A. *Alexander*, GRUR-Int. 2012, 965, 969 f.; *Spindler*, in: FS-Fezer, 849, 861.

durch sie auch deshalb der Wettbewerb geschützt werde, weil Kodex-Verstöße mit einem Wettbewerbsvorsprung einhergingen.[105]

Zwar spielen die Präferenzen der Marktteilnehmer im Lauterkeitsrecht eine entscheidende Rolle. Zum Schutz der Funktionsfähigkeit des Produktmarktes gehört unbedingt der Schutz seiner Allokationsfunktion. Wettbewerbsmärkte verfolgen aus ökonomischer Sicht unter anderem das Ziel, Waren und Dienstleistungen denjenigen Personen zuzuführen, die sie am meisten schätzen, um so den gesellschaftlichen Wohlstand zu maximieren und Verschwendungen zu minimieren. Wer eine Ware oder Dienstleistung am meisten schätzt, bestimmt sich nach den Präferenzen der Marktteilnehmer; sie alleine legen fest, ob sie ein Gut einem anderen vorziehen, sie alleine entscheiden, warum sie das tun. Ob sie sich für ein Produkt entscheiden, weil sein Herstellungsprozess eher ihren ideellen Vorstellungen entspricht als andere, weil es eine bestimmte Funktionsfähigkeit aufweist, die sich bei Konkurrenzprodukten nicht finden lässt, oder weil es schlicht preiswert ist, ist aus volkswirtschaftlicher Sicht irrelevant.

Aber: Nicht nachhaltiges unternehmerisches Verhalten berührt die Allokationsfunktion des Marktes ebenso wenig wie die Präferenzen der Abnehmer. Für ihren Schutz ist hinreichend, dass die Abnehmer möglichst frühzeitig wissen, ob ein Produkt ihren Präferenzen entspricht oder nicht. Produkte eines Unternehmens, das konsequent und offen die Umwelt schädigt oder Menschenrechte verletzt, erwerben dann nur die Abnehmer, für die nachhaltiges Verhalten keine Relevanz hat. Sind dies ausreichend viele, hält sich das Unternehmen am Markt; sind es zu wenige, wird es verschwinden. Erst wenn Unternehmen fälschlicherweise den Eindruck erwecken, sich um Nachhaltigkeitsfragen zu mühen, wird das Verhalten zu einem Problem für einen funktionierenden Markt. Dann erwerben nämlich auch Abnehmer Produkte, die sie eigentlich nicht schätzen. Die Folge ist eine ineffiziente Güterverteilung. Der Schutz der Allokationsfunktion ist damit aber keine Frage der lauterkeitsrechtlichen Geltung von CSR-Codes, sondern eine Frage der Täuschung über deren Einhaltung, d.h. ein Problem des allgemeinen Irreführungsverbots.

Auch der Vorsprungsgedanke ist nicht geeignet, einen Marktbezug von Verstößen gegen CSR-Codes zu begründen. Zwar hatte das Reichsgericht die Fallgruppe des Rechtsbruchs noch darauf gestützt, dass die Normverletzung dem Rechtsbrüchigen einen Vorsprung im Wettbewerb mit seinen rechtstreuen Konkurrenten verschaffe.[106] Der BGH hatte diese Rechtsprechung für Verstöße gegen sogenannte wertneutrale Vorschriften, d.h. Normen, deren Nichtbeachtung nicht ohnehin sittenwidrig sei,[107] bis ins Jahr 2000 fortge-

---

[105] Ebenso *Ohly/Liebenau*, in: Hilty/Henning-Bodewig (Hrsg.), CSR, S. 197, 207.
[106] RGZ 117, 16, 21 f. – *Tariflohn/Berliner Wach- und Schließgesellschaft*.
[107] Verstöße gegen solche wertbezogenen, d.h. sittlich fundierte oder dem Schutz wichtiger Allgemeingüter dienende, Normen galten ohne Weiteres als unlauter, vgl. etwa BGH

führt.[108] Mit seiner Entscheidung *Abgasemissionen* hat der BGH den Vorsprungsgedanken aber ausdrücklich aufgegeben und nur solche Gesetzesverstöße als lauterkeitsrechtlich relevant angesehen, die zumindest sekundären Marktbezug aufweisen.[109] Fehlt ein solcher Marktbezug, ist auch durch den Regelverstoß erlangter Vorsprung nicht mehr hinreichend. Mit dem UWG von 2004 hat der Gesetzgeber diese Wandlung ausdrücklich nachvollzogen und damit einen Schlusspunkt hinter die Debatte gesetzt.[110] Überzeugende Argumente, diese Diskussion im Rahmen des § 5 Abs. 1 S. 2 Nr. 6 UWG wieder zu eröffnen, existieren nicht.[111] Der Vorsprungsgedanke ist nichts anderes als ein allgemeines Gerechtigkeitskriterium, dem jedwede Abgrenzungskraft fehlt.[112] Jede Verhaltensnorm, gegen die zu verstoßen mit einer Kostenersparnis einhergeht, würde in das Lauterkeitsrecht inkorporiert.[113] Die lauterkeitsrechtlichen Schutzzwecke würden so eher unterlaufen als gefördert; Effizienzverluste wären die zwingende Folge.[114]

3. Generalklausel, § 3 UWG

Aus dem Vorgesagten ergibt sich, dass ein Verstoß gegen einen CSR-Code auch nicht aufgrund der lauterkeitsrechtlichen Generalklausel (§ 3 UWG)

GRUR 1970, 558, 559 – *Sanatorium I*; BGH GRUR 1957, 355 – *Spalttabletten*; ähnlich bereits RGZ 166, 315, 319 – *Makler-Fachgruppe*. Auch die Unterscheidung zwischen wertbezogenen und wertneutralen Vorschriften hat der BGH nach erheblicher Kritik in der Literatur zugunsten der heute gesetzlich verankerten Schutzzwecktheorie aufgegeben.

[108] Grundlegend BGH GRUR 1957, 558, 559 – *Bayern-Express*; ebenso etwa BGH GRUR 1995, 427 – *Zollangaben*; BGH GRUR 1974, 281, 282 – *Clipper*; BGH GRUR 1960, 193, 195 – *Frachtenrückvergütung*. Zur historischen Entwicklung eingehend Großkomm-UWG/*Metzger*, § 4 Nr. 11 Rn. 1 ff.; *v. Walter*, Rechtsbruch, S. 9 ff.

[109] BGHZ 144, 255, 268 f. – *Abgasemissionen*.

[110] RegE zum UWG (2004), BT-Drs. 15/1487 S. 19. Deutlich auch *Metzger*, GRUR-Int. 2015, 687, 692; *Ohly*/Sosnitza, § 3a Rn. 4 f., 22.

[111] Generell für eine Wiederbelebung des Vorsprungsgedanken plädiert insbesondere *Glöckner*, GRUR 2008, 960, 965 ff.; *ders.*, GRUR 2013, 568 ff.

[112] *Beater*, Unlauterer Wettbewerb, Rn. 1759 ff., 2489 ff.; *v. Walter*, Rechtsbruch, S. 130 f. Anders *Zeppernick*, Vorsprung, S. 130 ff., der einen erlangten Vorsprung als notwendige (aber nicht hinreichende) Voraussetzung des Rechtsbruchtatbestands ansieht. Treffend bereits *Ulmer*, Sinnzusammenhänge, S. 22 „primitive Forderung in jedem Wettbewerbsverhältnis", der der stärkeren Beachtung des dahinter liegenden Gleichheitssatzes allerdings offen gegenüber stand.

[113] Vgl. BGHZ 144, 255, 267 – *Abgasemissionen*; *Beater*, Unlauterer Wettbewerb, Rn. 2486 ff.; *v. Walter*, Rechtsbruch, S. 131: „der Vorsprungsgedanke als Mittler der wettbewerblichen Relevanz für die gesamte Rechtsordnung".

[114] Vgl. *Beater*, Verbraucherschutz und Schutzzweckdenken, S. 35 ff.; *Ohly*/Liebenau, in: Hilty/Henning-Bodewig (Hrsg.), CSR, S. 197, 207; in ökonomischer Hinsicht, Großkomm-UWG/*Metzger*, § 4 Nr. 11 Rn. 14, 22 ff.

sanktioniert werden kann.[115] Auch sie findet nur Anwendung auf geschäftliche Handlungen; auch sie wendet sich nur gegen Verhalten, das mit den Schutzzwecken des Lauterkeitsrechts konfligiert.[116] Dass Verstöße gegen CSR-Codes beide Voraussetzungen regelmäßig nicht erfüllen, ist hinreichend dargelegt.[117]

C. Informationshaftung

Nicht in Betracht kommen schließlich haftungsrechtliche Folgen, die an eine Täuschung der Wettbewerber durch Veröffentlichung eines unrichtigen Codes anknüpfen. Zur Klarstellung: Gemeint ist an dieser Stelle eine Haftung für unwahre Äußerungen, auf die Mitbewerber vertrauen; auf Täuschungen der Abnehmer soll erst später eingegangen werden.

Eine bürgerlich-rechtliche Haftung für Mitbewerbertäuschungen wäre allenfalls denkbar, wenn ein Multicorporate-Code rechtsgeschäftlich vereinbart wurde. Die Lüge, den Code einzuhalten, könnte dann einen Verstoß gegen vertragliche Nebenpflichten aus § 241 Abs. 2 BGB darstellen. Näher liegt dann allerdings, als Haftungsgrund an die Zuwiderhandlung selbst anzuknüpfen.[118]

Eine darüber hinausgehende bürgerlich-rechtliche Informationshaftung scheidet im Verhältnis zu den Wettbewerbern aus. Zwar mögen die auf der Webseite eines Unternehmens veröffentlichten Codes auch die Mitbewerber des Unternehmens ansprechen. Vorvertragliche Täuschungsverbote treffen das den Code veröffentlichende Unternehmen deswegen aber nicht. Insbesondere scheidet eine Haftung aus §§ 123 f. BGB oder §§ 311 Abs. 2, 241 Abs. 2, 280 Abs. 1 BGB bereits deswegen aus, weil das Verhältnis der Mitbewerber untereinander nicht auf den Abschluss eines Vertrags gerichtet ist.[119] Getäuscht wird nicht im vorvertraglichen Bereich, sondern im allgemeinen Wettbewerbsverhältnis. Eine Sonderverbindung, wie sie § 241 Abs. 2 BGB voraussetzt, lässt sich daraus nicht begründen. Auch deliktische Täuschungsverbote greifen nicht. Schadensersatzansprüche aus § 823 Abs. 1 BGB kämen – wenn überhaupt – nur wegen Verletzung des Rechts am eingerichteten und ausgeübten Gewerbebetrieb in Betracht. Ungeachtet der sonstigen Tatbestandsvoraussetzungen muss ein solcher Anspruch aber scheitern,

---

[115] Vgl. dazu *Ohly/Liebenau*, in: Hilty/Henning-Bodewig (Hrsg.), CSR, S. 197 ff., 202 ff.

[116] Vgl. BGHZ 81, 291, 295 – *Bäckerfachzeitschrift*: „[E]s ist nicht Zweck von Wettbewerbsstreitigkeiten nach § 1 UWG, rechtspolitische Maßnahmen in die Wege zu leiten, abzuändern oder zu unterbinden [...]."

[117] Treffend *Ohly/Liebenau*, in: Hilty/Henning-Bodewig (Hrsg.), CSR, S. 197, 207 f.

[118] Dazu soeben S. 28 ff.

[119] Vgl. dazu ausführlich unten S. 171 ff.

weil eine allgemeine Markttäuschung keinen betriebsbezogenen Eingriff darstellt.[120] Unrichtige Versprechen, einen CSR-Code einzuhalten, wirken in erster Linie im Vertikalverhältnis, d.h. auf die geschäftliche Entscheidung von Abnehmern oder Anteilseignern. Gegen die betriebliche Organisation oder die unternehmerische Entscheidungsfreiheit der Mitbewerber richten sie sich nicht. Allenfalls mögen sich die Mitbewerber mittelbar dazu veranlasst sehen, ebenso CSR-Maßnahmen zu ergreifen, um am Markt bestehen zu können, oder durch das Auffliegen einer Täuschung mittelbar beeinträchtigt sein, weil das Vertrauen der Stakeholder auch in ihre CSR-Versprechen sinkt.[121] Solche mittelbaren Schädigungen sind vom Schutzzweck des Rechts am eingerichteten und ausgeübten Gewerbebetrieb aber nicht umfasst.[122] Aus diesem Grund scheidet auch eine Haftung gemäß § 826 BGB aus: Die der deliktsrechtlichen Systematik zugrunde liegende Diskriminierung reiner Vermögensschäden zielt gerade darauf, die Schadensabwicklung auf die unmittelbar betroffenen Rechtssubjekte zu kanalisieren und die Vervielfältigung von Schadensersatzansprüchen auszuschließen.[123]

Schließlich greifen auch die lauterkeitsrechtlichen Irreführungsverbote zugunsten von Mitbewerbern nicht unmittelbar.[124] Zwar können Mitbewerber Verstöße gegen die Irreführungsverbote rügen und gemäß §§ 8 ff. UWG eigene Unterlassens-, Beseitigungs- und/oder Schadensersatzansprüche geltend machen. Tatbestandlich handelt es sich aber um Täuschungsverbote im Vertikalverhältnis; geschützt ist die geschäftliche Entscheidungsfreiheit der Abnehmer und damit mittelbar das Interesse der Mitbewerber sowie das Allgemeininteresse an einem fairen Wettbewerb.[125] Die Arbeit wird sich ihnen daher im Zusammenhang mit den Haftungsfolgen für Täuschungen der Abnehmer zuwenden (unten S. 197 ff.).

---

[120] Zur Voraussetzung der Betriebsbezogenheit des Eingriffs etwa BGH NJW-RR 2014, 1508, 1509; BGH NJW 2013, 2760, 2761; BGHZ 193, 227, 233; BGHZ 29, 65, 74; Soergel/*Beater*, Anh V § 823 Rn. 34 f.; Staudinger/*Hager*, § 823 Rn. D 11 ff.; MüKo-BGB/*Wagner*, § 823 Rn. 323.

[121] Dazu unten S. 218 ff.

[122] Zum Ausschluss lediglich mittelbarer Schädigungen etwa BGH NJW 2015, 1174, 1176; BGH NJW-RR 2005, 673, 675; BGH NJW 2003, 1040, 1041; Staudinger/*Hager*, § 823 Rn. D 13 f.; MüKo-BGB/*Wagner*, § 823 Rn. 323.

[123] Vgl. insbesondere MüKo-BGB/*Wagner*, § 826 Rn. 13, 18; *ders.*, in: Zimmermann (Hrsg.), Grundstrukturen, S. 189, 230 ff.; zum funktionalen Gleichlauf zwischen Merkmalen „Betriebsbezogenheit" i.R.d. § 823 I BGB und „Sittenwidrigkeit" i.R.d. § 826 BGB vgl. wiederum MüKo-BGB/*Wagner*, § 823 Rn. 322.

[124] Vgl. *Köhler*/Bornkamm/Feddersen, § 1 Rn. 9; MüKo-UWG/*Sosnitza*, § 1 Rn. 23; Ohly/*Sosnitza*, § 1 Rn. 14;

[125] Eingehend etwa *Beater*, Unlauterer Wettbewerb, Rn. 1293 ff.

D. Ergebnis

Im Ergebnis dürfte sich die Haftung der Unternehmen für Verstöße gegen CSR-Codes oder Täuschungen der Mitbewerber durch öffentliche Einhaltungsversprechen auf Einzelfälle beschränken. Voraussetzung wäre, dass die Teilnehmer eines Multicorporate-Codes diesen vertraglich vereinbart hätten. Ausgeschlossen ist das aber nicht. Wie die ökonomische Betrachtung gezeigt hat, lassen sich durchaus Situationen identifizieren, in denen sich eine vertragliche Vereinbarung rechnet.

Zweiter Teil

Vertikalverhältnis

§ 3 Haftung gegenüber Anlegern

Der Beziehung zwischen Anlegern und Unternehmen, in der Sprache des Kapitalmarktrechts: Emittenten, kommt für die privatrechtliche Bewertung von CSR-Codes aus zwei Gründen erhebliche Bedeutung zu: Erstens scheinen Nachhaltigkeitserwägungen im Rahmen von Investitionsentscheidungen immer wichtiger zu werden. Zweitens hält das Kapitalmarktrecht ein diffiziles System der Informationshaftung vor, das sich seit Anfang der 2000er-Jahre zu einem festen und ausdifferenzierten Sonderforschungsbereich entwickelt hat, der weitgehend eigenständig neben der Forschung zur allgemeinen privatrechtlichen Informationshaftung steht.[1] Beide enger miteinander zu verknüpfen, ist ein Kernanliegen dieser Arbeit.

Zur besseren Übersichtlichkeit wird die Arbeit an dieser Stelle auf ein Szenario fokussieren, bei dem ein CSR-Code von einer börsennotierten Aktiengesellschaft veröffentlicht wird. Dies stellt den praktischen Regelfall dar. Detailfragen, die sich aus anderen Konstellationen ergeben, versprechen zudem keine grundlegenden Erkenntnisse zur Haftung im Zusammenhang mit CSR-Codes und führen damit weg von der eigentlichen Forschungsfrage.

A. Interessenlage

In einer weit beachteten Studie haben *Ioannou* und *Serafeim* unlängst nahegelegt, dass sich die Einstellung von Sell-Side-Analysten seit den 1990er-Jahren stark verändert hat: Damals noch argwöhnisch beäugt, werde eine gute *corporate social performance* heute mehr und mehr zum Argument optimistischer Bewertungen.[2] Begründen lässt sich dieser Wandel unter anderem damit, dass CSR-Maßnahmen unterschiedliche positive Auswirkungen auch auf das finanzielle Ergebnis von Unternehmen zugeschrieben werden.[3] In den Worten des *Economist*, traditionell einer der schärfsten Kritiker des CSR-Ansatzes: „Corporate social responsibility, once a do-gooding sideshow, is now seen as mainstream."[4] Und weiter: „Done well, though, [CSR] is not

---

[1] Vgl. Assmann/Schütze/*Fleischer*, HdB Kapitalanlagerecht, § 6 Rn. 1.
[2] *Ioannou/Serafeim*, 36 Strat. Manag. J. 1053, 1065 ff. (2015).
[3] Dazu ausführlich oben S. 15 ff.
[4] *The Economist*, Special report: CSR, S. 1.

some separate activity that companies do on the side, a corner of corporate life reserved for virtue: it is just good business."[5]

In institutioneller Hinsicht lässt sich dieser Wandel an diversen Stellen nachvollziehen: Insbesondere steigt die Anzahl CSR-bezogener Informationsintermediäre, vor allem von Ratingagenturen, die sich auf die Bewertung der unternehmerischen CSP spezialisiert haben, rasant und stetig an.[6] Selbst alteingesessene Ratingagenturen, die üblicherweise nicht für einen ausgeprägten „Nachhaltigkeitsbias" bekannt sind, sind auf den Zug aufgesprungen und beziehen CSR-Argumente in ihre Unternehmensbewertung ein.[7]

Ferner bemühen sich Unternehmen in jüngerer Zeit mehr und mehr, (unter anderem) ihre Anleger in Nachhaltigkeitsberichten über Erfolge und Ziele im CSR-Bereich zu informieren.[8] Auch die Qualität dieser Berichte nimmt zu, wofür insbesondere verschiedene um eine Vereinheitlichung der Berichte bemühte Initiativen verantwortlich zeichnen.[9] Zu nennen sind etwa die *Global Reporting Initiative* oder die Urheber des *Deutschen Nachhaltigkeitskodex*.

Schließlich hat auch der Gesetzgeber den Nachhaltigkeitstrend aufgegriffen: In Umsetzung der CSR-Richtlinie (RL 2014/95/EU) verpflichten die §§ 289b-e und §§ 315b-c HGB bestimmte Kapitalgesellschaften und Konzerne, Nachhaltigkeitsberichte zu veröffentlichen. Integriert in den Lagebericht oder in einer eigenständigen nichtfinanziellen Erklärung, müssen die Unternehmen dort ihre Nachhaltigkeitskonzepte und deren Ergebnisse darlegen oder aber erklären, warum sie im Hinblick auf bestimmte Ziele keine Nachhaltigkeitspolitik verfolgen.

Nimmt man die Interessen der Anleger in den Blick, zeigen sich vor allem zwei unterschiedliche Motive für die Investition in Unternehmen, die CSR-Maßnahmen betreiben. Einerseits lassen sich Investoren mitunter von den aufgezeigten ökonomischen Argumenten für CSR-Maßnahmen leiten. Wirken sich die in einem CSR-Code dargestellten Maßnahmen (langfristig gesehen) positiv auf die finanzielle Lage des Emittenten aus, gebietet es schlicht das Interesse an wirtschaftlicher Nutzenmaximierung, die genannten CSR-Aspekte bei der Investitionsentscheidung zu beachten.[10] Andererseits ent-

---

[5] *The Economist*, Special report: CSR, S. 6.
[6] Vgl. *Scalet/Kelly,* 94 J. Bus. Ethics 69, 70 ff. (2010); *Waddock,* 22 Acad. Manag. Perspect. 87, 93 ff. (2008).
[7] Vgl. zur jüngeren Entwicklung *Naumann,* Financial Times (European Edition) v. 17.09.2019, S. 21.
[8] Vgl. international etwa *Cheney/Roper/May,* in: dies. (Hrsg.), Debate over CSR, S. 3; für Deutschland *Hoffmann/Dietsche/Westermann/Schöll,* Ranking Nachhaltigkeitsberichte 2015, S. 1.
[9] Am Ziel angekommen ist die Entwicklung freilich nicht, vgl. *Hoffmann/Dietsche/Westermann/Schöll,* Ranking Nachhaltigkeitsberichte 2015, S. 1.
[10] Vgl. dazu oben S. 14 ff.

scheiden sich Investoren mitunter auch aus ideellen Interessen für den Erwerb von Wertpapieren nachhaltiger Emittenten. In jüngerer Zeit wurde dieses Investitionsverhalten vor allem mit den Begriffen *divestment, impact investing* oder *socially responsible investing* (SRI) bezeichnet.[11]

B. Zuwiderhandlungshaftung

Nimmt man das Vorgesagte ernst, könnte ein Anspruch auf Einhaltung öffentlich geäußerter CSR-Codes gegen den Emittenten durchaus im Interesse der Anleger sein. Dogmatisch oder funktionell begründen lässt sich eine derartige echte Regelbindung gegenüber den Anlegern aber nicht.

I. Gesellschaftsrechtliche Haftung

Zwar erwirbt der Anleger mit einem Wertpapier mitunter auch eine Stellung als Verbandsmitglied – etwa als Aktionär –, aus der sich gewisse Rechte (und Pflichten) herleiten. Ansprüche auf ein bestimmtes operatives Verhalten des Verbands oder seiner Organe beziehungsweise Schadensersatzansprüche bei abweichendem Verhalten lassen sich aus dieser Beziehung aber nicht herleiten. Ausnahmen bestehen allenfalls, wenn Eingriffe in das Mitgliedschaftsrecht der Anteilseigner zu befürchten sind,[12] was bei Verstößen gegen öffentlich geäußerte CSR-Codes offensichtlich nicht der Fall ist.[13]

Auch auf §§ 76, 93 AktG, die eine Schadensersatzhaftung des Vorstands bei Verletzung seiner Leitungsaufgaben vorsehen, lässt sich eine Haftung für Zuwiderhandlungen der Gesellschaft gegenüber den Aktionären nicht stützen. Zwar wird bisweilen diskutiert, ob auch die Beachtung sozialer und gesellschaftlicher Zwecke Teil dieser Leitungsaufgaben sind.[14] Selbst wenn dies

---

[11] Andere mehr oder minder deckungsgleiche Begriffe sind *ethical, sustainable, conscious, social* oder *green investing* beziehungsweise *impact investing*. Mitunter bestehende Detailunterschiede sind für diese Arbeit nicht relevant. Vgl. beispielhaft *Renneboog/Horst/Zhang*, 32 J. Bank. & Fin. 1723 ff. (2008); *Laeusen*, in: Lehner (Hrsg.), Social and Sustainable Finance, S. 5 ff.; *Spießhofer*, Unternehmerische Verantwortung, S. 362 f.

[12] Anspruchsgrundlage wäre nach h.M. § 823 Abs. 1 BGB, weil die Mitgliedschaft als sonstiges Recht einzuordnen sei, vgl. etwa BGHZ 110, 323, 327, 334 – *Schärenkreuzer*; ausführlich *Habersack*, Mitgliedschaft, S. 117 ff., 243 ff. und *passim*; a.A. etwa MüKo-BGB/*Wagner*, § 823 Rn. 308.

[13] Ebenso *Roth-Mingram*, CSR, S. 277 f.; *dies.*, NZG 2015, 1341, 1345 f. Dies gilt auch dann, wenn sich eine Verletzung eines CSR-Codes negativ auf den Aktienkurs auswirkt und damit Vermögensinteressen der Aktionäre beeinträchtigt werden. Diese gehören nicht zum Kernbereich der Mitgliedschaft, *Hölters*, § 93 Rn. 353; Großkomm-AktG/*Hopt/Roth*, § 93 Rn. 625 f.

[14] Ansatzpunkt im Hinblick auf CSR-Themen könnten etwa die neuen Berichtspflichten der §§ 289b-e, §§ 315b, 315c HGB und eine daraus hergeleitete Bemühenspflicht des

der Fall wäre, könnten die Aktionäre aus einem Pflichtverstoß allerdings keine Ansprüche herleiten: Für Verletzung seiner Leitungsaufgaben haftet der Vorstand nur dem Verband, nicht den einzelnen Mitgliedern (vgl. § 93 AktG).[15] Zudem stellt § 93 AktG zugunsten der Aktionäre kein Schutzgesetz i.S.d. § 823 Abs. 2 BGB dar.[16]

II. Haftung im Zusammenhang mit der Wertpapiertransaktion

Auch die Verschiebung des Blickwinkels von der gesellschaftsrechtlichen Stellung des Aktionärs hin zum Akt des Wertpapiererwerbs führt zu keiner anderen Bewertung.

1. Rechtsgeschäftliche Zuwiderhandlungshaftung

Scheitern müssen zunächst Versuche, die die Haftung des Emittenten für Verstöße gegen einen CSR-Code auf vertragliche Grundsätze stützen wollen. Anknüpfungspunkt einer solchen Pflicht müsste ein eigenständiges, zwischen Emittent und Anleger bestehendes Rechtsgeschäft sein, das zwar inhaltlich und wirtschaftlich mit dem Wertpapiererwerb verknüpft, dogmatisch aber von diesem losgelöst wäre. Ein solches Geschäft existiert in aller Regel nicht, denn der Emittent wird weder bei Wertpapiergeschäften am Primär- noch bei solchen am Sekundärmarkt Vertragspartner des Anlegers.[17]

Selbst wenn man dieses Problem großzügig – etwa unter Rückgriff auf *Köndgens* Verständnis der Prospekthaftung – umgehen wollte,[18] dürfte eine rechtsgeschäftliche Erfüllungshaftung für CSR-Codes im Anlegerverhältnis spätestens am Interesse der Emittenten scheitern. Nach *Köndgen* liegt in der

---

Vorstands sein. Vgl. zum speziellen, weil gesetzlich geregelten Fall der Frauenquote *Weller/Benz*, AG 2015, 467, 472; allgemein zur Haftung für Verstöße gegen die Legalitätspflicht im Hinblick auf Menschenrechtsverletzungen, *Weller/Kaller/Schulz*, AcP 216 (2016), 387, 413 ff. Dagegen *Bachmann*, ZGR 2008, 231, 235 ff. Vgl. zudem die Diskussion um die Erweiterung der Legalitätspflicht des Vorstands auf „anerkannte Grundsätze der Geschäftsmoral" bzw. den Maßstab des „ehrbaren Kaufmanns". Für eine solche Erweiterung etwa KölnKomm-AktG/*Mertens/Cahn*, § 93 Rn. 71; Hachenburg/*Mertens*, § 43 Rn. 20. Zu Recht ablehnend insbesondere Spindler/Stilz/*Fleischer*, § 93 Rn. 25; *ders.* DB 2017, 2015, 2017 f.; *ders.* AG 2017, 509, 515 f. Großkomm-AktG/*Hopt/Roth*, § 93 Rn. 149 f.; Bork/Schäfer/*Klöhn*, § 43 GmbHG Rn. 21; Ulmer/Habersack/Löbbe/*Paefgen*, § 43 GmbHG Rn. 51.

[15] Allg. Ansicht, statt aller: Spindler/Stilz/*Fleischer*, § 93 Rn. 292; Großkomm-AktG/*Hopt/Roth*, § 93 Rn. 623; Hüffer/*Koch*, § 93 Rn. 61; KölnKomm-AktG/*Mertens/Cahn*, § 93 Rn. 207; MüKo-AktG/*Spindler*, § 93 Rn. 336;.

[16] LG Bonn AG 2001, 484, 489; LG Düsseldorf AG 1991, 70, 71; Großkomm-AktG/*Hopt/Roth*, § 93 Rn. 630 f.; Hüffer/*Koch*, § 93 Rn. 26; KölnKomm-AktG/*Mertens/Cahn*, § 93 Rn. 209; MüKo-AktG/*Spindler*, § 93 Rn. 343.

[17] Vgl. etwa *Einsele*, Bank- und Kapitalmarktrecht, § 7 Rn. 2 ff.

[18] Vgl. *Köndgen*, AG 1983, 85 ff.

B. Zuwiderhandlungshaftung

Prospektveröffentlichung ein (stehendes) Angebot zum Vertragsschluss zwischen Emittent und Anleger, das durch den Erwerb des Papiers bei einem Dritten aktualisiert wird.[19] Einer direkten Abrede zwischen Emittent und Anleger bedürfte es nicht. Aber: Auch nach dieser Konstruktion wäre vorauszusetzen, dass der Prospekt – beziehungsweise hier: der CSR-Code – mit Rechtsbindungswillen veröffentlicht wurde.[20] Ein objektiver Dritter müsste der Veröffentlichung also entnehmen, dass der Emittent für die Einhaltung des Codes rechtlich einstehen wollte.[21] Ob dies der Fall ist, würde sich – wie dargelegt – unter anderem nach dem Wortlaut des CSR-Codes und der hinter dem Code stehenden wirtschaftlichen Interessenlage richten.[22]

Wirtschaftliche Argumente, die aus Sicht des Emittenten für eine echte Regelbindung streiten, werden sich aber nur schwer finden lassen. Zwar mag der Emittent an Wertpapiergeschäften insbesondere am Primärmarkt wirtschaftlich profitieren, weil ihm eine durch ein CSR-Versprechen herbeigeführte Preissteigerung dort unmittelbar zugutekäme. Die mit einer echten rechtsgeschäftlichen Bindung verbundenen Kosten dürften dazu aber regelmäßig in keinem Verhältnis stehen. Unabhängig von der Höhe der jeweiligen individuellen Investition wäre der Emittent jedem Anleger gegenüber verpflichtet, seinen CSR-Code einzuhalten. Das bedeutet: Jeder Anleger könnte das Unternehmen zur Vornahme der in einem CSR-Code versprochenen Handlungen zwingen – unabhängig davon, ob sie im konkreten Fall mit dem Unternehmensinteresse vereinbar sind oder nicht. Darüber hinaus sprechen ganz grundsätzliche Erwägungen gegen eine vertragliche Lösung. Für den Emittenten bestünde nämlich keine realistische Möglichkeit, die einmal in einem CSR-Code niedergelegten Regeln zu ändern. Voraussetzung wäre die Zustimmung aller Anleger, die Aktien auch wegen des Codes erworben haben. Schließlich bestehen auch aus gesellschaftsrechtlicher Sicht Zweifel an einer vertraglichen Erfüllungshaftung für CSR-Codes. Eine solche würde das unternehmerische Ermessen des Vorstands bisweilen in nicht unerheblichem Maße vorstrukturieren. Die Gesellschaft – und im Rahmen seiner Legalitätspflicht der Vorstand – wäre allein aufgrund des veröffentlichten CSR-Codes gegenüber den Aktionären langfristig auf eine nachhaltige Unternehmensausrichtung verpflichtet. Vor dem Hintergrund der aktienrechtlichen Kompetenzordnung, die Leitungsaufgaben dem Vorstand grundsätzlich in eigener Verantwortung überträgt und Eingriffsmöglichkeiten der Aktionäre außerhalb der

---

[19] *Köndgen*, AG 1983, 85, 91; grundsätzlich *ders.*, Selbstbindung, S. 187 ff.
[20] Vgl. *Köndgen*, AG 1983, 85, 91.
[21] Dies verkennt *Köndgen*, AG 1983, 85, 91, wenn er lediglich auf das Wissen der Prospektverantwortlichen um die Bedeutung des Prospektinhalts für die Anleger abstellt.
[22] Vgl. dazu ausführlich oben S. 28 ff.

Satzung nur in den eng umrissenen Fällen der Hauptversammlungskompetenzen anerkennt, wäre ein solches Ergebnis zumindest bedenklich.[23]

2. Vertrauenshaftung

Nimmt man an, dass eine freiwillige rechtsgeschäftliche Bindung des Emittenten an einen CSR-Code regelmäßig ausgeschlossen sein wird, bleibt die Frage, wie es um eine ungewollte Bindung steht. Im privatrechtlichen Duktus: Lässt sich ein Verstoß gegen einen CSR-Code auf Grundlage einer negativen oder positiven Vertrauenshaftung ahnden?[24]

In der Literatur wird bisweilen der Eindruck erweckt, eine Haftung für Verstöße gegen unternehmerische Selbstverpflichtungen käme bereits auf Grundlage der c.i.c. nach §§ 311 Abs. 2, 241 Abs. 2, 280 Abs. 1 BGB in Betracht.[25] Auf die hier untersuchte Konstellation übertragen hieße das: Äußert ein Emittent einen CSR-Code öffentlich, haftet er den Anlegern, die auf die Einhaltung des Codes vertraut haben, auf das negative Interesse, sobald der Emittent gegen den Code verstößt.[26]

Ein solcher Ansatz ist zumindest missverständlich.[27] Unproblematisch wäre es zwar, wenn die Haftung lediglich daran knüpfen soll, dass ein Emittent fälschlicherweise die Einhaltung eines CSR-Codes verspricht.[28] Die aktive Täuschung vor Vertragsschluss ist einer der Paradefälle der c.i.c. Gleiches gilt für den Fall, dass der Emittent den CSR-Code zu einem Zeitpunkt veröffentlich hat, als er dem Code entsprechend gehandelt hat, aber noch vor Abschluss des relevanten Wertpapiergeschäfts sein Verhalten ändert, ohne zumindest die Veröffentlichung des Codes einzustellen.[29] Auch hier liegt eine aktive Täuschung in der öffentlichen Zugänglichmachung des Codes bei gleichzeitigem Zuwiderhandeln. Falsch wäre es aber, eine Haftung aus c.i.c.

---

[23] Ob ein Selbstbindungsverbot des Vorstands besteht bzw. wie weit dieses reicht, ist in der Literatur umstritten. Dafür etwa Spindler/Stilz/*Fleischer*, § 76 Rn. 68 f.; *ders.*, ZHR 172 (2008), 538, 558 ff; MüKo-AktG/*Spindler*, § 76 Rn. 28 ff.; Hüffer/*Koch*, § 76 Rn. 27. Dagegen: KölnKomm-AktG/*Mertens/Cahn*, § 76 Rn. 45, 49 ff. Offen gelassen: BGH NZG 2017, 1219, 1221.

[24] Zu dieser Zweiteilung vgl. nur *Canaris*, Vertrauenshaftung, S. 5 ff.

[25] So wohl *Bachmann*, Private Ordnung, S. 240 f., 254.

[26] Vgl. etwa *Bachmann*, Private Ordnung, S. 241, 254; *Lutter*, FS-Druey, 463, 474.

[27] Dafür, dass auch die Vertreter dieser Ansicht im Ergebnis nur die Lüge über die Einhaltung, nicht aber den Regelverstoß als haftungsbegründend ansehen, sprechen ihre theoretische Rückbindung an die von *Hildebrandt* entwickelte Figur der „Erklärungshaftung" (Erklärungshaftung, 1931), die gerade keine Bindung des Erklärenden für die Zukunft vorsieht, sowie die argumentativen Vergleiche zur speziellen wie allgemeinen Prospekthaftung, vgl. *Bachmann*, Private Ordnung, S. 241 f.; *Lutter*, FS-Druey, S. 463, 473 ff.

[28] So wohl *Lutter*, FS-Druey, S. 463 ff.

[29] *Lutter*, FS-Druey, S. 463 ff.

allein auf einen (wann auch immer erfolgenden) Verstoß gegen den einmal geäußerten CSR-Code stützen zu wollen.[30]

Das Vertrauen des Anlegers würde dann nämlich nicht nur dahingehend geschützt, dass die vom Emittenten getätigte Aussage – hier der CSR-Code – inhaltlich zutreffend ist, sondern dahin, dass ein einmal gegebenes Versprechen auch in Zukunft erfüllt wird. Derartige Versprechen abzusichern, ist Aufgabe des Rechtsgeschäfts, nicht die der c.i.c.[31] Auch *Canaris* hält das Vertrauen in künftiges Verhalten des Geschäftspartners für grundsätzlich nicht schutzwürdig:

„Dies ergibt sich zwar nicht daraus, daß ‚die Zukunft stets ungewiß' ist und daß ‚dies jeder wissen muß', wohl aber daraus, daß die Rechtsordnung für die rechtliche Gestaltung der Zukunft und die Bindung des anderen Teils ein bestimmtes Instrument, nämlich die Möglichkeit des Vertragsschlusses zur Verfügung gestellt hat und daß sich daher derjenige, der dieses Mittel wissentlich nicht benutzt, selbst des Rechtsschutzes begibt."[32]

Besonders deutlich wird der Konflikt zwischen einer Zuwiderhandlungshaftung aus c.i.c. und Rechtsgeschäft in Fällen, in denen es erst nach Abschluss des Vertrags zu einer Zuwiderhandlung kommt.[33] Die Haftung aus c.i.c würde dann dauerhafte Nebenleistungspflichten begründen, die neben die Hauptleistungspflichten treten und selbst dann fortbestehen würden, wenn der Austausch der Hauptleistungspflichten längst abgeschlossen ist.

3. Kaufrechtliche Äußerungshaftung, § 434 Abs. 1 S. 3 BGB

Auch Ansätze, die die kaufrechtlichen Bestimmungen zur Haftung für Werbeaussagen (§ 434 Abs. 1 S. 3 BGB) auf den Wertpapierkauf entsprechend anwenden wollen, helfen bei der Lösung des hier diskutierten Problems nicht weiter.[34] Zwar sind sie – wenn auch dogmatisch knifflig – im Ergebnis durchaus charmant. Insbesondere würde eine Haftung für typische CSR-Codes beim Wertpapierkauf anders als beim Sachkauf nicht daran scheitern, dass sich die Codes lediglich auf unternehmensbezogene, nicht auf produktbezogene Faktoren beziehen und daher keinen Einfluss auf die Soll-Beschaffenheit der Kaufsache nehmen können.[35] Als Anknüpfungspunkt für

---

[30] Zumindest missverständlich *Bachmann*, Private Ordnung, S. 241, 254, der die damit verbundenen praktischen Probleme auch selbst einräumt, S. 256.

[31] Zu Recht verweist *Bachmann* allerdings darauf, dass sich der Verpflichtete im Bereich der c.i.c. bereits mit dem Ersatz des negativen Interesses von der Regelbindung „freikaufen" könne, Private Ordnung, S. 243.

[32] *Canaris*, Vertrauenshaftung, S. 352 f. Anerkannte Grenzfälle existieren freilich bei der Haftung wegen grundlosem Abbrechen von Vertragsverhandlungen, dazu eingängig *Schwab*, JuS 2002, 773, 776.

[33] Vgl. dazu etwa *Lutter*, FS-Druey, 463, 477.

[34] Dazu insbesondere *Bachmann*, in: ders./Casper/Schäfer/Veil (Hrsg.), Steuerungsfunktionen, S. 93, 103 ff.

[35] Vgl. dazu unten S. 155 ff.

die Sachmängelgewährleistung käme ohnehin nur das von der Gesellschaft betriebene Unternehmen in Betracht.[36] Ansprüche gegen den Emittenten könnten die Anleger aus § 434 Abs. 1 S. 3 BGB aber nicht herleiten. Der europäische Gesetzgeber hat sich bei Erlass der Verbrauchsgüterkaufrichtlinie, auf die § 434 Abs. 1 S. 3 BGB zurückgeht, ausdrücklich gegen einen Direktanspruch des Käufers gegen den Hersteller entschieden.[37] Es wäre vielmehr die das Wertpapier veräußernde Bank, die als Verkäufer auch für die „Herstellerwerbung" des Emittenten einzustehen hätte. Zu der hier untersuchten Frage nach einer Haftung des Emittenten tragen die Ansätze daher nichts bei.

III. Deliktische Haftung

Schließlich scheiden bei Codeverletzungen durch den Verband beziehungsweise seine Organe auch Schadensersatzansprüche der Aktionäre aus Delikt aus. Mangels eines Eingriffs in absolute Rechte wäre eine Haftung allenfalls auf § 823 Abs. 2 BGB oder § 826 BGB zu stützen. Dass CSR-Codes als private Regeln kein Schutzgesetz i.S.d. § 823 Abs. 2 BGB darstellen, ist aber evident.[38] Und: Auch ein Anspruch aus vorsätzlicher sittenwidriger Schädigung (§ 826 ggf. i.V.m. § 31 BGB) besteht nicht.

Verstöße eines Emittenten gegen seine CSR-Codes sind im Verhältnis zu den Wertpapierinhabern regelmäßig nicht sittenwidrig. Erforderlich wäre, dass die Einhaltung des CSR-Codes zu den Mindest- und Grundanforderungen im Verhältnis des Verbands zu seinen Mitgliedern gehörte. Bei Regeln, die etwa die Einhaltung der Menschenrechte oder die Schonung der Umwelt im Blick haben, ist dies offensichtlich nicht der Fall. Dabei kann dahinstehen, ob die Regelverstöße denjenigen gegenüber als sittenwidrig zu qualifizieren sind, die durch sie unmittelbar betroffen sind – etwa gegenüber Arbeitnehmern, deren Menschenrechte verletzt werden. Die Haftung aus § 826 BGB ist auch in persönlicher Hinsicht nach dem Schutzzweck der verletzten Verhaltensregel begrenzt: Nur derjenige, den die Regel schützt, kann sich auf die Sittenwidrigkeit berufen.[39]

---

[36] Die h.M. lehnt die Anwendung der Sachmängelgewährleistung auf Wertpapierkäufe allerdings ab, sofern nicht das Unternehmen als Ganzes erworben wird, vgl. nur BGHZ 65, 246, 251 f.; Ebenroth/Boujong/Joost/Strohn/*Müller*, § 381 HGB Rn. 7; MüKo-BGB/*Westermann*, § 453 Rn. 21 f. jeweils m.w.N.

[37] Vgl. ErwG 9 Verbrauchsgüterkauf-RL 1999/44/EG.

[38] Ebenso *Roth-Mingram*, NZG 2015, 1341, 1345 im Hinblick auf Berichtskodizes.

[39] BGHZ 96, 231, 236; BGHZ 57, 137, 142. *v. Caemmerer*, FS-Larenz I, S. 621, 641; *Mertens*, ZHR 143 (1979), 174, 181 f.; *Sack*, NJW 1975, 1303, 1304 f.; MüKo-BGB/ *Wagner*, § 826 Rn. 22, 45 ff.; *Wolf*, NJW 1967, 709, 710 f. Differenzierend *Deutsch*, Allgemeines Haftungsrecht, Rn. 318; Soergel/*Hönn*, BGB, § 826 Rn. 69 ff. A.A. RGZ 79, 55, 58 f.; Staudinger/*Oechsler*, § 826 Rn. 99 ff.

Darüber hinaus scheitert eine Haftung aus § 826 BGB wohl auch daran, dass die Vermögensschäden der Aktionäre – Kursverluste nach Bekanntwerden von CSR-Verstößen – lediglich mittelbar und reflexartig eintreten. Derartige Schäden sind nach § 826 BGB grundsätzlich nicht zu ersetzen.[40] Hieran ändert auch nichts, dass der Verband seinen Aktionären mit der Veröffentlichung des CSR-Codes möglicherweise zu verstehen gegeben hat, er werde bestimmte die Umwelt oder Menschenrechte schädigende Handlungen unterlassen. Die Wertungen des Vertragsrechts würden unangemessen unterlaufen, wollte man derartige Verletzung nicht rechtsgeschäftlicher Versprechen als sittenwidrig deklarieren.[41]

C. Informationshaftung

Nach dem Vorgesagten kommt eine Haftung des Emittenten gegenüber seinen Anlegern für Verstöße gegen einen in der Vergangenheit geäußerten CSR-Code nicht in Betracht. Valider Anknüpfungspunkt für Schadensersatzansprüche der Anleger bleibt allerdings die Veröffentlichung der CSR-Codes selbst. Im Raum steht damit keine Haftung für den Regelverstoß, sondern für das unrichtige Versprechen, einen Code einzuhalten beziehungsweise einhalten zu wollen. Abstrakter formuliert: eine Haftung für fehlerhafte Kapitalmarktinformation.

Das Kapitalmarktrecht einschließlich der anlegerorientierten Vorschriften des Bilanz- und Aktienrechts hält eine erhebliche Anzahl geschriebener wie ungeschriebener Informationshaftungstatbestände vor, die in mannigfaltiger Weise miteinander verflochten sind.[42] Um über die Auseinandersetzung mit diesen Vorschriften das Ziel der Arbeit nicht aus den Augen zu verlieren, gilt es, sich noch einmal das konkret zu untersuchende Szenario vor Augen zu führen: Gefragt ist, ob Aktiengesellschaften, die einen CSR-Code auf ihrer Unternehmenswebseite veröffentlichen, Anlegern gegenüber für unrichtige Einhaltungsversprechen haften. Soweit eine Haftung anderer als des Emittenten selbst in Betracht kommt, ist sie demnach nur dann von Belang, wenn sie dem Emittenten – etwa über § 31 BGB – zugerechnet werden kann.

---

[40] Vgl. MüKo-BGB/*Wagner*, § 826 Rn. 22, 26, 13 ff. A.A. Staudinger/*Oechsler*, BGB, § 826 Rn. 109, dem es bei mittelbaren Schäden vor allem darauf ankommt, ob der Täter sie in seinen Vorsatz aufgenommen hat. Auch nach dieser Ansicht wird eine Haftung für die Verletzung von CSR-Codes gegenüber den Aktionären aber grds. ausscheiden. Fälle, in denen das handelnde Organmitglied einen Kursverfall billigend in Kauf nimmt, dürften die Ausnahme darstellen. Regelmäßig wird es eher darauf vertrauen, die Verletzung komme nicht ans Licht.

[41] Zum Verhältnis von § 826 BGB zum Vertragsrecht vgl. nur MüKo-BGB/*Wagner*, § 826 Rn. 16 f.

[42] Vgl. Assmann/Schütze/*Fleischer*, HdB Kapitalanlagerecht, § 6 Rn. 1 ff.

Grundsätzlich lassen sich drei zu untersuchende Fälle fehlerhafter CSR-Information unterscheiden: gegenwartsbezogene, zukunftsbezogene sowie gegenwarts- und zukunftsbezogene Täuschungen.[43] Eine gegenwartsbezogene Täuschungshandlung liegt immer dann vor, wenn ein Unternehmen fälschlicherweise behauptet, es halte einen bestimmten Code im „Hier und Jetzt" ein. Zukunftsbezogene Täuschungen behandeln das Versprechen, ein Unternehmen werde einen Code einhalten. Gegenwarts- und zukunftsbezogene Täuschungen stellen eine Kombination des Vorgesagten dar.

Die Haftung für zukunftsbezogene Täuschungen ist eng verbunden mit einer Haftung für Regelverstöße. Bei näherer Betrachtung besteht aber ein wesentlicher Unterschied: Unrichtig ist eine Äußerung immer dann, wenn ihr Inhalt mit der Wirklichkeit nicht übereinstimmt.[44] Zu beurteilen ist dies notwendigerweise zum Äußerungszeitpunkt.[45] Zukunftsbezogene Aussagen können sich demnach nicht auf äußerliche Umstände beziehen, d.h. auf die Tatsache, dass ein Code tatsächlich eingehalten wird. Ob dieser Umstand zutrifft, lässt sich zum Äußerungszeitpunkt nicht ermitteln. Entscheidend ist damit lediglich der innere Umstand, dass ein Unternehmen den Code einhalten will. Unrichtig ist eine zukunftsbezogene Äußerung nur, wenn dieser Wille nicht (mehr) vorliegt.

I. Täuschungen in speziellen Informationsinstrumenten

Eine Analyse der kapitalmarktrechtlichen Informationshaftung muss ihren Ausgangspunkt bei den speziellen Publizitätsinstrumenten des Kapitalmarktrechts nehmen. Eine darauf gestützte Haftung wäre praktisch wohl am leichtesten durchzusetzen und hätte daher die größte Steuerungswirkung. Zudem geben die speziellen Haftungstatbestände theoretische Leitlinien vor, die auch die Diskussion um allgemeine oder bürgerlich-rechtliche Haftungstatbestände prägen.

CSR-Codes selbst stellen allerdings keine gesetzlich geregelten Informationsinstrumente dar. CSR-Codes sind weder Prospekte i.S.d. Art. 6 EU Pros-

---

[43] Theoretisch sind zwar auch vergangenheitsbezogene Täuschungen denkbar; in der Praxis dürfte das Versprechen, einen CSR-Code eingehalten zu haben, allerdings keine Rolle spielen.

[44] Vgl. nur für die spezialgesetzliche Prospekthaftung, *Groß*, Kapitalmarktrecht, § 21 WpPG, Rn. 44.

[45] Zur Prospekthaftung vgl. nur OLG Frankfurt NJW-RR 1994, 946, 947; *Assmann/Schütze*, HdB Kapitalanlagerecht, § 5 Rn. 144; *Groß*, § 21 WpPG Rn. 43; Baumbach/Hopt/*Kumpan*, § 21 WpPG Rn. 3c. Zum Äußerungszeitpunkt abgegebene Prognosen können gleichwohl Gegenstand von Informationshaftungstatbeständen sein, zur Prospekthaftung vgl. nur BGH NJW 1982, 2823, 2826; *Assmann*/Schütze, HdB Kapitalanlagerecht, § 5 Rn. 144; *Groß*, § 21 WpPG Rn. 40, jeweils m.w.N.

pekt-VO 2017/1129[46] noch Ad-Hoc-Mitteilungen i.S.d. Art. 17 MAR oder Instrumente der Regelpublizität. Bei ihnen handelt es sich auch nicht um Werbung i.S.d. Art. 22 EU Prospekt-VO 2017/1129[47], die allein Publikationen erfasst, die sich konkret auf ein öffentliches Angebot von Wertpapieren beziehen.[48]

Eine Haftung aus spezialgesetzlichen Informationshaftungstatbeständen kommt damit nur dann in Betracht, wenn Unternehmen das Versprechen, CSR-Codes einzuhalten, in besonderen kapitalmarktrechtlichen Informationsinstrumenten tätigen, insbesondere in Wertpapierprospekten (dazu 1.) oder in nichtfinanziellen Erklärungen nach §§ 289b-e; §§ 315b-c HGB (dazu 2.).

1. Spezialgesetzliche Prospekthaftung

Die spezialgesetzliche Prospekthaftung ist der Dreh- und Angelpunkt der kapitalmarktrechtlichen Informationshaftung. Sie wurde bereits mit dem Börsengesetz von 1896 gesetzlich normiert; heute finden sich spezielle Regelungen in den §§ 9 ff. WpPG n.F.[49], §§ 20 f. VermAnlG sowie §§ 306 f. KAGB.[50] Die folgenden Ausführungen beschränken sich auf die Regelungen der §§ 9 ff. WpPG n.F., die die Prospekthaftung für Wertpapiere betreffen,

---

[46] Bislang § 5 WpPG. Die EU-ProspektVO 2017/1129 gilt ab dem 21.07.2019 unmittelbar in allen EU-Mitgliedstaaten und ersetzt weitgehend die bisherigen Regelungen des WpPG. Mit dem Gesetz zur weiteren Ausführung der EU-Prospektverordnung und zur Änderung von Finanzmarktgesetzen vom 08.07.2019 hat der deutsche Gesetzgeber die nationale Rechtslage angepasst und zahlreiche Vorschriften des WpPG aufgehoben. Weiterfortbestehende Paragraphen werden neu nummeriert. Die Neufassung des WpPG tritt ebenfalls am 21.07.2019 in Kraft. Die Arbeit wird sich im Folgenden darauf beschränken, die neue Rechtslage darzustellen. Auf die bislang geltenden Vorschriften des WpPG wird lediglich in den Fußnoten verwiesen.
[47] Bislang § 15 Abs. 1 WpPG.
[48] Dass die Codes darauf abzielen, Anleger zur Zeichnung von Wertpapieren zu motivieren, reicht allein nicht aus. Vgl. die Definition in Art. 2 lit. k) EU-ProspektVO 2017/1129: Werbung ist demnach „eine Mitteilung mit den folgenden *beiden* Eigenschaften: i) die sich auf ein spezifisches öffentliches Angebot von Wertpapieren oder deren Zulassung zum Handel an einem geregelten Markt bezieht; ii) die darauf abstellt, die potenzielle Zeichnung oder den potenziellen Erwerb von Wertpapieren gezielt zu fördern". Hervorhebung durch mich. Gleiches gilt bislang gem. Art. 2 Abs. 9 Prospekt-VO Nr. 809/2004, die durch die EU-ProspektVO 2017/1129 ersetzt wird.
[49] Bislang §§ 21 ff. WpPG. Die Prospekthaftungstatbestände des WpPG bleiben inhaltlich im Wesentlichen unverändert und werden nicht durch die EU ProspektVO 2017/1129 verdrängt. Letztere gibt den Mitgliedstaaten im Rahmen der Prospekthaftung lediglich auf, die erforderlichen Maßnahmen zu treffen (Art. 11).
[50] Vgl. zur historischen Entwicklung etwa *Assmann*/Schütze, HdB Kapitalanlagerecht, § 5 Rn. 1 ff.; ders., FS-Kübler, S. 317, 319 ff.; *Hellgardt*, Kapitalmarktdeliktsrecht, S. 10 ff.

die öffentlich angeboten oder zum Handel an einem organisierten Markt zugelassen werden sollen.[51]

a) Hintergrund und Bedeutung für CSR-Codes

Emittenten von Wertpapieren sind gem. Art. 3 Abs. 1 EU-ProspektVO[52] grundsätzlich zur Veröffentlichung eines Wertpapierprospekts verpflichtet.[53] Weil der Emittent die für die Bewertung des Papiers erforderlichen Informationen am kostengünstigsten beschaffen kann und er die wirtschaftlichen Vorteile aus der Emission zieht, legt ihm der Gesetzgeber die Pflicht auf, den Anlegern die für eine informierte Investitionsentscheidung relevanten Informationen bereitzustellen.[54] Die Prospektpflicht ist damit eine Reaktion auf das informationelle Ungleichgewicht zwischen Anleger und Emittent.[55] Weil das Anlegerpublikum nicht nur auf Information, sondern auf richtige und umfassende Information angewiesen ist, flankiert das Gesetz die Prospektpflicht mit der Prospekthaftung, d.h. einem Haftungstatbestand für fehlerhafte oder unvollständige Prospekte.[56]

Die Besonderheit des Wertpapierprospekts besteht in seiner ausgeprägten Informationsfunktion. Der Prospekt ist in erster Linie Informationsmedium, nicht Werbung. Zwar soll auch er den Anleger zur Investition überzeugen.[57] Die Motivations- oder Persuasionsfunktion steht beim Wertpapierprospekt aber nicht im Vordergrund.[58] Informationsmenge und -qualität sind mit üblicher Werbung kaum vergleichbar: Art. 5 ff. EU-ProspektVO[59] verpflichten den Emittenten zur umfassenden Information einschließlich der korrekten Abbildung von Risiken.[60] Der Emittent muss also auch solche Informationen bereitstellen, die er in typischer Werbung eher verschweigen würde.[61]

---

[51] Wesentliche Unterschiede zwischen einzelnen Prospekthaftungstatbeständen bestehen nicht, vgl. nur die Darstellung bei *Assmann*/Schütze, HdB Kapitalanlagerechts, § 5 Rn. 116 ff. Soweit sich die Regelungen in Einzelheiten unterscheiden, ergeben sich hieraus keine für die Forschungsfrage relevanten Ergebnisse.

[52] Bislang § 2 Abs. 1 WpPG.

[53] Zu den Ausnahmen vgl. § 3 WpPG n.F.

[54] *Fleischer*, Gutachten DJT 64 (2002), F-41 f.

[55] *Fleischer*, Gutachten DJT 64 (2002), F-41. Dazu auch unten S. 97 f.

[56] Etwa *Fleischer*, Gutachten DJT 64 (2002), F-23. Vgl. auch *Grundmann*, FS-Lutter, 61, 67, der von „Informationsprimär- und Informationssekundärregeln" spricht.

[57] Zu Recht *Köndgen*, AG 1983, 85, 88.

[58] Anders *Köndgen*, AG 1983, 85, 88.

[59] Bislang §§ 5 ff. WpPG i.V.m. der ProspektinhalteVO (EG) Nr. 809/2004.

[60] Vgl. *Schwark*, FS-Hadding, S. 1117, 1121.

[61] Vgl. zusammenfassend zum „ökonomischen Für und Wider eines Prospektzwanges" nur *Fleischer*, Gutachten DJT 64 (2002), F-41 f. m.w.N.

Der Prospekt, so der BGH, stelle daher in der Regel die „wichtigste und häufigste Informationsquelle" für den Anlageinteressenten dar.[62] Hält man sich diese Einordnung vor Augen und ruft sich die wachsende Bedeutung von CSR-Themen für die Investitionsentscheidung in Erinnerung, lassen sich regelmäßig ausführliche Darstellungen von Nachhaltigkeitskonzepten im Prospekt erwarten.[63] Das Gegenteil ist aber der Fall. Wenn Nachhaltigkeitsfragen überhaupt eine Rolle spielen, werden zumeist die mit dem Geschäftsmodell verbundenen Nachhaltigkeitsrisiken dargestellt, während Verweise auf Lösungsmöglichkeiten unterbleiben.[64] Noch seltener lassen sich Wertpapierprospekte finden, die konkret auf einen bestimmten CSR-Code Bezug nehmen. Eine – freilich prominente – Ausnahme ist die Deutsche Bank. In ihrem Prospekt für die im Frühjahr 2017 durchgeführte Kapitalerhöhung war der Hinweis enthalten, die Bank überprüfe ihr Portfolio anhand eines selbst gesetzten Standards auf Nachhaltigkeitsfragen.[65]

Über die Gründe für die geringe Bedeutung von CSR-Codes in Wertpapierprospekten lässt sich nur spekulieren: Sie könnten darin liegen, dass der *corporate social perfomance* für die Masse der Investoren (doch) noch keine tragende Bedeutung zukommt, dass sich andere Verbreitungswege für CSR-Informationen herausgebildet haben, während der Prospekt lediglich den Anlaufpunkt für „harte" finanzielle Informationen darstellt, oder aber dass mit der Prospekthaftung ein verhältnismäßig scharfes Haftungssystem existiert, dem sich die Emittenten im Hinblick auf CSR-Informationen nicht aussetzen wollen.

---

[62] Etwa BGH NJW 2011, 2719, 2720; BGHZ 160, 134, 138 – *Infomatec I*.

[63] Eine Erweiterung der Prospektvorschriften auf CSR-Informationen fordert aus diesem Grund etwa *Stamenkova van Rumpt*, 9 Europ. Comp. L. 81 ff. (2012).

[64] Zu derartigen Risikodarstellungen für den holländischen Kapitalmarkt *Deumes*, 45 J. Bus. Comm. 120 ff. (2008).

[65] *Deutsche Bank AG*, Wertpapierprospekt zur Kapitalerhöhung 2017, 20.03.2017, S. 136: „Projects and products that contribute to climate change or have other negative environmental or social impacts, as well as their financing and other services for these projects, are reviewed critically by investors, customers, environmental authorities, non-governmental organizations and others. At Deutsche Bank, such a review is conducted based on the *Environmental and Social Risk Policy Framework*, which was published on the corporate website in 2016. Where Deutsche Bank's own assessment of these issues so indicates, Deutsche Bank may abstain from participating in such projects." Hervorhebung durch mich. Abrufbar unter: https://www.db.com/ir/en/download/Deutsche_Bank_Prospectus_Rights_Offer_2017.pdf. Das „Environmental and Social Risk Policy Framework" selbst ist abrufbar unter: https://www.db.com/cr/en/docs/DB-ES-Policy-Framework-English.pdf.

b)   Grobe Skizze der Prospekthaftung, §§ 9 ff. WpPG n.F.[66]

Verspricht ein Emittent ausnahmsweise in einem Wertpapierprospekt die Einhaltung eines CSR-Codes, gelten aus haftungsrechtlicher Sicht keine Besonderheiten. Eine nähere Auseinandersetzung mit Tatbestand und Rechtsfolgen der spezialgesetzlichen Prospekthaftung darf daher an dieser Stelle unterbleiben. Wenn deren Grundzüge im Folgenden dennoch mit groben Strichen skizziert werden, geschieht dies allein, weil die spezialgesetzliche Prospekthaftung allen anderen Haftungstatbeständen für fehlerhafte Kapitalmarktinformation Pate steht.[67] Ihre grundsätzlichen Wertungen müssen bei der Diskussion um eine auf andere Normen gestützte kapitalmarktrechtliche Haftung für unrichtige CSR-Versprechen stets mitgedacht werden.

Inhaber der Ansprüche nach §§ 9 ff. WpPG n.F. sind Anleger, die Wertpapiere innerhalb von sechs Monaten nach ihrer erstmaligen Einführung erworben haben; Erwerber bereits vorher im Umlauf befindlicher Wertpapiere können sich auf §§ 9 ff. WpPG n.F. grundsätzlich nicht berufen.[68] Anspruchsgegner der Prospekthaftungsansprüche sind die Prospektverantwortlichen, insbesondere der Emittent selbst und die mitzeichnenden Emissionsbanken (§ 9 Abs. 1 S. 1 WpPG n.F.[69]), unabhängig davon, von wem der Anleger die Wertpapiere erworben hat.[70]

Die §§ 9 ff. WpPG n.F. setzen zunächst voraus, dass wesentliche Angaben in einem Wertpapierprospekt unrichtig oder unvollständig sind. Für die Bestimmung der Unrichtigkeit kommt es nach herrschender Meinung an auf das normative Verständnis eines „durchschnittlichen Anleger[s], der zwar eine Bilanz zu lesen versteht, aber nicht unbedingt mit der in eingeweihten Kreisen gebräuchlichen Schlüsselsprache vertraut zu sein braucht".[71] In die gleiche Kerbe schlägt das Kriterium der Wesentlichkeit: Angaben von wesentlicher Bedeutung sind nach allgemeiner Ansicht all jene, „die objektiv zu den wertbildenden Faktoren einer Anlage gehören und die ein durchschnittlicher, verständiger Anleger ‚eher als nicht' bei seiner Anlageentscheidung berück-

---

[66] Bislang §§ 21 ff. WpPG.

[67] Vgl. RegE zum KapMuG, BT-Drucks. 15/5091, S. 16; Assmann/Schütze/*Fleischer*, HdB Kapitalanlagerecht, § 6 Rn. 4; *ders.*, BKR 2003, 608.

[68] Vgl. zu sog. „alten Stücken" etwa Staub/*Grundmann*, Bankvertragsrecht, 6. Teil Rn. 214; *Klühs*, BKR 2008, 154 ff. Sind alte und junge Stücke nicht unterscheidbar, greift die Prospekthaftung freilich trotzdem (§ 9 Abs. 1 S. 3 WpPG).

[69] Bislang § 21 Abs. 1 S 1 WpPG.

[70] *Assmann*/Schütze, HdB Kapitalanlagerecht, § 5 Rn. 170; *ders.*/Schlitt/v. Kopp-Colomb, §§ 21-23 WpPGRn. 98; *Groß*, Kapitalmarktrecht, § 21 WpPG Rn. 70; Staub/*Grundmann*, Bankvertragsrecht, 6. Teil Rn. 188; jeweils m.w.N.

[71] Grundlegend BGH NJW 1982, 2823, 2824. Aus jüngerer Zeit etwa BGH NZG 2014, 1384, 1390; BGHZ 195, 1, 10 f. Vgl. eingehend etwa *Veil*, ZBB 2006, 162 ff.; *Zech/Hanowski*, NJW 2013, 510 ff.

sichtigen würde".[72] Der Anleger muss die Wertpapiere zudem aufgrund des fehlerhaften Prospekts erworben haben, was allerdings widerleglich vermutet wird (§ 12 Abs. 2 Nr. 1 WpPG n.F.[73]).[74]

Auf Seite der Prospektverantwortlichen verlangt § 12 Abs. 1 WpPG n.F.[75] Kenntnis oder grob fahrlässige Unkenntnis von der Fehlerhaftigkeit, die Beweislast ist zugunsten der Anleger umgekehrt. Darüber hinaus ist der Prospekthaftungsanspruch insbesondere ausgeschlossen, wenn der Anleger die Fehlerhaftigkeit des Prospekts kannte (§ 12 Abs. 2 Nr. 3 WpPG n.F.[76]) oder der Fehler hinreichend berichtigt war (§ 12 Abs. 2 Nr. 4 WpPG n.F.[77]).

Der Prospekthaftungsanspruch ist auf Schadensersatz gerichtet, der durch § 9 Abs. 1 und 2 WpPG n.F.[78] näher konkretisiert wird: Ist der Anleger noch Inhaber der Wertpapiere, kann er deren Übernahme Zug um Zug gegen Erstattung des Erwerbspreises sowie sonstiger mit dem Erwerb verbundener Kosten verlangen (§ 9 Abs. 1 S. 1 WpPG n.F.[79]). Nur wenn der Anleger die Wertpapiere zwischenzeitlich veräußert hat, kann er die Differenz zwischen Erwerbs- und Veräußerungspreis plus Erwerbsnebenkosten verlangen (§ 9 Abs. 2 WpPG n.F.[80]). Erforderlich ist in beiden Fällen, dass der Sachverhalt, auf den sich die fehlerhaften Prospektabgaben beziehen, für die Minderung des Börsenpreises (mit)ursächlich wurde, wobei auch dahingehend eine widerlegliche Vermutung besteht (§ 12 Abs. 2 Nr. 2 WpPG n.F.).[81]

---

[72] *Assmann*/Schütze, HdB Kapitalanlagerecht, § 5 Rn. 49; *ders.*/Schlitt/v. Kopp-Colomb, §§ 21-23 WpPG Rn. 47. Ebenso etwa BGHZ 203, 1, 31; BGH NZG 2012, 1262, 1264; BGHZ 95, 1, 10; *Groß*, Kapitalmarktrecht, § 21 WpPG Rn. 68; Staub/*Grundmann*, Bankvertragsrecht, 6. Teil Rn. 194; *Habersack*/Mülbert/Schlitt, HdB Kapitalmarktinformation, §29 Rn. 17; jeweils m.w.N.

[73] Bislang § 23 Abs. 2 Nr. 1 WpPG.

[74] Dazu etwa *Assmann*/Schütze, HdB Kapitalanlagerecht, § 5 Rn. 171 m.w.N.

[75] Bislang § 23 Abs. 1 WpPG.

[76] Bislang § 23 Abs. 2 Nr. 3 WpPG.

[77] Bislang § 23 Abs. 2 Nr. 1 WpPG.

[78] Bislang § 21 Abs. 1 und 2 WpPG.

[79] Bislang § 21 Abs. 1 S. 1 WpPG.

[80] Bislang § 21 Abs. 2 WpPG.

[81] Bislang § 23 Abs. 2 Nr. 2 WpPG. In der Literatur mitunter missverständlich als „haftungsausfüllende Kausalität" bezeichnet, etwa *Assmann*/Schlitt/v. Kopp-Colomb, §§ 21-23 WpPG Rn. 103; *Groß*, Kapitalmarktrecht, § 23 WpPG Rn. 5; *Habersack*/Mülbert/Schlitt, HdB Kapitalmarktinformation, §29 Rn. 17. § 9 Abs. 2 S. 2 WpPG n.F. (ebenso wie § 23 Abs. 2 Nr. 2 WpPG a.F.) bestimmt aber nicht, dass der Anleger Schadensersatz nur soweit verlangen kann, als der fehlerhaft beschriebene Sachverhalt für die Minderung des Börsenpreises kausal war, sondern arbeitet mit einem 1-0-System: Mitursächlichkeit begründet den Schadensersatz in voller Höhe, keine Mitursächlichkeit schließt ihn aus. Für ein proportionales System plädiert dagegen *Fleischer*, Gutachten DJT 64 (2002), F-69.

2. Haftung für fehlerhafte nichtfinanzielle Erklärungen, §§ 289b-e; §§ 315b, c HGB

Praktisch bedeutsamer ist die Bezugnahme auf CSR-Codes im Rahmen der Regelpublizität. Grund dafür ist die bereits mehrfach erwähnte CSR-Richtlinie 2014/95/EU, die unlängst in §§ 289b-e sowie §§ 315b, 315c HGB umgesetzt wurde. Körperschaften, die die in § 289b Abs. 1 Nr. 1 bis 3 HGB genannten Voraussetzungen erfüllen,[82] sowie Konzerne i.S.d. § 315b Abs. 1 HGB sind verpflichtet, ihren (Konzern-)Lagebericht um eine nichtfinanzielle Erklärung zu CSR-Themen zu erweitern (§ 289b Abs. 1 HGB) beziehungsweise einen eigenständigen nichtfinanziellen Bericht i.S.d. § 289b Abs. 3 HGB zu veröffentlichen.

a) Inhalt der CSR-Berichtspflicht

Gemäß § 289c Abs. 2 HGB müssen berichtspflichtige Kapitalgesellschaften mindestens Angaben machen zu Umwelt- (Nr. 1), Arbeitnehmer- (Nr. 2) und Sozialbelangen (Nr. 3) sowie zur Achtung von Menschenrechten (Nr. 4) und der Bekämpfung von Korruption und Bestechung (Nr. 5).[83] Unter jeden dieser Begriffe lassen sich unterschiedlichste Sachverhalte fassen, wie etwa die durch das Unternehmen verursachten Treibhausgasemissionen, Fragen der Geschlechtergleichstellung etc.

Welche Angaben von den berichtspflichtigen Gesellschaften konkret erwartet werden, präzisiert § 289c Abs. 3 HGB. Zu allen in Abs. 2 genannten Aspekten muss die berichtspflichtige Gesellschaft darlegen, welche wesentlichen Risiken sich aus ihrer eigenen Geschäftstätigkeit (Nr. 3) und/oder ihren Geschäftsbeziehungen, Produkten und Dienstleistungen (Nr. 4) ergeben. Sie muss die für ihre Geschäftstätigkeit bedeutsamen nichtfinanziellen Leistungsindikatoren darlegen (Nr. 5) und Hinweise zu den im Jahresabschluss ausgewiesenen Beträgen geben (Nr. 6). Vor allem aber muss sie darlegen, welche Konzepte sie im Hinblick auf die genannten CSR-Belange verfolgt, ihre damit verfolgten Ziele definieren und kundtun, inwieweit sie diese erreicht hat (Nr. 1 und 2).[84]

Verfolgt eine berichtspflichtige Gesellschaft im Hinblick auf bestimmte CSR-Belange kein Konzept, kann sie nach einem *comply or explain*-Prinzip

---

[82] Die Voraussetzungen sind verhältnismäßig hoch: Umfasst sind nur große Kapitalgesellschaften i.S.d. § 267 Abs. 3 S. 1 HGB, die i.S.v. § 264d HGB kapitalmarktorientiert sind und über mehr als 500 Mitarbeiter haben (§ 289b Abs. 1 Nr. 2 HGB). Der Gesetzgeber selbst geht davon aus, dass 548 Unternehmen betroffen sind, RegE CSR-RL Umsetzungsgesetz, BT-Drs. 18/9982, S. 34 f.

[83] Eine Prioritätsreihenfolge oder eine verbindliche Gliederung ist mit der Aufzählung nicht verbunden, vgl. RegE CSR-RL Umsetzungsgesetz, BT-Drs. 18/9982, S. 53.

[84] Vgl. die Übersicht zum Inhalt der nichtfinanziellen Erklärung bei *Mock*, ZIP 2017, 1195, 1197 ff.

C. Informationshaftung

(besser: *policy or explain*)[85] auf eine Angabe verzichten (§ 289c Abs. 4 HGB). Von dieser Ausnahme umfasst ist allerdings nur das Fehlen ausgearbeiteter Konzepte; die Offenlegung anderer Inhalte, insbesondere wesentlicher Risiken, darf die Gesellschaft nicht unterlassen.

Bei der Berichterstattung dürfen die Gesellschaften nach §§ 289d, 315d HGB auf unterschiedliche Rahmenwerke zurückgreifen, die für die CSR-Berichterstattung entwickelt wurden. Möglich ist etwa ein Rückgriff auf die OECD-Leitsätze für multinationale Unternehmen, den GRI G4-Standard, den Deutschen Nachhaltigkeitskodex, das Umweltmanagement- und -betriebsprüfungssystem EMAS, den UN Global Compact, die UN-Leitprinzipien für Wirtschaft und Menschenrechte, die ISO 26000 oder die Dreigliedrige Grundsatzerklärung über multinationale Unternehmen und Sozialpolitik der Internationalen Arbeitsorganisation.[86] Dass überhaupt ein Rahmenwerk beziehungsweise welches Rahmenwerk zu nutzen ist, schreiben die Regelungen nicht vor.[87]

CSR-Codes kommt im Rahmen nichtfinanzieller Erklärung erhebliche Bedeutung zu. Einerseits sehen die meisten der genannten Rahmenwerke zur CSR-Berichterstattung eine Verpflichtung zur Nennung der relevanten verwendeten CSR-Codes vor.[88] Andererseits dienen CSR-Codes Unternehmen – wie dargelegt – dazu, ihre Nachhaltigkeitspolitik im Hinblick auf bestimmte Aspekte festzulegen und aufzuzeigen, welche Maßnahmen die Unternehmen durchführen, welche Strukturen sie einrichten sowie welche Standards sie achten wollen.[89] Die inhaltliche Schnittmenge zu den Anforderungen des § 289b Abs. 2 und 3 HGB ist offensichtlich. Dementsprechend häufig finden sich in Nachhaltigkeitsberichten Hinweise auf die von den jeweiligen Unternehmen aufgestellten oder unterschriebenen Verhaltenskodizes.[90]

---

[85] *Schrader*, ZUR 2013, 451, 454.
[86] RegE CSR-RL Umsetzungsgesetz, BT-Drs. 18/9982, S. 46; ErwG 9 CSR-RL 2014/95/EU.
[87] Dies war einer der wesentlichen Kritikpunkte im Gesetzgebungsprozess, weil so die Vergleichbarkeit der Berichte nicht gewährleistet sei, vgl. etwa eingehend *Spießhofer*, NZG 2014, 1281, 1284 f.; ebenso *Roth-Mingram*, NZG 2015, 1341, 1343. A.A. *Mock*, ZIP 2017, 1195, 1199 f., der die Verpflichtung auf ein bestimmtes Rahmenwerk verfassungsrechtlichen Bedenken ausgesetzt sehe. Unabhängig davon dürfte viel dafür sprechen, es zunächst den Akteuren selbst zu überlassen, sinnvolle und praxistaugliche Berichterstattungsmöglichkeiten herauszuarbeiten.
[88] Etwa III. 3. a)-c) OECD-Leitsätze für multinationale Unternehmen (S. 32); Kriterium 7 Deutscher Nachhaltigkeitskodex (Checkliste, S. 38 f.); Disclosure 102-16 GRI-G4 Standard (General Disclosures 2016, S. 16).
[89] Vgl. oben S. 9 ff.
[90] Vgl. etwa die Nachhaltigkeitsberichte 2017 der acht größten DAX-Unternehmen nach Marktkapitalisierung: *SAP SE*, Intelligente Unternehmen – Integrierter Bericht 2017, etwa S. 97, 125, 265, abrufbar unter: https://www.sap.com/docs/download/investors/2017/sap-2017-integrierter-bericht.pdf; *Linde AG*, Corporate Responsibility Bericht 2017, etwa

b) Regelungszweck

Die neuen CSR-Berichtspflichten haben einiges Aufsehen erregt. Begriffe vom „Paradigmenwechsel"[91] der Rechnungslegungsvorschriften machten die Runde; ausgerufen wurde gar eine im Bilanzrecht versteckte gesellschaftsrechtliche „Revolution"[92]. Der Grund dafür liegt im Regelungszweck der Berichtspflichten. Im Vordergrund stünde nicht mehr die klassische Informationsfunktion der Regelpublizität, sondern eine politisch-regulatorische Absicht: Unternehmen sollten angehalten werden, negative Auswirkungen auf Umwelt, Gesellschaft und Menschenrechte abzustellen.[93] Ziel sei eine Verhaltenssteuerung der Unternehmen durch ein weitreichendes *know and show* ebenso gegenüber ökonomischen Stakeholdern wie der allgemeinen Öffentlichkeit.[94]

Und: In der Tat beinhalten die neuen Berichtspflichten wesentliche Neuerungen, die sich in praktischer Hinsicht allerdings weit weniger gravierend darstellen dürften als angenommen. Ein neues Phänomen ist Nachhaltigkeitsberichterstattung nicht. Bereits vor Erlass der Richtlinie hat eine erhebliche Anzahl von Unternehmen derartige Berichte veröffentlicht und sich dabei zumeist der Rahmenwerke bedient, auf die § 289d HGB jetzt verweist.[95]

S. 17, 100, abrufbar unter: http://corporateresponsibility.linde.de/cr-bericht/2017/serviceseiten/downloads/files/Linde_CR_Bericht_2017.pdf; *Allianz SE,* Responding to Tomorrow's Challenges – Allianz Group Sustainability Report 2017, etwa S. 2, 4, 24, 29, 50, abrufbar unter: https://www.allianz.com/content/dam/onemarketing/azcom/Allianz_com/investor-relations/en/results/2017-fy/180410-en-Sustainability-Report-2017.pdf; *Siemens AG*, Nachhaltigkeitsinformationen 2017, etwa S. 10, 31 f., 42, 44 abrufbar unter: https://www.siemens.com/investor/pool/de/investor_relations/siemens_nachhaltigkeitsinformationen2017.pdf; *Volkswagen AG*, Transformation gestalten – Nachhaltigkeitsbericht 2017, etwa S. 90, 112, abrufbar unter: https://www.volkswagenag.com/presence/nachhaltigkeit/documents/sustainability-report/2017/Nichtfinanzieller_Bericht_2017_d.pdf; *Deutsche Telekom AG*, Corporate Responsibility Bericht 2017, etwa S. 33 f., abrufbar unter: https://www.cr-bericht.telekom.com/site18/sites/default/files/pdf/cr_de_2017_dt_final.pdf; *Bayer AG,* Geschäftsbericht 2017 – Erweiterte Fassung, etwa S. 89 f., 94, 104, abrufbar unter: https://www.investor.bayer.de/de/berichte/nachhaltigkeitsberichte/; *BASF SE*, BASF-Bericht 2017 – Ökonomische, ökologische und gesellschaftliche Leistung, etwa S. 47, 96, 113, abrufbar unter: https://bericht.basf.com/2017/de/serviceseiten/downloads/files/ BASF _Bericht_2017.pdf.

[91] *Spießhofer*, NZG 2014, 1281.
[92] *Hommelhoff*, FS-Kübler, 291; ders., FS-v. Hoyningen-Huene, 137.
[93] *Euffinger*, EuZW 2015, 424, 428; *Hommelhoff*, FS-Kübler, 291, 295; *Kajüter*, IRZ 2016, 507, 512; *Klene*, WM 2018, 308, 310 f.; *Mock*, ZIP 2017, 1195, 1196; *Spießhofer*, NZG 2014, 1281, 1282. Vgl. auch *Rehbinder*, FS-Baums, Bd. II, 959, 961 ff.
[94] *Spießhofer*, NZG 2014, 1281, 1282.
[95] Von den 150 größten deutschen Unternehmen veröffentlichten für das Geschäftsjahr 2015 bereits 72 einen eigenen oder integrierten Nachhaltigkeitsbericht, von denen 68 nach den Leitlinien der Global Reporting Initiative (GRI) erstellt waren, *Hoffmann/Dietsche/ Westermann/Schöll*, Ranking Nachhaltigkeitsberichte 2015, S. 1, 13.

Ebenso wie die praktischen Bedenken sind viele der in der Literatur geäußerten methodischen Kritikpunkte verfehlt. Einen methodischen Bruch mit dem bilanzrechtlichen System stellen die Regelungen nicht dar:[96] Auch den §§ 289b-e sowie §§ 315b, 315c HGB geht es zunächst um die Information finanzieller Stakeholder. Nur hätten sich – so die Gesetzesbegründung – deren Erwartungen geändert:

„Unternehmen werden heute zunehmend nicht mehr nur nach ihren Finanzdaten bewertet und befragt. Sogenannte nichtfinanzielle Informationen zu Themen wie die Achtung der Menschenrechte, Umweltbelange oder soziale Belange bilden einen immer wichtigeren Bereich der Unternehmenskommunikation. Investoren, Unternehmen sowie Verbraucherinnen und Verbraucher verlangen insoweit vor allem mehr und bessere Informationen, um zu entscheiden, ob sie investieren, Lieferbeziehungen eingehen oder Produkte erwerben und nutzen."[97]

So verstanden, führen die §§ 289b-e, §§ 315b, 315c HGB zunächst einmal nur zu einer Konkretisierung der bilanzrechtlichen Informationsfunktion.[98] Auch bisher mussten große Kapitalgesellschaften (§ 267 Abs. 1 S. 3 HGB) im Lagebericht über diejenigen nichtfinanziellen Aspekte berichten, die für ein wirtschaftliches Gesamtbild des Unternehmens wesentlich waren (§ 289 Abs. 3 HGB).[99] Die neuen Regelungen lassen sich damit schlicht als Ausdruck der steigenden wirtschaftlichen Relevanz von CSR-Fragen lesen.[100]

Auch der weite Adressatenkreis beziehungsweise die damit verbundenen Verhaltenssteuerung ist kein bilanzrechtliches Novum.[101] Es ist gängige Münze, dass der Lagebericht neben der Information von Anteilseignern auch der Unterrichtung von Gläubigern und dem Anlegerpublikum dient.[102] Dies gilt selbst dann, wenn die CSR-Richtlinie auch die „allgemeine Öffentlichkeit" informieren will,[103] die im Umsetzungsgesetz freilich keine Rolle mehr

---

[96] Dies war auch erklärtes Ziel des Umsetzungsgesetzgebers, vgl. RegE CSR-RL Umsetzungsgesetz, BT-Drs. 18/9982, S. 1, 46.
[97] RegE CSR-RL Umsetzungsgesetz, BT-Drs. 18/9982, S. 1.
[98] Vgl. *Mock*, ZIP 2017, 1195, 1196.
[99] Die Norm wurde 2004 durch das BilReG eingeführt und besteht in dieser Form fort.
[100] Ebenso *Brunk*, in: Krajewski/Saage-Maaß (Hrsg.), Durchsetzung, S. 165, 168 f.; *Mock*, ZIP 2017, 1195, 1196; *Hell*, EuZW 2018, 1015 f. Vgl. auch *Hennrichs*, ZGR 2008, 206, 216: „Offenbar sind die Auswirkungen der Neuregelung für Unternehmen, die bereits bisher umfängliche Erläuterungen zu nichtfinanziellen Leistungsindikatoren im Lagebericht gegeben haben (wie die überwiegende Mehrzahl der DAX 30-Unternehmen), [...] eher überschaubar."
[101] A.A. *Spießhofer*, NZG 2014, 1281, 1282.
[102] Vgl. eingehend *Palmes*, Lagebericht, S. 84 ff., 204.
[103] ErwG 5 CSR-RL 2013/34/EU.

spielt.[104] Richtig verstanden, ist die allgemeine Öffentlichkeit auch bisher Adressat des Lageberichts.[105]

Und: Auch bisher ist der Sinn und Zweck dieses breiten Adressatenkreises nicht, das allgemeine Informationsinteresse der Beteiligten zu stillen, sondern steuernd auf die Unternehmensführung einzuwirken.[106] Generell existieren Offenlegungspflichten, wie es in einer *Note* der *Harvard Law Review* heißt, „to invoke public disapproval to discourage some of the conduct required to be disclosed".[107] Auch Rechnungslegungsvorschriften disziplinieren die Unternehmensleitung und wirken so mittelbar auf deren Anstrengung bei der Geschäftsführung zurück.[108]

Schließlich ist auch die Tatsache, dass eine berichtspflichtige Gesellschaft die Informationen, über die sie zu berichten hat, erst beschaffen muss, keine Eigenart der neuen Berichtspflichten.[109] Unternehmerische Selbstinformation ist vielmehr ein bilanzrechtliches Grundprinzip.[110]

Die Neuerung der CSR-Richtlinie liegt also nicht darin, dass sie sich eines Mechanismus bedient, den das Bilanzrecht noch nicht kannte. Neu ist, dass es diesen Mechanismus offenbar auch für andere als wirtschaftliche Zwecke einsetzt.[111] Ging es bisher darum, dem Berichtspflichtigen wie Dritten ein Gesamtbild über die wirtschaftlichen Verhältnisse des Unternehmens zu vermitteln[112] und die Unternehmensleitung dazu anzuhalten, ordentlich zu wirt-

---

[104] A.A. *Spießhofer*, NZG 2014, 1281, 1282.

[105] Vgl. bereits RGSt 38, 195, 198 f.; RGSt 41, 293, 298. Dazu wie zur weiteren historischen Entwicklung *Wiedemann*, Gesellschaftsrecht, Bd. I, S. 576 ff.

[106] *Meier-Schatz*, Wirtschaftsrecht und Unternehmenspublizität, S. 106, 124 ff.; *Palmes*, Lagebericht, S. 210 ff.; generell zur Steuerungsfunktion von Publizitätsnormen *Merkt*, Unternehmenspublizität, S. 338 ff.

[107] Note, 76 Harv. L. Rev. 1273, 1274 (1963).

[108] *Palmes*, Lagebericht, S. 214. Vgl. eingehend zum Ziel der Einflussnahme auf die Unternehmensleitung durch CSR-Berichterstattung *Eickenjäger*, Menschenrechtsberichterstattung, S. 123 ff.

[109] Anders wohl *Hommelhoff*, FS-v. Hoyningen-Huene, 137, 138. Treffend *Bachmann*, ZGR 2008, 231, 236: „Tatsächlich sind die geschilderten Elemente [die sich aus der Berichtspflicht ergebenden Einzeltätigkeiten] keine Besonderheit des CSR-Reporting, sondern mit der Erfüllung jeder Berichtspflicht, ja im Grunde mit der Erbringung jeder Dienst- oder Werkleistung, verbunden. Auch mit der Pflicht zur Durchführung von Schönheitsreparaturen gehen Inventarisierungs-, Befassungs-, Entscheidungs-, Evaluierungspflichten etc. einher."

[110] RegE CSR-RL Umsetzungsgesetz, BT-Drs. 18/9982, S. 1 f. Vgl. allg. zur Selbstinformationsfunktion der Rechnungslegung *Schön*, ZHR 161 (1997), 133, 136; für den Lagebericht kritisch *Palmes*, Lagebericht, S. 81 f.

[111] Zum Zweck der Regelungen vgl. *Hommelhoff*, FS-Kübler, 291, 293; *ders.*, FS-v. Hoyningen-Huene, 137 ff.; *Spießhofer*, NZG 2014, 1281, 1282; *Hell*, EuZW 2018, 1015, 1017.

[112] Etwa MüKo-HGB/*Lange*, § 289 Rn. 2.

schaften,[113] will die CSR-Richtlinie auch über nicht wirtschaftlich relevante Aspekte informieren und in diesen Bereichen steuern; so versucht die Kommission ihrem Ziel einer nachhaltigen globalen Wirtschaft näher zu kommen, in der „langfristige Rentabilität mit sozialer Gerechtigkeit und Umweltschutz verbunden wird".[114] Hierin mag man in der Tat einen Versuch sehen, den Unternehmenszweck von Kapitalgesellschaften zu verändern.[115]

Der Umsetzungsgesetzgeber hat sich um Zurückhaltung bemüht, soweit die Publizitätspflicht über die wirtschaftliche Seite der CSR-Berichterstattung hinausgeht. Dennoch ist das „Ziel der Richtlinie 2014/95/EU [...], Unternehmen über den Weg der Berichterstattung stärker dazu zu bewegen, ihre gesellschaftliche und ökologische Verantwortung wahrzunehmen",[116] auch in den neuen §§ 289b-c, §§ 315c und d HGB deutlich erkennbar. Am prominentesten formuliert ist es wohl in § 289c Abs. 3 1. HS HGB. Dort wird ausdrücklich festgestellt, dass die Gesellschaft nicht nur über solche Aspekte berichten muss, die für ihr wirtschaftliches Ergebnis von Relevanz sind, sondern all das anzugeben hat, was für das Verständnis „der Auswirkungen ihrer Tätigkeit auf die in Absatz 2 genannten [Nachhaltigkeits-]Aspekte erforderlich" ist.

Welche Auswirkungen sich tatsächlich aus der erweiterten CSR-Berichtspflicht ergeben und wie sie zu bewerten sind, wird die Zukunft zeigen. Maßgeblich wird dies davon abhängen, wie das Wesentlichkeitsmerkmal in § 289c Abs. 3 1. HS HGB ausgelegt wird. Bei restriktivem Verständnis[117] sind nur wenige Situationen denkbar, in denen wesentliche Risiken für die genannten Nachhaltigkeitsbelange nicht auch Auswirkungen auf die wirtschaftliche Lage des Unternehmens haben können. Wie die großen Skandale etwa um Menschenrechtsverletzungen in Zulieferbetrieben oder Umweltverschmutzungen gezeigt haben, wohnt Nachhaltigkeitsrisiken eine nicht zu unterschätzende Sprengkraft inne. Diese der Geschäftsleitung wie den Stakeholdern vor Augen zu führen, dürfte kein Nachteil sein.

Die Veröffentlichung dieser Informationen kann denn auch dazu dienen, verloren gegangenes Vertrauen der Bevölkerung in Großunternehmen wieder zurückzugewinnen.[118] Es ist zudem zu begrüßen, dass die Regelungen die Standardisierung von Nachhaltigkeitsberichten vorantreiben und so die Kosten von Informationshändlern und CSR-bezogenen Informationsintermediä-

---

[113] *Palmes*, Lagebericht, S. 214.
[114] ErwG 3 CSR-RL 2013/34/EU.
[115] So *Hommelhoff*, FS-Kübler, 291, 296 ff.; ders., FS-v. Hoyningen-Huene, 137 f.
[116] So ausdrücklich der RegE CSR-RL Umsetzungsgesetz, BT-Drs. 18/9982, S. 47.
[117] Dafür auch *Mock*, ZIP 2017, 1195, 1199. Vgl. zudem ErwG 8 CSR-RL 2013/34/EU; RegE CSR-RL Umsetzungsgesetz, BT-Drs. 18/9982, S. 50.
[118] Vgl. ErwG 3 CSR-RL 2013/34/EU; Mitteilung der Kommission, Binnenmarktakte – Zwölf Hebel zur Förderung von Wachstum und Vertrauen, KOM(2011) 206 endg., S. 5; *Hommelhoff*, FS-v. Hoyningen-Huene, 137, 141.

ren senken, wenngleich sie diese Entwicklung durch den Verweis auf verschiedene Rahmenwerke auch zu keinem Abschluss bringen.

Gefahren drohen von anderer Seite: Die besondere Bedeutung, die der Nachhaltigkeitsberichterstattung durch die neuen Offenlegungsvorschriften zukommt, mag dazu führen, deren Relevanz für das Unternehmensergebnis zu verzerren, was möglicherweise Auswirkungen auf die Effizienz der Kapitalmärkte haben kann. Selbst wenn CSR-Maßnahmen auf das Unternehmensergebnis Einfluss nehmen können, heißt das noch nicht, dass dieser Einfluss auch so wesentlich ist, dass über die Maßnahmen im Lagebericht generell hätte berichtet werden müssen (vgl. § 289 Abs. 1 HGB). CSR-Maßnahmen und Risiken mögen daher überrepräsentiert dargestellt werden. Gleichsam mögen sich Unternehmen durch die Offenlegungspflicht dazu genötigt fühlen, auch solche CSR-Maßnahmen durchzuführen, die sich negativ auf deren wirtschaftliche Entwicklung auswirken.[119]

Ob dies der Fall ist und ob aus einer (leichten) Verzerrung des Lageberichts negative Konsequenzen erwachsen, hängt aber in erster Linie von der Anlegerschaft ab: Weiß sie die dargelegten Risiken und Maßnahmen (in wirtschaftlicher Hinsicht) richtig einzuschätzen, droht keine Gefahr. Neigt sie aber – wie es die Verhaltenspsychologie nahelegt – dazu, die wirtschaftlichen Risiken von Nachhaltigkeitsskandalen zu hoch einzuschätzen, etwa weil die Informationen nun überrepräsentativ verfügbar sind oder weil sie im Nachgang von Skandalen deren Wahrscheinlichkeit überbewertet, mag dies anders sein.[120] Zwar gilt Letzteres grundsätzlich für jede Form von Kapitalmarktinformation. Bei finanziell irrelevanten Berichtsteilen scheint die Gefahr aber besonders präsent. Und dennoch: Im Ergebnis wird man den möglichen Gefahren der neuen Rechnungslegung durch eine eher restriktive Auslegung gut begegnen können – aber auch müssen.

c) *Haftung gegenüber Anlegern*

Die CSR-Richtlinie regt die nationalen Gesetzgeber in ihren Erwägungsgründen ausdrücklich dazu an, „wirksame nationale Verfahren" einzurichten,

„mit denen die Erfüllung der Pflichten nach dieser Richtlinie gewährleistet wird, und dass diese Verfahren allen natürlichen und juristischen Personen offenstehen, die gemäß nationalem Recht ein berechtigtes Interesse daran haben, dass sichergestellt wird, dass die Bestimmungen dieser Richtlinie eingehalten werden".[121]

Das CSR-Richtlinien-Umsetzungsgesetz sieht dahingehende privatrechtliche Ansprüche gleichwohl nicht vor. Verstöße gegen die Berichtspflicht werden,

---

[119] Dies befürchtet etwa *Hommelhoff*, FS-Kübler, 291, 293; *ders.* FS-v. Hoyningen-Huene, 137, 139.

[120] Kritisch zur korrekten Bewertung von CSR-Informationen etwa *Orlitzky*, 27 Acad. Manag. Perspect. 238 ff. (2013).

[121] ErwG 10 CSR-RL 2013/34/EU.

wie Verstöße gegen die Rechnungslegungsvorschriften insgesamt, über das Straf- und Ordnungswidrigkeitenrecht der §§ 331 ff. HGB sanktioniert (ausdrücklich §§ 331 Nr. 1, 334 Abs. 1 Nr. 3 HGB). Privatrechtliche Ansprüche, die sich aus allgemeinen Vorschriften ergeben, sind damit freilich nicht ausgeschlossen. Relevant wird vor allem eine Haftung aus § 823 Abs. 2 BGB, vorausgesetzt die neuen §§ 289b-e, 315b und c HGB wären als Schutzgesetze – hier zugunsten individueller Anleger – einzuordnen. Ob dies der Fall ist, hängt nach der gängigen Formulierung der Rechtsprechung davon ab, ob „die Norm auch das in Frage stehende Interesse des Einzelnen schützen soll, mag sie auch in erster Linie das Interesse der Allgemeinheit im Auge haben".[122] Festzustellen ist das durch Auslegung.[123]

aa) Gleichbehandlung der §§ 289b-e, 315b und c HGB mit den übrigen Publizitätspflichten

Die herrschende Literatur und Rechtsprechung lehnt die Schutzgesetzeigenschaft kapitalmarktrechtlicher Publizitätspflichten einschließlich der Vorschriften zu Regelpublizität weitgehend ab. Dies gilt für die Ad-hoc-Mitteilungspflicht nach Art. 17 MAR (bzw. § 15 WpHG a.F.),[124] das Verbot der Marktmanipulation nach Art. 15 MAR (bzw. § 20a WpHG)[125] und für

---

[122] Etwa BGHZ 197, 225, 228; BGHZ 192, 90, 98; BGHZ 186, 58, 66. Vgl. auch Prot. II S. 568 = Mugdan II, S. 1073: „Die Rechtskreise [der Einzelnen, innerhalb derer sie ihre individuelle Freiheit entfalten und ihre Interessen verfolgen dürfen] seien aber auch noch in der Weise von einander abgegrenzt, daß das Gesetz dem Einen im Interesse eines Anderen gewisse Pflichten auferlege, ihm ein bestimmtes Verhalten gebiete oder verbiete. Dabei könnten jedoch nur solche Gebote oder Verbote in Betracht kommen, welche darauf abzielten, die Interessen des Einen vor der Beeinträchtigung durch den Anderen zu bewahren, nicht dagegen die im Interesse der Gesammtheit auferlegten gesetzlichen Pflichten."
[123] Vgl. nur MüKo-BGB/*Wagner*, § 823 Rn. 500.
[124] So zumindest die bisher h.M. zu § 15 WpHG a.F. vgl. nur BGHZ 160, 134, 138 f. – *Infomatec I*; BGH NJW 2005, 2450, 2451 – *EM.TV*; RegE zum 4. FMFG, BT-Drs. 14/8017, S. 87; Beschlußempfehlung und Bericht des Finanzausschusses zum 2. FMFG, BT-Drs. 12/7918, 102; KölnKomm-WpHG/*Klöhn*, § 15 Rn. 4; Fuchs/*Pfüller*, § 15 Rn. 539; Heidel/*Royé/Fischer zu Cramburg*, § 15 WpHG Rn. 26; Assmann/Schneider/*Sethe*, 6. Aufl., §§ 37b, c, Rn. 129; Schwark/*Zimmer/Kruse*, § 15 WpHG Rn. 135; jeweils m.w.N. Ebenso zu Art. 17 MAR etwa Assmann/Schneider/Mülbert, Art. 17 VO Nr. 596/2014 Rn. 11, 308 f.; MüKo-BGB/*Wagner*, § 823 Rn. 509 f. A.A. insbes. *Hellgardt*, AG 2012, 154, 164 ff., der die Einordnung als Schutzgesetz europarechtlich für geboten hält. Zögernd aus diesem Grund auch *Klöhn*, Art. 17, Rn. 589; *ders.*, in: Fleischer/Kalss/Vogt (Hrsg.), Gesellschafts- und Kapitalmarktrecht in D, Ö u. CH 2013, S. 229, 243 ff.; *Veil*, ZGR 2016, 305, 323 f., die eine Anerkennung als Schutzgesetz zumindest für möglich erachten. Bereits für eine Anerkennung von § 15 WpPG a.F. als Schutzgesetz etwa *Gehrt*, Neue Ad-hoc-Publizität, S. 195 ff.; *v. Klitzing*, Ad-hoc-Publizität, S. 224 ff.
[125] Zu § 20a WpHG a.F. vgl. nur BGHZ 192, 90, 97 ff. – *IKB*; Fuchs/*Fleischer*, § 20a Rn. 153 f.; Heidel/*Royé/Fischer zu Cramburg*, § 20a WpHG Rn. 19; *Schwark*/Zimmer,

fehlerhafte Entsprechenserklärungen zum Deutschen Corporate Governance Kodex (§ 161 AktG)[126] ebenso wie für die Rechnungslegungsvorschriften der §§ 238 ff. HGB allgemein und damit auch für den hier in Rede stehenden Lagebericht (§ 289 HGB).[127]

Konsequenterweise müssten Literatur und Rechtsprechung daher auch die Schutzgesetzeigenschaft im Hinblick auf die §§ 289b-e, 315b und c HGB verneinen.[128] Wie dargelegt, unterscheiden sich die Zwecke der CSR-Berichtspflichten und der des hergebrachten Lageberichts lediglich hinsichtlich des Ziels der ansonsten identischen Informations- und Steuerungsfunktionen. Während die Regelpublizität grundsätzlich nur wirtschaftliche Aspekte betrifft, fokussieren die §§ 289b-e, 315b und c HGB auch auf reine Nachhaltigkeitsfragen. Neue individuelle Schutzzwecke führen die Regelungen nicht ein. Ein für § 823 Abs. 2 BGB relevanter Unterschied ergibt sich daraus nicht.

Weder der Wortlaut noch die Gesetzesbegründung legen zudem eine Ungleichbehandlung nahe. Vielmehr spricht viel dafür, dass der Gesetzgeber auch auf Rechtsfolgenseite einen Gleichlauf zum Lagebericht angestrebt und deswegen die Straf- und Ordnungswidrigkeitenvorschriften der §§ 331 ff. HGB erweitert hat. Zwar könnte man einwenden, dass die CSR-Richtlinie Durchsetzungsansprüche interessierter Stakeholder durchaus befürwortet hat. Bei dem in Rede stehenden Erwägungsgrund 10 handelt es sich allerdings um eine Anregung an den Umsetzungsgesetzgeber, von der dieser auch absehen

---

§ 20a WpHG Rn. 7, jeweils m.w.N. Zu Art. 15 MAR etwa Assmann/Schneider/*Mülbert*, Art. 15 VO Nr. 596/2014 Rn. 45 f.; Klöhn/*Schmolke*, Art. 15 Rn. 75 ff.; *ders.*, AG 2016, 434, 445; *ders.*, NZG 2016, 721, 723 ff.; Park/*Sorgenfrei/Salinger*, §§ 38 Abs. 1, Abs. 4, 39 Abs. 2 Nr. 3, Abs. 3 c, 3 d Nr. 2 WpHG iVm Art. 15, 12 MAR Rn. 355; MüKo-BGB/*Wagner*, § 823 Rn. 509 f. A.A. wiederum mit europarechtlicher Argumentation insbes. *Hellgardt*, AG 2012, 154, 164 ff.; *Poelzig*, ZGR 2015, 801, 829; *Seibt*, ZHR 177 (2013), 388, 424 f. Bereits für die Schutzgesetzeigenschaft von § 20a WpHG etwa KölnKomm-WpHG/*Mock*, § 20a Rn. 473 ff.; *Ekkenga*, ZIP 2004, 781, 785.

[126] Vgl. etwa *Bachmann*, WM 2002, 2137, 2141 f.; Spindler/Stilz/*Bayer/Scholz*, § 161 Rn. 102; Hüffer/*Koch*, § 161 Rn. 28; KölnKomm-AktG/*Lutter*, § 161 Rn. 105 ff.; *Kiethe*, NZG 2003, 559, 566; *Seibt*, AG 2002, 249, 256; Schmidt/Lutter/*Spindler*, § 161 Rn. 73, jeweils m.w.N.

[127] BGH BB 1964, 1273; RGZ 73, 30, 32 ff.; Ebenroth/Boujong/Joost/Strohn/*Böcking/Gros*, § 238 Rn. 36; MüKo-BilR/*Graf*, § 238 HGB Rn. 94; Baumbach/Hopt/*Merkt*, § 238 Rn. 20; Staub/*Pöschke*, § 238 Rn. 4; Häublein/Hoffmann-Theinert/*Regierer*, § 238 Rn. 25. Uneindeutig BGHZ 125, 366, 377 ff. A.A. etwa *Siebel/Gebauer*, WM 2001, 173, 186.

[128] Ebenso *Brunk*, in: Krajewski/Saage-Maaß (Hrsg.), Durchsetzung, S. 165, 192 f.; *Mock*, ZIP 2017, 1195, 1203; *Roth-Mingram*, NZG 2015, 1341, 1345. Vgl. zudem *Thomale/Hübner*, JZ 2017, 385, 388.

kann.[129] Zudem stellen auch Straf- und Ordnungswidrigkeitenvorschriften wirksame nationale Verfahren zur Durchsetzung der sich aus der Richtlinie ergebenden Berichtspflichten dar, die durch Anzeige von jedem Interessierten eingeleitet werden können.

bb) Institutionen- und Individualschutz

Dass die Frage nach der Schutzgesetzeigenschaft für die Regelungen zur nichtfinanziellen Erklärung nicht anders bewertet werden kann als die zum herkömmlichen Lagebericht, bedeutet allerdings (noch) nicht, dass die §§ 289b-e, 315b und c HGB kein Schutzgesetz darstellen. Gesagt ist lediglich, dass eine einheitliche Entscheidung zu fällen ist. Und: Die herrschende Ansicht gegen die Schutzgesetzeigenschaft der kapitalmarktrechtlichen Publizitätspflichten und Rechnungslegungsvorschriften gerät in jüngerer Zeit vor allem aus kapitalmarktrechtlicher Sicht unter Druck.

Herrschende Literatur und Rechtsprechung begründen ihre Ablehnung in aller Regel mit dem fehlenden bezweckten Individualschutz der Vorschriften. Zwar stünde außer Frage, dass die Publizitätspflichten immer auch den Anleger oder Anteilsinhaber als Adressat der veröffentlichten Information im Blick haben. Zum Schutzgesetz mache sie dies aber nicht. Zu unterscheiden sei zwischen bezwecktem und lediglich reflexartigem Individualschutz; nur ersterer könne die Schutzgesetzeigenschaft begründen.[130] Kapitalmarktpublizität wie Rechnungslegung diente zuallererst dem Institutionenschutz, also der Funktionsfähigkeit des Kapitalmarkts selbst; wenn sie darüber hinaus auch die einzelnen Teilnehmer schütze, sei dies ein (unbeabsichtigter) Reflex. Für den Lagebericht wird die Argumentation mitunter noch – allerdings wenig überzeugend – dahingehend erweitert, dass der Kreis der potentiell Geschädigten zu unbestimmt sei,[131] dass die Rechnungslegungsvorschriften historisch der Selbstinformation des Kaufmanns dienten.[132]

Fokussiert man auf die hier in Rede stehenden Rechnungslegungsvorschriften, zeigt sich in der jüngeren Literatur ein Wandel.[133] Ansatzpunkt ist ein kapitalmarktrechtliches Argument, das auf die Funktionsweise des Marktmechanismus selbst abhebt. Überschneidungen zur Debatte um die

---

[129] Vgl. den Wortlaut „Zu diesem Zweck *sollten* die Mitgliedstaaten dafür sorgen, dass [...]." Hervorhebung durch mich.

[130] Dazu statt aller BGHZ 197, 225, 228; BGHZ 176, 281, 297; BGHZ 100, 13, 18 f.; BGHZ 89, 383, 400 f.; BeckOK-BGB/*Förster*, § 823 Rn. 273; Staudinger/*Hager*, § 823 Rn. G 19; MüKo-BGB/*Wagner*, § 823 Rn. 498.

[131] Staub/*Hommelhoff*, 4. Aufl., § 289 Rn. 98. Dagegen zu Recht *Fleischer* Gutachten DJT 64 (2002), F-110 f.; *Palmes*, Lagebericht, S. 274 f.

[132] Vgl. dazu insbes. *Schnorr*, ZHR 170 (2006), 9, 16; *Schön*, ZHR 161 (1997), 133, 136 ff.; *Merkt*, Unternehmenspublizität, S. 251; schöne Übersicht bei *Palmes*, S. 272 f.

[133] Insbesondere *Palmes*, Lagebericht, S. 278 ff.; *Sauter*, Anhang und Lagebericht, S. 250.

Schutzgesetzeigenschaft lauterkeitsrechtlicher Normen sind nicht zu übersehen.[134]

Ausgangspunkt ist die – vor allem von *Hopt* herausgearbeitete – Erkenntnis, dass Individual- und Institutionenschutz im Grunde nicht voneinander zu trennen sind.[135] Der Schutz des Kapitalmarkts als Institution, seiner Funktionsfähigkeit und insbesondere seines Preisbildungsmechanismus ist nur über einen Schutz der einzelnen Teilnehmer zu erreichen.[136] Ein funktionierender Kapitalmarkt sei darauf angewiesen, dass den einzelnen Teilnehmern ausreichend vertrauenswürdige Informationen zur Verfügung stünden, die es ihnen ermöglichten, Risiken und Chancen einer Investition richtig einzuschätzen und so eine informierte Anlageentscheidung zu treffen. Indem dies sichergestellt würde, werde die Funktionsweise des Marktes selbst geschützt.[137]

Wenn der Schutz der Institution aber nur durch den Schutz der individuellen Teilnehmer zu erreichen ist, sei der Individualschutz nicht nur bloßer Reflex.[138] Beide Schutzzwecke seien vielmehr unauflöslich miteinander verbunden, was notwendigerweise zur Bejahung der Schutzgesetzeigenschaft führen müsse.[139]

cc) Konflikt mit dem haftpflichtrechtlichen Gesamtsystem

Selbst wenn das alles richtig ist, lässt das Vorgesagte noch nicht den Schluss zu, dass Verstöße gegen §§ 289b-e, §§ 315b, 315c HGB auch eine Haftung nach § 823 Abs. 2 BGB auslösen müssen.[140] Mit anderen Worten: Der Zieldualismus von Vertrauensindividual- und Vertrauenskollektivschutz[141] ist notwendige, aber nicht hinreichende Bedingung für die Einordnung kapitalmarktrechtlicher Publizitätspflichten als Schutzgesetz.

---

[134] Dazu unten S. 232 ff.

[135] *Hopt*, Kapitalanlegerschutz, S. 334 ff.; *ders.*, ZHR 141 (1977), 389 ff.; *ders.*, ZHR 159 (1995), 135, 159: „zwei Seiten der selben Medaille".

[136] Grundlegend *Hopt*, Kapitalanlegerschutz, S. 336. Dem folgend etwa: *Dühn*, Schadensersatzhaftung, S. 196 ff.; *Ekkenga*, ZIP 2004, 781, 785; *Fuchs/Dühn*, BKR 2002, 1063, 1065; *Gehrt*, Ad-hoc-Publizität, S. 201; *Hommelhoff*, ZGR 2000, 748, 771 f.; *v. Klitzing*, Ad-hoc-Publizität, S. 53; *Köndgen*, FS-Druey, S. 791, 799; *Merkt*, Unternehmenspublizität, S. 249 ff., 296 ff.; *Möllers*/Leisch, ZIP 2002, 1995, 1997; *Möllers*, ZGR 1997, 334, 337; *Palmes*, Der Lagebericht, S. 278 ff.

[137] A.A. etwa *Sauter*, Anhang und Lagebericht, S 251.

[138] Für den Lagebericht insbes. *Palmes*, Lagebericht, S. 280 ff.; *Sauter*, Anhang und Lagebericht, S. 250 f.

[139] Etwa *Fuchs*/Dühn, BKR 2002, 1063, 1065;. Für den Lagebericht *Sauter*, Anhang und Lagebericht, S. 250 f.

[140] A.A. etwa *Sauter*, Anhang und Lagebericht, S. 251. Ebenso *Palmes*, Lagebericht, S. 282 ff., die die Schutzgesetzeigenschaft des Lageberichts aber dennoch bejaht.

[141] So die Bezeichnung von *Fleischer*, Gutachten DJT 64 (2002), F-25 f., in Anlehnung an das schweizerische Recht.

Auch die Frage nach der Schutzgesetzeigenschaft kann nicht losgelöst von der dogmatischen und funktionellen Struktur des Deliktsrechts wie derjenigen des Fachrechts beurteilt werden, aus dem die zu untersuchende Vorschrift stammt.[142] In den Worten des BGH: Die „Schaffung eines individuellen Schadensersatzanspruches [muss] sinnvoll und im Lichte des haftungsrechtlichen Gesamtsystems tragbar erscheinen."[143] Hinter dieser Formulierung verbirgt sich keine diffizile richterrechtliche Tatbestandsumformung, sondern lediglich der Hinweis darauf, neben Wortlaut, Historie und Telos nicht die Systematik als Auslegungsmethode zu vergessen.[144]

Dies gilt zunächst für die Konturierung des Schutzgesetzmerkmals selbst. Hilfreich ist, sich dafür noch einmal die Strukturen und den wesentlichen Grund für die heutige Ausgestaltung des deutschen Deliktsrechts vor Augen zu führen, insbesondere die Diskriminierung bloßer Vermögensschäden.[145] Während § 823 Abs. 1 BGB hinsichtlich absoluter Rechte einen umfassenden Schutz gewährt, schützen die §§ 823 Abs. 2, 826 BGB bloße Vermögensinteressen nur eingeschränkt. Schutz wird selektiv, nicht umfassend gewährt: Ausgleichsfähig sind bloße Vermögensschäden nur dann, wenn die verletzten Interessen aufgrund ausdrücklicher gesetzgeberischer Entscheidung (§ 823 Abs. 2 BGB) oder aufgrund allgemeiner Prinzipien (§ 826 BGB) in den Schutzbereich der §§ 823 ff. BGB einbezogen wurden.[146] Zwischen § 823 Abs. 2 BGB und § 826 BGB besteht zudem ein Stufenverhältnis – zumindest auf subjektiver Seite. Werden Vermögensinteressen lediglich aufgrund allgemeiner Prinzipien anerkannt, ist Vorsatz erforderlich (§ 826 BGB); liegt eine ausdrückliche gesetzgeberische Entscheidung vor, reicht einfache Fahrlässigkeit (§ 823 Abs. 2 BGB).[147]

Das Vorgesagte vereinfacht die Bestimmung des Merkmals „Schutzgesetz" erheblich. Erforderlich ist zunächst eine ausdrückliche gesetzgeberische Entscheidung, die hinreichend konkret erkennen lässt, dass die geschützten Vermögensinteressen bereits bei einfach fahrlässiger Schädigung ausgleichs-

---

[142] Staudinger/*Hager*, § 823 Rn. G 4; *Huber*, FS-Heimpel, Bd. 3, S. 440, 471 f.; *Larenz/Canaris*, Schuldrecht II/2, S. 436 f.; MüKo-BGB/*Wagner*, § 823 Rn. 503; A.A. etwa *Knöpfle*, NJW 1967, 697, 699. Anders auch Soergel/*Spickhoff*, § 823 Rn. 199 f., der lediglich darauf abstellt, ob Widersprüche zu anderen (spezialgesetzlich) geregelten oder bewusst ungeregelten Haftungsnormen entstünden. Einfluss auf das hier gefundene Ergebnis hätte diese Modifikation nicht.

[143] BGHZ 192, 90, 99 – *IKB*. Ebenso etwa BGHZ 175, 276; BGHZ 100, 13, 18 f.; BGHZ 66, 388, 390.

[144] Vgl. *Larenz/Canaris*, Schuldrecht II/2, S. 436.

[145] Vgl. Prot. II, S. 573 f. = Mugdan II, S. 1077. Aus rechtsvergleichender Sicht *Wagner*, in: Zimmermann (Hrsg.), Grundstrukturen des europäischen Deliktsrechts, S. 189 ff.

[146] Etwa *Larenz/Canaris*, Schuldrecht II/2, S. 375 f.; *Kötz/Wagner*, Deliktsrecht, Rn. 100.

[147] Prägnant zum Verhältnis von § 823 Abs. 2 und § 826 BGB *Bachmann*, in ders./Casper/Schäfer/Veil (Hrsg.), Steuerungsfunktionen, S. 93, 123 f.

pflichtig sein sollen.[148] Für alles andere bleibt § 826 BGB. Achtsamkeit ist insbesondere in den hier relevanten Bereichen des Wirtschaftsrechts geboten, die aufgrund ihres Regelungsinhalts und ihrer Regelungsdichte besonders dazu neigen, die Grundentscheidung zur Diskriminierung bloßer Vermögensschäden zu untergraben.[149]

Wer diesen Maßstab an die §§ 289b-e, §§ 315b, 315c HGB anlegt, muss ihre Qualifikation als Schutzgesetz ablehnen. Dies liegt allerdings nicht daran, dass durch Täuschung über Nachhaltigkeitsinformationen hervorgerufene Vermögensschäden von Anlegern keinen deliktischen Schutz genießen sollten.[150] Ausgeschlossen ist aber eine Haftung wegen einfacher Fahrlässigkeit auf Grundlage von § 823 Abs. 2 BGB. Neben funktional-teleologischen Gründen, auf die später einzugehen ist, streitet für dieses Verständnis vor allem die Systematik der kapitalmarktrechtlichen Informationshaftung.[151] Durch spezialgesetzliche Regelung der Prospekthaftungstatbestände (etwa §§ 9 ff. WpPG n.F.[152]) sowie der Haftung für fehlerhafte Ad-hoc-Mitteilungen (§§ 97 f. WpHG n.F.[153]) hat der Gesetzgeber bestimmte Grundsatzentscheidungen bezüglich einer Haftung für Kapitalmarktinformation sowohl am Primär- wie auch am Sekundärmarkt getroffen. Prägend ist vor allem die Begrenzung auf grobe Fahrlässigkeit, von der er trotz mitunter heftiger Kritik und langanhaltender Diskussion auch in jüngeren Reformen nicht abgewichen ist.[154] Ohne konkrete Hinweise darauf, dass der Gesetzgeber die Regelpublizität einschließlich der §§ 289b-e, §§ 315b, 315c HGB einer schärferen Haftung unterwerfen wollte, muss eine Einordnung als Schutzgesetz ausscheiden.[155]

Hiergegen ließe sich auch nicht einwenden, dass die §§ 289b-e, 315b und c HGB keine im engeren Sinne kapitalmarktrechtlichen Normen darstellen, sondern bilanzrechtliche Informationsgebote, die anderen Regeln folgen. Die Bedeutung der Regelpublizität für den Kapitalmarkt ist gerade das Argument für eine Anerkennung als Schutzgesetz. Zudem wäre wohl allenfalls der entgegengesetzte Schluss zulässig: Nur weil anlegerschützende kapitalmarktrechtliche Publizitätspflichten als Schutzgesetze einzuordnen wären, müssten

---

[148] Vgl. dazu MüKo-BGB/*Wagner*, § 823 Rn. 474, 476 f.

[149] *Canaris*, FS-Larenz II, 27, 44; dezidiert a.A. *Bachmann*, in: ders./Casper/Schäfer/Veil (Hrsg.), Steuerungsfunktionen, S. 93, 124.

[150] Dazu unten S. 90 ff.

[151] Vgl. eingehend *Hellgardt,* Kapitalmarktdeliktsrecht, S. 458 ff.

[152] Bislang §§ 21 ff. WpPG.

[153] Bislang §§ 37b, 37 c WpHG a.F.

[154] Vgl. zur Diskussion nur *Fleischer*, Gutachten DJT 64 (2002), F-60 ff.; *Hopt/Voigt*, in: dies. (Hrsg.) Prospekt- und Kapitalmarktinformationshaftung, S. 9, 82 ff.

[155] Vgl. Assmann/Schneider/*Mülbert*, Art. 15 VO Nr. 596/2014 Rn. 47 mit ähnlicher Argumentation zu Art. 15 MAR.

nicht auch die einen erheblichen weiteren Adressatenkreis umfassenden Rechnungslegungsvorschriften unter § 823 Abs. 2 BGB fallen.

dd) Modifikation des subjektiven Tatbestands

Die herrschende Meinung trägt dem Umstand, dass sich eine Haftung für fehlerhafte Regelpublizität in das System der kapitalmarktrechtlichen Informationshaftung einzupassen hat, auf einfache Weise Rechnung: Sie qualifiziert nicht die Publizitätsnormen, sondern die an diese anknüpfenden Strafnormen aus § 331 HGB als Schutzgesetz.[156] Dieser Weg ist auch im Hinblick auf §§ 289b-e, 315b und c HGB überzeugend. Fehlerhafte nichtfinanzielle Erklärungen können demnach einen Schadensersatzanspruch nach § 823 Abs. 2 BGB auslösen, sofern die Voraussetzungen des § 331 Nr. 1 Var. 3 beziehungsweise 4 HGB, insbesondere das Vorsatzerfordernis (§ 15 StGB), erfüllt sind.

Der gegen eine solche Lösung vorgebrachte Einwand, es sei inkonsequent, die Schutzgesetzeigenschaft der einzelnen Rechnungslegungsvorschriften abzulehnen, diese aber der Strafnorm des § 331 HGB zuzusprechen, verfängt nicht.[157] Zwar ist § 331 HGB eine klassische Blankettnorm, sodass sich ihr Tatbestand von dem der jeweils zugrunde liegenden Rechnungslegungsvorschrift kaum unterscheidet. Gerade die vermeintlich geringe Anhebung des subjektiven Tatbestands fügt die Haftung für vorsätzlich fehlerhafte Regelpublizität aber angemessen in das System der kapitalmarktrechtlichen Informationshaftung ein.

Mitunter wird noch für eine mittlere Lösung plädiert, die die Schutznormeigenschaft der Rechnungslegungsvorschriften anerkennt, dafür aber den Verschuldensmaßstab des § 823 Abs. 2 BGB auf grobe Fahrlässigkeit anheben will.[158] Der Ansatz ist charmant, solange man die gefundenen Ergebnisse im Blick hat. Seine Probleme zeigen sich in der dogmatischen Begründung. Bei genauer Betrachtung ist es nämlich nicht der Verschuldensmaßstab des § 823 Abs. 2 BGB, der Probleme bereitet. Es ist ohne Frage richtig, dass einfach fahrlässig verursachte Vermögensschäden dort zu ersetzen sind, wo der Gesetzgeber dies anordnet. Genauso richtig ist aber, dass eine Haftung

---

[156] Assmann/Schütze/*Fleischer*, HdB Kapitalanlagerecht, § 6 Rn. 60; Großkomm-BilR/ *Dannecker*, § 331 HGB Rn. 4; Baumbach/Hopt/*Merkt*, § 331 Rn. 1; MüKo-HGB/ *Quedenfeld*, § 331 Rn. 2; MüKo-BGB/*Wagner*, § 823 Rn. 138 m.w.N.

[157] So aber *Palmes*, Lagebericht, S. 262 f.; *Sauter*, Anhang und Lagebericht, S. 250 f.

[158] *Bachmann*, in: ders./Casper/Schäfer/Veil (Hrsg.), Steuerungsfunktionen, S. 93, 123 ff.; *ders.* JZ 2012, 578, 582; *Hellgardt*, Kapitalmarktdeliktsrecht, S. 460 ff.; *ders.*, AG 2012, 154, 165 f.; *Palmes*, Lagebericht, S. 335 f.

wegen einfacher Fahrlässigkeit ausscheiden muss, wenn dies nicht der Fall ist.[159] Nichts anderes ist der Regelungsgehalt von § 823 Abs. 2 BGB.

Bisweilen mögen zwar gute Gründe existieren, auch grob fahrlässig verletzte Vermögensinteressen zu ersetzen, die lediglich aufgrund allgemeiner Prinzipien in der Schutzbereich der §§ 823 ff. BGB einbezogen sind. Problematisch ist dann allerdings nicht – der zutreffend geregelte – Tatbestand des § 823 Abs. 2 BGB, sondern der des § 826 BGB. Tragfähige Lösungsansätze sollten sich daher darum bemühen, dessen Verschuldensmaßstab (vorsichtig) zu erweitern. Der Fokus auf § 823 Abs. 2 BGB verdeckt die Schwachstellen des bestehenden Systems eher, als sie zu beheben.

3. Ergebnis

Die Analyse der speziellen Informationsinstrumente schließt mit einer für CSR-Codes nüchternen Erkenntnis: Praktisch relevant ist lediglich eine Haftung für fehlerhafte nichtfinanzielle Erklärungen. In Wertpapierprospekten stellen Hinweise auf CSR-Codes die Ausnahme dar. Eine Haftung gegenüber den Anlegern nach §§ 823 Abs. 2 BGB i.V.m. §§ 289b-e, §§ 315b, 315c, 331 ff. HGB ist dagegen in theoretischer Hinsicht unergiebig. Da die §§ 331 ff. HGB als Straftatbestände Vorsatz erfordern, ebnen sie den wesentlichen Unterschied zwischen § 823 Abs. 2 BGB und § 826 BGB ein. Die Untersuchung kann sich daher auf Letzteren beschränken.

II. Allgemeine Kapitalmarktinformationshaftung

Ansprüche aus Kapitalmarktinformationshaftung gehen weit über die gesetzlich geregelten Spezialtatbestände hinaus. In der Rechtsanwendung hat sich ein „komplizierte[s] Geflecht konkurrierender Anspruchsgrundlagen und verschiedener Anspruchsgegner"[160] entwickelt, das in vielfältiger Weise auch für Täuschungen über CSR-Codes zur Anwendung gebracht werden könnte. Der Forschungsfrage entsprechend wird die Arbeit lediglich solche Ansprüche untersuchen, die sich gegen den Emittenten selbst richten. Eine eventuelle individuelle Haftung der handelnden Personen bleibt außer Betracht.

---

[159] Vgl. etwa *Spickhoff*, Gesetzesverstoß, S. 58: Der deutsche Gesetzgeber hat sich „die Entscheidung über die Haftung – insbesondere mittels § 823 Abs. 2 BGB – selbst in Abkehr von einer deliktsrechtlichen Generalklausel nach dem Modell der Nachbarländer vorbehalten. Diese ‚Prärogative des Gesetzgebers' darf auch fast 100 Jahre nach Inkrafttreten des BGB weder durch massive teleologische Restriktionen noch durch Extensionen der Norm übergangen werden."

[160] Assmann/Schütze/*Fleischer*, HdB Kapitalanlagerecht, § 6 Rn. 3.

1. Bürgerlich-rechtliche Prospekthaftung im eigentlichen Sinn

Wesentliches Standbein der kapitalmarktrechtlichen Informationshaftung war lange Zeit die sogenannte bürgerlich-rechtliche Prospekthaftung.[161] Entwickelt wurde sie in Anlehnung an die Grundsätze zur c.i.c.; seit der Schuldrechtsreform findet sie ihre gesetzliche Grundlage in § 311 Abs. 3 BGB.[162] Grundsätzlich lassen sich zwei Varianten der bürgerlich-rechtlichen Prospekthaftung unterscheiden: die bürgerlich-rechtliche Prospekthaftung im engeren – besser eigentlichen – Sinn sowie die bürgerlich-rechtliche Prospekthaftung im weiteren – besser im uneigentlichen – Sinn.[163]

Von Interesse ist hier lediglich die bürgerlich-rechtliche Prospekthaftung im eigentlichen Sinn. Die bürgerlich-rechtliche Prospekthaftung im uneigentlichen Sinn ist keine kapitalmarktrechtliche Besonderheit, sondern eine Haftungsregel für in Anspruch genommenes sowie enttäuschtes persönliches und konkretes Vertrauen, und betrifft damit den Musterfall des § 311 Abs. 2 und 3 BGB.[164] Konkret geht es darum, dass sich eine Person den Prospekt zu eigen macht, um eine ohnehin bestehende Aufklärungspflicht zu erfüllen.[165] Öffentlich, d.h. außerhalb persönlicher Nähebeziehungen geäußerte Versprechen, einen CSR-Code einzuhalten, umfasst sie nicht.

Die bürgerlich-rechtliche Prospekthaftung im eigentlichen Sinn ist für die Bewertung von CSR-Codes dagegen ungleich interessanter. Ihr Anknüpfungspunkt ist gerade kein persönlich in Anspruch genommenes Vertrauen, sondern das typisierte Vertrauen in die Richtigkeit von Prospektangaben[166], was den Anwendungsbereich der c.i.c. auf erhebliche Weise erweitert.[167]

---

[161] Vgl. nur *Assmann*/Schütze, HdB Kapitalanlagerecht, § 5 Rn. 26 ff: „Keimzelle der Prospekthaftung".

[162] *Bachmann*, in: ders./Casper/Schäfer/Veil (Hrsg.), Steuerungsfunktionen, S. 93, 109.

[163] *Assmann*/Schütze, HdB Kapitalanlagerecht, § 5 Rn. 23 ff.; *Ehricke*, in: Hopt/Voigt (Hrsg.), Prospekt- und Kapitalmarktinformationshaftung, S. 187, 191; MüKo-BGB/*Emmerich*, § 311 Rn. 142 ff.; *Langenbucher*, Aktien- und Kapitalmarktrecht, § 14 Rn. 81 ff.

[164] Vgl. nur MüKo-BGB/*Emmerich*, § 311 Rn. 142; *Ehricke*, in: Hopt/Voigt (Hrsg.), Prospekt- und Kapitalmarktinformationshaftung, S. 187, 191; *Kersting*, Dritthaftung, S. 58.

[165] Vgl. nur BGHZ 74, 103, 108 f. sowie *Assmann*/Schütze, HdB Kapitalanlagerecht, § 5 Rn. 24 mit vielen weiteren Beispielen aus der Rechtsprechung.

[166] Grundlegend BGHZ 71, 284, 287.

[167] Treffend *Bachmann*, in: ders./Casper/Schäfer/Veil (Hrsg.), Steuerungsfunktionen, S. 93, 110: „Wiewohl von der Rechtsprechung nicht in Analogie zur spezialgesetzlichen Prospekthaftung, sondern aus der culpa in contrahendo heraus entwickelt, greift [die bürgerlich-rechtliche Prospekthaftung im eigentlichen Sinn] doch sichtbar über deren dogmatisches Fundament hinaus."

a) Begründung und historischer Anwendungsbereich

Ihren Anwendungsbereich hatte die bürgerlich-rechtliche Prospekthaftung im eigentlichen Sinn vor allem am sogenannten „grauen" Kapitalmarkt, d.h. dem lange Zeit gesetzlich nicht geregelten Markt für nicht wertpapiermäßig verbriefte Kapitalanlagen.[168] Eine Prospektpflicht existierte dort ebenso wenig wie ein spezialgesetzlicher Haftungstatbestand.[169] Weil zur Vermarktung der Kapitalanlagen dennoch Prospekte und prospektähnliche Dokumente erstellt und verbreitet wurden, begründete die höchstrichterliche Rechtsprechung die bürgerlich-rechtliche Prospekthaftung im eigentlichen Sinn, um die von ihr erkannten Regelungslücken zu schließen.[170]

Dass sie diese aus den Grundsätzen zur c.i.c. und nicht in Analogie zu der damaligen spezialgesetzlichen Prospekthaftung in § 48 BörsG a.F. entwickelte, ist eine dogmatische Besonderheit, deren argumentative Folgewirkungen bis heute spürbar sind.[171] Konkret begründete der BGH die Haftung aus c.i.c. wie folgt: Weil der Prospekt in aller Regel die für die Anleger wichtigste Informationsgrundlage darstelle und er regelmäßig an die Stelle der individuellen Aufklärung etwa durch den Emittenten trete, bringe der Anleger dem Prospekt selbst ähnliches Vertrauen gegenüber wie einer konkreten Person.[172] Grundlage einer Vertrauenshaftung im Sinne der c.i.c. könne deswegen nicht nur persönliches, sondern auch typisiertes Vertrauen sein, das Anleger den für die Erstellung des Prospekts verantwortlichen Personen entgegenbringen, selbst wenn sie diese nie persönlich getroffen haben.[173] Die Anleger – so der BGH – dürften „sich auf die Richtigkeit und Vollständigkeit der Angaben in einem solchen Prospekt verlassen und davon ausgehen, daß die insoweit unmittelbar Verantwortlichen ihn mit der erforderlichen Sorgfalt geprüft haben und sie über alle Umstände aufklären werden, die für [die Investitionsentscheidung] von wesentlicher Bedeutung sind".[174]

b) Beschränkung des Anwendungsbereichs über den Prospektbegriff

Mit der Erweiterung der spezialgesetzlichen Prospekthaftung hat die bürgerlich-rechtliche Prospekthaftung im eigentlichen Sinn erheblich an Bedeutung verloren: Altfälle ausgenommen, ist sie ihres klassischen Anwendungsbe-

---

[168] Zum Überblick etwa *Assmann*/Schütze, HdB Kapitalanlagerecht, § 5 Rn. 3 f.; *Nobbe*, WM 2013, 193 ff.; *Herresthal*, in: Grüneberg/Habersack/Mülbert/Wittig (Hrsg.), Bankrechtstag 2015, S. 103, 114 ff.

[169] Etwa *Langenbucher*, Aktien- und Kapitalmarktrecht, § 14 Rn. 81.

[170] Grundlegend BGHZ 71, 284 ff. Vgl. zudem BGHZ 79, 337 ff.; BGHZ 77, 172, 175 ff.; BGH WM 1978, 611 f.

[171] Für eine solche Analogie bereits *Coing*, WM 1980, 206, 211 f.

[172] BGHZ 71, 284, 286 ff.

[173] BGHZ 71, 284, 286 ff.

[174] Ebenda.

reichs vollständig beraubt.[175] Dass sie hier dennoch behandelt wird, hängt einerseits mit ihrer großen Beliebtheit in der Literatur zusammen, die sich stetig müht, ihren Grundgedanken auf unterschiedlichste Formen öffentlicher (Kapitalmarkt-)Information zu erstrecken (dazu sogleich c)). Andererseits liegt es daran, dass die Tatbestandsvoraussetzungen der bürgerlich-rechtlichen Prospekthaftung weiter sind als diejenigen der spezialgesetzlichen und dass bis heute ungeklärt ist, inwieweit die bürgerlich-rechtliche Prospekthaftung im eigentlichen Sinn neben den spezialgesetzlichen Prospekthaftungstatbeständen Anwendung findet, um (echte oder vermeintliche) Lücken im Anlegerschutz zu schließen.[176]

Eine dieser Schutzlücken könnte im engen Prospektbegriff der spezialgesetzlichen Regelungen liegen. Durch die starke Fokussierung auf bestimmte Informationsprodukte könnten sich unregulierte Freiräume ergeben, die dann möglicherweise durch einen weiteren bürgerlich-rechtlichen Prospektbegriff zu schließen wären.[177] Für CSR-Codes ließe sich fragen, ob ein so verstandener weiterer Prospektbegriff auch öffentliche Äußerungen über deren Einhaltung umfasst.

Die Frage zu stellen, heißt allerdings, sie zu verneinen. CSR-Codes sind keine Prospekte; auch dann nicht, wenn man den Prospektbegriff weit definiert, wie es etwa der BGH in seiner *Rupert-Scholz*-Entscheidung unternommen hat.[178] Erforderlich ist demnach nämlich immer noch, dass ein Dokument den Anschein erweckt, den Anleger umfassend über eine Kapitalanlage zu informieren.[179] Diesen Anschein erwecken CSR-Codes nicht: Aus ihnen lässt sich allenfalls ein einzelner für die Unternehmensbewertung relevanter Aspekt entnehmen, ein Gesamtbild von den Verhältnissen des Emittenten enthalten sie nicht. Der Ausschluss von CSR-Codes aus dem Prospektbegriff ist auch richtig, will man die Prospekthaftung weiterhin als eine solche be-

---

[175] Etwa *Assmann*/Schütze, HdB Kapitalmarktinformation, § 5 Rn. 27 ff., 32; *Habersack*/Mülbert/Schlitt, HdB Kapitalmarktinformation, § 29 Rn. 2, 73; *Schnauder*, NJW 2013, 3212 ff.

[176] Zur Funktion der bürgerlich-rechtlichen Informationshaftung BGHZ 79, 337, 341. Vgl. für das Verhältnis von spezialgesetzlicher und bürgerlich-rechtlicher Prospekthaftung nur *Bachmann*, WM 2002, 2137, 2140 f.; *ders.*, in: ders./Casper/Schäfer/Veil (Hrsg.), Steuerungsfunktionen, S. 93, 110 ff.; *Einsele*, Bank- und Kapitalmarktrecht, § 7 Rn. 65; *Groß*, Kapitalmarktrecht, § 25 WpPG Rn. 3a; *Habersack*/Mülbert/Schlitt, HdB Kapitalmarktinformation, § 29 Rn. 2, 73.

[177] Vgl. etwa *Ehricke*, in Hopt/Voigt (Hrsg.), Prospekt- und Kapitalmarktinformationshaftung, S. 187, 195, 211, 268 ff.; *Habersack*/Mülbert/Schlitt, HdB Kapitalmarktinformation, § 29 Rn. 2, 73; *Krause*, ZGR 2002, 799, 827 f.; *Lutter*, FS-Druey, S. 463, 473 ff.; *Ulmer*, ZHR 166 (2002), 150, 169.

[178] Vgl. BGH NJW 2012, 758 ff. – *Rupert-Scholz*. Anders noch die Vorinstanz OLG Karlsruhe ZIP 2010, 1037, 1038. Dazu etwa *Buchmann*, AG-Report 2012, R 109 f.; *Hellgardt*, ZBB 2012, 73 ff.; *Klöhn*, WM 2012, 97, 101 f.

[179] BGH NJW 2012, 758, 759 f. – *Rupert-Scholz*.

zeichnen. Die wohl tragfähigste Argumentation für eine Ausweitung des Prospektbegriffs dürfte nämlich wie folgt lauten: Publikationen, die den Eindruck einer für die Investitionsentscheidung hinreichenden Informationsgrundlage erwecken, mögen Anleger dazu verleiten, den Prospekt selbst überhaupt nicht mehr zu konsultieren.[180] Die Prospekthaftung muss daher auch solche Publikationen umfassen, damit die mit ihr verfolgten Zwecke nicht unterlaufen werden.[181] Eine solche Erweiterung der Prospekthaftung dient dann aber zumindest noch mittelbar dem Schutz des Prospekts als maßgeblicher Informationsquelle. Würde die Prospekthaftung auch auf nicht prospektartige Information wie CSR-Codes erweitert, entfiele diese Rückbindung vollständig.

Nun spricht *prima facie* nichts dagegen, einen der Prospekthaftung nachgebildeten Haftungstatbestand auch für nicht prospektartige Kapitalmarktinformation zu diskutieren. Ihn weiterhin unter den Oberbegriff der Prospekthaftung zu fassen, stiftet allerdings unnötige Verwirrung, verschleiert die dahinter liegenden Erwägungen und erweckt den Anschein höchstrichterlicher Kontinuität, wo keine ist.[182]

c) *Allgemeine Kapitalmarktinformationshaftung*

An Versuchen, einen allgemeinen Kapitalmarktinformationshaftungstatbestand bereits *de lege lata* zu entwickeln, mangelt es nicht. Die Kapitalmarktrechtsforschung der letzten Jahrzehnte hat eine kaum zu überblickende Masse an Modellen und Theorien hervorgebracht, um erkannte Schutzlücken der spezialgesetzlichen Haftungstatbestände am Primär- wie Sekundärmarkt zu schließen.[183] Die Anwendungsbereiche sind dementsprechend vielfältig: Stand vor der Einführung der §§ 37b, 37c WpHG a.F.[184] insbesondere die Frage nach einer sekundärmarktrechtlichen Haftung für Ad-hoc-Mitteilungen

---

[180] Überzeugend *Klöhn*, WM 2012, 97, 98 ff., 102.

[181] *Klöhn*, WM 2012, 97, 102.

[182] Verfehlt ist daher etwa die bloße Erweiterung des Prospektbegriffs auf Entsprechenserklärungen zum Deutschen Corporate Governance Kodex, so etwa *Hanfland*, Haftungsrisiken, S. 261; *Lutter*, FS-Druey, 463, 475; *Ulmer*, ZHR 166 (2002), 150, 169, der allerdings auf die Grundsätze Sachwalterhaftung abstellen will. Die Prospekteigenschaft bejahend, aber die Anwendung der bürgerlich-rechtlichen Prospekthaftung ablehnend *Seibt*, AG 2002, 249, 257. Zu Recht generell ablehnend etwa *Bachmann*, WM 2002, 2137, 2140; *Berg/Stöcker*, WM 2002, 1569, 1581; *Ettinger/Grützediek*, AG 2003, 353, 357; Assmann/Schütze/*Fleischer*, HdB Kapitalanlagerecht, § 6 Rn. 62; *Kort*, FS-Raiser, S. 203, 218 ff.

[183] Vgl. zu diesen Lücken etwa die Übersicht bei *Kersting*, Dritthaftung, S. 497 ff. Einzelfälle beschreiben etwa *Ehricke*, in: Hopt/Voigt (Hrsg.) Prospekt- und Kapitalmarktinformationshaftung, S. 187, 195 f., 211, 268 ff.; *Krause*, ZGR 2002, 799, 827 f.; *Lutter*, FS-Druey, S. 463, 473 ff.; *Ulmer*, ZHR 166 (2002) 150, 169.

[184] Heute §§ 97 f. WpHG n.F.

C. Informationshaftung

im Vordergrund, bewegt in jüngerer Zeit vor allem die Haftung für fehlerhafte Entsprechenserklärungen zum Deutschen Corporate Governance Kodex oder freiwillige Kapitalmarkinformation die Gemüter. Ebenso divers wie die behandelten Fallkonstellationen sind auch die dogmatischen Erklärungsansätze, die mal kapitalmarktspezifisch das typisierte Vertrauen der bürgerlich-rechtlichen Prospekthaftung im eigentlichen Sinne aufnehmen,[185] mal auf ein „allgemeines Kapitalmarkvertrauen" abheben,[186] oder auf Grundlage des § 311 Abs. 3 BGB eine rechtsgebietsübergreifende Vertrauenshaftung für Drittinformationen präferieren[187]. Neben diesen auf Vertrauensgesichtspunkten fußenden Ansätzen finden sich andere, die für eine vertragsrechtliche Lösung plädieren[188] oder aber ein gesetzliches Sonderrechtsverhältnis für den Kapitalmarkt vorschlagen, das als Schutzgesetz i.S.d. § 823 Abs. 2 BGB anzuerkennen sei[189].

Ungeachtet der phänomenologischen, dogmatischen wie theoretischen Unterschiede eint die Ansätze die Annahme, dass ein lediglich auf § 826 BGB gestützter Anspruch zur Bewältigung der kapitalmarktrechtlichen Informationshaftung unzulänglich sei.[190] Insbesondere seine Beschränkung auf vom Anleger vorsätzlich herbeigeführte Vermögensschäden und die hohen Kausalitätsanforderungen der Rechtsprechung führten dazu, dass § 826 BGB kaum mehr als einen „Papiertiger" darstelle.[191] Selbst bei anlegerfreundlicher Auslegung blieben darauf gestützte Ergebnisse „holzschnittartig" und seien nicht geeignet, die diffizilen kapitalmarktrechtlichen Fragestellungen angemessen zu lösen.[192]

Die höchstrichterliche Rechtsprechung ist dieser Einschätzung nicht gefolgt. Die Haftung für fehlerhafte Ad-hoc-Mitteilungen löst die Rechtsprechung seit den *Infomatec*-Entscheidungen des BGH über die vorsätzliche sittenwidrige Schädigung.[193] Eine dahingehende Ausweitung der bürgerlich-

---

[185] *Stein*, FS-Peltzer, S. 557, 567.
[186] *Hanfland*, Haftungsrisiken, S. 249 ff.; *Peltzer*, NZG 2002, 10, 11.
[187] *Kersting*, Dritthaftung, S. 105 ff und *passim*. Dazu auch unten S 185 ff.
[188] *Köndgen*, AG 1983, 85, 90 ff., der aber zugleich eine Modifikation Rechtsgeschäftslehre für erforderlich hält und vorschlägt; *Schneider*, ZIP 1989, 619, 623 f.
[189] *Hellgardt,* Kapitalmarktdeliktsrecht, S. 213 ff., 226 und *passim*.
[190] *Kersting*, Dritthaftung, S. 73 ff.; *Hanfland*, Haftungsrisiken, S. 300 ff.; *Hellgardt*, Kapitalmarktdeliktsrecht, S. 58 ff., 69 f. Zur Expertenhaftung auch *Canaris*, ZHR 163 (1999), 206, 214.
[191] Ebenda.
[192] *Hellgardt*, Kapitalmarktdeliktsrecht, S. 69 f.
[193] Grundlegend BGHZ 160, 134, 142 ff. – *Infomatec I*; BGHZ 160, 149, 151 ff. – *Infomatec II*; BGH NJW 2004, 2668, 2669 – *Infomatec III*. Seitdem st. Rspr., vgl. etwa BGH NJW 2005, 2450 – *EM.TV;* BGH ZIP 2007, 681 – *ComROAD I*; BGH ZIP 2007, 679 – *ComROAD II*; BGH ZIP 2007, 326 – *ComROAD III*; BGH ZIP 2007, 1560 – *ComROAD IV*; BGH ZIP 2007, 1564 – *ComROAD V*; BGH ZIP 2008, 407 – *ComROAD VI*; BGH ZIP 2008, 410 – *ComROAD VII*; BGH ZIP 2008, 829 – *ComROAD VIII*.

rechtlichen Prospekthaftung lehnte sie ungeachtet der haftpflichtrechtlichen Konsequenzen kategorisch ab.[194] Auch wenn sich für andere Formen der Sekundärmarktinformation mangels vorliegender Entscheidungen nur spekulieren lässt, dürfte es höchst unwahrscheinlich sein, dass der BGH bei Entsprechenserklärungen zum Deutschen Corporate Governance Kodex oder gar bei freiwilliger Sekundärmarktinformation von seiner Linie abweicht. Auch wertungsmäßig wäre es schwer vertretbar, wollte man beispielsweise für unrichtige CSR-Versprechen eine schärfere Haftung begründen als für fehlerhafte Ad-hoc-Mittelungen. Einziger tragfähiger Ansatzpunkt für eine Haftung für fehlerhafte CSR-Versprechen bleibt damit § 826 (i.V.m. § 31) BGB.

2. Deliktische Sekundärmarktinformationshaftung, §§ 826, 31 BGB

Tatbestand und Rechtsfolgen der vorsätzlichen sittenwidrigen Schädigung sind durch die Rechtsprechung in vielfältiger Weise für die besondere Situation am Kapitalmarkt konkretisiert worden – im Ergebnis nicht immer zur Freude der (freilich selbst zerstrittenen) Literatur. Wenn es im Folgenden darum geht, die Bedeutung des § 826 BGB für unrichtige Versprechen über die Einhaltung von CSR-Codes gegenüber dem Anlegerpublikum zu untersuchen, muss diese Rechtsprechung gleichwohl den Ausgangspunkt bilden. Dies gilt sowohl für die im Rahmen des § 826 BGB fundamentale Frage, ob überhaupt eine Sittenwidrigkeitsregel existiert, die CSR-bezogene Täuschungen verbietet (dazu a)), als auch bei der Konkretisierung der weiteren Tatbestandsmerkmale (dazu b)). Anschließend gilt es die gefundenen Ergebnisse in funktionaler Hinsicht zu überprüfen (dazu c)).

a) Verbot aktiver Kapitalmarkttäuschung als Sittenwidrigkeitsregel

Die Frage, ob ein bestimmtes Verhalten – hier die Veröffentlichung unwahrer CSR-Codes – gegen die „guten Sitten" verstößt, ist nicht trivial. Das Tatbestandserfordernis der Sittenwidrigkeit ist schwer zu handhaben, die dazu ergangene Rechtsprechung ist unübersichtlich, und die Literaturansätze sind komplex.[195] Dies allein vermag einen auf § 826 BGB gestützten Lösungsansatz noch nicht zu diskreditieren. Es scheint aber einer der Gründe für die vielfältigen Versuche zu sein, die (Kapitalmarkts-)Informationshaftung mit vertraglichen oder quasi-vertraglichen Ansprüchen zu bewältigen. Erkennt man an, dass derartige außerdeliktische Wege durch die jüngere Rechtsprechung des BGH zumindest für den Sekundärmarkt verschlossen sind, bleibt

---

[194] BGHZ 160, 134, 137 f. – *Infomatec I*. Eindeutig gegen eine Übertragbarkeit der Prospekthaftungsgrundsätze auf Fallgestaltungen, die Börsenzulassungsprospekten nicht vergleichbar sind, bereits BGH NJW 1981, 2810 f.
[195] Vgl. nur die Darstellung des Streitstands bei Soergel/*Hönn*, § 826 Rn. 8 ff.; Staudinger/*Oechsler*, § 826 Rn. 24 ff.; MüKo-BGB/*Wagner*, § 826 Rn. 9 ff.

für die Bewertung von CSR-Codes nur der steinige Weg über den Sittenwidrigkeitsbegriff.

aa) Ausgangspunkt: die Infomatec-Rechtsprechung

In seinen Entscheidungen zu fehlerhaften Ad-hoc-Mitteilungen hat der BGH die Sittenwidrigkeit aus der „direkt vorsätzliche[n] unlautere[n] Beeinflussung des Sekundärmarktpublikums durch grob unrichtige Ad-hoc-Mitteilungen" hergeleitet.[196] Derartiges Verhalten verstieße gegen die „Mindestanforderungen im Rechtsverkehr auf dem Kapitalmarkt", sei daher verwerflich und damit sittenwidrig.[197] Verstärkend kam in den *Infomatec*-Fällen hinzu, dass die täuschenden Vorstandsmitglieder kurz nach der Verbreitung der fehlerhaften Ad-hoc-Mitteilungen wesentliche Aktienpakete veräußerten.[198] Voraussetzung für die Haftung nach § 826 BGB ist ein solcher besonderer Eigennutz aber wohl nicht.[199]

Für die kapitalmarktrechtliche Beurteilung von Täuschungen über CSR-Codes können diese Grundsätze allenfalls einen Ausgangspunkt darstellen. Sie befassen sich konkret nur mit Ad-hoc-Mitteilungen (heute: Art. 17 MAR), mit denen sich CSR-Codes nicht 1:1 vergleichen lassen. Sie können aber auch aus anderen Gründen nicht das letzte Wort zu einer allgemeinen Sekundärmarktinformationshaftung sein: Die Entscheidungen befassen sich nur mit deren Kern, nicht mit ihrem Rand. In den *Infomatec*-Fällen sowie in den darauf aufbauenden Entscheidungen lagen dem BGH mit den Auswüchsen des neuen Markts besonders krasse Täuschungsfälle vor (*Infomatec*: Übertreibung des tatsächlichen Auftragsvolumens um 550 %; *ComROAD*: Erfindung nahezu aller Unternehmensdaten; *EM.TV*: Einbeziehung erheblicher Umsätze in die Halbjahreszahlen, die zu diesem Zeitpunkt noch gar nicht entstanden waren).[200] Insofern ist die in der Formulierung des BGH angelegte Beschränkung der Sittenwidrigkeit auf „grob unrichtige" Informa-

---

[196] Grundlegend BGHZ 160, 134, 142 ff. – *Infomatec I*; BGHZ 160, 149, 151 ff. – *Infomatec II*; BGH NJW 2004, 2668, 2669 – *Infomatec III*.
[197] BGHZ 160, 149, 157 – *Infomatec II*. Vgl. zudem etwa BGH NJW 2004, 2668, 2670 – *Infomatec III*; BGH ZIP 2007, 326 f. – *ComROAD III*; BGHZ 192, 90, 101 f. – *IKB*.
[198] BGHZ 160, 149, 157 – *Infomatec II*.
[199] Assmann/Schütze/*Fleischer*, HdB Kapitalanlagerecht, § 6 Rn. 21; *ders.*, DB 2004, 2031, 2034: „eher verstärkendes als konstitutives Element". Ebenso die ganz h.L. *Dühn*, Schadensersatzhaftung, S. 139; *Dirigo*, Haftung für fehlerhafte Ad-hoc-Publizität, S. 211; *Krause*, ZGR 2002, 799, 823; *Möllers*, JZ 2005, 75, 76; Staudinger/*Oechsler*, § 826 Rn. 382a; *Richter*, Schadenszurechnung, S. 289; *Schwark*, FS-Hadding, 1117, 1131 f.; MüKo-BGB/*Wagner*, § 826 Rn. 112; Schwark/Zimmer/*Grotheer*, Kapitalmarktrecht, §§ 37b, 37c WpHG Rn. 118b. Offen lassend OLG Frankfurt a.M. ZIP 2005, 710, 712. A.A. *Rützel*, AG 2003, 69, 73; *Spindler*, WM 2004, 2098, 2092.
[200] BGHZ 160, 134, 135 f. – *Infomatec I*; BGH ZIP 2007, 1560 f. – *ComROAD IV*; BGH NJW 2005, 2450 f. – *EM.TV*.

tionen durchaus fallangemessen. Über nicht grob unrichtige Informationen hatte er nicht zu entscheiden. Ausgeschlossen ist eine Haftung für leicht oder mittelmäßig unrichtige Information nach § 826 BGB damit aber noch nicht.

bb) Kriterien zur Bestimmung einer Sittenwidrigkeitsregel

Die Frage, ob und wann die Äußerung (unrichtiger) CSR-Codes gegenüber Anlegern sittenwidrig ist, muss daher auf grundsätzlicheren Erwägungen fußen. Die Rechtsprechung definiert Sittenwidrigkeit seit jeher mit einem Verstoß gegen außerrechtliche sozialethische Normen: Seit der *Brisbane*-Entscheidung des Reichsgerichts von 1901 rekurriert sie mehr oder weniger durchgängig auf das „Anstandsgefühl aller billig und gerecht Denkenden".[201] Dass es sich hierbei lediglich um eine „klassische Leerformel [handelt], die dem Rechtsanwender keinerlei Hilfestellung bietet und die maßgeblichen Wertungen verdeckt, anstatt sie offen zu legen", wurde eindeutig herausgearbeitet und zeigt sich musterartig an der hier behandelten Frage.[202] Ob die Rechtsgemeinschaft ein allgemeines kapitalmarktrechtliches Täuschungsverbot, das auch Nachhaltigkeitsinformationen umfasst, als sozialethische Ordnungsvoraussetzung anerkennt, lässt sich kaum beurteilen. Wobei nicht zuletzt entscheidend sein wird, wie und wen man fragt. Mag ein solches Kriterium in extremen Fallgestaltungen noch ein Mindestmaß an argumentativer Richtschnur vorgeben, verliert es insbesondere in wirtschaftsrechtlichen Randbereichen jedwede Schärfe.[203] Auch methodische Konkretisierungen – etwa das Abstellen lediglich auf den Wertekodex der Mehrheit, denen sich die Minderheit zu beugen habe, oder auf die Mehrheit der beteiligten Personen – wirken dem kaum entgegen.[204] Dies gilt umso mehr, als kein empirischer, sondern ein deskriptiver Ansatz im Raum steht, der es dem Richter

---

[201] RGZ 48, 114, 124. Seitdem st. Rspr., etwa RGZ 56, 271, 279; BGHZ 10, 228, 232. Aus jüngerer Zeit etwa: BGH NJW 2017, 250, 251; BGH NJW 2014, 1380. Allseits bekannt und berüchtigte Ausnahme war freilich die Zeit des Nationalsozialismus, in der das RG auf das „durch das seit dem Umbruch [„Machtergreifung" durch die Nationalsozialisten] herrschende Volksempfinden, die nationalsozialistische Weltanschauung" abstellte, so RGZ 150, 1, 4.

[202] So deutlich etwa MüKo-BGB/*Wagner*, § 826 Rn. 10, der dabei auf BGHSt 60, 166 verweist. Ebenso Erman/*Wilhelmi*, § 826 Rn. 3; Staudinger/*Oechsler*, § 826 Rn. 26; *Teubner*, Standards und Direktiven, S. 19 ff. Vgl. auch ausführlich *Haberstumpf*, Anstandsgefühl (1976).

[203] Zur Schwierigkeit der Bestimmung eines „ethischen Konsenses" in komplizierten wirtschaftsrechtlichen Fällen etwa Staudinger/*Oechsler*, Neubearb. 2014, § 826 Rn. 26; *Teubner*, Standards und Direktiven, S. 14; MüKo-BGB/*Wagner*, § 826 Rn. 10.

[204] A.A. BeckOK-BGB/*Förster*, § 826 Rn. 11 ff.

auferlegt, die sozialethischen Maßstäbe zu erkennen und anzuwenden, ohne auf demoskopische Gutachten zurückgreifen zu können.[205]

Zu Recht wurde daher eine stärkere Lösung der Anstandsformel von einer Feststellung der tatsächlich vorherrschenden Moralvorstellungen hin zu einer normativen richterlichen Regelbildung proklamiert, deren Legitimität sich aus der jeweiligen Einzelfallbegründung ergebe.[206] In praktischer Hinsicht kommt die Rechtsprechung diesem Ansatz recht nah. Der Verweis auf die Anstandsklausel scheint regelmäßig als bloße Pflichtübung.[207] Die tatsächliche Begründung stützt sich dagegen auf juristische Argumente sowie eine „notwendige Gesamtwürdigung", die das Verhalten nach dem verfolgten Ziel, dem eingesetzten Mittel, dem Verhältnis zwischen Mittel und Ziel sowie der zutage getreten Gesinnung des Schädigers bestimmt.[208] Die Zweck-Mittel-Formel ist als bewegliches System zu verstehen, in dem jedes Merkmal für sich wie auch eine Kombination der Merkmale die Sittenwidrigkeit begründen kann.[209] Die praktische Effektivität dieses Ansatzes lässt sich kaum leugnen. Mit der Mischung aus objektiven und subjektiven Merkmalen, die allein oder gemeinsam vorliegen können, erlaubt sie eine maximale Anzahl an Argumentationsmustern, die zur (interessengerechten) Lösung einzelner Fälle herangezogen werden können. Das macht sie vor allem als Argumentationshilfe für einmal getroffene Entscheidungen interessant. Die von ihr ausgehende Steuerungsfunktion bleibt aber begrenzt. Dem Handelnden, der sich fragt, ob ein bestimmtes Verhalten haftungsrechtliche Folgen auslösen kann (oder wird), bietet sie kaum verlässliche Hinweise.

Die Literatur bemüht sich in vielfältiger Weise, diese Lücke durch objektivierende Ansätze zu schließen. Die wohl überwiegende Anzahl der Autoren will es dennoch bei der sozialethischen Rückbindung des Sittenwidrigkeitsbegriffes belassen, die sozialethischen Grundsätze aber durch den Rückgriff auf allgemeine Rechtsgrundsätze, insbesondere grundgesetzliche Wertungen, konkretisieren.[210] Damit ist ein Schritt in die richtige Richtung getan. Das

---

[205] Einen methodischen Vorschlag für ein empirisches Vorgehen macht etwa *Teubner*, Standards und Direktiven, S. 79 ff.

[206] *Sack*, NJW 1985, 761, 763 f.: Aus der konsequenten Auslegung der Anstandsformel folgt lediglich, „daß der Richter bei der Anwendung von Sittenwidrigkeitsklauseln aufgerufen ist, sich um eine gerechte und billige Entscheidung zu bemühen". Ebenso bereits *Eb. Schmidt*, JZ 1954, 369, 374.

[207] *Teubner*, Standards und Direktiven, S. 21 f., 37.

[208] Etwa BGH NJW 2017, 2613 f.; BGH NJW 2017, 250, 251; BGH NJW 2014, 1380; BGHZ 160, 149, 157 – *Infomatec II*; BGHZ 141, 357, 361.

[209] Etwa Soergel/*Hönn*, BGB, § 826 Rn. 37 ff.

[210] Etwa Soergel/*Hönn*, § 826 Rn. 11 ff., 22 ff. m.w.N.; *Mayer-Maly*, JuS 1986, 596, 599. In leichter Abwandlung wird z.T. auf die sozialethischen, d.h. berechtigten Verkehrserwartungen des Geschädigten abgestellt; so insbes. *v. Bar*, Verkehrspflichten, S. 117 ff.; Staudinger/*Oechsler*, BGB, § 826 Rn. 31; jurisPK-BGB/*Reichold*, § 826 Rn. 13;

sozialethische Merkmal bleibt gleichwohl konturlos und überzeugt als bloße Begleitung ebenso wenig wie als Solist. Wenn bei einem Rechtsverstoß etwa danach abgegrenzt werden soll, ob die verletzte Rechtsnorm „Ausdruck sittlicher Wertungen" ist, um eine Haftung für Vermögensschäden dort zu verhindern, wo gegen die „Flut von Bestimmungen [verstoßen wird], die regelnd in die weitgehend unüberschaubaren Zusammenhänge der heutigen Wirtschaft eingreifen und deren wertmäßiger Gehalt für den Einzelnen häufig kaum mehr abschätzbar ist"[211], meint dies wohl nur, dass nicht jeder Rechtsverstoß sittenwidrig ist. Das ist unbestritten. Der Rückgriff auf sozialethische Moralvorstellungen ist als Abgrenzungsmerkmal aber weder notwendig noch geeignet. Spätestens zutage tritt dies, wenn es sich – wie hier – um einen solchen „unüberschaubaren" wirtschaftsrechtlichen Sachverhalt handelt.

Darüber hinaus dürfte in den weitgehend durchregulierten Bereichen des Wirtschaftsrechts ohnehin kaum mehr Raum sein für eine außerrechtliche Bestimmung der Sittenwidrigkeit, wenn die maßgebliche Sozialethik durch Rechtsordnung und Rechtsprechung nicht nur geprägt, sondern auch begrenzt werde[212]. Der sozialethischen Rückbindung kommt dann lediglich die Aufgabe zu, den Anwendungsbereich des § 826 BGB vor vermeintlich unzulässigen Ausweitungen zu schützen. Treffend formulierte bereits *Mertens*:

„So erklärt es sich wohl aus der Befürchtung, es könnte zu einer allzu ausufernden Haftung für inadäquates Verhalten im Allgemeinen kommen, wenn viele immer noch bestrebt sind, die Sittenwidrigkeit als sittliche Verwerflichkeit zu definieren; es wird damit gewissermaßen wenigstens dem Richter eine emotionale Hürde für die Anwendung des § 826 BGB aufgebaut, von der man annehmen kann, daß er sie zu überwinden sich nur bei einem gehörigen Maß an Empörung getraut."[213]

Diese Hürde ist es aber, die den Sittenwidrigkeitsbegriff erheblich verkompliziert und dabei meist nur die Doppelung von Tatbestandsmerkmalen erreicht. Beispielhaft sei auf die in Rechtsprechung und Literatur anerkannte Grundregel verwiesen, arglistige Täuschungen seien immer sittenwidrig.[214] Die Grundlage dieser Regel ist nur in der sprachkategorischen Nähe von „Arglist" und „Sittenwidrigkeit" zu vermuten. Inhaltlich ist mit der Einschränkung auf arglistige Täuschungen wenig gewonnen. „Arglist", so die

---

BeckOGK/*Spindler*, § 826 Rn. 4. Ein inhaltlicher Gewinn ist mit diesem Perspektivwechsel nicht verbunden.

[211] Soergel/*Hönn*, BGB, § 826 Rn. 15.

[212] Dies fordert etwa Soergel/*Hönn*, BGB, § 826 Rn. 31. Vgl. auch *Esser*, ZHR 135 (1971), 320, 334 ff.; *Mayer-Maly*, JuS 1986, 596, 599; Staudinger/*Oechsler*, § 826 Rn. 32 ff.; jurisPK-BGB/*Reichold*, § 826 Rn. 13; BeckOGK/*Spindler*, BGB, § 826 Rn. 4.

[213] *Mertens*, ZHR 143 (1979), 174, 181.

[214] Vgl. etwa BGHZ 161, 361, 366; BGH NJW 2001, 373, 374; BGH NJW 1974, 155, 156; BGH NJW 1960, 237; RGZ 59, 155, 156; Bamberger/Roth/*Förster*, § 826 Rn. 57; Soergel/*Hönn*, § 826 Rn. 115; Staudinger/*Oechsler*, § 826 Rn. 149; MüKo-BGB/*Wagner*, § 826 Rn. 66.

allgemeine Ansicht zu § 123 BGB, ist mit (Eventual-)Vorsatz gleichzusetzen; eine arglistige Täuschung meint eine vorsätzliche.[215] Auf den Anwendungsbereich des § 826 BGB, der ohnehin nur bei vorsätzlichen sittenwidrigen Schädigungen greift, hat die Einschränkung keinen Einfluss. Man könnte ebenso jede Täuschung als sittenwidrig qualifizieren, ohne auch nur einen Fall anders entscheiden zu müssen.[216]

Zu Recht verzichten andere daher gänzlich auf einen sozialethischen Bezug und greifen allein auf die der Rechtsordnung immanenten Grundentscheidungen und Prinzipien zurück. Dieser funktionale Ansatz hatte sich insbesondere zu § 1 UWG (1909) durchgesetzt[217] und erhält für die Beurteilung wirtschaftsrechtlicher Sachverhalte mehr und mehr Zuspruch.[218] Im Anschluss an *Simitis*[219] werden die gefundenen maßgeblichen Grundsätze regelmäßig als (innerer) *ordre public* bezeichnet.[220] Welche Regeln dieser umfasse, sei auf Grundlage einer umfassenden Auswertung des positiven Rechts – insbesondere der Wertungen des jeweils betroffenen Regelungsbereiches –, der Rechtsprechung sowie grundgesetzlicher Wertungen zu beurteilen.[221] Maßgeblich ist danach, ob der Schädiger die „für ein Rechtsgebiet bereichsspezifisch ausgeprägten Grundanforderungen" missachtet.[222]

Einen anderen Blickwinkel wählt *Wagner*, der die Sittenwidrigkeit aus der Funktion des § 826 BGB und dessen Stellung im System des Deliktsrechts entwickelt.[223] Der Regelung gehe es darum, Vermögensschäden „selektiv in den Schutzbereich des Deliktsrechts einzubeziehen, also diejenigen Vermögensschäden, die legalerweise und ohne die Auslösung haftungsrechtlicher Folgen zugefügt werden dürfen, von denjenigen zu trennen, deren Vermeidung geboten ist und für deren Verursachung der Schädiger aufzukommen hat."[224] Die – auch vorsätzliche – Zufügung von Vermögensschäden sei

---

[215] Statt aller BGH NJW 2007, 3057, 3059; BGHZ 117, 363, 368; BGHZ 7, 301, 302; MüKo-BGB/*Armbrüster*, § 123 Rn. 15; Staudinger/*Singer/v. Finckenstein*, § 123 Rn. 49. Dazu auch unten S. 177 f.

[216] Dementsprechend prüft die Rechtsprechung in Fällen arglistiger Täuschungen im der subjektive Tatbestand des § 826 BGB lediglich die über den § 123 BGB hinausgehende „Schädigungsabsicht", vgl. etwa BGH NJW 1960, 237; BGH NJW, 1984, 2284, 2285.

[217] Vgl. etwa die Übersicht bei Baumbach/*Hefermehl*, 20. Aufl., UWG Einl 69 ff.

[218] Vgl. etwa *Köndgen*, in: ders. (Hrsg.), Bankhaftungsrecht, S. 133, 143; *Koller*, in: Köndgen (Hrsg.), Bankhaftungsrecht, S. 21, 33; ders., JZ 1985, 1013, 1016; *Sester*, ZGR 2006, 1, 25; *Simitis*, Gute Sitten, *passim*.

[219] *Simitis*, Gute Sitten und ordre public (1960).

[220] Kritisch zu Begriff wie Ansatz, Soergel/*Hönn*, § 826 Rn. 16 ff.

[221] *Simitis*, Gute Sitten und ordre public, S. 175 ff.; 178 ff.; 180 ff.

[222] Treffend *Bachmann*, in: ders./Casper/Schäfer/Veil (Hrsg.), Steuerungsfunktionen, S. 93, 129.

[223] MüKo-BGB/*Wagner*, § 826 Rn. 12 ff., *ders.*, in: Zimmermann (Hrsg.), Grundstrukturen, S. 189, 230 ff. Eine knappe Übersicht bei *Kötz/Wagner*, Deliktsrecht, Rn. 257 ff.

[224] MüKo-BGB/*Wagner*, § 826 Rn. 12.

Kernelement der Wettbewerbsordnung, in der der Vermögensschaden des einen regelmäßig den Vermögensvorteil eines anderen darstelle.[225] Dass sich der eine Wettbewerber auf Kosten eines anderen durchsetzt, indem er etwa seine Produktivität erhöht, sei aber das Ziel der Wettbewerbsordnung, nicht deren Übel.[226] Die Grenze sei dort erreicht, wo ein Vermögensschaden nicht mehr durch erfolgreichen Leistungswettbewerb, sondern durch unfaires Wettbewerbsverhalten hervorgerufen wird und damit nicht nur private, sondern auch soziale, d.h. gesamtgesellschaftliche Schäden, auftreten.[227] Ferner diene die Diskriminierung reiner Vermögensschäden dazu, Schadensersatzansprüche auf die unmittelbar in absoluten Rechten verletzten Personen zu kanalisieren, die Regelungen des für die Abwicklung von Vermögensschäden primär zuständigen Vertragsrechts nicht zu unterlaufen und die Haftung für diffuse Schadensbilder auszuschließen.[228] Liege keiner dieser Ausschlussgründe vor, sei eine Diskriminierung von Vermögensschäden nicht berechtigt und der Schaden zu ersetzen.

Den funktionalen Ansätzen ist beizupflichten. Nur durch eine Rückbindung des Sittenwidrigkeitsbegriffs an die objektiven Wertungen der Rechtsordnung lassen sich – insbesondere in wirtschaftsrechtlichen Sachverhalten – angemessene und angemessen vorhersehbare Ergebnisse finden. Ein stringentes Ganzes ergeben sie aber erst, wenn sie als kumulative Voraussetzungen zusammengedacht werden: Dass eine gefundene Regel zu den bereichsspezifischen Mindest- oder Grundanforderungen eines Rechtsgebiets gehört, sagt zunächst einmal noch nichts darüber aus, ob Verstöße gegen sie mit einer Haftung für reine Vermögensschäden geahndet werden sollten. Gleichzeitig muss sich auch eine aus dem deliktsrechtlichen System hergeleitete Haftungsregel in das System des jeweiligen Fachrechts einpassen. Die Frage, ob ein Verhalten noch Teil des gewünschten Leistungswettbewerbs ist oder bereits unfaires Wettbewerbsverhalten darstellt, lässt sich nur vor den Wertungen des jeweiligen Rechtsgebiets beantworten.

Nichts anderes meint wohl auch *Wagner*, wenn er den Kern des § 826 BGB als „Missbrauch der persönlichen oder wirtschaftlichen Freiheit und der zu ihrer Betätigung von der Rechtsordnung zur Verfügung gestellten Institutionen" bezeichnet.[229] Inhalt und Umfang dieser Institutionen sowie die Grenzen ihres rechtmäßigen Gebrauchs ergeben sich nicht zuletzt aus dem Fachrecht selbst. So verstanden, bleibt innerhalb der funktionalen Ansätze

---

[225] MüKo-BGB/*Wagner*, § 826 Rn. 14. Ebenso *Bachmann*, in: ders./Casper/Schäfer/Veil (Hrsg.), Steuerungsfunktionen, S. 93, 130; *Canaris*, FS-Larenz II, 27, 36 f.; *Larenz/Canaris*, Schuldrecht BT, II/2, S. 356 f.
[226] MüKo-BGB/*Wagner*, § 826 Rn. 14.
[227] MüKo-BGB/*Wagner*, § 826 Rn. 14.
[228] MüKo-BGB/*Wagner*, § 826 Rn. 13 ff.
[229] MüKo-BGB/*Wagner*, § 826 Rn. 19. Dies übersieht Staudinger/*Oechsler*, § 826 Rn. 37.

lediglich die Frage offen, ob jeder Vermögensschaden ersatzfähig ist, wenn nicht funktionale Gründe gegen seine Ersatzfähigkeit streiten, oder ob Vermögensschäden grundsätzlich nicht ersatzfähig sind, es sei denn, es finden sich maßgebliche Prinzipien, die deren Ersatz zwingend erfordern. Diese Frage muss hier nicht entschieden werden. Vielmehr gilt es im Folgenden, das gefundene System auf CSR-bezogene Täuschungen des Sekundärmarktes anzuwenden.

cc) CSR-bezogene Täuschungen als sittenwidriges Verhalten

Es dürfte kaum überraschen, dass ein grundsätzliches Täuschungsverbot auch am Kapitalmarkt gilt. Wenn hier dennoch verhältnismäßig viel Aufhebens um die Begründung einer dahingehenden Sittenwidrigkeitsregel gemacht wird, dann erstens, weil mit der grundsätzlichen Anerkennung eines solchen Täuschungsverbots noch nichts darüber gesagt ist, ob Verstöße dagegen auch als vorsätzlich sittenwidrige Schädigung geahndet werden sollten, und zweitens, weil der konkrete Zweck, Inhalt und Umfang des Täuschungsverbots maßgeblich ist für die Anwendung § 826 BGB im Einzelfall. Ohne konkrete Definition der Sittenwidrigkeitsregel lassen sich Tatbestand und Rechtsfolgen des § 826 BGB nicht präzise beschreiben.

(1) Grundprinzip: Verbot aktiver Täuschungen am Sekundärmarkt

Dass der Kapitalmarkt von Informationen lebt, ist ein Allgemeinplatz, deswegen aber nicht weniger richtig. Handelsobjekte des Kapitalmarkts sind „diskontierte Hoffnungen und abgezinste Geldversprechen"[230]. Rationale Anleger werden diese nur dann erwerben, wenn sie hinreichende Informationen über den Versprechensgeber haben, wenn sie also auf gesicherter Grundlage damit rechnen können, dass sich ihre Hoffnungen bestätigen, dass das Geldversprechen in der Zukunft auch erfüllt wird.[231] Gleichzeitig bestehen auch am Sekundärmarkt erhebliche Informationsasymmetrien, die zu umfassend beschriebenen Ineffizienzen führen können.[232] Prägend für den Informa-

---

[230] Treffend *Fleischer*, Gutachten DJT 64 (2002), F-23.
[231] *Fleischer*, Gutachten DJT 64 (2002), F-23.
[232] Vgl. generell *Akerlof*, 84 Q. J. Econ. 488, 489 ff. (1970) sowie bereits oben S. 21 ff. Am Sekundärmarkt wird vor allem auf folgende Problematik hingewiesen: Professionelle Liquiditätshändler unterliegen stets dem Risiko, durch den Handel mit besser informierten Händlern Verluste zu erleiden. Je größer die Informationsasymmetrie in einem Markt ist, desto höher ist dieses Risiko. Die Liquiditätshändler müssten hierauf reagieren, indem sie die Anzahl an angebotenen und nachgefragten Wertpapieren reduzieren und/oder indem sie die Geld/Brief-Spanne, d.h. die Differenz zwischen dem Preis, zu dem sie bereit sind, ein Wertpapier zu erwerben, und dem Preis, zu dem sie bereit sind, das gleiche Wertpapier zu veräußern, erhöhen. Beides führt zu einer geringeren Liquidität des Marktes und damit zu einer Erhöhung der Handelskosten. Aus dem deutschen juristischen Schrifttum allen voran

tionsbedarf des Kapitalmarkts ist, dass eine systematische Informationsasymmetrie insbesondere zwischen Emittent und Kapitalanleger besteht: Während Ersterer alle Informationen, die zur eigenen Unternehmensbewertung erforderlich sind, ohnehin zur Verfügung haben sollte, kann Letzterer diese Informationen nur unter erheblichem – in aller Regel prohibitivem – Kostenaufwand beschaffen.[233] Auch der Sekundärmarkt lebt damit nicht nur allgemein von Informationen, sondern von Informationen des Emittenten.[234]

Das Kapitalmarktrecht trägt diesem Umstand mit verschiedensten Publizitätspflichten Rechnung.[235] Dass der Informationsdurst des Anlegerpublikums damit vollumfänglich gestillt ist, ist allerdings nicht anzunehmen. Anleger verwerten grundsätzlich jede Information, die sie erhalten können.[236] Auch auf bestimmte Inhalte lässt sich der Informationsbedarf nicht einschränken. Erforderlich ist lediglich, dass die Information kursrelevant ist, d.h., für die Unternehmensbewertung beachtlich sein kann. Wann das der Fall ist, lässt sich abstrakt kaum feststellen.[237] Zumindest aber dürften Informationen über die Nachhaltigkeitspolitik eines Unternehmens mitunter durchaus dazugehören.[238] Auch der schärfste Gegner des CSR-Konzepts muss nämlich annehmen, dass CSR-Maßnahmen auf das Unternehmensergebnis positiv wie negativ Einfluss nehmen *können*.[239] Wie die neu eingeführten Publizitätspflichten

---

Klöhn, Vor Artikel 7 MAR Rn. 89 ff.; *ders.*, Spekulation, S. 68 ff. Grundlegend insbes. *Bagehot,* 27 (2) Financ. Anal. J. 12, 13 f. (1971); *Copeland/Galai*, 38 J. Finance 1457 ff. (1983); *Glosten/Milgrom*, J. Fin. Econ. 71 (1985). Aus der Lehrbuchliteratur etwa *O'Hara*, Market Microsturcture Theory, S. 53 ff..

[233] Vgl. nur *Fleischer*, Gutachten DJT 64 (2002), F-23; *Healy/Palepu*, 31 J. Acct. & Econ. 405, 407 ff. (2001); *Hopt/Voigt*, in: dies. (Hrsg.) Prospekt- und Kapitalmarktinformationshaftung, S. 9, 12.

[234] Für Informationen über sich selbst ist der Emittent *cheapest information gatherer* sowie *cheapest information provider*, etwa *Barry,* 40 U. Pa. L. Rev. 1307, 1323 (1981); *Diamond*, 40 J. Fin. 1071, 1083 ff. (1985); *Klöhn*, Vor Art. 17 MAR Rn. 63; *ders.*, WM 2010, 1869, 1878; *Köndgen*, FS-Druey, S. 791, 796; *Möllers,* AcP 208 (2008), 1, 10 f. *Goshen/Parchowsky*, 55 Duke L. J. 711, 737 f. (2006).

[235] Im Hinblick auf den Primärmarkt insbes. mit der Prospektpflicht (insbes. Art. 3 I EU-ProspektVO 2017/1129); im Hinblick auf den Sekundärmarkt insbes. mit der Pflicht zur Veröffentlichung von Ad-hoc Mitteilungen (Art. 17 MAR) sowie den Regelungen zur Regelpublizität.

[236] Etwa *Baums*, ZHR 167 (2003), 139, 154 f.; *Ehricke*, in: Hopt/Voigt (Hrsg.), Prospekt- und Kapitalmarktinformationshaftung, 187, 304 f. *Harris*, Trading & Exchanges, S. 223, 227 f. Zur Bedeutung freiwilliger Kapitalmarktinformation vgl. zudem die Übersicht bei *Healy/Palepu*, 31 J. Acct. & Econ. 405 ff. (2001).

[237] Zur Feststellung im Einzelfall eingehend *Klöhn*, ZHR 177 (2013), 349, 377 ff.

[238] Vgl. aus jüngerer Zeit etwa *Dhaliwal/Li/Tsang/Yang*, 86 Acct. Rev. 59, 62 (2011); *Gutsche/Gratwohl/Fauser*, IRZ 2015, 455, 456 ff.; *Plumlee/Brown/Hayes/Marshall*, 34 (4) J. Acct. & Pub. Policy, 336 (2015).

[239] Zu den möglichen positiven Einflüssen bereits oben S. 15 ff. Dass CSR-Maßnahmen auch Kosten produzieren können, ohne Erträge zu generieren, ist evident.

für CSR-Informationen in §§ 289b-e sowie §§ 315b, 315c HGB zeigen, hat dies auch der Gesetzgeber erkannt.[240]

Es versteht sich von selbst, dass die vom Emittenten bereitgestellten Informationen richtig sein müssen, um die beschriebene Informationsasymmetrie zu überwinden. Auch das Bedürfnis nach einem Täuschungsverbot (und den damit verbundenen Durchsetzungsmechanismen) findet seine Begründung demnach in dem soeben angerissenen informationsökonomischen Problem.[241] Wie es an vielen Stellen zu Recht heißt, handelt es sich bei Wertpapieren um Vertrauensgüter.[242] Aus Anlegersicht übersteigen die mit der Überprüfung der öffentlichen Emittenteninformation verbundenen Grenzkosten regelmäßig den damit einhergehenden Grenznutzen; dies gilt sowohl vor als auch nach Erwerb der Papiere.[243] Dies liegt zwar nicht daran, dass dem Anleger mitunter gewisse Renditeerwartungen versprochen werden, die sich bewahrheiten können oder nicht.[244] Ob und wie sich der Börsenpreis des Papiers entwickelt, ob und wie viel Dividende eine Gesellschaft zahlt, wird er als Aktionär zweifelsohne erfahren. Vielmehr stellen auch Unternehmen – und damit die von diesen ausgegebenen Wertpapiere – Eigenschaftsbündel dar.[245] Diese Eigenschaften sind es, die der Anleger zu vertretbaren Kosten weder vor noch nach dem Anteilserwerb überprüfen kann: Wie groß der Kundenstamm eines Emittenten tatsächlich ist, wie gut seine Forschungs- und Entwicklungsabteilung aufgestellt ist oder wie effektiv seine Corporate Governance-Struktur funktioniert, kann der Anleger auch als Aktionär nicht hinreichend überprüfen. Gleiches gilt selbstverständlich auch für die Frage, ob ein Unternehmen den von ihm aufgestellten CSR-Code einhält beziehungsweise ob die Unternehmensleitung die Einhaltung beabsichtigt.

Auf die im Zusammenhang mit Vertrauensgütern auftretenden Ineffizienzen und Opportunismusrisiken wurde bereits hingewiesen.[246] In aller Kürze lässt sich wiederholen: Wenn die Informationen des Emittenten schlecht bis gar nicht überprüfbar sind, besteht für diesen der Anreiz zu lügen.[247] Weil die

---

[240] Vgl. RegE CSR-RL Umsetzungsgesetz, BT-Drs. 18/9982, S. 1.
[241] Vgl. nur *Grundmann*, FS-Lutter, S. 61, 67.
[242] *Fleischer*, Gutachten DJT 64 (2002), F-23; KölnKomm-WpHG/*Hirte*/*Heinrich*, Einl. Rn. 16; *Klöhn*, ZHR 172 (2008), 388, 389; *Lenenbach*, Kapitalmarktrecht, Rn. 11.51.
[243] Vgl. zu dem Begriff bereits oben S. 21 f.
[244] Anders wohl *Lenenbach*, Kapitalmarktrecht, Rn. 11.51.
[245] Vgl. treffend *Möllers*, ZGR 1997, 334, 338: „Bei erstmaliger Zulassung des Wertpapiers besteht ein börsenrechtlicher Prospektzwang, damit das Publikum die wirtschaftliche Entwicklungsfähigkeit des Emittenten und mittelbar die Qualität des Wertpapiers beurteilen kann."
[246] Vgl. oben S. 21 ff.
[247] Grundlegend *Nelson*, 82 J. Political Econ. 729 (1974); *Darby*/*Karni*, 16 J. L. & Econ. 67 (1973). Dazu auch unten S. 218 ff. Ein Anreiz zur Täuschung besteht grds. auch am Sekundärmarkt. Zwar fließt dem Emittenten der Erlös aus der Wertpapiertransaktion dort anders als am Primärmarkt nicht unmittelbar zu. Eine Überbewertung am Sekundär-

Anleger um diese Tatsache wissen, werden sie den Informationen des Emittenten nur bedingt glauben.[248] Dies gilt für Nachhaltigkeitsinformationen wie für jede Äußerung, die sich auf Vertrauenseigenschaften bezieht.

Nun lässt diese Feststellung sicher nicht den Schluss zu, die aufgezeigten Opportunismusrisiken seien allein durch rechtliche Verbote und Sanktionsandrohungen zu beheben.[249] Wie die ökonomische Literatur herausgearbeitet hat, bestehen unterschiedliche marktgetriebene Lösungsansätze, um das Vertrauen der Anleger zu gewinnen.[250] Täuschungsverbote und daran anknüpfende Sanktionsmechanismen, insbesondere Haftungstatbestände, sind aber in erheblichem Maße dazu geeignet, das Risiko opportunistischen Verhaltens zu verringern: Sie verteuern die Lüge, weil der Emittent damit rechnen muss, im Falle einer Aufdeckung sanktioniert beziehungsweise schadensersatzpflichtig zu werden.[251] Dies macht die Täuschung unwahrscheinlicher und die Information damit glaubwürdiger. Richtig eingestellt, ist ein gesetzliches Täuschungsverbot demnach in der Lage, durchaus effiziente Ergebnisse herbeizuführen und seinen Teil zur Behebung der Informationsasymmetrie beizutragen.[252] Dass auch das Kapitalmarktrecht die Bedeutung gesetzlicher Täuschungsverbote erkannt hat, zeigen die §§ 97 f. WpHG n.F. deutlich.

(2) Feinjustierung: Kein Verbot von Täuschungen, die lediglich ideelle Interessen betreffen

Dass ein Täuschungsverbot bei Sekundärmarktinformation zum Kernbestand des Kapitalmarktrechts gehört und dass dieses grundsätzlich auch CSR-Informationen umfasst, ergibt sich aus dem Vorgesagten unmittelbar. Offen bleibt aber, ob jedwede CSR-bezogene Kommunikation davon erfasst wird. Konkret: Verbietet das Täuschungsverbot am Sekundärmarkt auch die Veröffentlichung unrichtiger CSR-bezogener Informationen, die lediglich ideelle Interessen des Anlegerpublikums ansprechen?

Um diese Frage zu beantworten, gilt es, den Schutzzweck des Täuschungsverbots näher auszuleuchten. Damit begibt sich die Arbeit in unüber-

---

markt mag aber mittelbar zu niedrigeren Kapitalkosten des Emittenten führen, kommt den bisherigen Aktionären zu Gute und mag – z.B. aufgrund kursabhängiger Vergütungsregeln – auch im persönlichen Interesse des Managements liegen.

[248] Bezogen auf Emitteninformation am Sekundärmarkt vgl. etwa *Healy/Hutton/Palepu*, 16 Contemp. Acct. Res. 485, 488, 497 (1999); *Healy/Palepu*, 7 Acct. Horiz. 1 (1993).

[249] Dezidiert gegen einen Haftungstatbestand aber *Nelson*, 82 JPE 729, 749 f. (1974).

[250] Vgl. nur die Übersichten bei *Fleischer*, Informationsasymmetrie, S. 142; *Riley*, 39 J. Econ. Lit. 432 ff. (2001); *Schäfer/Ott*, Ökonomische Analyse, S. 544 ff.

[251] Vgl. unten S. 218 ff.

[252] Vgl. etwa *Fleischer*, Gutachten DJT 64 (2002), F-99 f.; Ebenroth/Boujong/Joost/Strohn/*Grundmann*, Bank- und Börsenrecht Rn. VI 28; *Healy/Hutton/Palepu*, 16 Contemp. Acct. Res. 485, 513 (1999); *Skinner*, 32 J. Acct. Res. 38, 39 (1994).

sichtliches Gefilde. Gleichwohl lässt sich andernfalls weder überprüfen, ob sich ein Informationshaftungstatbestand für CSR-Informationen sinnvoll in das allgemeine Haftpflichtrecht einpasst, noch lassen sich sonst konkrete Aussagen zu dessen Tatbestand und Rechtsfolgen tätigen. Um sich nicht zu verlieren, wird die Arbeit aber nah am Untersuchungsgegenstand operieren. Maßgeblich ist einzig die Frage, welche mit CSR-Codes zusammenhängenden Interessen dem Schutzzweck eines kapitalmarktbezogenen Informationshaftungstatbestands unterfallen und welche nicht.

(a) Institutionen- und Individualschutz

In ihrem Kern verläuft die Diskussion um den Schutzzweck sekundärmarktrechtlicher Täuschungsverbote – wie überall im Kapitalmarktrecht – entlang der Linien Institutionen- und Individualschutz.[253] Unter Institutionenschutz wird ganz allgemein die „Gewährleistung eines reibungslosen Funktionierens der Kapitalmärkte"[254] verstanden. Gemeint sind damit verschiedene Einzelaspekte, die mal mehr, mal weniger weit im Vordergrund stehen. Mit *Merkt* lassen sich diese zusammenfassen als: die Sicherstellung der institutionellen wie operationalen Funktionsfähigkeit des Marktes, die Sicherung seiner allokativen Funktion und seines Preisbildungsmechanismus sowie der Schutz des Vertrauens in den Markt an sich.[255]

Im Hinblick auf den Sekundärmarkt sticht vor allem der Schutz des Preisbildungsmechanismus heraus.[256] Der üblicherweise besonders bedeutsamen Allokationsfunktion kommt dagegen geringere Bedeutung zu: Anders als am Primärmarkt wird am Sekundärmarkt kein neues Kapital nachgefragt, das alloziert werden könnte; es kommt lediglich zu einer Umverteilung zwischen den am Wertpapiergeschäft beteiligten Parteien.[257] Zumindest mittelbar dient der Schutz des Sekundärmarktes aber auch dem Primärmarkt und damit *dessen* Allokationsfunktion: Anleger werden eher bereit sein, am Primärmarkt zu investieren, wenn der Sekundärmarkt gut funktioniert.[258] Der Schutz der Al-

---

[253] Dazu bereits oben S. 79 ff.
[254] ErwG 38 Wertpapierdienstleistung-RL/93/22/EWG.
[255] *Merkt*, Unternehmenspublizität, S. 345 ff.
[256] Vgl. nur *Hellgardt*, Kapitalmarktdeliktsrecht, S. 173 f., *Hopt,* ZHR 159 (1995), 135, 147; *Klöhn*, ZHR 177 (2013) 349, 371 ff.; *ders.*, Vor Art. 17 MAR Rn. 40.
[257] Etwa *Hopt/Voigt*, in: *dies.* (Hrsg.), Prospekt- und Kapitalmarktinformationshaftung, S. 9, 131 f.; *Klöhn*, Vor. Art. 17 MAR Rn 42; *Richter*, Schadenszurechnung, S. 11. Eingehend *Stout*, 87 Mich. L. Rev. 613, 642 ff. (1988). Anders etwa *Mülbert*, Aktiengesellschaft, S. 120, der auf die risikoeffiziente Allokation von Wertpapieren bei den Anlegern abhebt.
[258] Etwa *Hellgardt,* Kapitalmarktdeliktsrecht, S. 120 f.; 183 f.; *Hopt/Voigt*, in: *dies.* (Hrsg.), Prospekt- und Kapitalmarktinformationshaftung, S. 9, 131 f.; *Klöhn*, Vor. Art. 17 MAR Rn. 42, 59; *ders.*, Spekulation, S. 64 ff.; *Mülbert*, ZHR 177 (2013) 160, 172; *ders.*, Aktiengesellschaft, S. 120.

lokationsfunktion ist damit Folge eines effektiven Schutzes der Preisbildungsfunktion. In grundsätzlich ähnlicher Weise hängen auch die weiteren genannten Elemente der Funktionsfähigkeit von Kapitalmärkten von der Preisintegrität ab; ein funktionierender Preisbildungsmechanismus senkt etwa die Transaktionskosten und steigert das kollektive Vertrauen in den Markt an sich.[259]

Wenn hier vom Schutz des Preisbildungsmechanismus gesprochen wird, sind damit vorrangig zwei Aspekte gemeint: die Steigerung der Informationseffizienz des Marktes und die Steigerung seiner Fundamentalwerteffizienz.[260] Ersteres meint das Ziel, dass alle kursrelevanten (öffentlichen) Informationen durch den Marktpreis reflektiert werden;[261] Letzteres das Ziel, dass der Marktpreis dem Fundamentalwert, d.h. dem „wahren" Wert, eines Wertpapiers entspricht.[262] Beide Ziele fußen auf der maßgeblich von *Fama* entwickelten *Efficient Capital Market Hypothesis* (ECMH), genau genommen auf deren halbstrenger Variante: In informationseffizienten (Kapital-)Märkten spiegele der Marktpreis zu einem beliebigen Zeitpunkt alle öffentlich verfügbaren Informationen vollständig wider.[263] Die ECMH gründet – verkürzt gesagt – auf folgenden Annahmen: Im Aggregat bewerten Kapitalmarktakteure Wertpapiere aufgrund aller (öffentlich) verfügbaren Informationen stets richtig anhand ihres Fundamentalwerts.[264] Über- oder Unterbewertungen eines Papiers, die insbesondere dann entstehen, wenn neue Informationen öffentlich werden,[265] stellen Arbitragemöglichkeiten dar, die von informierten

---

[259] Vgl. wiederum *Klöhn*, Vor Art. 17 MAR Rn. 40.

[260] Instruktiv *Klöhn*, Vor Art. 7 MAR Rn. 77 ff.; *Tobin*, 153 Lloyds Bank Rev. 1, 2 (1984); *Wang*, 19 U.C. Davis L. Rev. 341 (1986).

[261] Etwa *Ayres*, 77 Va. L. Rev. 945, 969 ff.; *Gilson/Kraakman*, 70 Va. L. Rev. 549, 559 f. (1984); *Klöhn*, Vor Art. 17 MAR Rn. 77; *Tobin*, 153 Lloyds Bank Rev. 1, 5; *Wang*, 19 U.C. Davis L. Rev. 341, 344 ff.

[262] Etwa *Ayres*, 77 Va. L. Rev. 945, 965 ff.; *Harris*, Trading & Exchanges, S. 222 f.; *Klöhn*, Vor Art. 17 MAR Rn. 77; *Tobin*, 153 Lloyds Bank Rev. 1, 5; *Wang*, 19 U.C. Davis L. Rev. 341, 344 ff.

[263] *Fama*, 25 J. Fin. 383 (1970); *ders.*, Foundations, S. 133; *ders./Miller*, Theory of Finance, S. 335 ff. Dazu aus dem deutschen rechtswissenschaftlichen Schrifttum eingehend etwa *Adolff*, Unternehmensbewertungen, S. 15 ff., 78 ff.; *Hellgardt*, Kapitalmarktdeliktsrecht, S. 123 ff.; *Klöhn*, Spekulation, S. 59 ff.; *ders.*, Vor Art. 7 MAR Rn. 77 ff.; *Richter*, Schadenszurechnung, S. 20 ff.

[264] Etwa *Gilson/Kraakman*, 70 Va. L. Rev. 549, 579 ff.; *Klöhn*, Spekulation, S. 62 f., 264 f. (formal); *Verrecchia*, 1 J. Acct. & Econ. 77 ff. (1979).

[265] Unter-/Überbewertungen können grds. auch dadurch entstehen, dass uninformierte Anleger den Preisbildungsmechanismus stören, weil sie ein Wertpapier „falsch" bewerten. Werden diese Fehlbewertungen nicht schon dadurch behoben, dass Über- und Unterbewertungen zufällig verteilt sind und sich daher gegenseitig ausgleichen, entsteht auch hier eine Arbitragemöglichkeit, die besser informierte Anleger ausnutzen und damit beseitigen. Auf diese Weise verlieren uninformierte Anleger systematisch Geld und werden aus dem Markt gedrängt. Grundlegend *Friedman*, in: ders. (Hrsg.), Essays, S. 157, 161 ff.; *Fama*, 38 J.

Händlern stets ausgenutzt und damit beseitigt werden.²⁶⁶ Alle neu verfügbaren Informationen werden daher durch Handel umgehend und zutreffend in den Marktpreis eingearbeitet. Sind Kapitalmärkte in diesem Sinne effizient, ergeben sich daraus enorme volkswirtschaftliche, aber auch individuelle Vorteile für die Marktteilnehmer.²⁶⁷ Ungeachtet aller theoretischen Probleme und Streitfragen um die deskriptive Validität der ECMH²⁶⁸ dürfte das Ziel eines informations- und fundamentaleffizienten Kapitalmarkts daher allgemein anerkannt sein.²⁶⁹

Der Preisbildungsmechanismus schlägt auch die Brücke zum individuellen Anlegerschutz am Sekundärmarkt. Wenn sich der Marktpreis durch die individuellen Anlegerentscheidungen, zu kaufen oder zu verkaufen, bilde, müssten – so die Vertreter des Individualschutzkonzeptes – kapitalmarktrechtliche Publizitätspflichten (und daran anknüpfende Haftungsnormen für fehlerhafte Information) auch dem Schutz des einzelnen Anlegers dienen.²⁷⁰ Nur wenn sichergestellt sei, dass dem individuellen Anleger eine ausreichende Informationsgrundlage zur Verfügung stehe, die diesen in die Lage versetzt, eine möglichst optimale, d.h. alle erwarteten zukünftigen Erträge und Risiken berücksichtigende Anlageentscheidung zu treffen, könne auch der Preisbildungsmechanismus richtig funktionieren.²⁷¹

Bus. 34, 38 ff. (1965). Vgl. aus jüngerer Zeit *Rubinstein*, 57 (3) Fin. Analysts J. 15, 19 f. (2001).

²⁶⁶ Grundlegend *Grossman/Stiglitz*, 70 Am. Econ. Rev. 393 (1980); *Gilson/Kraakman*, 70 Va. L. Rev. 549, 565 ff., 581 (1984), die deshalb von relativer Effizienz sprechen. Vgl. aus jüngerer Zeit auch *Gilson/Kraakman*, 100 Va. L. Rev. 314 (2014).

²⁶⁷ Schöne Übersicht bei *Klöhn*, Spekulation, S. 64 ff. m.w.N.; konkret mit Blick auf die Ad-hoc-Publizität auch *Klöhn*, Vor. Art. 17 MAR, Rn. 51 ff. Eingehend *Kahan*, 41 Duke L. J. 977, 1005 ff. (1992).

²⁶⁸ Etwa *Barberis/Thaler*, in: Constantinides/Harris/Stulz (Hrsg.), HdB Economics of Finance, I B, S. 1053, 1065 ff. m.w.N.; *Bernatzi/Thaler*, 110 Q. J. Econ. 73 ff. (1995); *De Long/Shleifer/Summers/Waldman*, 98 J. Pol. Econ. 703 ff. (1990); *Shiller*, 87 J. Pol. Econ 1190 ff. (1979); *ders.*, 1984 (2) Brookings Pap. Econ. Act. 457 ff. (1984); *ders.*, 17 (1) J. Econ. Pers. 83 ff. (2003); *Shleifer*, Inefficient Markets, S. 10 ff. und *passim*. Vgl. zudem die Übersicht bei *Klöhn*, Spekulation, S. 80 ff.

²⁶⁹ Vgl. aus den Reihen der Kritiker etwa *Lo*, 7 J. Inv. Consult. 21, 22 (2005); *Shleifer*, Inefficient Markets, S. 178, 184 ff. Zudem *Shiller*, Irrational Exuberance, S. 40: „[I]t is thanks to a market's ability to respond appropriately to [fundamental] factors, for a variety of investments, that well-functioning financial markets generally promote than hinder, economic efficiency."

²⁷⁰ BGHZ 192, 90, 113 – *IKB*; BGH NJW 2013, 2114, 2118 – *Geltl*; *Möllers*, AcP 208 (2008), 1, 7 ff.; *ders.*, ZGR 1997, 334, 337; *ders./Rotter*, Ad-Hoc-Publizität, § 3 Rn. 48; KölnKomm-WpHG/*Möllers/Leisch*, §§ 37b, c Rn. 11; Fuchs/*Pfüller*, § 15 Rn. 50 ff. In diese Richtung auch *Assmann*/Schneider, 6. Aufl., § 15 Rn. 2; *Lenenbach*, Kapitalmarktrecht, Rn. 13.248; *Veil*, ZHR 167 (2003), 365, 370.

²⁷¹ Deutlich etwa *Möllers*/Rotter, Ad-Hoc-Publizität, § 3 Rn. 48; KölnKomm-WpHG/*Möllers/Leisch*, §§ 37b, c Rn. 281. Ebenso *Assmann*, ZBB 1989, 49, 57 ff.

Das Argument hat einen wahren Kern, geht – wie verschiedentlich beschrieben – aber zu weit.[272] Die Wahrnehmung und Verarbeitung öffentlicher Emitteninformationen übernehmen üblicherweise nicht die einzelnen Anleger, sondern Intermediäre wie Analysten, Ratingagenturen, Anlageberater, Journalisten etc.[273] Wenn überhaupt, beachten die meisten Anleger lediglich die von diesen aufbereiteten Informationen; in aller Regel tun sie aber nicht einmal das.[274] Dass Kapitalmärkte typischerweise zumindest insoweit effizient sind, als neue öffentliche kursrelevante Informationen in (relativ) kurzer Zeit in den Marktpreis integriert werden, ist empirisch weitgehend gesichert.[275] Dementsprechend können Anleger typischerweise nicht erwarten, den Markt durch die Auswertung öffentlich bekannter Informationen zu schlagen.[276] Die meisten Anleger bleiben daher „rational uninformiert" und nehmen neben dem Preis überhaupt keine Informationen wahr.[277]

Aus dem Vorgesagten werden wesentliche Schlüsse für den Schutzzweck der Sekundärmarktpublizität gezogen.[278] Sekundärmarktinformation ist demnach nämlich nur für Händlertypen interessant, deren Investitionsstrategie darauf ausgelegt ist, nach Arbitragemöglichkeiten zu suchen, um den Markt auszubeuten (sogenannte Informationshändler).[279] Nur diese verhältnismäßig

---

[272] Grundlegend *Fischel*, 38 Bus. Law 1, 3 ff. (1982); aus dem deutschen Schrifttum insbes. *Klöhn*, Vor Art. 17 MAR Rn. 36 ff.; *ders.*, ZHR 177 (2013), 349, 375 f.; *Hopt/Voigt*, in: dies. (Hrsg.), Prospekt- und Kapitalmarktinformationshaftung, S. 9, 131.

[273] Etwa *Hopt/Voigt*, in: dies. (Hrsg.), Prospekt- und Kapitalmarktinformationshaftung, S. 9, 131; *Klöhn*, ZHR 178 (2014), 671, 674.

[274] Insb. *Klöhn*, ZHR 177 (2013) 349, 355 ff., 357; *ders.*, ZHR 178 (2014), 670, 697 f.; *ders.*, Vor. Art. 7 MAR Rn. 87.

[275] Für den deutschen Kapitalmarkt aus jüngerer Zeit etwa *Bank/Baumann*, 29 Financ. Mark. Portf. Manag. 173 (2015); *Muntermann/Güttler*, 17 Int. Fin. Markets, Inst. & Money 1 (2007). Vgl. zudem den Überblick bei *Hellgardt*, Kapitalmarktdeliktsrecht, S. 127 ff. Vgl. schließlich die wohlbekannte Einschätzung von *Jensen*, 6 J. Fin. Econ. 95 (1978): „I believe there is no other proposition in economics which has more solid empirical evidence supporting it than the Efficient Market Hypothesis."

[276] Vgl. nur *Klöhn*, Vor Art. 17 MAR Rn. 37. Vgl. aus empirischer Sicht bspw. *Jensen*, 23 J. Fin. 389 (1968); *Malkiel*, 50 J. Fin. 549 (1995).

[277] Treffend *Klöhn*, Vor Art. 17 MAR Rn. 87; *ders.*, ZHR 178 (2014), 671, 698; *ders.* ZHR 177 (2013) 349, 357.

[278] Grundlegend *Goshen/Parchomovsky*, 55 Duke L. J. 711, 732 ff. (2006); in Bezug auf Deutschland bzw. die MAR allen voran *Klöhn*, ZHR 177 (2013), 349, 371 ff., 375 f.; *ders.*, ZHR 178 (2014), 55, 64 ff.; *ders.*, ZHR 178 (2014), 671, 698; *ders.*, WM 2014, 537, 539; *ders.*, ZIP 2014, 945, 950; *ders.*, AG 2016, 423, 424; *ders.*, Art. 17 MAR Rn. 40 ff.

[279] Wiederum statt vieler *Fischel*, 38 Bus. Law 1, 3 ff. (1982); *Goshen/Parchomovsky*, 55 Duke L. J. 711, 723 (2006); *Klöhn*, ZHR 177 (2013), 349, 345 f. Zum Begriff etwa *Harris*, Trading & Exchanges, S. 194. Üblicherweise handelt es bei Informationshändlern um professionelle Inverstoren und Analysten, für die sich der mit der Informationssuche und -auswertung verbundene Kostenaufwand rentiert, etwa *Goshen/Parchomovsky*, 55 Duke L. J. 711, 723 (2006).

kleine Gruppe ist für den Preisbildungsmechanismus relevant; ihr Handel ist es, der neue Informationen in den Marktpreis einarbeitet.[280] Der Zweck der Sekundärmarktpublizität wie der daran anknüpfenden Haftung besteht damit vorrangig darin, die Arbeit der Informationshändler zu erleichtern, d.h. ihre Informationsbeschaffungs- und Analysekosten sowie ihre Risiken, etwa das hier maßgebliche Irreführungsrisiko, zu senken.[281]

Damit blitzt so etwas wie der schutzzweckbezogene Minimalkonsens sekundärmarktrechtlicher Täuschungsverbote auf: Sie dienen erstens zumindest auch dem Institutionenschutz, der sich zweitens nur durch den Schutz bestimmter Marktteilnehmer erreichen lässt. Dies erkannt, verengt sich die Debatte um den Individualschutz kapitalmarktrechtlicher Informationshaftung auf die Frage, ob Informationshändler um ihrer selbst willen geschützt werden[282] oder weil sie dafür sorgen, dass neue Informationen in den Marktpreis eingearbeitet werden[283]. Spricht auch viel für die letztgenannte Ansicht, kann der Streit an dieser Stelle unentschieden bleiben. Denn: Auch die Fürsprecher des Funktionenschutzes erachten einen Schadensersatzanspruch der durch Fehlinformation geschädigten Anleger für notwendig;[284] auch die Vertreter eines Individualschutzes erkennen, dass dieser immer auch dem Institutionenschutz dienen muss.[285]

(b) Kein Schutz rein ideeller Interessen

In dem notwendigen Gleichlauf von Individual- und Institutionenschutz liegt auch die entscheidende Erkenntnis für die Bewertung von CSR-bezogener Information: Individuelle Präferenzen der Marktteilnehmer können nur insoweit geschützt sein, wie sie mit dem Ziel der Sicherung des Preisbildungsme-

---

[280] Dazu bereits soeben. Vgl. zudem grundlegend wiederum *Grossman/Stiglitz*, 70 Am. Econ. Rev. 393 (1980); instruktiv auch *Harris*, Trading & Exchanges, S. 222 ff.

[281] *Goshen/Parchomovsky*, 55 Duke L. J. 711, 732 ff. (2006); *Klöhn*, ZHR 177 (2013), 349, 371 ff., 375 (sowie die Nachweise soeben in Fn. 278); Just/*Voß*/Ritz/Becker, § 15 Rn. 14 f.

[282] So etwa BGHZ 192, 90, 110 ff., 113 – *IKB*; BGH NJW 2013, 2114, 2118 – *Geltl*; *Möllers*, ZGR 1997, 334, 337; *ders.*/Rotter, Ad-Hoc-Publizität, § 3 Rn. 48.; KölnKomm-WpHG/*Möllers/Leisch*, §§ 37b, c Rn. 11.

[283] Explizit etwa *Klöhn*, ZHR 178 (2014), 671, 699.

[284] Vgl. insbes. *Hellgardt*, Kapitalmarktdeliktsrecht, S. 211, 223 f.; Assmann/Schneider/Mülbert/*Hellgardt*, § 97 WpHG Rn. 31; *Klöhn*, AG 2012, 345, 353; *ders.*, ZHR 177 (2013), 349, 384 f. Dazu sogleich S. 107 ff.

[285] Etwa *Möllers*/Rott, Ad-Hoc-Publizität, § 3 Rn. 48 („doppelter Normzweck"); Fuchs/*Pfüller*, § 15 Rn. 53. Vgl. auch BGHZ 192, 90, 110 ff., 113 – *IKB*; BGH NJW 2013, 2114, 2118 – *Geltl*. Zu Recht weist *Mülbert*, ZHR 177 (2013), 160, 177, darauf hin, dass der Gesetzgeber kapitalmarktrechtlichen Individualschutz auch dann gewähren kann, wenn er nicht dem Funktionenschutz dient bzw. diesem sogar zuwiderläuft. Bei der Bestimmung der Sittenwidrigkeitsregel i.S.d. § 826 BGB tragen derartige Begründungsansätze aber nicht; entscheidend ist hier lediglich die Grundkonzeption des Kapitalmarktrechts.

chanismus im Einklang stehen.[286] In allen anderen Fällen liefe der Schutz einzelner Anleger dem Institutionenschutz zuwider. Soweit die individuellen Ziele der Anleger mit dem Preisbildungsmechanismus konfligieren, müssen sie außer Betracht bleiben. Das festzustellen, ist wichtig. Denn: Anders als bei „typischer" Kapitalmarktinformation, die lediglich monetäre Anlegerinteressen anspricht, müssen die individuellen Interessen der Anleger an einer nachhaltigen Unternehmensstrategie und der Schutz der richtigen Preisbildung am Markt nicht unbedingt gleichgerichtet sein. Im Einzelnen:

Geht man davon aus, dass Anleger am Kapitalmarkt lediglich monetäre Interessen verfolgen, gilt bei Informationen über CSR-Maßnahmen nichts anderes als bei herkömmlicher Kapitalmarktinformation. Wäre zu erwarten, dass sich die versprochenen CSR-Maßnahmen – wenn auch langfristig – positiv auf die erwartete Rendite oder das mit dem Wertpapier verbundene Risiko auswirken, müsste deren Ankündigung einen Kursanstieg hervorrufen. Verspricht ein Unternehmen dagegen Maßnahmen, die sich auf Rendite oder Risiko negativ auswirken werden, müsste der Kurs fallen. Beides ist wenig überraschend; die öffentliche Information über die beschriebenen Maßnahmen ist kursrelevant und wird zutreffend in den Marktpreis eingearbeitet.

Dieser Mechanismus gerät in Gefahr, wenn Anleger neben monetären auch immaterielle Interessen verfolgen; wenn sie, wie mitunter SR-Investoren, ihre Anlagestrategie zumindest auch auf die soziale Performance eines Unternehmens stützen, ohne deren Einfluss auf das Unternehmensergebnis zu beachten[287]. Preisen SR-Investoren CSR-Maßnahmen stets positiv ein, obwohl zu erwarten ist, dass sich diese (monetär) lediglich neutral oder negativ auswirken, beziehungsweise beschränken SR-Investoren ihr Portfolio auf Titel mit einer für sie hinreichenden sozialen Performance, droht – bei ausreichendem Kapitaleinsatz – eine Verschlechterung der Fundamentalwerteffizienz.[288] Derartige von monetären Erwägungen losgelöste Nachhaltigkeitsinteressen laufen mithin dem Interesse an einem effizienten Kapitalmarkt zuwider, stö-

---

[286] Vgl. auch *Klöhn*, ZHR 177 (2013), 349, 380 ff.

[287] Treffend *Fama/French*, 83 J. Fin. Econ. 667, 675: Investoren mit einem „taste for assets as a consumption good". Vgl. in empirischer Hinsicht konkret mit Blick auf die ethischen Präferenzen von SR-Investoren etwa *Bealy/Goyen/Philips*, 14 (3) J. Invest. 66 (2005); *Glac*, 87 J. Bus. Ethics 41 (2009); *Gutsche/Ziegler*, 102 J. Bank. & Fin. 193 (2019); *Marsat/Pijourlet/Williams*, in: Boubaker/Cumming/Nguyen (Hrsg.), HdB Finance & Sustainability, S. 72; *Webley/Lewis/Mackenzie*, 22 J. Econ. Psych. 27 (2001). Darüber hinaus existiert eine erhebliche Anzahl an Studien, die – mit uneinheitlichen Ergebnissen – nach dem Preis von SR-Investments suchen; vgl. nur *Moskowitz*, 1 Bus. & Soc. Rev. 71 (1972); *Schröder*, 34 J. Bus. Fin. & Acct. 331 (2007); *Geczy/Stambaugh/Levin*, Socially Responsible Mutual Funds, S. 1 ff.

[288] Theoretisch etwa *Fama/French*, 83 J. Fin. Econ. 667, 675 ff. (2007); *Galema/Plantiga/Scholtens*, 32 J. Bank. & Fin. 2646 (2008); *Hawliczek*, Kapitalmarktfaktor Moral, S. 93 ff.; *Heinkel/Kraus/Zechner*, 36 J. Fin. Quant. Anal. 431 (2001); Vgl. auch *Cullis/Lewis/Winnet*, 45 KYKLOS 3, 12 (1992).

ren den Preisbildungsmechanismus und sind daher nicht mehr vom Schutzzweck sekundärmarktbezogener Täuschungsverbote umfasst.

Dagegen lässt sich auch nicht einwenden, der Gesetzgeber habe mit der CSR-Berichtspflicht in §§ 289b-e und §§ 315b, 315c HGB ganz ausdrücklich auch solche Nachhaltigkeitsinteressen anerkannt, die mit dem wirtschaftlichen Unternehmensergebnis nicht zusammenhängen: Erstens dürfte dies weit weniger der Fall sein, als gemeinhin vermutet wird.[289] Zweitens wird man kaum annehmen können, dass der Gesetzgeber mit der Publizitätspflicht erreichen wollte, dass Anleger die offengelegten Informationen falsch einpreisen und so die Fundamentaleffizienz des Kapitalmarkts verringern. Drittens ließe sich – selbst wenn dies der Fall wäre – daraus kein allgemeines Grundprinzip des Kapitalmarktrechts herleiten, das Einfluss nehmen würde auf eine Sittenwidrigkeitsregel des § 826 BGB.

(3) Sanktionierung durch Haftpflichtrecht

Die Ausführungen zum Schutzweck des sekundärmarktrechtlichen Täuschungsverbots legen den Grundstein für dessen Einordnung in das spezielle wie allgemeine Haftpflichtrecht. Einen Schadensersatzanspruch nach § 826 BGB kann selbst ein Verstoß gegen den spezialgesetzlichen *ordre public* – wie dargelegt – nur dann begründen, wenn dieser nicht dem Rechtsfolgenregime der spezialgesetzlichen Regelungen sowie den allgemeinen Prinzipien des Deliktsrechts (§§ 823 ff. BGB) zuwiderläuft.[290] Insbesondere darf die Anerkennung eines solchen Schadensersatzanspruches nicht die gesetzgeberische Grundentscheidung unterlaufen, eine Haftung für reine Vermögensschäden zu diskriminieren.[291] Sie darf nicht dazu führen, dass sinnvollerweise nicht zu ersetzende Vermögensschäden – quasi durch die Hintertür – ausgeglichen werden.

Vor Herausforderungen stellt dies die Begründung einer sekundärmarktrechtlichen Informationshaftung am ehesten deswegen, weil dort entstehende Vermögensschäden primär privater Natur sind.[292] Was des einen Anlegers Verlust, ist des anderen Gewinn. Genauer: Der Vermögensschaden, den etwa

---

[289] Dazu bereits oben S. 72 ff.
[290] Dazu bereits oben S. 93 ff.
[291] Vgl. nur MüKo-BGB/Wagner, § 826 Rn. 12 ff.
[292] Andere Begründungsansätze, die für eine Diskriminierung reiner Vermögensschäden streiten, tragen im Hinblick auf die kapitalmarktrechtliche Informationshaftung offensichtlich nicht: Die Vermögensschäden sind unmittelbare, nicht mittelbare Folge der unrichtigen Sekundärmarktinformation. Zwischen Emittent und Anleger besteht keine Vertragsbeziehung, deren Wertungen durch den deliktischen Ausgleich reiner Vermögensschäden unterlaufen werden könnte. Und: Sekundärmarkttäuschungen führen nicht zu diffusen, sondern zu scharf konturierten Schadensbildern. Betroffen sind alle Kapitalanleger, die auf die Information vertraut haben, also genau die Personen, die der Emittent mit seiner Information anvisiert hat. Im Ergebnis ebenso *Richter*, Schadenszurechnung, S. 271 ff.

der Erwerber erleidet, weil er ein Wertpapier zu teuer gekauft hat, entspricht dem Gewinn des Veräußerers, der zu teuer verkauft hat. Dem Vermögensschaden des Erwerbes entspricht also kein (hinreichender) sozialer, d.h. volkswirtschaftlicher Schaden.[293] Und: Die Verhinderung privater Vermögensschäden ist nicht Aufgabe des Deliktsrechts.[294] In der Diskussion um Sinn und Unsinn der Haftung für fehlerhafte Ad-hoc-Publizität (heute §§ 97 f. WpHG) wird dieses Argument mitunter im Hinblick auf die Interessen rationaler Utilitätshändler[295] untermauert.[296] Entspricht das Risiko dieser Anleger, ein Wertpapier aufgrund fehlerhafter Ad-hoc-Mitteilungen zu teuer zu erwerben, der Chance, ein Wertpapier aus den gleichen Gründen zu teuer zu veräußern, ist ein Haftungssystem aus ihrer Sicht überflüssig.[297] Diese Anleger könnten sich durch Portfoliodiversifizierung erheblich effizienter gegen das Irreführungsrisiko versichern als mithilfe der gesetzlichen Informationshaftung.[298]

Wie die Ausführungen zum Schutzzweck des sekundärmarktrechtlichen Täuschungsverbots zeigen, geht der soziale Schaden von Fehlinformationen des Sekundärmarkts aber über den privaten Schaden der Anleger hinaus: Derartige Fehlinformationen verschlechtern die Fundamentalwerteffizienz des Marktes, steigern Kosten und Risiken der Informationshändler, beeinträchtigen das Vertrauen aller Anleger und erhöhen die allgemeinen Handelskosten am Markt.[299] Mittelbar behindern sie damit auch die Allokationsfunktion des Primärmarkts.[300] Wie es an verschiedenen Stellen zu Recht heißt, stellt fehlerhafte Sekundärmarktinformation kein „gesamtgesellschaftliches

---

[293] Grundlegend *Easterbrook/Fischel*, 52 U. Chi. L. Rev. 611, 634 ff. (1985); *Easterbrook/Fischel*, Economic Structure of Corporate Law, S. 315 ff. Ferner etwa *Alexander*, 48 Stan. L. Rev. 1487, 1497 (1996); *Fees*, FS-Schäfer, S. 141 ff.; *Fleischer*, Gutachten DJT (2002), F-98; Assmann/Schneider/Mülbert/*Hellgardt*, § 97 WpHG Rn. 31; *Klöhn*, FS-Köndgen, S. 311, 319 ff.; *ders.*, ZIP 2015, 53, 57 f.; *Schäfer*, in: Hopt/Voigt (Hrsg.), Prospekt- und Kapitalmarktinformationshaftung, S. 161, 166 f.
[294] Vgl. nur MüKo-BGB/*Wagner*, § 826 Rn. 14 f.
[295] Zum Begriff etwa *Klöhn*, ZHR 177 (2013), 349, 357;
[296] Zum deutschen Recht insbes. *Klöhn*, ZIP 2015, 53, 57 f.; *ders.* AG 2012, 345, 353; *ders.*, FS-Köndgen, S. 311, 319 ff.
[297] Deutlich etwa *Klöhn*, FS-Köndgen, S. 311, 320.
[298] Vgl. etwa *Alexander*, 48 Stan. L. Rev. 1487, 1502 (1996); *Booth*, 4 Berkeley Bus. L.J. 1, 5 ff. (2007); *ders.*, 64 S. Cal. L Rev. 265, 271 (2012); *Bratton/Wachter*, 160 U. Penn. L. Rev. 69, 94 f. (2011); *Coffee*, 60 Bus. Law. 533, 542 (2005); *Easterbrook/Fischel*, 52 U. Chi. L. Rev. 611, 641 (1985); *Klöhn*, FS-Köndgen, S. 311, 320 f.; *ders.* AG 2012, 345, 353.
[299] Vgl. bereits oben S. 97 ff., 101 f. Zudem etwa nur *Alexander*, 48 Stan. L. Rev. 1487, 1497 (1996); *Fleischer*, Gutachten DJT 64 (2002), F-100; *Fox*, 2009 Wis. L. Rev. 297 ff. (2009); *Klöhn*, ZHR 178 (2014), 671, 698 f.; *Möllers*, AcP 208 (2008), 1, 24 f.; *Posner*, Economic Analysis, S. 612.
[300] Vgl. wiederum oben S. 101 f.

Nullsummenspiel" dar.[301] Aus allgemeinen Steuerungsgesichtspunkten ist ein privatrechtlicher Haftungstatbestand daher durchaus angezeigt.[302] Dass die auszugleichenden privaten Schäden die damit verbundenen sozialen Kosten regelmäßig überschreiten, ist bei der Ausgestaltung des Täuschungsverbots zu beachten.

dd) Dogmatische Konkretisierung: Umfang des Täuschungsverbots und Maßstab der Unrichtigkeit

Mit dem Vorgesagten ist ein Täuschungsverbot für CSR-Informationen am Sekundärmarkt grundsätzlich anzuerkennen, das als Sittenwidrigkeitsregel im Rahmen des § 826 BGB Beachtung findet. Im Folgenden soll es um die dogmatischen Feinheiten dieses Verbots gehen. Relevant werden insbesondere zwei Fragen: Sind sämtliche Täuschungen über CSR-Informationen umfasst oder bedarf es einer inhaltlichen oder formalen Einschränkung? Und: Wann liegt eine Täuschung der Anleger vor? Beide Fragen lassen sich auf Grundlage des herausgearbeiteten Schutzzweckes verhältnismäßig leicht beantworten.

Inhaltliche oder formale Einschränkungen sind nicht angezeigt. Wie bereits dargelegt, ist lediglich erforderlich, dass die täuschende CSR-Information Kursrelevanz aufweist.[303] Informationen, die keine Auswirkungen auf den Wertpapierpreis haben, haben keinen Einfluss auf die Informations- oder Fundamentalwerteffizienz des Kapitalmarkts und genießen daher keinen kapitalmarktrechtlichen Schutz. Sobald einer Information Kursrelevanz zukommt, muss diese aber dem Täuschungsverbot am Sekundärmarkt unterliegen. Es kommt dann etwa nicht darauf an, ob es sich bei dem CSR-Versprechen um eine produkt- oder unternehmensbezogene Aussage handelt. Unerheblich ist auch die Unterscheidung zwischen erfolgs- und prozessorientierten Versprechen. Und: Auch eine kursrelevante Bemühenszusage gefährdet den Preisbildungsmechanismus, wenn sie unrichtig ist, und unterfällt daher dem Täuschungsverbot. Aus dem gleichen Grund ergeben sich ebenso keine Einschränkungen auf bestimmte Publikationsformen, etwa nichtfinanzielle Erklärungen nach §§ 289b-e, 315b, c HGB, oder auf bestimmte Äußerungssituationen.[304]

---

[301] Insbes. *Fleischer*, Gutachten DJT 64 (2002), F-100.
[302] I.E. ebenso etwa *Fleischer*, Gutachten DJT 64 (2002), F-100; *Fox*, 2009 Wis. L. Rev. 297 ff. (2009); Assmann/Schneider/Mülbert/*Hellgardt*, § 97 WpHG Rn. 31; *Klöhn*, ZHR 178 (2014), 671, 700 f.; *ders.*, ZHR 177 (2013), 349, 384 f.; *Posner*, Economic Analysis, S. 612.
[303] Zur Bestimmung der Kursrelevanz richtig *Klöhn*, ZHR 177 (2013), 349, 377 ff.
[304] A.A. grds. *Dühn*, Schadensersatzhaftung, S. 138 f.: nur Täuschungen in bestimmten Kapitalmarktinformationsinstrumenten; *Sester*, ZGR 2006, 1, 33 f.: nur in institutionellem Rahmen geäußerte Informationen.

Auch wann eine CSR-Information unrichtig ist, ergibt sich unmittelbar aus dem Schutzzweck des Täuschungsverbots. Angesprochen ist damit die Frage nach dem fiktionalen Musteradressaten des Sekundärmarkts. Unrichtig ist eine an den Sekundärmarkt gerichtete Information nämlich dann, wenn dieser Musteradressat sie in einem Sinn versteht, der von der Realität abweicht.[305] Ein mit Nachhaltigkeits- wie Wirtschaftsfragen vertrauter besonnener Betrachter wird einem CSR-Code aber einen anderen Bedeutungsgehalt zumessen als ein weniger vorgebildeter Leser, der lediglich einen kurzen Blick auf den Code wirft. Ersterer vermag die Versprechungen des Unternehmens kritischer und korrekter einordnen, während sich Letzterer möglicherweise von der grün und verbindlich anmutenden Gestaltung leiten lassen mag.

Das Adressatenleitbild des Sekundärmarkts ist der „verständige Anleger" im Sinne des Art. 7 Abs. 4 MAR (früher § 13 Abs. 1 S. 2 WpHG a.F.). Der Begriff ist nicht deskriptiv, sondern normativ zu verstehen.[306] Die Emittenten benötigen insbesondere bei Pflichtpublikation einen festen und einheitlichen Maßstab, an dem sie sich bei öffentlichen Verlautbarungen orientieren können.[307] Zu Recht wird vorgeschlagen, dieses Leitbild zum allgemeinen kapitalmarktrechtlichen Maßstab zu erklären.[308] Auch bei der hier relevanten freiwilligen Kapitalmarktinformation ist dementsprechend darauf zurückzugreifen.

Die konkrete Ausgestaltung des Adressatenleitbilds ergibt sich wiederum aus dem sekundärmarktrechtlichen Schutzzweck: Wenn es die Informationshändler sind, die die Einarbeitung der CSR-Informationen in den Marktpreis übernehmen, müssen an den Kapitalmarkt gerichtete Informationen so gestaltet sein, dass die Informationshändler sie richtig auffassen.[309] Der Musteradressat des Sekundärmarkts muss also über alle Kenntnisse verfügen, über die ein typischer Informationshändler verfügt. Gemeint sind typische Sprach- und Verhaltensgewohnheiten, Verkehrssitten sowie das notwendige Fachwis-

---

[305] Assmann/Schneider/Mülbert/*Hellgardt*, § 97 WpHG Rn. 99.

[306] *Assmann*/Schneider/Mülbert, Art. 7 MAR Rn. 81; Schimansky/Bunte/Lwowski/ *Hopt/Kumpan*, HdB Bankrecht, § 107 Rn. 54 f.; *Klöhn*, Art. 7 MAR Rn. 268. Bereits zu § 13 I 2 WpHG a.F. etwa *Klöhn*, ZHR 172 (2008), 389, 393; *Langenbucher*, Kapitalmarktrecht, § 14 Rn. 37.

[307] Ebenda.

[308] Dafür, diesen zum allgemeinen kapitalmarktrechtlichen Maßstab zu erheben, etwa *Fleischer*, Gutachten DJT 64 (2002), F-44 f.; *Habersack*/Mülbert/Schlitt, HdB Kapitalmarktinformation, § 28 Rn. 15.

[309] Vgl. *Klöhn*, ZHR 177 (2013), 349, 377 ff. A.A. *Veil*, ZBB 2006, 162, 163 aber inhaltlich mit vielen Übereinstimmungen: „durchschnittlicher Anleger", dem zwar keine „professionelle Kunde zugeschrieben" werden könne, aber auch nicht anzunehmen ist, „dass er nicht in der Lage ist komplexe Verhältnisse zu reflektieren". Für ein Abstellen auf den „professionellen Anleger" auch am Primärmarkt etwa *Grundmann*, ZSR 115 (1996), I, 103; 133; *Heinze*, Europäisches Kapitalmarktrecht, S. 370; *Mülbert*, WM 2001, 2085, 2099; *Schönenberger*, Ökonomische Analyse, S. 121 ff.

sen. Auch die kognitiven Fähigkeiten des „verständigen Anlegers" folgen aus dem Vorgesagten unmittelbar. In den Worten von *Klöhn*:

„Der verständige Anleger ist die Personifikation eines effizienten Marktes. Er handelt so, wie ein effizienter Markt im Sinne der halbstrengen Variante der ECMH auf die fragliche Information reagieren würde."[310]

Der „verständige Anleger" wird die Auswirkungen der ihm dargebotenen Informationen also folgerichtig bewerten und sich nicht von Nachhaltigkeitsprosa verleiten lassen. Schließlich dürften von dem Musteradressaten des Sekundärmarkts auch nicht nur unerhebliche Sorgfaltsanstrengungen zu verlangen sein. Ein professioneller Informationshändler wird Kapitalmarktinformation so lange auslegen, bis die marginalen Kosten einer weiteren Auslegung deren marginalen Nutzen überschreiten.[311]

Nimmt man das alles zusammen, zeigt sich im Hinblick auf CSR-Codes ein relativ klares Bild: Beispielsweise kann ein erhebliches Wissen über betriebswirtschaftliche Wirkweise vorausgesetzt werden. Nur weil ein Unternehmen einen CSR-Code veröffentlicht, wird ein verständiger Anleger noch nicht davon ausgehen, dieses werde sich über das wirtschaftlich vernünftige Maß hinaus CSR-Fragen widmen. Eher umgekehrt ließe sich sogar vertreten, dass ein „verständiger Anleger" nicht vermuten muss, dass ein Unternehmen wirtschaftlich nachteilige CSR-Maßnahmen durchführt, wenn es dies nicht besonders herausstellt. Und: Man muss unterstellen, dass ein verständiger Anleger erkennt, ob sich eine CSR-Maßnahme auszahlen wird oder nicht.

b) Konkretisierung der weiteren Tatbestandsmerkmale auf Grundlage der Ad-hoc-Mitteilungs-Rechtsprechung des BGH

Neben sittenwidrigem Verhalten setzt § 826 BGB einen Vermögensschaden, Kausalität und Vorsatz voraus. Auch diese Kriterien sind im Folgenden im Hinblick auf unrichtige Versprechen über die Einhaltung von CSR-Codes am Sekundärmarkt zu konkretisieren. Ausgangspunkt dafür muss, trotz aller Unterschiede im Detail, die Rechtsprechung zu fehlerhaften Ad-hoc-Mitteilungen sein. Mit dieser hat der BGH ein konkretes dogmatisches Modell einer auf § 826 BGB gestützten Kapitalmarktinformationshaftung am Sekundärmarkt vorgelegt, das es zunächst auf CSR-Informationen zu übertragen gilt.

---

[310] *Klöhn*, ZHR 177 (2013), 349, 377. Dem folgend Schimansky/Bunte/Lwowski/*Hopt/Kumpan*, HdB Bankrecht, § 107 Rn. 55. Vgl. auch *Veil*, ZBB 2006, 162, 163.
[311] Zu diesem Sorgfaltsmaßstab im Rahmen der Auslegung generell unten S. 166 f.; sowie *de la Durantaye*, Erklärung und Wille (im Erscheinen), S. 82 ff. Vgl. auch *Veil*, ZBB 2006, 162, 163: der verständige Anleger ist „aufmerksam sowie kritisch".

aa) Schaden(-sersatz)

Es ist gemeinhin anerkannt, dass § 826 BGB ein weiter Schadensbegriff zugrunde liegt: Umfasst sind damit nicht nur Minderungen des materiellen Vermögenswertes einschließlich Erwerbsaussichten, sondern auch Eingriffe in die vermögensbezogene Dispositionsfreiheit.[312] Dementsprechend geht der BGH auch bei fehlerhafter Ad-hoc-Information von einem zweigleisigen Schadenskonzept aus: Der Anleger kann entweder Ersatz des „Vertragsabschlussschadens" oder des „Kursdifferenzschadens" verlangen.[313]

Beide Schadensarten unterscheiden sich im hypothetischen Anlegerverhalten bei richtiger Informationslage, d.h. bei Anwendung der Differenzhypothese: Verlangt der Anleger Ersatz des Vertragsabschlussschadens, macht er geltend, er hätte das Wertpapier bei korrekter Informationslage überhaupt nicht erworben; verlangt er Differenzschaden, behauptet er lediglich, er hätte zu einem anderen Preis gekauft.[314] Auf Täuschungen über CSR-Codes angewendet, bedeutet dies: Ein Anleger kann einen Vertragsabschlussschaden geltend machen, wenn er darlegen kann, dass er ohne die fehlerhafte CSR-Information von einer Investition insgesamt abgesehen hätte. Der (Differenz-)Schaden liegt dann bereits in der Eingehung des – bei richtiger Information – ungewollten Kaufvertrags. Eine Option, die vor allem für spezialisierte SR-Investoren in Betracht kommen wird. Hatte der vermeintlich eingehaltene CSR-Code Einfluss auf den Kurs des Wertpapiers, erleiden alle Anleger einen Differenzschaden, die zu diesem fehlerhaften Kurs gekauft haben.

Die Zweiteilung spiegelt sich auf Rechtsfolgenseite. Der Vertragsabschlussschaden begründet nach der Rechtsprechung des BGH regelmäßig einen Anspruch auf Naturalrestitution (§ 249 Abs. 1 BGB). Der geschädigte Anleger ist von dem verantwortlichen Vorstandsmitglied beziehungsweise vom Emittenten selbst (§§ 826, 31 BGB) so zu stellen, als hätte er die Wertpapiere nie erworben.[315] Er kann Erstattung des gezahlten Kaufpreises (einschließlich der Erwerbsnebenkosten) Zug um Zug gegen Übertragung der

---

[312] Statt aller MüKo-BGB/*Wagner*, § 826 Rn. 42 m.w.N.

[313] Mit dieser Terminologie der XI. Senat zu §§ 37b, 37c WpHG, BGHZ 192, 90, 109 ff., 117 – *IKB*; dazu *Klöhn*, AG 2012, 345, 352. Inhaltlich ebenso der II. Senat zu § 826 BGB, vgl. nur BGHZ 160, 149, 153 – *Infomatec II;* BGH NJW 2004, 2668, 2669 – *Infomatec III.* Hier, wie auch im Folgenden soll es lediglich um den Fall gehen, dass ein Anleger Wertpapiere aufgrund fehlerhafter CSR-Information *erwirbt.* Die in der Literatur diskutierte Frage, ob und inwieweit ein auf § 826 BGB gestützter Anspruch von einer tatsächlich durchgeführten Transaktion abhängig ist, wird bei CSR-Codes regelmäßig nicht relevant.

[314] *Fleischer*, BB 2002, 1869, 1871; *Klöhn*, AG 2012, 345, 352; MüKo-BGB/*Wagner*, § 826 Rn. 114.

[315] BGHZ 160, 134, 153 – *Infomatec II;* BGH NJW 2004, 2668, 2669 – *Infomatec III;* BGH NJW 2005, 2450, 2451 – *EM.TV;* BGHZ 192, 109, 110 ff. – *IKB* (zu §§ 37b, 37c WpHG).

C. Informationshaftung

erworbenen Wertpapiere verlangen.[316] Sollte er diese bereits veräußert haben, muss er sich den an ihre Stelle getretenen Kaufpreis anrechnen lassen.[317] Für den Differenzschaden kann der geschädigte Anleger lediglich Schadensersatz in Geld verlangen; konkret kann er den Differenzbetrag zwischen dem tatsächlich gezahlten Transaktionspreis und dem Preis geltend machen, der sich ohne die Täuschung über die Einhaltung des CSR-Codes gebildet hätte.[318]

Im Fall von professionellen SR-Investoren ist daneben eine weitere Schadensposition denkbar: Haben sie in nur vermeintlich nachhaltige Wertpapiere investiert, mag dies negative Auswirkungen auf ihre Reputation haben oder sich gar negativ in der Nachfrage ihrer Produkte und Dienstleistungen niederschlagen. Beides stellt einen Vermögensschaden dar, der grundsätzlich ebenso nach §§ 826, 249 ff. BGB zu ersetzen ist. Für solche Reputationsschäden wird allerdings regelmäßig nur Schadensersatz in Geld (§ 251 Abs. 1 Alt. 1 oder Abs. 2 S. 1 BGB) in Betracht kommen. Seine Reputation kann der Geschädigte regelmäßig nur selbst wiederherstellen, seine Kunden nur selbst wiedergewinnen.

bb) Kausalität

Entscheidende praktische Hürde einer auf § 826 BGB gestützten Kapitalmarktinformationshaftung ist das durch die Rechtsprechung eng gefasste Kausalitätserfordernis.[319] Der BGH verlangt grundsätzlich den Nachweis, der Anleger habe die Wertpapiere gerade aufgrund der fehlerhaften Ad-hoc-Mitteilung erworben (sog. Transaktionskausalität).[320] Das Erfordernis der Transaktionskausalität gilt unabhängig davon, ob der Anleger den Vertragsabschluss- oder den Differenzschaden geltend macht, wie der II. Zivilsenat in seinen ComROAD-Entscheidungen klargestellt hat.[321] Trotz teilweise massiver Kritik in der Literatur hat er sich damit bewusst auch dann gegen Beweiserleichterungen ausgesprochen, wenn ein Anleger lediglich Ersatz des

---

[316] BGHZ 160, 149, 153 – *Infomatec II*; BGH NJW 2005, 2450, 2452 – *EM.TV*.

[317] BGH NJW 2004, 2668, 2669 – *Infomatec III*; BGH NJW 2005, 2450, 2451 – *EM.TV*.

[318] Etwa BGH NJW 2005, 2450, 2454 – *EM.TV*.

[319] Etwa BGHZ 160, 134, 142 ff. – *Infomatec I*; BGH ZIP 2008, 407, 408 f. – *ComROAD VI*; BGH ZIP 2008, 410, 411 – *ComROAD VII*; BGH ZIP 2008, 829, 830 – *ComROAD VIII*. Vgl. im CSR-Kontext *Bachmann*, ZGR 2018, 231, 248 f.

[320] Gemeint ist ein dem § 123 BGB vergleichbares doppeltes Kausalitätserfordernis. Jeder einzelne Anleger muss darlegen und beweisen, dass er durch die fehlerhafte Ad-hoc-Mitteilung getäuscht wurde, sowie, dass er seine Investitionsentscheidung gerade aufgrund der fehlerhaften Ad-hoc-Mitteilung getätigt hat. Zu § 123 BGB unten S. 174 f.

[321] BGH ZIP 2007, 679, 680 – *ComROAD II*. Anders der XI. Zivilsenat zu §§ 37b, 37c WpHG, BGHZ 192, 90, 117 – *IKB*.

Kursdifferenzschadens in Geld verlangt.[322] Um einer „uferlosen Ausweitung der ohnehin offenen Haftung für vorsätzliche sittenwidrige Schädigung im Bereich der Kapitalmarktinformationshaftung" entgegenzutreten, sprach er sich ausdrücklich gegen die Übernahme der US-amerikanischen *fraud on the market*-Theorie aus.[323] Auch andere Beweiserleichterungen etwa durch Vermutungen oder Anscheinsbeweise sollen nur in Ausnahmesituationen in Betracht kommen. Eine Investitionsentscheidung stelle einen „durch vielfältige rationale und irrationale Faktoren, insbesondere teils durch spekulative Elemente beeinflussten, sinnlich nicht wahrnehmbaren individuellen Willensentschluss" dar, der eine schematische Betrachtungsweise grundsätzlich verbiete.[324] Dementsprechend scheide auch eine generelle Übernahme des (überkommenen) prospekthaftungsrechtlichen Anscheinsbeweises wegen „Anlagestimmung" aus.[325]

Nichts anderes dürfte im Falle solcher Informationen gelten, die sich jenseits des traditionellen Kanons kapitalmarktrelevanter Information bewegen. Wenn schon Ad-hoc-Mitteilungen keine Anlagestimmung begründen können, muss das Gleiche für veröffentlichte CSR-Codes gelten, die deutlich weniger prominent veröffentlicht werden und inhaltlich ein Nischenthema darstellen. Hierin liegt aber auch der Grund, warum die praktische Hürde des Kausalitätsnachweises bei Nachhaltigkeitsinformationen regelmäßig geringer sein wird: Ein Investor, der seine Anlagen generell nach Nachhaltigkeitskriterien auswählt, wird weniger Probleme haben, dies im Prozess glaubhaft zu machen. Demjenigen, der ohnehin nur nachhaltige Werte im Portfolio hat, wird man eher glauben, auch das in Streit stehende Papier nach diesen Kriterien ausgewählt zu haben.[326] Ein solcher Vortrag muss denn auch in der Regel genügen, um etwa eine Parteivernehmung von Amts wegen (§ 448 ZPO)

---

[322] Vgl. nur *Baums,* ZHR 167 (2003), 139, 181 ff.; *Duve/Basak,* BB 2005, 2645, 2650; *Klöhn,* ZHR 178 (2014), 671 ff.; *Leisch,* ZIP 2004, 1573, 1578; *Möllers,* ZBB 2003, 390, 401 ff.; *Richter,* Schadenszurechnung, S. 104 ff.; *Wagner,* ZGR 2008, 495, 528 f.; *Zimmer,* WM 2004, 9, 17.

[323] BGH ZIP 2007, 681, 682 – *ComROAD I*; BGH ZIP 2007, 679, 680 – *ComROAD II*; BGH ZIP 2007, 326 – *ComROAD III*; BGH ZIP 2007, 1560, 1562 – *ComROAD IV*; BGH ZIP 2007, 1564, 1565 – *ComROAD V*.

[324] BGHZ 160, 134, 144 – *Infomatec I*; BGH ZIP 2007, 1560, 1561 – *ComROAD IV*; BGH ZIP 2007, 1564, 1565 – *ComROAD V*.

[325] BGHZ 160, 134, 144 ff. – *Infomatec I*; BGH ZIP 2007, 681, 682 – *ComROAD I*; BGH ZIP 2007, 679, 680 – *ComROAD II*; BGH ZIP 2007, 1560, 1561 – *ComROAD IV*; BGH ZIP 2007, 1564, 1565 – *ComROAD V*; BGH ZIP 2008, 407, 410 – *ComROAD VI*; BGH ZIP 2008, 410, 412 – *ComROAD VII*; BGH ZIP 2008, 829, 831 – *ComROAD VIII*.

[326] Hinweise auf die Kausalität sollen etwa das regelmäßige Studieren von Kapitalmarktinformationen geben, vgl. BGH ZIP 2007, 326 f. – *ComROAD III*; BGH ZIP 2007, 1560, 1562 f. – *ComROAD IV*.

durchzuführen.[327] Institutionelle Investoren können mitunter sogar auf eigene CSR-Codes und dort niedergelegte Investitionsregeln verweisen.

cc) Subjektiver Tatbestand: Vorsatz

In subjektiver Hinsicht verlangt § 826 BGB vorsätzliches Handeln des Täters und umfasst damit grundsätzlich nur bewusste und gewollte Täuschungen über die Einhaltung(-sabsicht) von CSR-Codes. Ausreichend ist aber bedingt vorsätzliches Handeln (*dolus eventualis*).[328] Direkter Vorsatz oder gar Absicht ist nicht erforderlich.[329] Der Täter muss lediglich die Möglichkeit des Erfolgseintritts erkennen und billigend in Kauf nehmen.

Ohnehin wird das Vorsatzerfordernis des § 826 BGB eher großzügig gehandhabt. So lassen es BGH und herrschende Ansicht in der Literatur – richtigerweise – ausreichen, dass sich der Vorsatz auf die die Sittenwidrigkeit begründenden Umstände bezieht und nicht auch das Sittenwidrigkeitsverdikt selbst umfassen muss.[330] Bei Täuschungen über CSR-Codes reicht demnach aus, dass die für die Äußerung verantwortliche Person die Täuschungshandlung, den Täuschungserfolg sowie die Tatsache, dass es sich bei den getäuschten Personen (auch) um Anleger handelt, in ihren Vorsatz aufgenommen hat: Der Täter muss es demnach für möglich halten, dass ein durchschnittlicher Anleger die Veröffentlichung des Codes als Versprechen auffassen wird, der Code werde eingehalten beziehungsweise das Unternehmen wolle sich angemessen um die zukünftige Einhaltung bemühen. Er muss ferner für möglich halten, dass der Code tatsächlich nicht eingehalten wird beziehungsweise dass keine Absicht besteht, ihn einzuhalten, und er muss sich mit dem Eintritt des möglichen Täuschungserfolgs abgefunden haben. Unzweifelhaft muss der Vorsatz des Täters darüber hinaus den Schaden des Opfers umfassen, wobei ausreichend ist, dass der Täter Art und Richtung der

---

[327] Vgl. zur Parteivernehmung im Zusammenhang mit Täuschungen des Sekundärmarktes nur BGHZ 160, 134, 147 f. – *Infomatec I*; BGH NJW 2004, 2668, 2671 – *Infomatec III*; BGH NJW 2005, 2450, 2453 – *EM.TV*; BGH ZIP 2007, 1560, 1563 – *ComROAD IV*; BGH ZIP 2007, 1564, 1566 – *ComROAD V*. Vgl. zudem etwa *Buck-Heeb/Dieckmann*, AG 2008, 681, 687; Assmann/Schütze/*Fleischer*, HdB Kapitalanlagerecht, § 6 Rn. 30; *Richter*, Schadenszurechnung, S 89.

[328] Statt aller etwa RGZ 72, 175, 176; RGZ 62, 137, 139; BGH NJW 2019, 589, 592; BGH NJW 2004, 3706; BGHZ 81, 385, 393; Soergel/*Hönn*, § 826 Rn. 61; Staudinger/*Oechsler*, § 826 Rn. 75; MüKo-BGB/*Wagner*, § 826 Rn. 27.

[329] Ebenda.

[330] St. Rspr. RGZ 72, 4, 7; BGHZ 8, 83, 87 f.; BGH NJW 2004, 3706, 3710; BGH NJW 2014, 383, 386. Aus der Literatur nur Soergel/*Hönn*, § 826 Rn. 51, 54; Staudinger/*Oechsler*, § 826 Rn. 61; MüKo-BGB/*Wagner*, § 826 Rn. 33, jeweils m.w.N.

Schadensentwicklung als möglich erkannt und sich damit abgefunden hat.[331] Eine Konkretisierung auf bestimmte Individuen ist nicht erforderlich.[332]

In verschiedenen Fallgruppen, insbesondere bei der Auskunftshaftung von Kreditinstituten, Wirtschaftsprüfern, Sachverständigen etc., hat der BGH das Vorsatzerfordernis zudem um die Kategorie der Leichtfertigkeit ergänzt.[333] Konkret ging es zumeist darum, dass ein „Experte" objektiv falsche Äußerungen getätigt hat, obwohl sich deren Unrichtigkeit hätte aufdrängen müssen, weil er die Informationen im Vorhinein nicht untersucht hat. Auch wenn sich der BGH im Rahmen der Kapitalmarktinformationshaftung noch nicht konkret zur Leichtfertigkeit geäußert hat, spricht viel dafür, dass seine Ausführungen auch dort anwendbar sind: Ein relevanter Unterschied zur Veröffentlichung eines CSR-Codes, bei der sich der Verantwortliche keine Gedanken darüber gemacht hat, ob der Code tatsächlich eigehalten wird (beziehungsweise werden soll), lässt sich kaum ausmachen. Anders als dies in der Literatur teilweise vertreten wird, ist die „Ausweitung" des Vorsatzerfordernisses auf leichtfertiges Handeln auch keineswegs systemfremd oder aus sonstigen Gründen unzulässig.[334] Richtig verstanden handelt es sich dabei lediglich um einen notwendigen beweisrechtlichen Schluss; eine materielle Erweiterung des subjektiven Tatbestands auf Leichtfertigkeit oder grobe Fahrlässigkeit findet nicht statt.[335] Der BGH nimmt den objektiven Umstand, dass der Schädiger besonders leichtfertig gehandelt hat, als Indiz für das Vorliegen von Eventualvorsatz.[336] Und in der Tat ist keineswegs fernliegend, dass derjenige, der öffentlich verspricht, sein Unternehmen halte einen CSR-Code ein, ohne sich zuvor mit der eigenen Nachhaltigkeitspolitik und -praxis

---

[331] St. Rspr. RGZ, 79, 55, 60; RGZ 142, 122; BGH NJW 1951, 596, 597; BGH NJW 1963, 148, 150; BGH NJW 1963, 579, 580; BGH NJW 1991, 634, 636; BGH NJW-RR 2000, 393, 394; Soergel/*Hönn*, § 826 Rn. 62; Staudinger/*Oechsler*, § 826 Rn. 77 f.; MüKo-BGB/*Wagner*, § 826 Rn. 25. Zum Kapitalmarktrecht etwa, *Brellochs*, Publizität und Haftung, S. 115 f.; *Hellgardt*, Kapitalmarktdeliktsrecht, S. 63; *Richter*, Schadenszurechnung, S. 253 f., 261 ff.

[332] St. Rspr. RGZ 79, 55, 60; BGH NJW 1963, 579, 580; BGHZ 108, 134, 143; BGH NJW 1991, 634, 636; BGHZ 160, 149, 156 – *Infomatec II*; Soergel/*Hönn*, § 826 Rn. 63; Staudinger/*Oechsler*, § 826 Rn. 79; MüKo-BGB/*Wagner*, § 826 Rn. 25.

[333] Etwa BGH NZG 2012, 1303, 1306; BGHZ 184, 365, 377; BGH NJW 2008, 2245, 2249; BGH NJW 1992, 2821, 2822; BGH NJW 1991, 3282, 3283; BGH NJW-RR 1986, 1158, 1159; BGH WM 1975, 559, 560; Soergel/*Hönn*, § 826 Rn. 65; Staudinger/*Oechsler*, § 826 Rn. 82 ff.; MüKo-BGB/*Wagner*, § 826 Rn. 30 ff. Vgl. auch *v. Bar*, in: BMJ (Hrsg.), Gutachten, S. 1681, 1770.

[334] Vgl. nur *Canaris*, ZHR 163 (1999), 206, 214 f.; *Förster*, AcP 209 (2009), 398, 423; *Grunewald*, AcP 187 (1987), 285, 306 f.; *Hellgardt*, Kapitalmarktdeliktsrecht, S. 66; *Hopt*, AcP 183 (1983), 608, 633; *Lammel*, AcP 179 (1979), 337, 341 f.

[335] So zu Recht etwa Staudinger/*Oechsler*, § 826 Rn. 85 ff.; *Richter*, Schadenszurechnung, S. 257 f.; MüKo-BGB/*Wagner*, § 826 Rn. 32.

[336] Vgl. nur BGH NJW 1991, 3282, 3283 f.

befasst zu haben, zumindest mit der Möglichkeit der Zuwiderhandlung rechnet und sich mit der damit einhergehenden Täuschung abfindet.[337] Nichts anderes gilt, wenn sich der Handelnde der Kenntnisnahme von Zuwiderhandlungen bewusst verschließt.[338]

dd) Zusammenfassung

Nach alledem könnte ein Anleger dann Rückabwicklung des Wertpapiergeschäfts oder Ersatz des Kursdifferenzschadens verlangen, wenn er auf die Richtigkeit eines unrichtigen CSR-Codes vertraut und deswegen ein Wertpapier des Emittenten erworben hat, sofern der für die Veröffentlichung verantwortliche Mitarbeiter mit der Möglichkeit der Fehlerhaftigkeit rechnete und sich zumindest mit einer eventuellen Täuschung von Anlegern abgefunden hat.

c) Angemessenheit der deliktischen Sekundärmarktinformationshaftung für unrichtige CSR-Versprechen

Die Rechtsprechung des BGH zu fehlerhaften Ad-hoc-Mitteilungen wird in der Literatur verschiedentlich kritisiert. Lässt man die Frage um die dogmatische Einordnung zwischen Vertrag, Vertrauen und Delikt und die damit einhergehende Auseinandersetzung darum, ob § 826 BGB überhaupt die richtige Anspruchsgrundlage darstellt, unbeantwortet und fokussiert auf funktionale Argumente, zeigen sich vor allem drei Ansatzpunkte: der Schadensbegriff (dazu aa)), das Kausalitäts- (dazu bb)) sowie das Vorsatzerfordernis (dazu cc)).

Bevor auf die einzelnen Kritikpunkte einzugehen ist, hilft es, sich noch einmal die Forschungsfrage zu vergegenwärtigen: In der Arbeit geht es nicht darum zu bewerten, ob die Rechtsprechung des BGH für Ad-hoc-Mitteilungen richtig ist oder ob sie gar als Blaupause für ein allgemeines System der Kapitalmarktinformationshaftung herhalten kann. In Frage steht nur, ob sich auf Grundlage des § 826 BGB angemessene Ergebnisse für unrichtige CSR-Codes finden lassen.

---

[337] Ein Beispielsfall könnte lauten: Um das Image des Unternehmens bei bestimmten Anlegergruppen zu fördern, entschließt sich das zuständige Vorstandsmitglied zur Veröffentlichung eines CSR-Codes. Aus Sicht eines verständigen Anlegers enthält dieser das Versprechen, das Unternehmen halte alle in dem Code genannten Pflichten bereits ein. Ob dies tatsächlich der Fall ist, weiß das Vorstandsmitglied nicht. Es hat auch keine Nachforschungsmaßnahmen ergriffen, sondern lediglich einen der Konkurrenz entsprechenden Code veröffentlicht.

[338] Etwa BGH NJW 2014, 1098, 1100; BGH NZG 2012, 1303, 1305; BGHZ 176, 281, 296; BGHZ 129, 136, 175 f. Vgl. dazu auch *Fleischer*, Informationsasymmetrie, S. 491; *Wagner*, ZHR 181 (2017), 203, 267.

aa) Kritik am Schaden(-sersatz)

Einer der wesentlichen Kritikpunkte der Literatur zielt auf den Schadensbegriff des BGH und die damit einhergehende Möglichkeit zur Rückabwicklung des Wertpapiergeschäfts, d.h. die Rückgabe des Wertpapiers Zug um Zug gegen Rückzahlung des Kaufpreises („Rückabwicklungslösung"). [339] Eine solche Rückabwicklung führe bisweilen zu einer Überkompensation des Anlegers, der nicht nur den aus der Pflichtverletzung resultierenden Schaden, sondern auch aufgrund allgemeinen Marktrisikos eingetretene Verluste ersetzt bekomme. [340]

(1) Gefahr der Überkompensation durch Rückabwicklung

Das Problem lässt sich an einem einfachen Beispiel illustrieren: Ein Emittent veröffentlicht einen CSR-Code und verspricht, die dort niedergelegten Regeln einzuhalten, was sich positiv auf den Kurs der von dem Unternehmen ausgegebenen Wertpapiere auswirkt. Aufgrund einer allgemeinen Baisse fällt auch deren Kurs. Unabhängig davon stellt sich anschließend heraus, dass sich der Emittent nie an den von ihm veröffentlichten CSR-Code gehalten hat, was zu einem zusätzlichen Absinken des Börsenkurses führt. Zur Frage steht dann, ob ein Anleger, der auf die Einhaltung des CSR-Codes vertraut und deswegen das Wertpapier erworben hat, die Rückabwicklung des Wertpapiergeschäfts verlangen kann. Auf Grundlage der soeben dargestellten Rechtsprechung wäre dies – vorsätzliches Handeln unterstellt – zu bejahen. Die Behauptung des Emittenten, der CSR-Code werde eingehalten, war unrichtig und kausal für die Investitionsentscheidung des Anlegers, der mit der Eingehung des eigentlich unerwünschten Vertrags auch einen Schaden erleidet. Als Rechtsfolge könnte er von dem für den CSR-Code verantwortlichen Organmitglied oder über § 31 BGB vom Emittenten selbst Abnahme seiner Wertpapiere Zug um Zug gegen Auszahlung des von ihm entrichteten Kaufpreises

---

[339] Beiträge zur Zulässigkeit der Rückabwicklung bei fehlerhafter Sekundärmarktinformation sind Legion. Für eine Beschränkung auf den Differenzschaden bei fehlerhaften Ad-hoc-Mitteilungen (heute §§ 97 f. WpHG) plädieren etwa *Baums,* ZHR 167 (2003), 139, 185 ff.; *Casper,* Der Konzern 2006, 32, 35; *Fleischer,* BB 2002, 1869, 1870 ff.; *Fleischer,* DB 2004, 2031, 2035; *Fuchs/Dühn,* BKR 2002, 1063, 1069; Assmann/Schneider/Mülbert/*Hellgardt,* § 97 WpHG Rn 127 ff.; *ders.,* Kapitalmarktdeliktsrecht, S. 504 ff.; *Klöhn,* AG 2012, 345, 350 ff.; *Langenbucher,* ZIP 2005, 239, 240 f.; *dies.,* Aktien- u. Kapitalmarktrecht, § 17 Rn. 173 ff.; *Mülbert,* JZ 2002, 826, 834 f.; *Mülbert/Steup,* WM 2005, 1633, 1637; *Sauer,* ZBB 2005, 24, 30; *Schmolke,* ZBB 2012, 165, 175 f.; *Sethe,* EWiR 2006, 263 f.; *Teichmann,* JuS 2006, 953, 957; *Wagner,* ZGR 2008, 495, 514 ff.; *Veil,* ZHR 167 (2003), 365, 373. A.A. etwa *Bachmann,* JZ 2012, 578, 581; *Leisch,* ZIP 2004, 1573, 1575; *Möllers,* AcP 208 (2008), 1, 27 ff.; KölnKomm-WpHG/*Möllers/Leisch,* §§ 37b, 37c Rn. 269 ff.

[340] Besonders deutlich etwa *Fleischer,* BB 2002, 1869, 1871; *Wagner,* ZGR 2008, 495, 512 f.

verlangen. Die beschriebene Überkompensation tritt deutlich zutage: Sogar dann, wenn die Täuschung über den CSR-Codes nur minimale Auswirkungen auf den Börsenkurs hatte, könnte ein Anleger, der auf die Einhaltung des Codes vertraut hat, die erworbenen Wertpapiere zum Einstiegspreis zurückgeben. Das allgemeine Marktrisiko würde auf den Emittenten – und damit wirtschaftlich auf dessen Aktionäre – verlagert.

In der kapitalmarktrechtlichen Literatur ist weitgehend anerkannt, dass diese Verlagerung des allgemeinen Marktrisikos bedenklich ist.[341] Mitunter wird sie aber zumindest im Rahmen des § 826 BGB hingenommen.[342] Argumentiert wird vorrangig mit Steuerungsgesichtspunkten sowie dem Vorsatzerfordernis: Vorsätzliche Schädigungen seien volkswirtschaftlich gesehen nutzlos; schlimmer: Weil sie zwar Kosten produzierten, aber lediglich eine Umverteilung von Vermögen bewirkten, würden durch sie regelmäßig sogar Ressourcen verschwendet.[343] Es bestehe daher ein gesamtgesellschaftliches Interesse daran, vorsätzliche Schädigungen fremden Vermögens möglichst zu verhindern.[344] Aus Präventionszwecken sei eine Übermaßhaftung bei Vorsatzdelikten wie § 826 BGB daher durchaus vertretbar.[345]

Zu Recht hat sich diese Ansicht in der Literatur nicht durchgesetzt.[346] Insbesondere wird dagegen erinnert, dass die Vorsatzhaftung durch Gerichte nicht exakt genug eingestellt werden könne und daher zu einer Überabschreckung führt.[347] Zudem habe sich das BGB ausdrücklich gegen ein Gradationssystem entschieden, das den Schadensersatz in Abhängigkeit setzt zum Grad des Verschuldens.[348] Schließlich greifen wohl auch die Überlegungen zur Steuerungswirkung zu kurz, wie insbesondere *Klöhn* herausgearbeitet hat: Selbst wenn eine exakt eingestellte Übermaßhaftung auf Seiten des Emittenten richtige Anreize setzen würde, wird sie nämlich auf Seiten der Anleger regelmäßig erhebliche Fehlanreize produzieren.[349] Dies gilt zumindest dann,

---

[341] Vgl. die Nachweise soeben in Fn. 339.

[342] Etwa *Bachmann*, JZ 2012, 578, 581; *Engelhardt*, BKR 2006, 443, 447; *Fleischer*, DB 2004, 2031, 2035; *ders.*, ZIP 2005, 1805, 1809; *Sauer*, ZBB 2005, 24, 31 *Schäfer*, NZG 2005, 985, 990; *Spindler*, WM 2004, 2089, 2093; Schwark/*Zimmer*/*Grotheer*, § 37b, c WpHG Rn. 118e. In diese Richtung auch *Mülbert*/*Steup*, WM 2005, 1633, 1637; *Schmolke*, ZBB 2012, 165, 174.

[343] *Sauer*, ZBB 2005, 24, 31; *ders.*, Haftung, S. 354.

[344] *Sauer*, ZBB 2005, 24, 31.

[345] Insb. *Fleischer*, DB 2004, 2031, 2035; *ders.*, ZIP 2005, 1805, 1809. Ebenso *Engelhardt*, BKR 2006, 443, 447.

[346] Dagegen insbes. *Casper*, Der Konzern 2006, 32, 35; *Hellgardt*, Kapitalmarktdeliktsrecht, S. 504 f.; *Klöhn*, ZHR 177 (2013), 349, 384; *Teichmann*, JuS 2006, 953, 957; *Wagner*, NZG 2006, 495, 519. Vgl. auch *Bachmann*, in: ders./Casper/Schäfer/Veil (Hrsg.), Steuerungsfunktionen, S. 93, 135 f.

[347] *Wagner*, NZG 2008, 495, 518 f.

[348] *Wagner*, NZG 2008, 495, 518 f. mit Verweis auf Mot. II, S. 17 f. = Mugdan II, S. 10.

[349] *Klöhn*, AG 2012, 345, 354 f.; dem folgend *Schmolke*, ZBB 2012, 165, 175.

wenn die Rückabwicklung – wie von Rechtsprechung und herrschender Lehre vertreten – nur unter der Voraussetzung von Transaktionskausalität zu gewähren ist.[350] Die Rückabwicklungslösung bietet Anlegern die Möglichkeit, sich gegen das allgemeine Marktrisiko zu versichern, indem sie ihre Investitionsstrategie auf konkrete öffentliche Informationen des Emittenten ausrichten.[351] Dies ist aus zwei Gründen problematisch: Erstens erhöht das Vorhandensein dieser Versicherungsmöglichkeit die Kosten einer – individuell wie volkswirtschaftlich sinnvollen – Portfoliodiversifizierung.[352] Zweitens hält es Anleger, die eigentlich rational uninformiert bleiben würden, dazu an, Ressourcen für die Informationsbeschaffung aufzuwenden. Diese Informationskosten sind verschwendet, da die Anleger den öffentlichen Verlautbarungen des Emittenten keine (finanziell relevanten) Informationen entnehmen können, die nicht ohnehin durch den Marktpreis reflektiert werden.[353]

(2) Keine Abweichende Beurteilung bei CSR-Informationen

Das Vorgesagte macht deutlich, dass die Rückabwicklungslösung aus funktionalen Gründen abzulehnen ist. Dieses Ergebnis gilt zumindest für fehlerhafte Ad-hoc-Mitteilungen oder genereller für herkömmliche Kapitalmarktinformation. Ob es auch für unrichtige CSR-Codes gilt, bleibt zu diskutieren. In Frage steht allerdings nicht, ob auch dort die Abwälzung des allgemeinen Marktrisikos sowie eine Überkompensation der Anleger drohen. Beides ergibt sich aus dem Vorgesagten unmittelbar. Zu klären ist lediglich, ob diese Malaise bei Nachhaltigkeitsinformationen hinzunehmen ist.

Ganz praktisch ließe sich etwa einwenden, dass sich – der ECMH entsprechend – zwar alle wesentlichen Informationen über den Emittenten im Preis der von ihm ausgegebenen Wertpapiere widerspiegeln mögen, der Inhalt der einzelnen Informationen dem Anleger aber unbekannt bleibt. Der rational uniformierte Anleger weiß lediglich, dass er ein Wertpapier zum richtigen Preis erwirbt; die einzelnen Attribute des Emittenten kennt er nicht. Ein SR-Investor muss sich also weiterer Informationsquellen bedienen, um die – für ihn wichtige – soziale Performance des Emittenten zu ermitteln. Solche Anleger wenden daher ohnehin die für die Rezeption von CSR-Informationen notwendigen Kosten auf. Zumindest mit Blick auf diese Investorengruppe führen die beschriebenen Fehlanreize daher nicht zu weiteren ineffizienten

---

[350] Etwa BGHZ 160, 134, 142 ff. – *Infomatec I*; BGH ZIP 2008, 407, 408 f. – *ComROAD VI*; BGH ZIP 2008, 410, 411 – *ComROAD VII*; BGH ZIP 2008, 829, 830 – *ComROAD VIII*. Aus der Literatur statt vieler etwa *Baums*, ZHR 167 (2003), 139, 185; *Leuschner*, ZIP 2008, 1050, 1052 ff.; *Wagner*, ZGR 2008, 495, 531. A.A. *Richter*, Schadenszurechnung, S. 240 ff., 292 ff. Vgl. bereits oben S. 113 ff.
[351] Statt vieler etwa *Fleischer*, BB 2002, 1869, 1872.
[352] *Klöhn*, AG 2012, 345, 354 f.; vgl. auch *ders.*, ZHR 178 (2014), 671, 699 f.
[353] *Klöhn*, AG 2012, 345, 355; *Hellgardt*, DB 2012, 673, 677.

Suchanstrengungen. Und dennoch: Auch wenn sie durch die Rückabwicklungslösung im Bereich von Nachhaltigkeitsinformationen tatsächlich weniger schädlich sein mag, steuert sie doch in die falsche Richtung. Aus kapitalmarktrechtlicher Sicht sind die von den SR-Investoren erbrachten Informationsanstrengungen verschwendet. Für die monetären Interessen dieser Anleger ist es unerheblich, welche Informationen durch den Preis des Wertpapiers widergespiegelt werden. Erheblich ist nur, dass alle öffentlichen Informationen (richtig) eingepreist sind. Soweit sich Anleger darüber hinaus für den tatsächlichen Inhalt der veröffentlichten Informationen interessieren, geschieht dies aus Affektionsinteressen, die für den Preisbildungsmechanismus bestenfalls irrelevant sind und die das Kapitalmarktrecht daher nicht schützt.[354] Funktionale Gründe, diese Interessen auch noch zu belohnen, bestehen aus kapitalmarktrechtlicher Sicht nicht. Ruft man sich darüber hinaus in Erinnerung, dass bei Weitem nicht alle Anleger der Gruppe der SR-Investoren angehören, dass diese vielmehr einen kleinen Teil der Anlegerschaft ausmachen, verfängt die kapitalmarktrechtliche Perspektive umso mehr: Die Rückabwicklungslösung bietet nämlich auch solchen Investoren einen Anreiz, sich mit CSR-Codes konkret auseinanderzusetzen, die „lediglich" an der Mehrung ihres Vermögens interessiert sind.

Schwerer wiegt das mitunter in den Wirtschaftswissenschaften vorgebrachte Argument, Nachhaltigkeitsinformationen würden am Kapitalmarkt systematisch falsch eingepreist: In einer jüngeren Untersuchung vermutet etwa *Orlitzky*, dass Anleger die Bedeutung einer guten sozialen Performance bei der Unternehmensbewertung regelmäßig überschätzten.[355] Als Begründung verweist er auf den ambivalenten Einfluss von CSR-Maßnahmen auf das Unternehmensergebnis sowie auf das hohe Täuschungspotential; beides habe zur Folge, dass die Veröffentlichung von Nachhaltigkeitsinformationen in vielen Fällen lediglich Störgeräusche verursache, die zu *noise trading* und damit zu dauerhaften Überbewertungen führten.[356] Das Argument wiegt deswegen schwer, weil es an den Grundlagen der ECMH rüttelt[357] und daher die beschriebenen funktionalen kapitalmarktrechtlichen Erwägungen in Frage zu stellen scheint. Bei genauerer Betrachtung zeigt sich aber: Ersteres ist der Fall, Letzteres nicht.

Wenn *Orlitzky* Anlegern die Fähigkeit abspricht, CSR-Informationen korrekt zu bewerten, hinterfragt er einerseits die Annahme der ECHM, das Fehlbewertungen zufällig auftreten und sich daher im Aggregat ausgleichen, andererseits bezweifelt er, das der Arbitragemechanismus hinreichend effektiv

---

[354] Dazu oben S. 100 ff.
[355] *Orlitzky*, 27 Acad. Manag. Pers. 238, 240 ff. (2013). Vgl. auch *Elliot/Jackson/Peecher/White*, 89 Acct. Rev. 275 (2014).
[356] *Orlitzky*, 27 Acad. Manag. Pers. 238, 240 ff. (2013).
[357] Vgl. dazu oben S. 102 f.

funktioniert.[358] Beide Kritikpunkte sind wohlbekannt und weitläufig akzeptiert.[359] Die deskriptive Aussage, dass Kapitalmärkte jederzeit vollumfänglich fundamentalwerteffizient sind, kommt auch den ärgsten Verfechtern der ECMH nicht über die Lippen.[360] Und in der Tat legt die jüngere Wirtschaftsgeschichte – vorsichtig formuliert – nahe, dass *noise trading*, systematische Über- wie Unterbewertungen und Blasen durchaus vorkommen.[361]

Auswirkungen auf die gefundenen kapitalmarktrechtlichen Ergebnisse haben diese Feststellungen aber nicht. Wie bereits dargelegt, ist ein vollständig informations- und fundamentalwerteffizienter Kapitalmarkt nicht Voraussetzung des geltenden Kapitalmarktrechts, sondern dessen normatives Ziel.[362] In kapitalmarktrechtlicher Hinsicht wären die genannten Einwendungen daher nur dann zu beachten, wenn sie die rechtlichen Mechanismen in Frage stellen, die auf dieses Ziel hinwirken. *Orlitzkys* Thesen als wahr unterstellt, wäre daher zu fragen: Ist Anlegern bei Täuschungen über CSR-Informationen ein Anspruch auf Rückabwicklung der Wertpapiertransaktion zuzugestehen, weil derartige Informationen am Markt systematisch falsch eingepreist werden? Dies ließe sich etwa begründen, wenn der Schaden der Anleger durch den Kursdifferenzschaden nicht hinreichend ausgeglichen würde, wenn die Anleger bedingt durch die vermuteten Überbewertungen ohnehin gehalten wären, CSR-Informationen wahrzunehmen, oder wenn die Rückabwicklungslösung den Anreiz setzen würde, CSR-Informationen korrekt zu bewerten.

Keines der dargestellten Argumente vermag aber zu überzeugen: Zunächst ist es für den Schaden der Anleger vollkommen gleichgültig, ob die fehlerhafte Information korrekt eingepreist wurde. Ihr Schaden liegt darin, dass sie ein Wertpapier zu teuer gekauft haben und dieser Preis dem Kurs wieder entflossen ist. Ob der von ihnen bezahlte Aufpreis bezogen auf den Fundamentalwert „richtig" war, hat auf ihre Vermögensdifferenz keinen Einfluss.

---

[358] Vgl. zu beiden Annahmen wiederum oben S. 102 f.

[359] Statt vieler nur *Barberis/Thaler*, in: Constantinides/Harris/Stulz (Hrsg.), HdB Economics of Finance, I B, S. 1053, 1056 ff. m.w.N.; aus dem deutschsprachigen Schrifttum etwa *Klöhn*, Spekulation, S. 90 ff., 126 ff. Vgl. zudem oben S. 103.

[360] Vgl. nur *Eugene Fama* im Gespräch mit *Richard Thaler* bei einem Interview der Chicago Booth Review am 30.06.2016 über die ECMH: „It's a model, so it's not completely true. No models are completely true. They are approximations to the world. The question is: 'For what purposes are they good approximations?' As far as I'm concerned, they're good approximations for almost every purpose. I don't know any investors who shouldn't act as if markets are efficient. There are all kinds of tests, with respect to the response of prices to specific kinds of information, in which the hypothesis that prices adjust quickly to information looks very good. It's a model—it's not entirely always true, but it's a good working model for most practical uses." Abrufbar unter: http://review.chicagobooth.edu/economics/2016/video/are-markets-efficient.

[361] Vgl. nur den lesenswerten Überblick bei *Shiller*, Irrational Exuberance, S. 1 ff.

[362] Vgl. oben S. 101 ff.

Ferner wird Utilitätshändlern empfohlen, selbst dann rational uninformiert zu bleiben, wenn der Markt nicht effizient im Sinne der halbstrengen Variante der ECMH ist.[363] Die Folgerung der ECMH, dass Anleger den Markt typischerweise nicht schlagen können, ist empirisch weitgehend belegt.[364] Und: Selbst wenn es sich wegen der – vermuteten – systematischen Fehlbewertungen im CSR-Bereich um einen atypischen Fall handeln sollte, sich also theoretisch Renditen erwirtschaften ließen, die über dem Marktdurchschnitt liegen, steht diese Möglichkeit nur professionellen Informationshändlern offen, die es sich leisten können, die erforderlichen Kosten für Informationssuche und -bewertung aufzuwenden.

Schließlich setzt die Rückabwicklungsmöglichkeit nicht nur keinen Anreiz, CSR-Informationen korrekt zu bewerten. Sie hält das Anlagepublikum vielmehr dazu an, die vermuteten Überbewertungen durch *noise* oder *momentum trading* noch zu vergrößern. Die Anreizwirkung der Rückabwicklungslösung wurde bereits dargestellt: Weil sich Anleger durch die Rezeption der durch sie geschützten Information gegen das allgemeine Marktrisiko versichern können, nehmen sie diese Information kostenpflichtig wahr, auch wenn sie eigentlich rational uninformiert bleiben sollten. In den Genuss dieser Versicherung gelangen die Anleger aber nur, wenn sie die rezipierten Informationen zur Grundlage ihrer Anlageentscheidung machen, d.h., wenn sie Wertpapiere gerade deswegen erwerben, weil sie sich von den veröffentlichten CSR-Informationen dazu haben überzeugen lassen. Die Rückabwicklungsmöglichkeit bestünde daher nur für solche Anleger, die die veröffentlichten CSR-Informationen mindestens ebenso positiv auffassen wie der Markt. Geht man nun davon aus, dass CSR-Informationen im Aggregat zu hoch eingepreist werden, würde die Rückabwicklungslösung ausschließlich solche Händler schützen, die die Verzerrung der Kurse erst herbeiführen und/oder verstärken.

Darüber hinaus lässt sich für die Rückabwicklungslösung im Hinblick auf Nachhaltigkeitsinformationen auch nicht vorbringen, dass diese aus rechtspolitischen Erwägungen anders zu behandeln sein sollten als herkömmliche finanzielle Kapitalmarktinformationen. Dafür sprächen weder die von *Orlitzky* vermutete besondere Täuschungsgefahr noch das mitunter formulierte Ziel, CSR-Maßnahmen zu stärken.[365] Zwar ist grundsätzlich richtig, dass sich CSR-Codes auf Vertrauenseigenschaften beziehen und ihnen daher ein großes Täuschungspotential innewohnt.[366] Sie unterscheiden sich darin allerdings

---

[363] Insb. *Malkiel*, 17 J. Econ. Pers. 59 (2003).
[364] Vgl. insbes. *Jensen*, 23 J. Fin. 389 (1968). Weitere Nachweise oben in Fn. 272 f. Dieses Ergebnis wird auch von den Kritikern der ECMH nicht in Frage gestellt, vgl. etwa die Aussagen von *Thaler* im bereits zitierten Gespräch (soeben Fn. 360) mit *Fama*, abrufbar unter: http://review.chicagobooth.edu/economics/2016/video/are-markets-efficient.
[365] Etwa Neue CSR-Strategie, KOM(2011) 681 endg., S. 5 und *passim*.
[366] Dazu bereits oben S. 21 ff.

nicht von typischer Kapitalmarktinformation.[367] Überdies rechtfertigt die Täuschungsgefahr überhaupt erst die Einführung einer Informationshaftung, nicht aber die Überkompensation der getäuschten Anleger.

Ähnliches gilt für den möglichen Einwand der Förderung von Nachhaltigkeitsprogrammen. In der Tat hat der Gesetzgeber bei Einführung der §§ 289b-e sowie §§ 315b, 315c HGB deutlich gemacht, dass er das Nachhaltigkeitsengagement von Unternehmen fördern will.[368] Die Pflicht zur Abgabe nichtfinanzieller Erklärungen soll auch Anreiz für die Unternehmen sein, sich überhaupt mit Nachhaltigkeitsfragen zu beschäftigen.[369] Im Kern ging es dem Gesetzgeber aber darum, dass die Nachfrage von Anlegern und anderen Stakeholdern nach Nachhaltigkeitsinformationen besser und einheitlicher befriedigt wird.[370] Ebenso wie bei herkömmlicher Kapitalmarktinformation verfolgt die Regelung das Ziel, die Informationsbeschaffungs- und Verarbeitungskosten der für den Kapitalmarkt so wichtigen Informationshändler zu senken.[371] Dies rechtfertigt eine Gleichbehandlung mit hergebrachter Kapitalmarktinformation, keine Besserbehandlung.

(3) Beschränkung auf den Kursdifferenzschaden gem. § 251 Abs. 1 BGB

Die Beschränkung auf den Kursdifferenzschaden bei der Gefahr von Überkompensation ist nicht nur funktional richtig, sondern auch dogmatisch korrekt. Sie ergibt sich bereits aus einer konsequenten Anwendung des allgemeinen Schadensrechts der §§ 249 ff. BGB.[372]

Schadensersatz ist grundsätzlich in Form von Naturalrestitution zu leisten (§ 249 Abs. 1 BGB). Der Schädiger muss den Zustand herstellen, der ohne das schädigende Ereignis bestünde. Und: Als Schaden ist grundsätzlich auch der Abschluss eines unerwünschten Vertrags anerkannt. Naturalrestitution bedeutet dann die Rückabwicklung dieses Geschäfts.[373] Dementsprechend argumentiert auch der XI. Zivilsenat in seiner *IKB*-Entscheidung zu §§ 37b, c WpHG a.F.[374]: Weil die Rückabwicklungslösung die typische Rechtsfolge der

---

[367] Vgl. oben S. 97 ff.
[368] RegE CSR-RL Umsetzungsgesetz, BT-Drs. 18/9982, S. 47. Vgl. oben S. 74 f.
[369] Vgl. wiederum oben S. 72 ff.
[370] RegE CSR-RL Umsetzungsgesetz, BT-Drs. 18/9982, S. 1, 46; ErwG 9 CSR-RL 2014/95/EU.
[371] Dazu generell oben S. 104 f.
[372] Grundlegend *Wagner*, ZGR 2008, 495, 515 ff. A.A. *Richter*, Schadenszurechnung, S. 98, 113 f.
[373] Vgl. nur BGHZ 186, 96, 113 f.; BGH NJW 1997, 254; BGH NJW 1991, 1673, 1675; BGH NJW-RR 1988, 744, 745; BGHZ 57, 78, 81; MüKo-BGB/*Emmerich*, § 311 Rn. 77 f.; BeckOK-BGB/*Lorenz*, § 280 Rn. 50. Dazu unten S. 178 ff.
[374] Heute §§ 97 f. WpHG.

Informationshaftung sei, müsse sie dem Geschädigten auch im Rahmen der Haftung für fehlerhafte Ad-hoc-Mitteilungen offenstehen.[375]

Das alles ist unzweifelhaft richtig. Falsch wäre es aber, daraus den Schluss zu ziehen, eine Beschränkung auf den Kursdifferenzschaden sei in kapitalmarktrechtlichen Fällen regelmäßig ausgeschlossen. Die Ausführungen zur Naturalrestitution stellen lediglich den Ausgangspunkt der schadensrechtlichen Überlegungen dar, nicht ihren Schluss. Ebenso wie der Vorrang der Naturalrestitution auch in kapitalmarktrechtlichen Fällen Anwendung finden muss, gelten nämlich auch dessen Begrenzungen.[376] Relevant wird vor allem § 251 Abs. 2 S. 1 BGB: Der Anspruch auf Naturalrestitution ist demnach ausgeschlossen, wenn diese nur mit „unverhältnismäßigen Aufwendungen" möglich ist.[377] Und: In den hier in Frage stehenden Überkompensationsszenarien ist dies stets der Fall. Im Einzelnen:

§ 251 Abs. 2 S. 1 BGB verlangt zunächst einen Wertvergleich zwischen den Kosten der Naturalrestitution und den Kosten des Wertersatzes.[378] In den hier beschriebenen Situationen fällt dies leicht: Die wesentlichen Nacherfüllungskosten berechnen sich aus dem Kaufpreis, den der getäuschte Anleger gezahlt hat, abzüglich des Wertpapierpreises zum Zeitpunkt der Rückabwicklung. Auch die dem gegenüberzustellenden Kosten des Wertersatzes liegen offen zutage: Dem Anleger ist ein wirtschaftlicher Schaden in Höhe der durch die fehlerhafte CSR-Information bedingten Kursdifferenz entstanden. Er hat das Papier aufgrund der Fehlinformation zu teuer gekauft; nach Bekanntwerden der Täuschung ist der zu viel gezahlte Betrag dem Kurs wieder entflossen.[379] Dieser Betrag muss dem Anleger erstattet werden. Der darüber hinausgehende Wertverlust, den das Papier aufgrund der allgemeinen Marktentwicklung erleidet, ist mangels Kausalität zur Fehlinformation nicht ersatzfähig und muss daher im Rahmen des § 251 Abs. 2 S. 1 BGB außer Betracht bleiben. Ins Verhältnis zu stellen sind also der gesamte Wertverlust, den das Wertpapier zwischen Erwerb durch den Geschädigten und Rückabwicklung

---

[375] BGHZ 192, 90, 110 f. – *IKB*. Ebenso bereits zu § 826 BGB: BGHZ 160, 149, 153 f. – *Infomatec II*; BGH NJW 2004, 2668, 2669 – *Infomatec III*; BGH NJW 2005, 2450, 2451 f. – *EM.TV*.

[376] *Wagner*, ZGR 2008, 495, 514 f.

[377] Ebenda.

[378] Treffend *Wagner*, ZGR 2008, 495, 516. I.E. identisch etwa BGH NJW 2017, 2401, 2402; Soergel/*Ekkenga/Kuntz*, § 251 Rn. 17; BeckOK-BGB/*J. W. Flume*, § 251 Rn. 23; MüKo-BGB/*Oetker*, § 251 Rn. 38; Staudinger/*Schiemann*, § 251 Rn. 16; *Wandt*, Gesetzliche Schuldverhältnisse, § 23 Rn. 30.

[379] Die Berechnung des Kursdifferenzschadens ist mitunter freilich nicht trivial. Dass sie aber – zumindest wenn pragmatisch betrieben – praktisch weitgehend problemlos möglich ist, wurde hinlänglich beschrieben und bedarf hier keiner näheren Erläuterung. Vgl. zum Ganzen nur BGH NJW 2005, 2450, 2453 f. – *EM.TV*; *Fleischer*, BB 2002, 1869, 1870 ff.; *Klöhn*, ZIP 2015, 53 ff.; *Wagner*, ZGR 2008, 495, 520 ff. Für Täuschungen über CSR-Codes gelten keine Besonderheiten.

erlitten hat, sowie die Kursdifferenz, die aus der Veröffentlichung des fehlerhaften CSR-Codes resultiert.

Schwieriger zu bestimmen ist, wann die Rückabwicklungskosten „unverhältnismäßig" sind, wann sie also die zu ersetzende Kursdifferenz in nicht mehr hinnehmbarer Weise übersteigen. Diese Grenze hängt vom Einzelfall ab und muss neben bloßen Vermögensinteressen grundsätzlich auch das Interesse des Geschädigten an der Naturalrestitution berücksichtigen.[380] Ob ein solches über das Wertersatzinteresse hinausgehendes (schutzwürdiges) Interesse des Geschädigten besteht, bildet denn auch den Kern der Literaturdebatte. Die Befürworter der Rückabwicklungslösung weisen etwa darauf hin, dass der ersatzfähige Schaden des Anlegers bereits in dem unerwünschten Vertragsabschluss selbst liege: Jede Täuschung berühre nicht nur die monetären Interessen des Anlegers, sondern greife in dessen Dispositionsfreiheit ein.[381] Das bedeutet: Dem getäuschten Anleger wird ein über das monetäre hinausgehendes schützenswertes Interesse dahingehend zugestanden, nur solche Wertpapiere zu halten, die er halten möchte. Dagegen wird vielfach vorgebracht, dass derartige „Affektionsinteressen" am Kapitalmarkt schlicht nicht existierten, weil sich Anleger ohnehin nur für den patrimonialen Wert eines Wertpapiers interessierten.[382] Wertpapiere – so *Wagner* plastisch – hätten für alle Anleger den gleichen Wert: „Der Anleger will Geld, sonst nichts. Ein solches Begehren hat nichts Anstößiges, doch es ist zweifellos materieller Natur."[383]

Die empirische Seite dieses Befunds wird auf eindrückliche Weise durch die SRI-Bewegung widerlegt. Zwischen zwei Wertpapieren, die in monetärer Hinsicht identisch sind, würden deren Anhänger immer das Papier des Unternehmens vorziehen, das die bessere Nachhaltigkeitsperformance vorweist. Besonders überzeugte Anleger sind mitunter wohl gar dazu bereit, monetäre Einbußen in Kauf zu nehmen, um ihre Nachhaltigkeitsziele zu verfolgen.[384] Nicht widerlegt ist damit allerdings der – ungleich wichtigere – normative Gehalt des Arguments. Es geht dann aber nicht mehr um die Frage, ob Anleger lediglich patrimoniale Interessen verfolgen, sondern ob sie dies

---

[380] Soergel/*Ekkenga/Kuntz*, § 215 Rn. 18; *Lange/Schiemann*, Schadensersatz, S 236; *Medicus*, AcP 192 (1992), 35, 38 ff.; MüKo-BGB/*Oetker*, § 251 Rn. 38; Staudinger/*Schiemann*, § 251 Rn. 17 ff.; *Wandt*, Gesetzliche Schuldverhältnisse, § 23 Rn. 30.

[381] Etwa *Fleischer/Kalss*, AG 2002, 329, 331; *Leisch*, ZIP 2004, 1573, 1575; KölnKomm-WpHG/*Möllers/Leisch*, §§ 37b, 37c Rn. 266, 293; *Schäfer*, NZG 2005, 985, 990 f. In diese Richtung wohl auch *Bachmann*, JZ 2012, 578, 580 f.; *Möllers*, AcP 208 (2008), 1, 27; *Spindler*, WM 2004, 2089, 2093.

[382] KölnKomm-WpHG/*Möllers/Leisch*, §§ 37b, 37c Rn. 287; *Wagner*, ZRG 2008, 495, 511 f.

[383] *Wagner*, ZRG 2008, 495, 515.

[384] Vgl. oben S. 106 f, sowie die Nachweise in § 3 Fn. 284.

aus Sicht des Kapitalmarktrechts *sollten*.[385] Anders formuliert: Dass Anleger bei ihren Investitionsentscheidungen auch immateriellen Interessen nachgehen, bedeutet nicht notwendigerweise, dass das Kapitalmarktrecht diese auch schützt. Ob Letzteres der Fall ist, lässt sich nicht mehr auf Grundlage des allgemeinen Schadensrechts beantworten, sondern nur vor dem Hintergrund des jeweiligen Haftungstatbestands. Der Schutzzweck des Haftungstatbestands ist allerdings auch bei der Auslegung der §§ 249 ff. BGB unmittelbar zu beachten.[386] Stimmt man der hier vertretenen Ansicht zu, dass auch ein auf Nachhaltigkeitsinformationen bezogenes Täuschungsverbot am Kapitalmarkt vornehmlich der Preisintegrität am Markt dient, lässt sich ein Schutz ideeller Interessen nicht begründen.[387] Das Interesse des Anlegers an der Einhaltung eines CSR-Codes befindet sich nur so weit im Schutzbereich des Täuschungsverbots, wie es auf die Preisbildung Einfluss nimmt – d.h., wie es der Fundamentalwerteffizienz dient.[388] Darüber hinausgehende Eingriffe in die Dispositionsfreiheit des Anlegers sind durch das Täuschungsverbot nicht umfasst und müssen demnach auch im Rahmen der §§ 249 ff. BGB unberücksichtigt bleiben.

Legt man diesen Maßstab an den Begriff „unverhältnismäßig" in § 251 Abs. 2 S. 1 BGB an, spricht vieles für eine maximal enge Auslegung. Die schutzwürdigen Vermögensinteressen der getäuschten Anleger werden durch den Ersatz des Kursdifferenzschadens (Wertersatz) ebenso befriedigt wie durch die Rückabwicklung (Naturalrestitution). Darüber hinausgehende Interessen der Anleger an der Naturalrestitution liegen außerhalb des Schutzbereichs des Haftungstatbestands. Ein solches eigenes Interesse des Geschädigten an der Naturalrestitution ist in Fällen kapitalmarktrechtlicher Informationshaftung daher nicht schutzwürdig und muss bei der Bestimmung der Unverhältnismäßigkeitsgrenze des § 251 Abs. 2 S. 1 BGB außer Betracht bleiben. Konsequenterweise muss demnach jede Rückabwicklung als unverhältnismäßig angesehen werden, deren Kosten den Ersatz der täuschungsbedingten Kursdifferenz übersteigt.[389] Jede andere Unverhältnismäßigkeitsgrenze würde zu einer unzulässigen Bereicherung des geschädigten Anlegers führen und daher die Opfergrenze des Schädigers übersteigen.

---

[385] Vgl. in anderem Zusammenhang *Veil*, ZBB 2006, 162, 164.

[386] St. Rspr., etwa BGHZ 192, 90, 111 – *IKB*; BGH NJW 1992, 555, 556: BGH NJW 1990, 2057, 2058; BGHZ 96, 231, 236. Vgl. zudem nur Soergel/*Ekkenga/Kuntz*, Vor § 249 Rn. 176; *Lange/Schiemann*, Schadensrecht, S. 101 ff.; MüKo-BGB/*Oetker*, § 249 Rn. 120 ff.; Staudinger/*Schiemann*, § 249 Rn. 27. Grds. kritisch etwa *Larenz*, Schuldrecht AT, S. 440 f.

[387] Dazu oben S. 100 ff.

[388] Siehe oben S. 105 ff.

[389] Weiter *Wagner*, ZGR 2008, 495, 515, der die 130%-Rechtsprechung zum Integritätsinteresse bei Kraftfahrzeugen übertragen will.

bb) Kritik am strengen Kausalitätserfordernis

Auch das strenge Kausalitätserfordernis der Rechtsprechung ist in der Literatur auf wenig Gegenliebe gestoßen.[390] Weil es dem Anleger nur in den seltensten Fällen möglich sei nachzuweisen, dass er eine öffentliche Information des Emittenten tatsächlich zur Kenntnis genommen habe und seine Investitionsentscheidung auf der Information beruhe, werde der Informationshaftungsanspruch über Gebühr beschnitten.[391] Beizupflichten ist der Kritik vor allem dann, wenn der Anleger lediglich den Kursdifferenzschaden geltend macht.[392] Was der XI. Zivilsenat für die §§ 37b, 37c WpPG a.F.[393] in seiner IKB-Entscheidung anerkannt hat, sollte für jegliche unrichtige Kapitalmarktinformation im Rahmen des § 826 BGB gelten: Kann der Anleger darlegen, dass der Kurs zum Zeitpunkt des Erwerbs bei richtiger Information niedriger gewesen wäre, bedarf es des Nachweises der Transaktionskausalität nicht.[394] Der XI. Zivilsenat folgt damit weiten Teilen der Literatur, die sich schon lange für eine Übertragung der US-amerikanischen *fraud on the market theory* einsetzen.[395] Weder wird auf diese Weise das Kausalitätserfordernis entwertet noch droht die uferlose „Ausweitung des ohnehin offenen Tatbestands der sittenwidrigen vorsätzlichen Schädigung"[396]. Verlangt der Anleger

---

[390] Eingehend *Klöhn*, ZHR 178 (2014), 671 ff. Vgl. darüber hinaus zu § 826 BGB etwa *Bachmann*, JZ 2012, 578, 581; *Baums*, ZHR 167 (2003) 139, 180 ff.; *Fleischer*, DB 2004, 2031, 2034; *Hellgardt*, Kapitalmarktdeliktsrecht, S. 519 f.; *Hopt/Voigt*, WM 2004, 1801, 1804; *Kowalewski/Hellgardt*, DB 2005, 1839, 1840; Habersack/Mülbert/Schlitt/*Maier-Reimer/Seulen*, Hdb Kapitalmarktinformation, § 30 Rn. 173; KölnKomm-WpHG/*Möllers/Leisch*, §§ 37b, c Rn. 478; *Leuschner*, ZIP 2008, 1050, 1054; *Sauer*, ZBB 2005, 24, 27 ff; *ders.*, Haftung, S. 305 f.; Assmann/Schneider/*Sethe*, 6. Aufl., §§ 37b, 37c Rn. 146 ff.; MüKo-BGB/*Wagner*, § 826 Rn. 114; *ders.*, ZGR 2008, 495, 528 ff. Dem BGH zustimmend etwa *Buck-Heeb/Dieckmann*, AG 2008, 681, 683 ff., 687; *Hutter/Stürwad*, NJW 2005, 2428, 2430; *Mülbert/Steup*, WM 2005, 1633, 1636 f. Vgl. zu §§ 97 f. WpPG nur Assmann/Schneider/Mülbert/*Hellgardt*, § 97 WpHG Rn. 139 ff. m.w.N.

[391] Etwa *Hopt/Voigt*, WM 2004, 1801, 1804. Vgl. auch Assmann/Schneider/*Sethe*, 6. Aufl., §§ 37b, 37c Rn. 147: das Kausalitätserfordernis des BGH würde alle Anleger „rechtlos stellen", die keine Ad-hoc-Mitteilungen lesen.

[392] Dies entspricht der ganz h.L. Vgl. etwa *Klöhn*, ZHR 178 (2014), 671, 692; MüKo-BGB/*Wagner*, § 826 Rn. 114; sowie die Nachweise soeben in Fn. 390. Ohne Differenzierung zwischen Vertragsabschluss- und Kursdifferenzschaden etwa *Fleischer*, DB 2004, 2031, 2034 *Sauer*, ZBB 2005, 24, 27 ff.; *ders.*, Haftung, S 305 f.; vgl. auch *Richter*, Schadenszurechnung, S. 240 ff., 292 ff. Offen lassend *Baums*, ZHR 167 (2003), 139, 181.

[393] Heute §§ 97 f. WpHG n.F.

[394] BGHZ 192, 90, 117 – *IKB*.

[395] *Klöhn*, WM 2012, 345, 354. Eingehend zum Ganzen etwa *Hellgardt*, Kapitalmarktdeliktsrecht, S. 520, 94 ff.; *Klöhn*, ZHR 178 (2014), 671 ff. Vgl. zudem die Nachweise bei Fn. 390.

[396] So aber zuvor der II. Zivilsenat: BGH ZIP 2007, 681, 682 – *ComROAD I*; BGH ZIP 2007, 680 – *ComROAD II*; BGH ZIP 2007, 326 – *ComROAD III*; BGH ZIP 2007, 1560, 1562 – *ComROAD IV*; BGH ZIP 2007, 1565 – *ComROAD V*.

Ersatz des Kursdifferenzschadens, macht er lediglich geltend, dass er das Wertpapier ohne die Täuschung zu einem niedrigeren Preis gekauft hätte; für diese Differenz aus tatsächlichem und hypothetischem Kaufpreis ist die unrichtige Kapitalmarktinformation ohne Frage kausal.[397] CSR-Codes unterscheiden sich an dieser Stelle in keiner Weise von herkömmlicher Kapitalmarktinformation, sodass zu Einzelheiten, Beweisfragen und -erleichterungen auf die zahlreichen Beiträge in der Literatur verwiesen werden kann.[398]

Nicht verzichtet werden kann auf den Nachweis konkreter Kausalität aber dann, wenn der Anleger geltend macht, er hätte das Wertpapier bei korrekter Information überhaupt nicht erworben.[399] Dies gilt sowohl, wenn man dem Anleger – entgegen der hier vertretenen Ansicht – regelmäßig die Rückabwicklung des Wertpapiergeschäfts Zug um Zug gegen Rückzahlung des Kaufpreises zugestehen will, als auch, wenn der Anleger Ersatz seiner Transaktionskosten geltend macht. Ein laxere Handhabung des Kausalitätsnachweises ließe sich weder auf die *fraud on the market theory* stützen, die auf diesen Fall offensichtlich nicht passt, noch mit anderen Beweiserleichterungen – etwa einer „Anlagestimmung" oder Anscheinsbeweisen – begründen.[400] Dass Anleger eine Transaktionsentscheidung von konkreten Informationen abhängig machen und sich andernfalls gänzlich gegen ein Investment entscheiden, ist die Ausnahme, keinesfalls die Regel.[401] Wenn sich Anleger auf einen solchen atypischen Kausalverlauf berufen, ist es an ihnen, diesen zu beweisen.

---

[397] Statt vieler Assmann/Schütze/*Fleischer*, HdB Kapitalanlagerecht, § 6 Rn. 25; Habersack/Mülbert/Schlitt/*Maier-Reimer/Seulen*, Hdb Kapitalmarktinformation, § 30 Rn. 173; KölnKomm-WpHG/*Möllers/Leisch*, §§ 37b, c Rn. 478; MüKo-BGB/*Wagner*, § 826 Rn. 114.

[398] Statt vieler etwa Assmann/Schütze/*Fleischer*, HdB Kapitalanlagerecht, § 6 Rn. 25 ff. sowie die Nachweise in Fn. 390. Insbes. lässt sich gegen die Vergleichbarkeit auch nicht mit *Orlitzky*, 27 Acad. Manag. Pers. 238, 240 ff. (2013), einwenden, dass CSR-Informationen systematisch falsch eingepreist würden. Hier kommt es nur auf die Informationseffizienz des Kapitalmarkts an, nicht auf dessen Fundamentalwerteffizienz. Erstere wird auch von *Orlitzky* nicht angezweifelt (241).

[399] Statt vieler MüKo-BGB/*Wagner*, § 826 Rn. 114. Zu weitgehend *Fleischer*, DB 2004, 2031, 2034; *Sauer*, ZBB 2005, 24, 27 ff.; ders., Haftung, S 305 f. Vgl. auch *Richter*, Schadenszurechnung, S. 240 ff., 292 ff.

[400] Statt vieler MüKo-BGB/*Wagner*, § 826 Rn. 114. Für eine Anwendung der „Anlagestimmung" in Extremfällen wie den *ComROAD*-Entscheidungen *Leuschner*, ZIP 2008, 1050, 1052 f.; ebenfalls differenzierend *Kowalewski/Hellgardt*, DB 2005, 1839, 1840 f.

[401] Vgl. nur *Baums*, ZHR 167 (2003), 139, 180 f.; *Klöhn*, ZHR 177 (2013), 349, 354 ff.; sowie oben S. 104.

cc) Angemessenheit des Vorsatzerfordernisses

Wie bereits angedeutet, ist es schließlich das Vorsatzerfordernis des § 826 BGB, das erheblichen und in weiten Teilen berechtigten Unmut der Literatur auf sich zieht. Dies gilt unabhängig davon, in welchem Spezialbereich eine Sittenwidrigkeitsregel angesiedelt ist.[402] Gerade im Kapitalmarktrecht wird das Vorsatzerfordernis aber mit besonderer Verve kritisiert.[403] Die Diskussion um den richtigen Verschuldensmaßstab beschränkt sich dort nicht auf § 826 BGB, sondern umfasst zudem die spezialgesetzlichen Informationshaftungstatbestände für fehlerhafte Prospekte wie für fehlehrhafte Ad-hoc-Mitteilungen.[404] Beide greifen nicht schon bei einfach fahrlässigen Täuschungen ein, sondern erfordern zumindest grob fahrlässiges Verhalten.[405] Rechtsvergleichend ist das zumindest überraschend.[406] Dafür, die Diskussion in Gänze nachzuvollziehen, ist an dieser Stelle weder Raum noch Bedarf. Und: Unabhängig davon, ob man das Vorsatzerfordernis des § 826 BGB für ge- oder misslungen hält, führt an ihm bei geltendem Recht kein Weg vorbei.[407] In Frage steht nur, ob das Vorsatzerfordernis im Hinblick auf Täuschungen über CSR-Codes nicht doch angemessen sein könnte – zumindest, ob es hinnehmbar ist.

(1) Verhinderung ineffizienter Ressourcenaufwendungen

Aus ökonomischer Sicht wird der Unterschied zwischen Vorsatz- und Fahrlässigkeitsdelikten bisweilen damit erklärt, dass beide den Schädiger zu einem grundsätzlich unterschiedlichen Ressourcenaufwand anhalten würden. Während der Schädiger bei Fahrlässigkeitsdelikten Ressourcen aufwenden müsse, um den Schadenseintritt zu verhindern, genüge bei Vorsatzdelikten reine Passivität.[408] *Wagner* illustriert dies an einem strafrechtlichen Beispiel:

„Eine Räuberbande muss nicht Ressourcen aufwenden, um den Schaden abzuwenden, sondern sie spart Ressourcen, wenn sie von weiteren Raubzügen absieht. In diesem Fall

---

[402] Vgl. nur MüKo-BGB/*Wagner*, § 823 Rn. 372 sowie § 826 Rn. 3.

[403] Statt vieler etwa *Bachmann*, in: ders./Casper/Schäfer/Veil (Hrsg.), Steuerungsfunktionen, S. 93, 130 ff.; *Köndgen*, FS-Druey, S. 791, 807 ff.

[404] Vgl. nur *Baums*, ZHR 167 (2003), 139, 190 ff.; *Fleischer*, Gutachten DJT 64 (2002), F-60 ff., F-104; *Hellgardt*, Kapitalmarktdeliktsrecht, S. 458 ff.; *Hopt/Voigt*, in: dies. (Hrsg.), Prospekt- und Kapitalmarktinformationshaftung, S. 9, 82 ff., 125 ff.

[405] § 12 I WpPG n.F. (§ 23 I WpPG a.F.); §§ 97 II, 98 II WpHG n.F.

[406] Vgl. nur *Hopt/Voigt*, in: dies. (Hrsg.), Prospekt- und Kapitalmarktinformationshaftung, S. 9, 82 ff.

[407] So zu Recht auch *Richter*, Schadenszurechnung, S. 249.

[408] *Landes/Posner*, Economic Structure of Tort Law, S. 153 ff.; *Posner*, Economic Analysis, S. 241; *Wagner*, ZHR 181 (2017), 203, 264.

müssen die Akteure kein Auto mieten oder stehlen, keine Diebstahlsobjektive ausspähen, keine Werkzeuge besorgen etc."[409]

Theoretisch wird der ökonomische Unterschied zwischen Fahrlässigkeits- und Vorsatzhaftung anhand der *Learned Hand*-Formel aufgezeigt.[410] Diese bestimmt den erforderlichen Sorgfaltsmaßstab für Fahrlässigkeitsdelikte nach Effizienzkriterien.[411] Optimal ist das Verhalten des Schädigers dann, wenn seine (marginalen) Sorgfaltsinvestitionen, d.h. die Grenzkosten der Schadensvermeidung, dem (marginalen) erwarteten Schaden entsprechen.[412] Anders formuliert: Der Schädiger sollte genau so viel in die Schadensvermeidung investieren, bis die Kosten einer weiteren Sorgfaltsanstrengung deren Nutzen übersteigt. Jede darüber hinausgehende Sorgfaltsanstrengung wäre aus volkswirtschaftlicher Sicht verschwendet; jede geringere Sorgfaltsanstrengung wäre nicht hinreichend, um die drohenden volkswirtschaftlichen Schäden zu verhindern. Die Sorgfaltsanstrengungen des Schädigers wirkten sich bei Fahrlässigkeitsdelikten demnach negativ auf den erwarteten Schaden aus.[413] Je mehr Aufwand der Schädiger betreibt, desto niedriger sei der zu erwartende Schaden. Bei Vorsatzdelikten gelte diese Beziehung nicht. Dort sei der erwartete Schaden höher, je mehr Ressourcen der Schädiger aufwendet.[414] Je mehr die Räuberbande in Planung und Durchführung ihres Raubzuges investiert, desto höher der zu erwartende Schaden. Aus volkswirtschaftlicher Sicht sei der optimale Ressourcenaufwand des Schädigers bei Vorsatzdelikten dementsprechend null.[415]

Welche Schlussfolgerungen lassen sich daraus nun für ein (kapitalmarktrechtliches) Täuschungsverbot für CSR-Codes ziehen? Die Quintessenz des Ansatzes müsste lauten: Eine Beschränkung auf vorsätzliche Täuschungen ergibt dann Sinn, wenn der optimale Aufwand, den der Emittent für Täuschungen am Kapitalmarkt betreiben sollte, null ist. Das ist einleuchtend. Die

---

[409] *Wagner*, ZHR 181 (2017), 203, 264. Vgl. dazu auch *Becker*, Coase-Sandor Institute for Law & Economics Working Paper No. 12, 1993, S. 6, der in diesen Kosten überhaupt erst die Rechtfertigung für eine Strafbarkeit von Diebstahl erblickt.

[410] *Posner*, Economic Analysis, S. 241; *Wagner*, ZHR 181 (2017), 203, 264.

[411] Vgl. dazu etwa *Cooter/Ulen*, Law & Economics, S. 201 ff.; *Posner*, Economic Analysis, S. 191 ff.; *ders.*, 1 J. Legal Stud. 29, 32 ff. (1972); *Schäfer/Ott*, Ökonomische Analyse, S. 182 ff.

[412] Etwa *Cooter/Ulen*, Law & Economics, S. 203; *Posner*, Economic Analysis, S. 192 f.; *Schäfer/Ott*, Ökonomische Analyse, S. 183. Grundlegend United States v. Carroll Towing Co., 159 F. 2d 169 (2d Cir. 1947).

[413] *Wagner*, ZHR 181 (2017), 203, 264.

[414] *Landes/Posner*, Economic Structure of Tort Law, S. 153 f.; *Posner*, Economic Analysis, S. 241; *Wagner*, ZHR 181 (2017), 203, 264: „Bei Vorsatzdelikten [anders als bei Fahrlässigkeitsdelikten] steigt der Sorgfaltsaufwand nicht proportional zum erwarteten Schaden, sondern umgekehrt proportional zu diesem."

[415] *Wagner*, ZHR 181 (2017), 203, 264. Ebenso *Landes/Posner*, Economic Structure of Tort Law, S. 153 f.; *Posner*, Economic Analysis, S. 241.

Teilnehmer am Kapitalmarkt zu täuschen, verursacht Kosten. Ein täuschender CSR-Code etwa muss verfasst und gesetzt werden, für ihn müssen Serverkapazitäten bereitgehalten werden etc. Je höher diese Kosten sind, d.h., je besser die Täuschungshandlung ist und je weiter sie verbreitet wird, desto mehr Personen werden getäuscht, desto höher ist der zu erwartende Schaden.

Für Täuschungsverbote ist dies allerdings nur die halbe Wahrheit. Richtig ist die Einordnung als Vorsatzdelikt nur für solche Äußerungen, die von vornherein täuschen sollen. Je mehr Aufwand der Täuschende in eine solche Lüge steckt, desto mehr Anleger wird sie irreführen. Für Äußerungen, die richtig sein sollen, gilt die ökonomische Einordnung nicht. Wer etwa eine (richtige) Ad-hoc-Mitteilung veröffentlichen muss, kann Täuschungen nicht einfach durch Passivität verhindern. Er muss dafür vielmehr Ressourcen aufwenden. Ein einfaches Beispiel: Wer eine Ad-hoc-Mitteilung schreibt, sollte sie Korrektur lesen, bevor er sie veröffentlicht. Wer das nicht tut, geht immer auch das Risiko ein, dass die Anleger etwas anderes verstehen, als tatsächlich gemeint war. Das Korrekturlesen ist aber ein Ressourcenaufwand, der den erwarteten Schaden senkt. Ist der Emittent zu der Veröffentlichung einer Information verpflichtet, muss er also sicherstellen, dass diese korrekt ist und korrekt verstanden wird. Er muss sich bei Recherche, Analyse und Kundgabe hinreichend sorgfältig verhalten. Gleiches gilt bei der – hier relevanten – freiwilligen Kapitalmarktinformation. Zwar könnte der Emittent, der eine korrekte Information veröffentlichen will, dort einen möglichen Täuschungserfolg grundsätzlich durch reine Passivität verhindern. Legt man aber zugrunde, dass der Markt von Informationen lebt und gerade im Bereich von Nachhaltigkeitsinformationen auf Äußerungen des Emittenten angewiesen ist, wäre reines Schweigen des Emittenten kaum wünschenswert.[416] Selbst wenn dies nicht der Fall wäre, müsste zudem gelten, dass der Emittent sich zu bestimmten Dingen zwar nicht äußern muss. Wenn er es tut, muss aber stimmen, was er sagt.

Der Emittent muss daher bei der Veröffentlichung jeglicher Information zumindest ein Mindestmaß an Sorgfalt walten lassen. Nach der dargestellten Differenzierung müssten Kapitalmarktinformationshaftungstatbestände daher Fahrlässigkeitsdelikte darstellen, sofern sie an Informationen anknüpfen, mit denen der Emittent den Markt wahrheitsgemäß unterrichten will oder muss. Eine Reduzierung des Veröffentlichungsaufwands auf null ist dort nicht möglich. Will der Emittent von vornherein täuschen, wäre dagegen eine Vorsatzhaftung angemessen.

Für Täuschungshandlungen zeigt sich damit ein ambivalentes Ergebnis. Ob sie nach ökonomischer Aufteilung Vorsatz- oder Fahrlässigkeitsdelikte darstellen, ob ein höherer Ressourcenaufwand also den erwarteten Schaden erhöht oder senkt, ist davon abhängig, ob der Schädiger täuschen will oder

---

[416] Oben S. 97 ff.

nicht. Damit wäre aber nicht mehr gesagt, als ohnehin schon bekannt ist, dass nämlich der Unterschied zwischen Vorsatz und Fahrlässigkeit in der Willensrichtung des Täters liegt. Das alles soll die ökonomische Differenzierung nicht diskreditieren. Es zeigt nur, dass sie – zumindest für Täuschungsdelikte – eher als analytische Überlegung taugt, denn als praktisches Abgrenzungskriterium.

(2) Verhinderung einer Übersteuerung bei privaten Schäden

Die rechtsökonomische Literatur führt darüber hinaus ein weiteres Argument für die Beschränkung des § 826 BGB auf vorsätzliche Schädigungen an: die bereits oben angesprochene Unterscheidung von privaten und sozialen Schäden.[417] Da reinen Vermögensschäden in einer Wettbewerbsordnung regelmäßig Vermögenszuwächse bei anderen Marktakteuren entgegenstehen, entspricht der private Schaden, den ein Akteur erleidet, nicht dem sozialen, d.h. dem gesamtgesellschaftlichen Schaden.[418] Auf Ebene der Sittenwidrigkeit wurde die Differenz zwischen privatem und sozialem Schaden für die Frage relevant, ob es überhaupt eine Haftung für die Verursachung reiner Vermögensschäden geben sollte. Aus Steuerungsgesichtspunkten lautete die Antwort „Ja", sofern das Verhalten auch soziale Schäden verursacht, was bei fehlerhafter Kapitalmarktinformation regelmäßig der Fall ist.[419] Der Unterschied zwischen privaten und sozialen Schäden bereitet aber auch bei der Frage nach dem „Wie" der Haftung Probleme.

Konkret besteht die Gefahr einer Überabschreckung: Aus ökonomischer Perspektive dürfen sich die Verhaltensanforderungen an den Schädiger nur an den sozialen Schäden orientieren.[420] Mit der *Learned Hand*-Formel: Der Schädiger muss so lange Sorgfaltsinvestitionen vornehmen, bis die marginalen Kosten einer weiteren Sorgfaltsanstrengung der marginalen Verringerung des erwarteten sozialen Schadens entsprechen. Alles andere wäre ineffizient. Das Schadensrecht trägt diesem Umstand allerdings nicht Rechnung. Auszugleichen ist der Vermögensschaden, den der konkret Geschädigte erleidet, d.h. sein privater Schaden.[421] Muss der Schädiger aber nicht nur die sozialen Schäden ausgleichen, die aus seinen Handlungen resultieren, sondern die

---

[417] Etwa MüKo-BGB/*Wagner*, § 826 Rn. 14 ff.; *Wagner*, ZHR 181 (2017), 203, 265.
[418] Vgl. etwa *Bishop*, 2 Oxford J. Legal Stud. 1, 5 ff. (1982); *Gilead*, 17 Int. Rev. L. & Econ. 589 ff. (1997); *Schäfer*, AcP 202 (2002), 808, 813 ff.; *ders.*/Ott, Ökonomische Analyse, S. 329 f.; MüKo-BGB/*Wagner*, § 826 Rn. 13 ff.; *Wagner*, ZHR 181 (2017), 203, 265.
[419] Dazu oben S. 107 ff.
[420] Wiederum etwa *Bishop*, 2 Oxford J. Legal Stud. 1, 4 ff. (1982); *Fees,* FS-Schäfer, 141, 142 f.; *Gilead*, 17 Int. Rev. L. & Econ. 589 ff. (1997); *Schäfer*, AcP 202 (2002), 808, 834 f.; *ders.*/Ott, Ökonomische Analyse, S. 329 f.; MüKo-BGB/*Wagner*, § 826 Rn. 14 f.; *Wagner*, ZHR 181 (2017), 203, 265.
[421] Grundsatz der Totalreparation, statt aller Staudinger/*Schiemann*, § 249 Rn. 1.

(darüber hinausgehenden) privaten Schäden, wird er sich an diesem Wert orientieren und damit ein zu hohes Sorgfaltsniveau wählen.[422] Wer nun davon ausgeht, dass der soziale Schaden bei der Kapitalmarkttäuschung regelmäßig (weit) hinter dem privaten Schaden des getäuschten Marktteilnehmers zurückbleibt, muss in jedem auf § 826 BGB gestützten Urteil eine Überkompensation erkennen und eine Überabschreckung der sich äußernden Emittenten befürchten.[423]

Im Vorsatzerfordernis wird eine Möglichkeit gesehen, diese Überabschreckung zu lindern.[424] Zwar verhindere auch sie nicht, dass es im Einzelfall zu einer Überkompensation kommt. Sie stelle aber sicher, dass sich ein Schädiger nicht unbewusst einem Haftungsrisiko ausgesetzt sieht.[425] Die Gefahr, dass Emittenten übermäßige Sorgfaltsanstrengungen aufwenden, um der volkswirtschaftlich gesehen zu hohen Haftung zu entgehen, wäre gebannt. Sie könnten gar auf jedwede Sorgfaltsanstrengungen verzichten, weil sie eine Haftung ja nur dann treffe, wenn sie sich positiv zur Schädigung entscheiden.[426]

Die Kritikpunkte an einer solchen Lösung liegen offen zutage. Wie bereits dargelegt, erfordert jede Äußerung ein gewisses Sorgfaltsniveau, auch wenn sie mit hehren Absichten getätigt wird.[427] Zieht sich das Haftungsrecht auf vorsätzliche Täuschungen zurück, begibt es sich seiner Steuerungswirkungen für diesen – wohl mit Abstand größeren Teil – der „gut gemeinten" Kapitalmarktinformation: Einen Anreiz, sich auch bei Äußerungen sorgfältig zu verhalten, die das Anlegerpublikum nicht per se täuschen sollen, setzt es dann nicht.[428] Dass die Vorsatzhaftung das Maß aller Dinge ist, den Schadensersatz für private Schäden einzudämmen, glauben allerdings auch die Vertreter dieses Ansatzes nicht. Sie nehmen sie vielmehr *faute de mieux* als Ersatz für

---

[422] Statt vieler nur *Bishop*, 2 Oxford J. Legal Stud. 1, 5 (1982).

[423] Vgl. etwa *Alexander*, 48 Stan. L. Rev. 1487, 1497 (1996); *Easterbrook/Fischel*, 52 U. Chi. L. Rev. 611, 634 ff. (1985); *Easterbrook/Fischel*, Economic Structure of Corporate Law, S. 315 ff.; *Fees*, FS-Schäfer, S. 141 ff.; *Fleischer*, Gutachten DJT (2002), F-98, F-105 f.; Assmann/Schneider/Mülbert/*Hellgardt*, § 97 WpHG Rn. 31; *Klöhn*, FS-Köndgen, S. 311, 319 ff.; *ders.*, ZIP 2015, 53, 57 f.; *Mahoney*, 78 Va. L. Rev. 623 (1992); *Pritchard*, 85 Va. L. Rev. 925, 939 f. (1999); *Schäfer*, in: Hopt/Voigt (Hrsg.), Prospekt- und Kapitalmarktinformationshaftung, S. 161, 166 f.; *ders.*, 12 Supreme Court Econ. Rev. 181 (2004). Kritisch *Möllers*, AcP 208 (2008), 25 ff., 27 f.

[424] Insb. *Wagner*, ZHR 181 (2017), 203, 265. Vgl. zudem *Bishop*, 2 Oxford J. Legal Stud. 1 (1982); *Schäfer*, AcP 202 (2002), 808, 836.

[425] *Schäfer*, in: Hopt/Voigt (Hrsg.), Prospekt- und Kapitalmarktinformationshaftung, S. 161, 169 f.; *Wagner*, ZHR 181 (2017), 203, 265.

[426] Ebenda.

[427] Dazu soeben S. 132.

[428] Vgl. etwa *Schäfer*, in: Hopt/Voigt (Hrsg.), Prospekt- und Kapitalmarktinformationshaftung, S. 161, 173; *ders.*, AcP 202 (2002), 808, 836.

eine eigentlich vorzuziehende, aber an praktischen und dogmatischen Hindernissen scheiternde Einengung des ersatzfähigen Schadens.[429]

(3) Verhinderung einer Überabschreckung bei Nachhaltigkeitsinformationen

Unabhängig davon, wie man zu den vorgenannten Ansätzen stehen mag, führen sie doch einen wichtigen Gedanken in die Debatte ein: Eine Haftpflicht, die die Emittenten der Gefahr einer Überkompensation aussetzt, schafft mitunter mehr Schaden als Nutzen. Dieser Schaden muss aber nicht notwendigerweise darin liegen, dass sich der Emittent übersorgfältig verhält, also mehr in die Schadensvermeidung investiert als volkswirtschaftlich sinnvoll, sondern kann sich auch darin äußern, dass er eigentlich nützliches Handeln aus Sorge vor einer Haftung unterlässt. Auf CSR-Codes gewendet: Wenn die mit der Veröffentlichung eines CSR-Codes einhergehende Haftungsgefahr den mit der Veröffentlichung verbundenen erwarteten Nutzen übersteigt, wird sich ein Emittent eher gegen die Äußerung entscheiden oder aber den Code so formulieren, dass ihm außer bloßer Phrasen kein eigener Inhalt mehr zu entnehmen sein wird.

Im Wettbewerbsrecht ist diese Gefahr einer Flucht in die Vagheit vielfach präsent.[430] Auch im Kapitalmarktrecht findet der Gedanke mitunter Verwendung,[431] spielt allerdings keine wesentliche Rolle.[432] Grund dafür dürfte vor allem sein, dass es dort regelmäßig um die Haftung für Pflichtveröffentlichungen geht. Eine Ad-hoc-Mitteilung oder die Veröffentlichung eines Wertpapierprospekts kann der Emittent nicht unterlassen, um einer Haftung zu entgehen. Wegen der starren gesetzlichen Inhaltsvoraussetzungen scheidet auch eine Flucht in die Vagheit aus.[433] Bei der Veröffentlichung von CSR-Codes ist das anders. Eine gesetzliche Verpflichtung, diese zu veröffentlichen, existiert nicht. Und: Selbst dort, wo Veröffentlichungspflichten für Nachhaltigkeitsinformationen existieren, d.h. in den §§ 289b-e, §§ 315b, 315c HGB, haben sich konkrete und hinreichend scharfe Inhaltsvorgaben noch nicht herausgebildet.[434] Geht man aber davon aus, dass der Kapitalmarkt Informationen auch über die soziale Performance von Unternehmen benötigt und dass diese Informationen hinreichend konkret sein müssen, um verwen-

---

[429] Vgl. insbes. *Wagner*, ZHR 181 (2017), 203, 265; ähnlich *Fees*, FS-Schäfer, S. 141, 142, der generell von einem „sozial (second best-) optimalen Sorgfaltsniveau" spricht.

[430] Vgl. nur *Beater*, Unlauterer Wettbewerb, Rn. 1213 f. 1309, 1324.

[431] *Baums*, ZHR 167 (2003), 139, 191; *Dühn*, Schadensersatzhaftung, S. 280; *Hopt/Voigt*, in: dies. (Hrsg.), Prospekt- und Kapitalmarktinformationshaftung, S. 9, 128.

[432] In etwas anderem Gewand wird allerdings gegen eine Verschärfung der Prospekthaftung eingewandt, dass sich bei einer zu scharfen Einstellung seriöse Bankhäuser aus dem Emissionsgeschäft zurückziehen könnten, vgl. *Fleischer*, Gutachten DJT 64 (2002), F-61 f.; *Hopt*, FS-Drobnig, S. 525, 530.

[433] Vgl. etwa heute Art. 6 EU-ProspektVO 2017/1129; Art. 17 I MAR.

[434] Dazu oben S. 71.

det werden zu können, wäre jede Haftungsnorm kontraproduktiv, die den Informationsgehalt unternehmerischer Äußerungen senkt. Eine Haftungsnorm für fehlerhafte (freiwillige) Nachhaltigkeitsinformation muss sich also zwischen zwei Polen bewegen: Einerseits darf sie nicht dazu führen, dass Emittenten es aus Angst vor Haftung unterlassen, den Anlegern dahingehende Informationen zur Verfügung zu stellen. Würden Informationshändler und Intermediäre die Nachhaltigkeitsinformationen nicht von den Emittenten erhalten, müssten sie diese nämlich zu hohen Kosten selbst beschaffen.[435] Andererseits muss das Recht sicherstellen, dass die Informationen, die die Emittenten herausgeben, auch richtig sind.

Wer versucht, zwischen beiden Polen eine angemessene Linie zu finden, wird schnell erkennen, dass eine Haftung bereits bei einfacher Fahrlässigkeit unangemessen ist. Sie würde zu einseitig auf die Verhinderung von Fehlinformationen fokussieren. Dass es darüber hinaus ein schlichtweg absurdes Ergebnis wäre, würde der Emittent für fehlerhafte CSR-Codes stärker haften als für fehlerhafte Prospekte oder Ad-hoc-Mitteilungen, sei hier nur am Rande erwähnt. In Frage steht dann nur noch, ob nur eine Vorsatzhaftung die Überabschreckung des Emittenten angemessen verhindern könnte oder ob das gleiche Ziel auch durch das Erfordernis grober Fahrlässigkeit erreicht werden kann. Zumindest wenn man davon ausgeht, dass Gerichte den Maßstab der „groben Fahrlässigkeit" in der Rechtsanwendung exakt und vorhersehbar einstellen könnten, müsste man wohl Letzterer den Vorrang geben.[436] Sie dürfte den Ausgleich zwischen Informations- und Richtigkeitsanreizen am ehesten abbilden.

Ob dies aber ausreicht, um die Haftung für Nachhaltigkeitsinformation auf eine mehr oder weniger frei gefundene Haftungsgrundlage zu stellen oder § 826 BGB *contra legem* zu erweitern, darf eher bezweifelt werden. Einerseits dürfte eine solch exakte Einstellung der groben Fahrlässigkeit eher theoretische Hoffnung als praktische Realität sein, andererseits erscheint der Unterschied zwischen grober Fahrlässigkeit und Vorsatz im Rahmen des § 826 BGB bei Lichte betrachtet verschwindend gering. So wird die Beschränkung der Prospekthaftung auf grobe Fahrlässigkeit bisweilen mit dem Argument hingenommen, dass einer Haftung bereits bei einfacher Fahrlässigkeit kaum eine andere Steuerungswirkung zukäme: Da die Prospektverantwortlichen die Grenzziehung zwischen einfacher und grober Fahrlässigkeit nicht rechtssicher vorhersehen könnten, müssten sie ohnehin einen ausrei-

---

[435] Dazu oben S. 97 ff.
[436] I.E. ebenso für andere Irreführungen des Sekundärmarktes etwa *Baums,* ZHR 167 (2003), 139, 190 ff.; *Fees,* FS-Schäfer, S. 141 ff.; *Fleischer,* Gutachten DJT 64 (2002), F-104; *Hopt/Voigt,* in: dies. (Hrsg.), Prospekt- und Kapitalmarktinformationshaftung, S. 9, 126 f.; *Köndgen,* FS-Druey, S. 791, 806 ff.; *Schäfer,* AcP 202 (2002), 808, 834 ff.; *Wagner,* ZHR 181 (2017), 203, 267 ff. Dies entspricht freilich auch der gesetzlichen Regelung für Ad-hoc-Mitteilungen, § 98 II WpHG n.F.

chenden „Sicherheitsabstand" einkalkulieren.[437] Das Gleiche muss zumindest im Rahmen des § 826 BGB auch für den Unterschied zwischen Vorsatz und grober Fahrlässigkeit gelten. Zwar mögen beide auf gänzlich unterschiedlichen dogmatischen Erwägungen fußen und von dem Schädiger diametral verschiedene Handlungsweisen erfordern, praktisch ist davon aber wenig zu spüren. Sowohl grobe Fahrlässigkeit als auch eventualvorsätzliches Verhalten erfordern nämlich, dass der Täter den Schadenseintritt für möglich hält. Einziger Unterschied ist, dass der fahrlässig handelnde Täter denkt, „es werde schon gut gehen", während sich der Vorsatztäter mit dem Schadenseintritt abfindet.[438] Nimmt man hinzu, dass die Rechtsprechung zu Recht von leichtfertigem, d.h. objektiv grob fahrlässigem Verhalten des Täters auf dessen Eventualvorsatz schließt,[439] müsste der Emittent darlegen und beweisen, dass er gehofft hat, alles werde gut gehen. Dass ihm dies nur selten gelingen wird, steht außer Frage. Auch bei Vorsatzdelikten tut der Emittent also gut daran, einen „Sicherheitsabstand" einzukalkulieren und bestenfalls nicht den objektiven Eindruck grob fahrlässigen Verhaltens zu erwecken.

Die Kapitalmarktinformationshaftung ist zudem nur eine der Sanktionsmöglichkeiten für Täuschungen über CSR-Codes. Die in praktischer Hinsicht größere Gefahr dürfte für Emittenten ohnehin der mit einer Lüge verbundene Reputationsverlust sein.[440] Ergänzt man diese Überlegungen um die Tatsache, dass der Gesetzgeber außerhalb konkreter Vertrags- oder horizontaler Wettbewerbsbeziehungen, zu denen die Situation zwischen Emittent und Anleger am Sekundärmarkt offensichtlich nicht gehört, eine Haftung für Täuschungen generell nur bei vorsätzlichem Handeln vorgesehen hat,[441] spricht im Ergebnis viel dafür, es auch bei Täuschungen über CSR-Codes bei dem Vorsatzerfordernis des § 826 BGB zu belassen.

d) Zurechnung und Zwischenergebnis

§ 826 BGB knüpft an individuelles Fehlverhalten an. Eine Haftung des Emittenten selbst kommt dementsprechend nur dann in Betracht, wenn dem Emittenten die Täuschung des Kapitalmarkts durch seine Mitarbeiter gemäß § 31 BGB zuzurechnen ist. Zeichnet aber – wie üblich – ein organschaftlicher

---

[437] Etwa *Fleischer*, Gutachten DJT 64 (2002), F-62.
[438] Vgl. zur Abgrenzung etwa BGH NJW-RR 2013, 550, 552; BGH NJW 2009, 681, 684; Soergel/*Hönn*, § 826 Rn. 64; Staudinger/*Oechsler*, § 826 Rn. 75; MüKo-BGB/*Wagner*, § 826 Rn. 27.
[439] Etwa BGH NJW 2008, 2245, 2249. Dazu bereits oben S. 115 f.
[440] Ein vergleichbares Argument wird wiederum für Emissionsbanken vorgebracht, insbes. *Fleischer*, Gutachten DJT 64 (2002), F-62; *Hopt*, FS-Drobnig, S. 525, 530; *Black*, 48 UCLA L. Rev. 781, 795 (2001). Es gilt freilich nur, wenn der Emittent auch einen guten Ruf zu verlieren hat.
[441] Dazu unten S. 170 ff.

Vertreter beziehungsweise ein leitender Mitarbeiter etwa der CSR- oder PR-Abteilung für die Veröffentlichung des unrichtigen Codes verantwortlich, zeigt sich für den Sekundärmarkt ein relativ klares Bild: Wegen des unrichtigen Versprechens, einen CSR-Code einzuhalten, steht Anlegern ein Schadensersatzanspruch gegen den Emittenten nach § 826 i.V.m. § 31 BGB zu. Vorauszusetzen ist vorsätzliches Handeln der für die Veröffentlichung verantwortlichen Personen[442] sowie dass der CSR-Code beziehungsweise die darin beschriebenen Maßnahmen kursrelevant sind. Im Hinblick auf CSR-bezogene Täuschungen ist ein solch enger Haftungstatbestand auch durchaus angemessen. Aus funktionaler Hinsicht ist darüber hinaus sogar zu fordern, den Schadensersatzanspruch auf Erstattung des Kursdifferenzschadens zu beschränken, sofern der wirtschaftliche Wert der Rückabwicklungslösung die durch die fehlerhafte Information herbeigeführte Kursdifferenz übersteigt.

3. Keine abweichende Bewertung am Primärmarkt

CSR-Codes und die Versprechen, sie einzuhalten, sind kein rein sekundärmarktrechtliches Phänomen. Dass ein Unternehmen einen CSR-Code vor bzw. während einer Erst- oder Neuemission veröffentlicht, ist ebenso denkbar wie danach. Aus kapitalmarktrechtlicher Sicht bleibt daher zu fragen, ob die für den Sekundärmarkt gefundenen Ergebnisse für den Primärmarkt anzupassen sind oder ob es dort sogar gänzlich anderer Lösungen bedarf. Die Frage zu stellen, heißt allerdings, sie zu verneinen.

Zwar lassen sich durchaus Stimmen finden, die für eine schärfere Informationshaftung am Primärmarkt streiten. Insbesondere werden im kapitalmarktrechtlichen Schrifttum immer wieder Forderungen danach laut, den Verschuldensmaßstab der Prospekthaftung auf einfache Fahrlässigkeit abzusenken.[443] Durchgesetzt hat sich diese Forderung aber nicht.[444] Und: Wenn überhaupt, lässt sich eine Ungleichbehandlung wohl nur mit der besonderen Bedeutung des Wertpapierprospekts für die Investitionsentscheidung der Anleger rechtfertigen.[445] Dass CSR-Codes aber keine Börsenzulassungsprospekte

---

[442] Eine Wissenszurechnung scheidet regelmäßig aus, vgl. *Asmussen,* NJW 2017, 118, 122. Eingehend unlängst *Wagner,* ZHR 181 (2017), 203, 263 ff.

[443] Etwa *Grundmann/Selbherr,* WM 1996, 985, 986 ff.; Staub/*Grundmann,* Bankvertragsrecht, 6. Teil Rn. 208; *Köndgen,* AG 1983, 120, 127. A.A. etwa *Ehricke,* in: Hopt/Voigt (Hrsg.), Prospekt- und Kapitalmarktinformationshaftung, S. 187, 234 f.; *Groß,* Kapitalmarktrecht, § 21 WpPG Rn. 74. Unentschieden mit dem Hinweis auf die geringe praktische Bedeutung der Frage etwa *Fleischer,* Gutachten DJT 64 (2002), F-61 f.

[444] Auch im jüngsten Gesetz zur weiteren Ausführung der EU-Prospektverordnung und zur Änderung von Finanzmarktgesetzen vom 08.07.2019 ist der deutsche Gesetzgeber nicht vom Maßstab der groben Fahrlässigkeit abgewichen, § 12 I WpPG n.F. Vgl. bereits zuvor RegE Drittes FinanzmarktförderungsG, BT-Drs. 13/8933, S. 80.

[445] Vgl. zu dieser Bedeutung nur BGHZ 71, 284 ff. Dass es nur die Prospekteigenschaft ist, nicht die besonderen Umstände am Primärmarkt, die als Begründung für eine Un-

darstellen und mit diesen auch nicht vergleichbar sind, wurde bereits dargelegt.[446]

Darüber hinaus sprechen auch keine sonstigen funktionalen oder dogmatischen Argumente dafür, die Information des Primärmarkts über CSR-Fragen anderen Regeln zu unterwerfen als die Information des Sekundärmarkts.[447] Es ist ohnehin anerkannt, dass sich Primär- und Sekundärmarkt nicht trennscharf voneinander abgrenzen lassen.[448] Dies zeigt sich insbesondere bei Neuemissionen: Dabei ausgegebene Wertpapiere (sog. „junge Stücke") lassen sich von den bereits vorher emittierten regelmäßig nicht unterscheiden; die im Rahmen der Neuemission veröffentlichten Informationen stellen für die Inhaber dieser „alten Stücke" lediglich fortlaufende Information dar, die sich von typischer Sekundärmarktinformation nicht substantiell unterscheidet.[449]

Auch die funktionalen Hintergründe von Primär- und Sekundärmarktinformation entsprechen sich weitgehend. Zwar wird mitunter vorgebracht, dass bei der Information des Primärmarkts aus Sicht des Emittenten weniger die tatsächliche Information des Anlegerpublikums im Vordergrund stünde als vielmehr die Werbung von Investoren.[450] Das durch die Emission eingesammelte Kapital komme dem Emittenten schließlich direkt zugute. Ein solcher Zweiklang aus Informations- und Überzeugungswirkung besteht aber auch bei Sekundärmarktinformation. In den Worten von *Schwark*:

> „In beiden Fällen geht es darum, den Anlegern Signale und Anreize für Investitions- oder Nicht- beziehungsweise Deinvestitionsentscheidungen zu geben. Und es läßt sich nicht leugnen, daß positive Zwischenberichte und Ad-hoc-Mitteilungen auch den Umsatz der Wertpapiere fördern und die Finanzierung des Emittenten durch Fremdkapital und zukünftig durch Eigenkapital erleichtern."[451]

Dies gilt insbesondere, wenn es, wie hier, um freiwillige Sekundärmarktinformation geht. Emittenten sind zur Aufstellung von CSR-Codes und zur Kommunikation dieser Codes gegenüber dem Anlegerpublikum nicht ver-

---

gleichbehandlung herangezogen werden könnten, zeigt sich nicht zuletzt daran, dass die Prospekthaftung auch solche Erwerber schützt, die das Papier am Sekundärmarkt erworben haben, solange der Erwerb innerhalb der ersten sechs Monate nach einer Erst- beziehungsweise Neuemission stattfand, vgl. § 10 I 1 WpPG n.F. (§ 21 I 1 WpPG a.F.). Dazu etwa *Langenbucher*, Aktien- und Kapitalmarktrecht, § 14 Rn. 50.

[446] Dazu oben S. 64 f. sowie S. 87 f.
[447] Vgl. insbes. *Hopt/Voigt*, in: dies. (Hrsg.), Prospekt- und Kapitalmarktinformationshaftung, S. 9, 84 ff., die aber *de lege ferenda* für einen einheitlichen Maßstab von einfacher Fahrlässigkeit plädieren. A.A. in ökonomischer Hinsicht insbes. *Schäfer*, in: Hopt/Voigt (Hrsg.), Prospekt- und Kapitalmarktinformationshaftung, S. 161, 175 ff.; dagegen wiederum *Fees*, FS-Schäfer, S. 141 ff.
[448] Etwa *Hopt/Voigt* in: dies. (Hrsg.), Prospekt- und Kapitalmarktinformationshaftung, S. 1, 3 f.
[449] Ebenda.
[450] Vgl. etwa *Köndgen*, AG 1983, 85, 88.
[451] *Schwark*, FS-Hadding, S. 1117, 1121.

pflichtet. Richten sie sich dennoch mit Nachhaltigkeitsinformationen an die Anleger auf dem Sekundärmarkt, tun sie dies in aller Regel, um in ihrem Sinne auf die Anlageentscheidungen der Anleger einzuwirken.[452]

Schließlich dienen Publizitätsvorschriften und daran anknüpfende Haftungsvorschriften am Primär- wie am Sekundärmarkt grundsätzlich dem gleichen Zweck: Sie sollen eine informierte Entscheidung (bestimmter) Anleger zu möglichst günstigen Kosten ermöglichen, um so den Preisbildungsmechanismus am Kapitalmarkt zu sichern.[453] Ein Unterschied besteht lediglich darin, dass dem Primär- anders als dem Sekundärmarkt zusätzlich eine Allokationsfunktion zukommt. Durch den Primärmarkt soll Kapital demjenigen Unternehmen zugeführt werden, das es am produktivsten einsetzen kann.[454] Eine andere Bewertung für die Haftung für fehlerhafte CSR-Codes beziehungsweise Nachhaltigkeitsinformation rechtfertigt dies aber nicht. Richtige Allokation von Kapital bedeutet nicht, dass dieses dem Unternehmen zugeführt wird, das die Anleger aus ideellen Präferenzen am meisten schätzen. Selbst am Primärmarkt ist der Schutz auf rein monetäre Anlegerinteressen beschränkt, was sich wiederum aus dem Schutz des Preisbildungsmechanismus ergibt.[455] Es ergibt sich aber auch aus dem Sinn und Zweck der Allokationsfunktion selbst: Kapital, das aufgrund ideeller Interessen nicht einem produktiveren, sondern einem weniger produktiven Unternehmen zugeführt wird, ist aus Effizienzgesichtspunkten fehlalloziert.

4. Ergebnis

Nimmt man dies alles zusammen, zeigt sich, dass sich eine Haftung für (für das Unternehmensergebnis relevante) fehlerhafte Versprechen über die Einhaltung eines CSR-Codes am Kapitalmarkt auf Grundlage von § 826 (i.V.m. § 31) BGB durchaus begründen lässt, sondern vielmehr, dass die Haftung nach § 826 BGB dogmatisch stringent und interessengerecht ist – zumindest solange die Norm entsprechend dem Vorgesagten ausgelegt wird. Ein Bedürfnis, daneben etwa auf eine Erweiterung der bürgerlich-rechtlichen Prospekthaftung auszuweichen, besteht weder am Primär- noch am Sekundärmarkt.

III. Lauterkeitsrechtliches Irreführungsverbot

Neben die deliktischen Schadensersatzansprüche individueller Anleger tritt auch am Kapitalmarkt das lauterkeitsrechtliche Rechtsfolgenregime. Zwar bezieht sich das UWG gemäß § 2 Abs. 1 Nr. 1 nur auf „Waren- und Dienst-

---

[452] Dazu oben S. 16 f.
[453] *Hopt/Voigt* in: dies. (Hrsg.), Prospekt- und Kapitalmarktinformationshaftung, S. 1, 3.
[454] Ebenda.
[455] Dazu bereits oben S. 100 ff.

leistungen". Beide Begriffe sind aber in einem umfassenden Sinne zu verstehen: Der Begriff „Waren" meint grundsätzlich alle Wirtschaftsgüter, die einem anderen übertragen oder zur Verfügung gestellt werden können, „Dienstleistungen" sind alle geldwerten unkörperlichen Leistungen.[456] So definiert, unterfallen Wertpapiere fraglos dem Warenbegriff und damit dem Anwendungsbereich des UWG.[457]

Wenn mitunter die Anwendung des Lauterkeitsrechts für Kapitalmarktinformation in Frage gestellt wird, dann auch mit einem anderen Argument: Kapitalmarktinformation veröffentliche der Emittent, weil er gesetzlich dazu verpflichtet sei, nicht um den Absatz „seiner" Wertpapiere anzukurbeln.[458] Für den Sekundärmarkt gelte zudem, dass der Emittent durch positive Sekundärmarktinformation allein „kein einziges zusätzliches Wertpapier" absetze.[459] Gehandelt würden dort ausschließlich bereits emittierte Papiere; an den dort vorgenommenen Geschäften sei der Emittent regelmäßig nicht beteiligt.[460] Es fehle damit am objektiven Zusammenhang zwischen dem Verhalten des Emittenten und der Absatzförderung, sodass keine geschäftliche Handlung im Sinne des § 2 Abs. 1 Nr. 1 UWG vorliege.[461] Die (Pflicht-)Information des Kapitalmarkts sei daher kein lauterkeitsrechtlich relevantes Verhalten.[462]

Für freiwillige CSR-Versprechen trägt dieses Argument nicht.[463] Der für die Annahme einer geschäftlichen Handlung erforderliche objektive Zusammenhang mit der Absatzförderung liegt nach der herrschenden Meinung vor, wenn das Verhalten des Unternehmers bei objektiver Betrachtung darauf gerichtet ist, die geschäftliche Entscheidung der Verbraucher oder der sonstigen Marktteilnehmer zu beeinflussen und so den Absatz oder Bezug von Waren des eigenen oder eines fremden Unternehmens zu fördern.[464] Bei der

---

[456] Statt aller *Köhler*/Bornkamm/Feddersen, § 2 Rn. 39.
[457] Statt aller *Köhler*/Bornkamm/Feddersen, § 2 Rn. 39.
[458] Insb. *Klöhn*, ZHR 172 (2008), 388, 402 ff.; MüKo-UWG/*Bähr*, § 2 Rn. 130. A.A. etwa *Köhler*/Bornkamm/Feddersen, § 2 Rn. 49 (differenzierend noch *ders.*, GRUR-RR 2007, 129); *Lettl*, ZGR 2003, 853, 859; *Luy*, Kapitalmarktinformation, S. 90 ff.; *Windorfer*, Kapitalmarktinformationen, S. 107, 103 ff.
[459] *Klöhn*, ZHR 172 (2008), 388, 403.
[460] Ebenda.
[461] MüKo-UWG/*Bähr*, § 2 Rn. 130; i.E. ebenso *Klöhn*, ZHR 172 (2008), 388, 402 ff., der allerdings mit der h.M. zum UWG von 1909 und 2004 einen subjektiven Maßstab anlegt.
[462] Für einen Ausschluss nur von Pflichtinformationen am Primär- wie Sekundärmarkt MüKo-UWG/*Bähr*, § 2 Rn. 130; für einen Ausschluss jedweder Sekundärmarktpublikation *Klöhn*, ZHR 172 (2008), 388, 415 f.
[463] Ob und in inwieweit das Lauterkeitsrecht darüber hinaus kapitalmarktrechtliche Pflichtpublizität umfasst, braucht hier nicht entschieden zu werden.
[464] Etwa BGH GRUR 2016, 710, 711 – *Im Immobiliensumpf*; BGH GRUR 2015, 694, 696 – *Bezugsquellen für Bachblüten*; BGH NJW 2013, 2756 f. – *Standardisierte Mandats-*

Veröffentlichung von CSR-Codes ist das auch am Kapitalmarkt regelmäßig der Fall. Emittenten veröffentlichen CSR-Informationen nicht, weil sie dazu verpflichtet sind, sondern um auf ihre wirtschaftlichen Stakeholder, insbesondere das Anlegerpublikum, einzuwirken.[465] Diese sollen zur Nachfrage der Wertpapiere motiviert werden. Am Primärmarkt, wo dem Emittenten die Erlöse der vorgenommenen Transaktionen zufließen, ist dies offensichtlich.[466] Es gilt aber auch am Sekundärmarkt. Zwar werden die von dem Emittenten ausgegebenen Wertpapiere dort nicht auf seine Rechnung veräußert. Dennoch hat der Emittent regelmäßig ein erhebliches Interesse an einem steigenden Börsenkurs – etwa um den Zugang zu Fremd- oder Eigenkapital zu erleichtern, um seine Aktionäre zufriedenzustellen, zum Schutz vor feindlichen Übernahmen oder einfach aus egoistischen Motiven des Managements.[467] Und: Eine hohe Nachfrage nach den von ihm ausgegebenen Wertpapieren sowie eine hohe Bewertung dieser Papiere durch die Anleger ist dafür notwendige Durchgangsstation. Für die Annahme des objektiven Absatzzusammenhangs reicht das aus.[468]

Dagegen lässt sich weder einwenden, dass der Emittent auf diese Weise nur den Wettbewerb Dritter, d.h. den Wettbewerb der veräußernden Anleger am Sekundärmarkt, fördere, noch, dass es ihm gar nicht auf tatsächlich durchgeführte Transaktionen ankomme, weil der Börsenkurs vor allem dann steige, wenn möglichst viele Anleger kaufen, gleichzeitig aber möglichst wenige verkaufen wollen.[469] Der Begriff der geschäftlichen Handlung erfasst schon nach der gesetzlichen Legaldefinition nicht nur Verhaltensweisen, die den Absatz eigener Waren und Dienstleistungen fördern, sondern explizit auch die Förderung eines fremden Unternehmens.[470] Er ist auch darüber hinaus weit zu verstehen.[471] Schutzzweck des Lauterkeitsrechts ist die geschäft-

---

arbeit; Loschelder/Gloy/*Erdmann*, HdB Wettbewerbsrecht, § 31 Rn. 59; *Köhler*/Bornkamm/Feddersen, § 2 Rn. 48; *ders.*, WRP 2007, 1393, 1394 f.; Harte/Henning/*Keller*, § 2 Rn. 61.

[465] Dazu oben S. 16 f.

[466] Vgl. *Klöhn*, ZHR 172 (2008), 388, 416 f.; *Windorfer*, Kapitalmarktinformationen, S. 144.

[467] Treffend *Klöhn*, ZHR 172 (2008), 388, 403. Ebenso im lauterkeitsrechtlichen Zusammenhang *Luy*, Kapitalmarktinformationspflichten, S. 94 f.

[468] Die erhöhte Nachfrage ist nicht bloßes Nebenziel, das den objektiven Zusammenhang nicht begründen könnte (vgl. BGH NJW 2013, 2756 f. – *Standardisierte Mandatsarbeit*), sondern notwendige Voraussetzung des „Hauptziels" Kurssteigerung.

[469] So *Klöhn*, ZHR 172 (2008), 388, 404 zum UWG (2004).

[470] Vgl. den Wortlaut von § 2 I Nr. 1 UWG: Geschäftliche Handlung ist „jedes Verhalten einer Person zugunsten des eigenen oder eines fremden Unternehmens [...]". Inhaltlich war dies bereits zum UWG von 1909 anerkannt, vgl. nur BGH GRUR 1964, 210, 212 – *Landwirtschaftsausstellung*.

[471] Vgl. etwa Ohly/*Sosnitza*, § 2 Rn. 25.

liche Entscheidungsfreiheit der Marktteilnehmer,[472] der Begriff der geschäftlichen Handlung ist dessen Kehrseite. Sinn und Zweck der Begrenzung des UWG auf geschäftliche Handlungen ist es lediglich, solche Verhaltensweisen aus dem lauterkeitsrechtlichen Anwendungsbereich auszuschließen, die keinen Einfluss auf das geschäftliche Verhalten der anderen Marktteilnehmer haben können.[473] Diese Grenze ist nicht erst dann erreicht, wenn es tatsächlich zu einer Absatzförderung kommt.[474] Das Lauterkeitsrecht soll sicherstellen, dass die Marktteilnehmer in wirtschaftlichen Dingen frei und informiert entscheiden können.[475] In diesen Entscheidungsprozess greift der Emittent ein, wenn er Anleger durch die Verbreitung fehlerhafter Kapitalmarktinformation zur Abgabe einer Kauforder motiviert. Dass der Emittent hoffen mag, dass möglichst wenige dieser Aufträge erfolgreich sind, hat auf die lauterkeitsrechtliche Bewertung keinen Einfluss.

Auch an den Kapitalmarkt gerichtete Versprechen, einen CSR-Code einzuhalten, unterliegen demnach dem lauterkeitsrechtlichen Irreführungsverbot nach § 5 Abs. 1 UWG. Für weitere Einzelheiten kann auf die unten stehenden Ausführungen verwiesen werden. Sie gelten *mutatis mutandis* für die Situation am Kapitalmarkt.

D. Ergebnis

Ansprüche auf Einhaltung eines öffentlich geäußerten CSR-Codes bestehen zugunsten der Anleger gegen den Emittenten nicht. Sie lassen sich weder aus dem Wertpapiergeschäft herleiten, bei dem der Emittent selbst überhaupt nicht Vertragspartei wird, noch aus der Stellung als Aktionär. Dem Kapitalmarktrecht liegt im Wesentlichen der Gedanke zugrunde, dass der Markt und seine Teilnehmer dann am besten geschützt sind, wenn sie über hinreichende und richtige Information verfügen. Dies gilt im Hinblick auf CSR-bezogene Versprechen wie für jede andere Information auch. Mit dem Marktschutz ist aber auch die wesentliche Einschränkung angesprochen, der eine Haftung für unrichtige CSR-Versprechen am Kapitalmarkt ausgesetzt ist. Haftpflichtrechtlich zu ahnden ist die Fehlinformation des Kapitalmarkts richtigerweise nur, wenn und soweit die Information den Preisbildungsmechanismus am Kapitalmarkt stört – d.h., wenn und soweit sie auf das wirtschaftliche Unternehmensergebnis Einfluss nimmt. Ideelle Interessen von *socially responsible investors* oder politische Motive der Divestmentbewegung honoriert das Ka-

---

[472] Dazu unten S. 198.
[473] Vgl. etwa RegE Erstes UWG-ÄnderungsG, BT-Drs. 16/10145; *Beater*, Unlauterer Wettbewerb, Rn. 869, 911; Großkomm-UWG/*Peukert*, § 2 Rn. 53.
[474] Etwa *Köhler*/Bornkamm/Feddersen, § 2 Rn. 37.
[475] Vgl. etwa *Köhler*/Bornkamm/Feddersen, § 1 Rn. 17.

pitalmarktrecht nicht. Alles andere liefe seinem Ziel, die Fundamentalwerteffizienz des Kapitalmarkts zu fördern, diametral entgegen.

Für die haftpflichtrechtliche Bewertung unrichtiger CSR-Versprechen heißt das: Emittenten haften allein für Fehlinformationen über solche CSR-Maßnahmen, die Einfluss nehmen auf die Unternehmensbewertung. Führt die Veröffentlichung eines CSR-Codes zu keiner Änderung des Kurses eines Wertpapiers, scheidet eine Haftung aus. Und: Selbst wenn CSR-bezogene Versprechen den Kurs beeinflussen, sollten sich Schadensersatzansprüche auf die Kursdifferenz beschränken. Ein Anspruch auf „Rückabwicklung" des Wertpapiergeschäfts gegenüber dem täuschenden Emittenten sollte auch demjenigen nicht zugestanden werden, der durch die CSR-Täuschung in Vermögensinteressen betroffen ist. Daran, dass ein solcher Schadensersatzanspruch nur bei vorsätzlichem oder leichtfertigem Verhalten des Emittenten beziehungsweise seiner Organe in Betracht kommt, ist aufgrund seiner dogmatischen Fundierung in § 826 BGB *de lege lata* nicht zu rütteln. Zumindest im Hinblick auf die besondere Situation von CSR-bezogenen Informationen sollte man diese gesetzgeberische Entscheidung aber nicht zu sehr bedauern: Einerseits stellt § 826 BGB ein durchaus effektives Haftungsregime bereit, um die wirklich relevanten Täuschungen über CSR-Codes angemessen zu sanktionieren. Andererseits lässt die Norm hinreichend Freiheiten, um einen auch mit nachhaltigen Leistungsmerkmalen geführten Wettbewerb nicht im Keim zu ersticken. Flankiert durch das lauterkeitsrechtliche Irreführungsverbot, lassen sich wesentliche Schutzlücken nicht erkennen.

§ 4 Haftung gegenüber Abnehmern

Die Haftung der Unternehmen zu seinen Abnehmern steht mit weitem Abstand im Vordergrund der privatrechtlichen Auseinandersetzung mit CSR. Das entspricht dem Fokus der empirischen betriebswirtschaftlichen Forschung und muss deswegen auch in dieser Untersuchung einen Schwerpunkt bilden.[1] Es gilt dabei allerdings, nicht nur auf das b2c-Verhältnis zu fokussieren. Auch unternehmerische Abnehmer können aus unterschiedlichen Motiven Waren- und Dienstleistungen von nachhaltigen Anbietern vorziehen. Strukturell zeichnet sich das Verhältnis zu den Abnehmern dadurch aus, dass CSR-Codes nicht nur vom Anbieter, d.h. vom Vertragspartner des Abnehmers, sondern auch von dem von ihm häufig personenverschiedenen Hersteller veröffentlicht werden.

A. Interessenlage

Warum Unternehmen ihren (potentiellen) Abnehmern CSR-Codes zugänglich machen, ist evident: Den Codes kommt eine Werbewirkung zu, die die Unternehmen zur Umsatzsteigerung nutzen wollen.[2] Auch die CSR-bezogenen Interessen der Abnehmerschaft sind in weiten Teilen erforscht.[3]

Im Hinblick auf Verbraucher wird dabei üblicherweise unterschieden zwischen einer Signalwirkung sowie der Befriedigung von Präferenzen.[4] Ersterer liegt eine einfache Überlegung zugrunde, die bereits mehrfach zur Sprache gekommen ist: Da Abnehmer die Qualität von Erfahrungs- oder Vertrauensgütern nicht vor Vertragsschluss bewerten können, müssen sie sich auf andere Hinweise für die Qualität einer angebotenen Leistung verlassen. CSR-

---

[1] Dazu bereits oben S. 15 ff.

[2] Vgl. wiederum oben S. 16 f.

[3] Vgl. nur die Übersichten bei *Benabou/Tirole*, 77 Economica, 1 ff. (2010); *Heal*, 30 Geneva Papers, 387 ff. (2005).

[4] Mitunter kommt auch ein dritter Aspekt zur Sprache, der aber kein eigenes „Interesse" der Abnehmer darstellt, sondern eher einen Fehler: Abnehmer neigen auch jenseits rationaler Signalwirkungen dazu, von bekannten Eigenschaften eines Herstellers oder eines Produkts auf unbekannte Eigenschaften zu schließen (sog. „Halo-Effekt"). Vgl. im CSR-Kontext *Hong/Liskovich*, Crime, Punishment and the Halo Effect of CSR, S. 1 ff.

Maßnahmen, wie ganz normale Werbung auch, können als ein solches Signal für eine gute Produktqualität gesehen werden. Denn – so die Theorie: Nur Unternehmen, die qualitativ hochwertige Produkte anbieten, können sich die verhältnismäßig teuren CSR-Maßnahmen leisten.[5] Neben diesem Interesse an qualitativ hochwertigen Waren und Dienstleistungen haben Verbraucher mitunter auch Präferenzen für die CSR-Maßnahmen selbst.[6] Die Verbraucher ziehen ihren Nutzen dann nicht nur aus Eigenschaften des Produkts, sondern auch daraus, dass sie eine Sache von einem nachhaltigen Anbieter oder Hersteller erworben haben.

Die beiden vorgenannten Interessen gelten ebenso für unternehmerische Abnehmer. Für sie mag man aber ein eigenes wirtschaftliches Interesse ergänzen: Weil unternehmerische Abnehmer regelmäßig von ihrer eigenen Reputation abhängig sind, kann es für sie rational sein, eingekaufte Waren oder Dienstleistungen nur von Unternehmen mit einer hinreichenden CSR-Strategie zu beziehen.[7] Einerseits verlangen nämlich unterschiedliche CSR-Berichtskodizes ebenso wie die neuen §§ 289b-e, 315b und c HGB auch Informationen über das CSR-Management in der Lieferkette.[8] Andererseits drohen imageschädigende Skandale einzelner Unternehmen immer, auch deren Geschäftspartner zu infizieren.

B. Zuwiderhandlungshaftung

Anders als im Verhältnis des die Einhaltung eines CSR-Codes versprechenden Unternehmens zu seinen Wettbewerbern oder Anlegern ist die Beziehung zu seinen Abnehmern ohnehin auf den Abschluss eines Vertrags gerichtet. Dementsprechend nimmt das Vertragsrecht in der Diskussion um eine Haftung für Code-Verstöße im Verhältnis Anbieter zu Abnehmer eine nicht unerhebliche Rolle ein. In der Literatur werden unterschiedliche Wege eingeschlagen, die zum Teil auch in den vorigen Kapiteln diskutiert wurden: Angedacht wird etwa, in der Veröffentlichung eines CSR-Codes selbst ein Angebot auf den Abschluss eines Rechtsgeschäfts zu sehen oder den Code im Wege erläuternder oder ergänzender Auslegung in den Abnahmevertrag zu inkorporieren.[9] Neben rechtsgeschäftlichen Ansätzen werden zudem immer wieder eine positive Vertrauenshaftung sowie die kaufrechtliche Haftung für

---

[5] Bezogen auf klassische Werbung insbes. *Milgrom/Roberts*, 94 J. Polit. Econ. 796 ff. (1986); grundlegend *Spence*, 87 Q. J. Econ. 355 (1973).

[6] Vgl. *Besley/Ghatak*, 95 Am. Econ. Rev. 616 ff.; grds. zu persönlichen Präferenzen für Wohltätigkeit etwa, *Andreoni*, 97 J. Pol. Econ. 1447 ff. (1974); *Becker*, 82 J. Pol. Econ. 1063, 1083 ff. (1989); *Schwartz*, 78 J. Pol. Econ. 1264 ff. (1970).

[7] Vgl. dazu bereits *Asmussen*, NJW 2017, 118.

[8] Dazu bereits oben S. 70.

[9] Etwa *Beckers*, Enforcing CSR-Codes, S. 153 ff.

Werbeanzeigen nach § 434 Abs. 1 S. 3 BGB in den Ring geworfen.[10] Zu all dem sogleich. Wenn darüber hinaus lauterkeitsrechtliche Rechtsfolgen für Code-Verstöße im Verhältnis zu der Abnehmerschaft vorgeschlagen werden, gilt das im Horizontalverhältnis Gesagte: CSR-Codes beziehen sich nicht auf das Marktverhalten selbst, sondern lediglich auf Handlungen im Vor- oder Umfeld des Marktes. Und: Die durch Code-Verstöße verletzten Nachhaltigkeitsinteressen liegen nicht im Schutzbereich des UWG. Eine lauterkeitsrechtliche Haftung für Zuwiderhandlungen scheidet damit aus.[11]

I. Rechtsgeschäftliche Erfüllungshaftung

1. Begründung durch ausdrückliche Vereinbarung

Dass CSR-Codes durch Vereinbarung in einen Vertrag einbezogen werden können, ist wenig überraschend. Im Rahmen ihrer grundgesetzlich verbürgten Vertragsfreiheit steht es den Parteien frei, Rechtsverhältnisse nach ihrem Willen auszugestalten.[12] Auch die Art und Weise der Einbeziehung ist grundsätzlich den Parteien überlassen; es ist unerheblich, ob sie einen CSR-Code wortwörtlich in den Vertrag aufnehmen, mehr oder weniger deutlich auf ihn verweisen oder sie sich lediglich konkludent auf seine Geltung verständigen.[13] Inhalt und Umfang der Pflicht sowie die an eine Missachtung geknüpften Rechtsfolgen sind abhängig von der konkreten Parteiabrede und im Zweifelsfall durch Auslegung (§§ 133, 157 BGB) zu bestimmen.

Die konkrete Pflichtenbestimmung mag im Einzelfall freilich knifflig sein. Exemplarisch sei auf einen Streit zwischen der University of Wisconsin–Madison und dem Sportartikelhersteller Adidas verwiesen. Die University of Wisconsin–Madison ist Mitglied der National Collegial Athletic Association (NCAA), eines nordamerikanischen Verbands zur Organisation universitärer Sportprogramme, und nimmt dort an den Wettkämpfen der höchsten Spielklasse teil. Die wirtschaftliche Bedeutung derartiger Sportprogramme ist nicht zu unterschätzen; College-Sport ist ein Milliardengeschäft.[14] Zwischen den Parteien bestand ein „Athletic Apparel, Equipment and Sponsorship Agreement", das Adidas neben der Lieferung von Sport- und Merchandising-

---

[10] Etwa *Augenhofer*, in: Kobel/Këllezi/Kilpatrick (Hrsg.), Antitrust, S. 507, 518; *Beckers*, Enforcing CSR-Codes, S. 156 ff.; *Glinski*, Private Regulierung, S. 185 ff.
[11] Ausführlich dazu oben S. 44 ff.
[12] *Leenen*, AT, § 1 Rn. 6.
[13] Insoweit gelten die üblichen Regeln, es kommt aber auch zu den üblichen Problemen. Bei Verweisungen auf durch Dritte erstellte CSR-Codes stellt sich insbesondere die Frage nach einer statischen oder dynamischen Verweisung, vgl. dazu etwa *Leyens*, AcP 215 (2015), 611, 626.
[14] The Economist, 16.-22. August 2014, S. 29 f.

artikeln auch zur Einhaltung bestimmter CSR-Klauseln verpflichtete.[15] Unter anderem sollte Adidas sicherstellen, dass alle Arbeitnehmer – auch die von Zulieferern – die gesetzlich vorgeschriebenen Löhne und Zusatzleistungen erhalten. 2012 wurde öffentlich bekannt, dass Arbeitnehmer eines indonesischen Zulieferers, der an der Produktion der vertragsgegenständlichen Produkte beteiligt war, ausstehende Lohnforderungen in Höhe von ca. 1,8 Mio. US-Dollar angesammelt hatten. Auf Grundlage der vereinbarten CSR-Klausel forderte die University of Wisconsin–Madison Adidas auf, die offenen Forderungen der Arbeitnehmer direkt zu begleichen. Adidas verteidigte sich mit dem Argument, geschuldet seien lediglich Organisations- und Überwachungsmaßnahmen, nicht der Erfolg der CSR-Anstrengungen.[16] Bevor es zu einer gerichtlichen Klärung der Streitfrage kam, verglichen sich die Parteien.[17]

Der Fall ist aus zwei Gründen beispielhaft. Vereinbarte CSR-Codes finden sich fast ausnahmslos in b2b-Verträgen.[18] Unternehmerische Abnehmer befinden sich regelmäßig eher in der erforderlichen Verhandlungsposition, um konkrete CSR-Klauseln zu vereinbaren, als Verbraucher. Und: Unternehmerische Abnehmer haben häufig ein konkretes wirtschaftliches Interesse an der Vermeidung von Nachhaltigkeitsskandalen bei ihren Vertragspartnern.[19] Regelmäßig gehen CSR-Klauseln daher von (Marken-)Anbietern aus, die sich bei Vorfällen einem Reputationsrisiko ausgesetzt sehen. Diese verpflichten ihre Zulieferer vertraglich zur Einhaltung gewisser Standards sowie dazu, die vertragliche Verpflichtung entlang der Lieferkette weiterzureichen.[20] Darüber hinaus deutet der Fall auf ein Problem, das für die gesamte Diskussion um eine echte Regelbindung von CSR-Codes maßgebend ist: die Unterscheidung von prozessorientierten und erfolgsorientierten Regeln. In der Regel enthalten CSR-Codes – zumindest ihrem Wortlaut nach – prozessorientierte Regeln.

---

[15] Vgl. Klageschrift der University of Wisconsin–Madison v. 13.07.2012 zum Dane County Circuit Court, Madison, WI, abrufbar unter: http://www.prwatch.org/files/ADiDAS.pdf. Die Darstellung des Falles erfolgt auf dieser Grundlage.

[16] Vgl. Schreiben von Adidas an die University of Wisconsin–Madison v. 02.02.2012, abrufbar unter: http://bloximages.chicago2.vip.townnews.com/host.madison.com/content/tncms/assets/v3/editorial/5/8c/58c03034-4e79-11e1b920001871e3ce6c/4f2bf92079dcf.pdf.pdf.

[17] Vgl. Pressemitteilung der University of Wisconsin–Madison v. 03.07.2013, abrufbar unter: http://news.wisc.edu/uw-madison-statement-regarding-dismissal-of-adidas-suit/.

[18] Ausführlich zu derartigen Vereinbarungen etwa *Rühmkorf*, Global Supply Chains, *passim*; *Peterkova*, Nordic J. Com. L. 2014, No. 1, 1 ff.; *Pedersen/Andersen*, 6 J. Publ. Aff. 228 ff. (2006).

[19] Vgl. dazu wiederum *Asmussen*, NJW 2017, 118; sowie oben S. 34 ff.

[20] Nicht selten ist dieses Vorgehen auch durch CSR-Codes vorgegeben, denen sich Unternehmen selbst unterworfen haben. Vgl. etwa die „Principles of Fair Labor and Responsible Sourcing and Production" der Fair Labor Association, abrufbar unter: http://www.fairlabor.org/our-work/principles.

Unternehmen verpflichten sich regelmäßig lediglich dazu, bestimmte Prozesse aufzusetzen, die die genannten Ziele fördern, nicht dazu, bestimmte Ziele zu erreichen.[21]

Diese Unterscheidung ist aber keine Besonderheit vertraglich vereinbarter CSR-Codes. Die Frage, welches Verhalten ein CSR-Code von einem Unternehmen fordert beziehungsweise ob es auch für den Erfolg der versprochenen Maßnahmen einstehen muss, durchzieht die gesamte Arbeit. Darüber hinausgehende (wissenschaftliche) Erkenntnisse verspricht die Auseinandersetzung mit ausdrücklich oder konkludent vereinbarten CSR-Codes daher nicht.[22] Verträge sind grundsätzlich einzuhalten, dies gilt auch für CSR-Codes.

Hier, wie in der gesamten Arbeit, soll daher die Frage im Vordergrund stehen, ob sich eine echte Regelbindung bereits aus der bloßen Veröffentlichung eines CSR-Codes ergeben kann. Aber: Ebenso wie im Verhältnis zu Anlegern wird dies regelmäßig und zu Recht abgelehnt.[23] Die Veröffentlichung eines CSR-Codes stellt kein rechtsgeschäftliches Angebot an einen unbestimmten Personenkreis dar,[24] weil es regelmäßig an dem erforderlichen Rechtsbindungswillen fehlen wird.[25] Wie bereits dargelegt, ist die Frage, ob eine Erklärung mit oder ohne Rechtsbindungswillen abgegeben wurde, durch Auslegung (§§ 133, 157 BGB) zu bestimmen.[26] Für Erklärungen an die Öffentlichkeit ist das Verständnis eines durchschnittlich verständigen Verkehrsteilnehmers des angesprochenen Personenkreises maßgeblich.[27] Dieser muss erkennen, ob „der Wille des Erklärenden auf [einen bindenden Vertragsantrag] geht und die Erklärung selbst derart beschaffen ist, daß sofort mit der Zustimmung des Adressaten der Vertrag zu Stande kommt".[28] Für CSR-Codes wäre ein solches Verständnis abwegig. Bereits aus dem Wortlaut und der Gestaltung von typischen CSR-Codes geht hervor, dass eine vertragliche Verpflichtung gegenüber einem konkreten Abnehmer regelmäßig nicht beabsichtigt ist. Es heißt etwa: „Mit Unterzeichnung der PRI verpflichten wir uns

---

[21] Vgl. oben S. 12 f.

[22] Von *Beckers*, Enforcing CSR-Codes, S. 48, zu Recht bezeichnet als „The Easy Case". Ebenso *Simons*, ZGR 2008, 316, 320 f.

[23] Vgl. *Beckers*, Enforcing CSR-Codes, S. 82 ff.; *Leyens*, AcP 215 (2015), 611, 631; *Glinski*, Private Regulierung, S. 217. Zum US-amerikanischen Recht insbes. *Kenny*, 27 Nw. J. Int'l L. & Bus. 453 (2007). Vgl. auch *Hanfland*, Haftungsrisiken, S. 201.

[24] Die Zulässigkeit derartiger Angebote *ad incertas personas* steht heute außer Frage, etwa BGH NJW 2016, 863, 865; BGH NJW 2007, 2912; *Bork*, AT, Rn. 716; MüKo-BGB/*Busche*, § 145 Rn. 15, 22. Anders noch *Savigny*, Obligationenrecht II, S. 89 f.; dazu eingehend etwa *Köndgen*, Selbstbindung, S. 284 ff.; 345 f.

[25] Vgl. zu den Voraussetzungen eines Antrags nur *Leenen*, AT, § 8 Rn. 6 ff.

[26] Oben S. 30.

[27] *Wolf/Neuner*, AT, § 35 Rn. 33. Eingehend zu diesem Auslegungsleitbild zudem unten S. 161 ff.

[28] Mot. I, S. 166 = Mugdan I, S. 444.

als Investoren öffentlich zu ihrer Einführung und Umsetzung [...]"[29], „At P&G, we are committed to doing our part to reduce greenhouse gas emissions [...]"[30] oder einfach „The Volvo Group shall [...]"[31]. Ein individualisierbarer Versprechensempfänger lässt sich den Codes in aller Regel nicht entnehmen. Wenn überhaupt Adressaten genannt werden, ist dies zumeist die Gesellschaft als solche.[32]

Selbst wer die Wortlauthürde nehmen mag, muss den Rechtsbindungswillen spätestens auf der nächsten – zweckorientierten – Auslegungsebene verneinen. Auszugehen ist von einem solchen nämlich nur dann, wenn eine rechtliche Bindung für den Erklärenden aus wirtschaftlicher Sicht nicht völlig fernliegend wäre.[33] Bei der Veröffentlichung von CSR-Codes ist dies gegenüber Abnehmern nicht der Fall. Aus Sicht des Anbieters ist keine Situation vorstellbar, in der ein verpflichtendes Angebot *ad incertas personas* einer unverbindlichen Äußerung aus wirtschaftlicher Sicht vorzuziehen wäre. Den Kunden, die auf die Einhaltung Wert legen, kann sich der Anbieter später – d.h. bei Abschluss des Abnahmevertrags – zur Einhaltung verpflichten und dafür eventuelle Gegenleistungen verlangen. Gegenüber allen anderen würde er sich lediglich einem Haftungsrisiko aussetzen, das durch keine wirtschaftlichen Vorteile ausgeglichen wird.

2. Einbeziehung durch erläuternde Auslegung des Abnahmevertrags

Vereinzelt wird denn auch ein eleganterer Weg vorgeschlagen: die Einbeziehung von CSR-Codes über die Auslegung nach §§ 133, 157 BGB.[34] Dem CSR-Code selbst müsste dann keine Willenserklärungsqualität zukommen. Er dient lediglich als Auslegungsmaterial für die Erklärung des Abnehmers. Auf einen Rechtsbindungswillen bei der Veröffentlichung von CSR-Codes käme es nicht an. Generell zu kommerzieller Kommunikation schreibt etwa *Leenen*:

---

[29] So die „Principles for Responsible Investment" (PRI), ein CSR-Code der Finanzbranche, abrufbar unter: https://www.unpri.org/download?ac=1537.

[30] So die „Environmental Policies & Practices" von Procter & Gamble, einem Konsumgüterhersteller, abrufbar unter: https://us.pg.com/policies-and-practices/environmental-policies-and-practices/.

[31] So der „Code of Conduct" des Automobilherstellers Volvo, abrufbar unter: https://www.volvogroup.com/content/dam/volvo/volvo-group/markets/global/en-en/about-us/our-values/code-of-conduct-and-other-policies/code_of_conduct_eng.pdf.

[32] Vgl. etwa den „ZVEI-Code of Conduct" des Zentralverbands Elektrotechnik- und Elektroindustrie, abrufbar unter: https://www.zvei.org/fileadmin/user_upload/Themen/Gesellschaft_Umwelt/ZVEI_Code_of_Conduct/pdf/ZVEI-Code-of-Conduct-Conduct-Deutsch-2014.pdf.

[33] Vgl. oben S. 34 ff.

[34] *Beckers*, Enforcing CSR-Codes, S. 77 ff.

„Willenserklärungen werden häufig auf der Grundlage von Produktinformationen, Werbemaßnahmen und sonstigen Maßnahmen zur Absatzförderung abgegeben, durch die ein Anbieter Kunden zu gewinnen sucht. Alles was rechtlich als eine Aufforderung zur Abgabe von Angeboten [...] anzusehen ist, ist Interpretationshilfe für die Erklärung dessen, der dieser Aufforderung nachgekommen ist."[35]

Dass dieser Ansatz grundsätzlich richtig ist, steht außer Zweifel.[36] Die Bestellung eines Wirtshausgastes etwa wird regelmäßig erst vor dem Hintergrund der ihm gereichten Speisekarte und der dort vermerkten Preise zu einem vollständigen Antrag, der alle *essentialia negotii* enthält.[37] Ebenso richtig ist aber, dass das relevante Auslegungsmaterial nicht uferlos ausgeweitet werden darf, weil dies die Vertragsauslegung unnötig verteuern würde.[38] Für CSR-Codes, die zwar für die Entscheidung des Abnehmers Relevanz haben können, die aber nicht zum notwendigen Mindestinhalt des Abnahmevertrags gehören, kommt es demnach an auf die konkrete Grenzziehung zwischen relevantem und irrelevantem Auslegungsmaterial.

Diese Grenze wird grundsätzlich anhand der allgemeinen Auslegungsregeln bestimmt: Maßgeblich sind alle Umstände, die ein objektiver Dritter, der gleichsam hinter dem Erklärungsempfänger steht, bei der Auslegung beachtet hätte.[39] Im Einzelfall bleibt die Abgrenzung freilich schwierig. Die Literatur hat sich daher an mehr oder minder allgemeinen Konkretisierungsvorschlägen versucht. Besonderen Erfolg konnte sie dabei nicht verbuchen: Weder das Erfordernis einer „sinngebenden Beziehung"[40] noch das Merkmal eines „konkrete[n] sachliche[n] und persönliche[n] Bezug[es]"[41] zwischen nicht rechtsgeschäftlicher Äußerung des Anbieters und rechtsgeschäftlicher Erklärung tragen wesentlich zur Bestimmtheit bei.

Weitgehend durchgesetzt hat sich daher ein relativ enger Ansatz. *Flume* etwa will nur solche Umstände berücksichtigen, „die bei dem Akt der Erklärung für die an ihr Beteiligten in Erscheinung getreten sind".[42] Ähnlich verfährt die Rechtsprechung. Wenn sie überhaupt einmal vorvertragliche kommerzielle Kommunikation des Anbieters für relevant erachtet hat, dann zumeist in Fällen, in denen auf die Werbematerialien auch im Verkaufsgespräch

---

[35] *Leenen*, AT, § 5 Rn. 66.
[36] Ebenso etwa *Medicus/Petersen*, AT, Rn. 359; Staudinger/*Schiemann*, Eckpfeiler, C. Rn. 47; Soergel/*Wolf*, § 145 Rn. 6.
[37] So das wohl typische Beispiel, vgl. wiederum *Leenen*, AT, § 5 Rn. 67.
[38] Vgl. zum US-amerikanischen Recht eindrücklich *Schwartz/Scott*, 113 Yale L. J. 541 (2003); *dies.*, 119 Yale L. J. 926 ff. (2012).
[39] Eingehend *de la Durantaye*, Erklärung und Wille (im Erscheinen), S. 81 f.; vgl. zudem etwa *Bork*, AT, Rn. 527.
[40] *Larenz/Wolf*, AT, § 28 Rn. 41.
[41] *Tiller*, Gewährleistung und Irreführung, S. 52.
[42] *Flume*, AT II, S. 310.

Bezug genommen wurde[43] oder wenn sich die kommerzielle Kommunikation bei Stückschulden konkret mit der in Rede stehende Kaufsache befasst.[44] Dem folgend, scheint auch der Reformgesetzgeber ein enges Verständnis zugrunde zu legen.[45] In der Begründung zur Schuldrechtsmodernisierung heißt es:

„Werbeaussagen des Verkäufers selbst werden in aller Regel *im Rahmen des Verkaufsgesprächs* jedenfalls dann in Bezug genommen, wenn sie konkrete Eigenschaften der Kaufsache betreffen, die die Kaufentscheidung beeinflussen können. In diesen Fällen wird regelmäßig eine entsprechende Beschaffenheitsvereinbarung anzunehmen sein."[46]

Für alles andere greife § 434 Abs. 1 S. 3 BGB.[47] Legt man diese Auffassung zugrunde, sind öffentlich geäußerte CSR-Codes ebenso wie jede andere allgemeine Publikumswerbung bei der Auslegung von Abnahmeverträgen außer Acht zu lassen. Im Hinblick auf CSR-Codes ist dieses Ergebnis typischerweise auch richtig. Generell ist zwar kaum ein schlagendes Argument ersichtlich, warum an die Öffentlichkeit gerichtete kommerzielle Kommunikation bei der Auslegung des abnehmerischen Antrags nicht auch dann relevant sein sollte, wenn sie im Verkaufsgespräch keine Rolle mehr spielt. Publikumswerbung kommt gerade im b2c-Verkehr weitaus wesentlichere Bedeutung zu als dem konkreten Verkaufsgespräch.[48] Auch bei b2b-Verträgen bezieht der Abnehmer eine Vielzahl an Informationen bereits vor Vertragsschluss und nicht selten aus öffentlichen Quellen. Bei Nischenthemen wie CSR gilt dies umso mehr, weil die dafür erforderliche Kompetenz regelmäßig nicht beim Verkaufspersonal, sondern in spezialisierten CSR-Abteilungen liegt. Dies hat aber auch der Gesetzgeber erkannt. Für den wichtigsten Anwendungsfall der Beschaffenheit der geschuldeten Kaufsache hält § 434 Abs. 1 S. 3 BGB nun eine Spezialregelung vor, die das Problem angemessen löst.[49] Für andere Vertragstypen bietet es sich daher eher an, den Anwendungsbereich des § 434

---

[43] Vgl. etwa BGHZ 132, 55, 60: Beachtlichkeit von Prospektangaben zum Kraftstoffverbrauch.

[44] BGH NJW-RR 2008, 258, 259: Beachtlichkeit eines in einem Prospekt abgedruckten Grundrisses einer zum Verkauf stehenden Wohnung; BGH NJW-RR 2011, 462, 463 f., für ein auf einem Internetverkaufsportal eingestelltes Foto, das die Kaufsache mit einer bestimmten Eigenschaft (Standheizung) zeigt. Dazu auch *Medicus/Petersen*, AT, Rn. 359 m.w.N.

[45] Bei Einführung des BGB hielt sich der Gesetzgeber noch zurück und sah sich außer Stande, alle „möglicherweise maßgebenden Umstände" festzulegen, Mot. I, S. 155 = Mugdan I, S. 437.

[46] RegE SchuldrechtsmodernisierungsG, BT-Drs. 14/6040, S. 214. Hervorhebung durch mich.

[47] Ebenda.

[48] Vgl. etwa umfassend *Lehmann*, Vertragsanbahnung, S. 55 ff.

[49] Dazu sogleich S. 155 ff.

Abs. 1 S. 3 BGB durch Analogie zu erweitern,[50] als den Umweg über §§ 133, 157 BGB zu nehmen.

Und dennoch: Selbst wenn man aus den vorgenannten Gründen einen weiteren Ansatz vorziehen wollte, dürften öffentlich geäußerte CSR-Codes regelmäßig nicht zum relevanten Auslegungsmaterial in Abnahmeverträgen zählen.

Einzige Grundlage für die Beachtung nicht rechtsgeschäftlicher Erklärungen des Anbieters bei der Auslegung des abnehmerischen Angebots ist der typische Kommunikationsprozess zwischen Anbieter und Abnehmer. Durch kommerzielle Kommunikation teilt der Anbieter dem Abnehmer bereits wesentliche Informationen über die von ihm angebotenen Waren und Dienstleistungen mit. Auf Grundlage dieser Informationen trifft der Abnehmer seine geschäftliche Entscheidung und unterbreitet sein Angebot. Aus Sicht des Abnehmers wäre es daher überflüssig, die Informationen, die er bereits von dem Anbieter erhalten hat, erneut zum Gegenstand des Verkaufsgesprächs wie des ausdrücklichen Angebots zu machen. Gesprächsbedarf besteht vielmehr nur dann, wenn Unklarheiten bestehen, dem Abnehmer (für ihn) wichtige Informationen fehlen oder wenn er verhandeln möchte. Weil der Anbieter dies weiß, wird er die Erklärung des Abnehmers auch immer auf Grundlage der von ihm selbst bereitgestellten Information auslegen.

Dieser Vorgang ließe sich in den Auslegungsprozess wie folgt übersetzen: Der objektive Dritte an Stelle des Anbieters muss all die Umstände beachten, die der Erklärende typischerweise deswegen nicht explizit in sein Angebot aufgenommen hat, weil sie der Anbieter bereits vorvertraglich hinreichend kundgetan hat. Damit wird aber auch die Begrenzung des maximal heranzuziehenden Auslegungsmaterials deutlich. Man wird wohl nur solche Äußerungen heranziehen können, die das Angebot des Abnehmers konkretisieren, nicht solche, die es ergänzen.[51] Ohne anderslautende Andeutungen des Abnehmers dürften dies regelmäßig nur solche Äußerungen sein, die die typischen vertraglichen (Haupt-)Leistungspflichten betreffen.[52] Damit, dass der Abnehmer neben dem Geforderten noch etwas Zusätzliches möchte, braucht der Anbieter nicht zu rechnen. Andernfalls wäre die Grenze der erläuternden Auslegung überschritten. Darüber hinaus ist auch bei öffentlichen Versprechungen, die das Angebot lediglich konkretisieren, maßgeblich, ob der Abnehmer erwarten darf, der Anbieter werde sie auch dann erfüllen, wenn beide auf eine ausdrückliche Vereinbarung verzichten. Ein objektiver verständiger

---

[50] Richtig *Köndgen*, in: Schulze/Schulte-Nölke (Hrsg.), Schuldrechtsreform, S. 231, 239 f.

[51] So im Ergebnis auch *Flume*, AT II, S. 310.

[52] Es nimmt denn auch nicht wunder, dass die Diskussion um die Einbeziehung kommerzieller Kommunikation durch Auslegung vor allem auf Beschaffenheitsvereinbarungen fokussiert, vgl. etwa *Beckers*, Enforcing CSR-Codes, S. 77 ff., die aber mit einem zu weiten Beschaffenheitsbegriff operiert, vgl. S. 118 ff.

Abnehmer wird dies nur dann tun, wenn die öffentliche Aussage des Anbieters so ernsthaft und so konkret ist, dass er sicher erwarten kann, der Anbieter würde sie bei Vertragsschluss mit Rechtsbindungswillen wiederholen, ohne dass es weiterer Verhandlungen bedarf. So liegt es etwa bei den bereits oben erwähnten Speisekarten.

Legt man diese Kriterien an öffentlich geäußerte CSR-Codes an, scheidet eine Einbeziehung regelmäßig aus. Typische, d.h. unternehmensbezogene oder produktbezogene, aber prozessorientierte Codes konkretisieren in aller Regel nicht das vertragliche Leistungsspektrum, sondern würden es bei rechtsgeschäftlicher Vereinbarung ergänzen. Anders als produktbezogene und erfolgsorientierte Beschaffenheitsbeschreibungen, die in der Diskussion um die Auslegung öffentlicher Erklärungen üblicherweise im Vordergrund stehen, beziehen sich typische CSR-Codes nämlich nicht auf die vertraglichen Hauptleistungspflichten.[53] Vielmehr müsste man sie als eigenständige und atypische Nebenleistungs- oder Schutzpflichten typisieren. Besonders deutlich wird diese Einteilung im Kauf- oder Werkvertragsrecht. Typische CSR-bezogene (Dauer-)Leistungspflichten oder (verbindliche) Bemühungszusagen, etwa seine Arbeitnehmer regelmäßig und pünktlich zu bezahlen, Zulieferbetriebe dauerhaft zu überwachen etc., lassen sich in das streng erfolgsorientierte Leistungsregime dieser Verträge kaum friktionslos integrieren.

Soweit es sich bei dem in Rede stehenden Rechtsgeschäft um ein Dauerschuldverhältnis handelt, kommt auch eine Einordnung als Sonderkündigungsgrund in Betracht.[54] Frei vereinbarte atypische Nebenleistungs- oder Schutzpflichten sowie über den § 314 BGB hinausgehende Sonderkündigungsrechte gehören aber nicht zum üblichen Kernbestand von Abnahmeverträgen. Zwar steht es den Parteien ohne Frage frei, sich im Rahmen ihrer privatautonomen Gestaltungsfreiheit auf deren Geltung zu einigen. Ein objektiver Abnehmer darf aber nicht erwarten, der Anbieter werde sich ohne Weiteres, insbesondere ohne weitere Gegenleistung, auf derartige zusätzliche (Leistungs-)Pflichten einlassen beziehungsweise dem Abnehmer ein besonderes Lösungsrecht zugestehen, ohne dass dies im Rahmen der Vertragsverhandlungen zur Sprache gekommen ist. Darüber hinaus dürften typische CSR-Codes häufig zu unkonkret und allgemein gehalten sein, als dass ein einzelner Abnehmer erwarten kann, der Anbieter würde sich ohne weitere Verhandlung ihm gegenüber zur Einhaltung verpflichten wollen. Die Tatsache, dass der Anbieter ein öffentliches nicht rechtsgeschäftliches Versprechen an die Allgemeinheit äußert, dürfte kaum den sicheren Schluss zulassen, er werde ein gleichlautendes rechtsgeschäftliches Versprechen ohne Gegenleistung gegenüber jedem seiner Abnehmer abgeben.

---

[53] Zum Kaufrecht ausführlich unten S. 155 ff.
[54] *Leyens*, AcP 215 (2015), 611, 630.

3. Einbeziehung durch ergänzende Auslegung des Abnahmevertrags

Schließlich muss auch die Einbeziehung von CSR-Codes durch ergänzende Vertragsauslegung (§§ 133, 157 BGB analog) in den Abnahmevertrag ausscheiden.[55] Das Versprechen, einen CSR-Code einzuhalten, ist regelmäßig allenfalls ein untergeordneter Nebenpunkt eines Abnahmevertrags. Regelungsbedürftig, wie für die ergänzende Vertragsauslegung erforderlich, ist es nicht.[56] In aller Regel wird man nämlich nicht davon ausgehen, dass es sich bei dem Weglassen konkreter Vereinbarungen über die Einhaltung eines CSR-Codes um eine beiderseitige planwidrige Regelungslücke handelt, sondern dass zumindest der Anbieter sehr bewusst auf die Vereinbarung einer dahingehenden Befolgungspflicht verzichtet hat.

II. Positive Vertrauenshaftung

Dass eine positive Vertrauenshaftung nicht in der Lage ist, eine echte Regelbindung für CSR-Codes zu begründen, wurde bereits im kapitalmarktrechtlichen Teil der Arbeit ausführlich dargestellt.[57] Für das Verhältnis des den CSR-Code äußernden Unternehmens zu seinen Abnehmern gilt nichts anderes. Die c.i.c. scheidet als Rechtsgrundlage aus. Und: Selbst wenn man eine positive Vertrauenshaftung auf anderer Grundlage anerkennen möchte, wäre sie nicht geeignet, dauerhafte Leistungsverpflichtungen des Vertrauensschuldners zu begründen.[58] Die Probleme, die sich daraus ergeben – etwa die Bestimmung eines konkreten Leistungszeitraums –, werden sogar besonders deutlich, wenn man sich die Situation eines typischen Austauschvertrags vor Augen hält. Wie lange etwa soll der Verkäufer einer Sache dazu verpflichtet sein, einen vorvertraglich geäußerten CSR-Code einzuhalten? Was wären die an einen Verstoß zu knüpfenden Rechtsfolgen? Bestehen Überwachungsrechte des Käufers? Wie kann sich der Verkäufer von seiner Pflicht lösen? All dies zeigt einmal mehr, dass eine positive Vertrauenshaftung, will man sie denn anerkennen, vor allem dort sinnvoll ist, wo eine Person auf eine einmalige und hinreichend konkretisierte Leistung vertraut, in anderen Fällen gerät sie schlimmstenfalls zur reinen Fiktion.

III. Kaufrechtliche Äußerungshaftung, § 434 Abs. 1 S. 3 BGB

Die kaufrechtliche Haftung für öffentliche Äußerungen (§ 434 Abs. 1 S. 3 BGB) spielt eine erhebliche Rolle in der zu CSR-Codes ergangenen

---

[55] Dazu etwa *Leyens*, AcP 215 (2015), 611, 626 f.
[56] Vgl. etwa RGZ 87, 211, 213; BGHZ 163, 42, 47; BGHZ 127, 138, 142; Erman/*Armbrüster*, § 157 Rn. 16; MüKo-BGB/*Busche*, § 157 Rn. 38 ff.; Staudinger/*Roth*, § 157 Rn. 15.
[57] Oben S. 60 f.
[58] Vgl. *Bachmann*, Private Ordnung, S. 243 ff., 256.

Literatur. Systematisch erweitert § 434 Abs. 1 S. 3 BGB die übliche Beschaffenheit der Kaufsache (§ 434 Abs. 1 S. 2 Nr. 2 BGB) um solche Beschaffenheitsmerkmale, die Käufer aufgrund der öffentlichen Aussagen des Verkäufers sowie qualifizierter Dritter erwarten dürfen.[59] Die öffentlichen Äußerungen nehmen damit direkten Einfluss auf die Sollbeschaffenheit der Kaufsache und damit auf die Hauptleistungspflicht des Verkäufers, die Verschaffung einer mangelfreien Kaufsache.

1. Grundsatz: Begrenztheit des Beschaffenheitsbegriffs

Die Grenze der kaufrechtlichen Haftung für kommerzielle Kommunikation ist der kaufrechtliche Beschaffenheitsbegriff.[60] Mit anderen Worten: Das Versprechen, einen CSR-Code einzuhalten, ist nur insoweit kaufrechtlich relevant, wie es sich auf die Beschaffenheit der Kaufsache selbst bezieht. Ob beziehungsweise wann dies der Fall ist, wird in der Literatur lebhaft diskutiert.[61] Die Diskussion leidet allerdings darunter, dass nicht hinreichend sauber zwischen den unterschiedlichen Arten von CSR-Codes unterschieden wird.[62] Produktbezogene Erfolgsversprechen – etwa ein Produkt enthalte keine schädigenden Inhaltsstoffe, ein Auto stoße nur bestimmte Schadstoffe aus etc. – lassen sich vollkommen unproblematisch unter den kaufrechtlichen Beschaffenheitsbegriff fassen.[63] Und: Richtigerweise sind auch herstellungsprozessbezogene Erfolgsversprechen als Beschaffenheitsbestimmung zu verstehen.[64] Problematisch ist die Einordnung „nur" dann, wenn ein CSR-Code unternehmensbezogene Faktoren betrifft oder aber produktbezogene Faktoren beschrieben sind, das Unternehmen jedoch nur prozessorientierte Zusagen tätigt. Hierbei handelt es sich allerdings um die typischen Konstellationen; nur sie behandelt diese Arbeit.

---

[59] Etwa *Weiler*, WM 2002, 1784, 1786.

[60] MüKo-BGB/*Westermann*, § 434 Rn. 26 f.

[61] *Asmussen*, NJW 2017, 118, 119 f.; *Augenhofer*, in: Kobel/Këllezi/Kilpatrick (Hrsg.), Antitrust, S. 507, 518; *Beckers*, Enforcing CSR-Codes, S. 119 f.; *Glinski*, Private Regulierung, S. 186 ff.; *Kocher*, 18 IJCLLIR 265, 269 f. (2002); *Schrader*, ZUR 2013, 451, 452; *Zimmer*, Soziale Mindeststandards, S. 250 ff. Bezogen auf die Verbrauchsgüterkauf-RL *Collins*, 22 ERPL 619, 638 (2014); *Glinski/Rott*, EuZW 2003, 649, 652 ff.; *Wilhelmsson*, 6 Y.B. N.Z. Juris. 83, 92 ff. (2002-2003).

[62] Vgl. dazu oben S. 10 ff.

[63] *Asmussen*, NJW 2017, 118, 119. Im Ergebnis ebenso *Dilling*, in: Winter (Hrsg.), Umweltverantwortung, S. 283, 294; *Zimmer*, Soziale Mindeststandards, S. 250.

[64] *Asmussen*, NJW 2017, 118, 119 f.; *Augenhofer*, in: Kobel/Këllezi/Kilpatrick (Hrsg.), Antitrust, 507, 518; *Beckers*, Enforcing CSR-Codes, S. 119 f.; *Glinski*, Private Regulierung, S. 186 ff.; *Kocher*, 18 IJCLLIR 265, 269 f. (2002); *Schrader*, ZUR 2013, 451, 452; *Zimmer*, Soziale Mindeststandards, S. 250 ff. Bezogen auf die Verbrauchsgüterkauf-RL *Collins*, 22 ERPL 619, 638 (2014); *Glinski*, EuZW 2003, 649, 652 ff.; *Wilhelmsson*, 6 Y.B. N.Z. Juris. 83, 92 ff. (2002-2003).

2. Reichweite des Beschaffenheitsbegriff im Hinblick auf CSR-Codes

Wie weit der kaufrechtliche Beschaffenheitsbegriff reicht, wurde bereits zum alten Schuldrecht ausgiebig diskutiert.[65] Die Frage ist auch nach der Modernisierung nicht abschließend beantwortet: Zwar ist allgemein anerkannt, dass zur Beschaffenheit einer Kaufsache nicht nur deren physische Eigenschaften, sondern auch Umweltbeziehungen zählen.[66] Umstritten ist aber, ob und inwieweit sich die Umweltbeziehungen auf die physischen Merkmale der Kaufsache beziehen müssen.[67]

Vorzugswürdig ist ein weiter Beschaffenheitsbegriff, der grundsätzlich alle tatsächlichen, rechtlichen und wirtschaftlichen Beziehungen der Sache zur Umwelt umfasst, sofern sie einen Bezug zur Sache aufweisen.[68] Hierfür spricht nicht zuletzt, dass die Anknüpfung an die physischen Merkmale der Sache zu erheblichen Abgrenzungsproblemen und damit zu Rechtsunsicherheit führt.[69] Ein weit verstandener Beschaffenheitsbegriff scheint zudem eher der Konzeption des subjektiven Mangelbegriffs zu entsprechen.[70] Er liegt überdies auf der Linie der Verbrauchsgüterkaufrichtlinie, die in Art. 2 Abs. 1 Verbrauchsgüterkauf-RL von „dem Kaufvertrag gemäße Güter" spricht.[71]

a) Ausschluss unternehmensbezogener Faktoren

Auch wenn grundsätzlich eine weite Auslegung des Beschaffenheitsbegriffs angezeigt ist, umfasst dieser unternehmensbezogene Faktoren nicht. Es muss auch weiterhin zwischen Mängelgewährleistung und sonstigen Verkäufer-

---

[65] Vgl. die ausführliche Darstellung des Streitstands bei *Singer*, 50 Jahre BGH-Wiss-FG, 381, 386 ff.

[66] Auch nach restriktiver Auffassung werden zumindest solche wirtschaftlichen und rechtlichen Umstände erfasst, die der Sache unmittelbar und für eine gewisse Dauer anhaften, etwa OLG Hamm ZGS 2005, 315, 316; *Huber*, AcP 202 (2002), 179, 225 ff.; Palandt/*Weidenkaff*, § 434 Rn. 10.

[67] Auch vom Reformgesetzgeber wurde dies ausdrücklich offengelassen, RegE SchuldrechtsmodernisierungsG, BT-Drs. 14/6040, S. 213.

[68] So etwa *Eckert/Maifeld/Matthiessen*, HdB Kaufrecht, Rn. 343; *Looschelders*, Schuldrecht BT, Rn. 38; Staudinger/*Matusche-Beckmann*, § 434 Rn. 54; *Reinicke/Tiedtke*, Kaufrecht, Rn. 307; *Redeker*, Beschaffenheitsbegriff, S. 207 ff.; *Redeker*, NJW 2012, 2471, 2473 f. In diese Richtung auch *Lüttringhaus*, AcP 219 (2019), 29, 48. A.A. etwa BeckOK-BGB/*Faust*, BGB, § 434 Rn. 22; *Grigoleit/Herresthal*, JZ 118, 124; Erman/*Grunewald*, § 434 Rn. 3.

[69] *Reinicke/Tiedtke*, Kaufrecht, Rn. 309; Staudinger/*Matusche-Beckmann*, § 434 Rn. 54. Die Unschärfe dieses Abgrenzungsmerkmals zeigt sich etwa daran, dass auch Vertreter eines engeren Beschaffenheitsbegriffs die Produktion eines Pkw im Inland als physische Beschaffenheit einordnen, so ausdrücklich *Grunewald*, Kaufrecht, 2006, § 7 Rn. 7.

[70] *Redeker*, Beschaffenheitsbegriff, 209 ff; *Reinicke/Tiedtke*, Kaufrecht, Rn. 302.

[71] *Häublein*, NJW 2003, 388, 390; *Roth*, NJW 2004, 330, 331; *Schmidt*, BB 2005, 2763, 2765; a.A. *Grunewald*, Kaufrecht, § 7 Rn. 6.

pflichten unterschieden werden.[72] Selbst Autoren, die für einen weiten Beschaffenheitsbegriff eintreten, sind dementsprechend der Ansicht, dass der Beschaffenheitsbegriff nur Parteivereinbarungen hinsichtlich der Kaufsache selbst erfasst.[73] Hierfür sprechen sowohl der Wortlaut von § 434 Abs. 1 S. 1 BGB als auch der des Art. 2 Verbrauchsgüterkaufrichtlinie: Beide stellen auf die Beschaffenheit der *Sache* beziehungsweise die Vertragsgemäßheit der *Güter* ab.[74] Es ist eben die Kaufsache selbst, die vertragsgemäß zu sein hat.[75]

Bei unternehmensbezogenen Faktoren ist diese Grenze überschritten.[76] Sie betreffen weder Qualität noch Herstellung der Kaufsache, sondern das Verhalten des Herstellers generell. Dass das Kaufmängelgewährleistungsrecht ungeeignet ist, um Erwartungen hinsichtlich unternehmensbezogener Faktoren angemessen zu schützen, zeigt auch ein Blick auf die Rechtsfolgen. Kernstück des Kaufmängelgewährleistungsrechts ist der Nacherfüllungsanspruch (§ 439 BGB).[77] Erst wenn der Verkäufer den Mangel auch durch Nacherfüllung nicht beheben konnte oder diese unmöglich ist, stehen dem Käufer die übrigen Ansprüche, insbesondere Minderung, Rücktritt und/oder Schadensersatz, zu. Im Hinblick auf produktbezogene Interessen ist Nacherfüllung regelmäßig möglich.[78] Die gekauften Fahrzeuge etwa könnten – zumindest theoretisch – so umgerüstet werden, dass sie die versprochenen Abgaswerte einhalten, oder es könnten neue, den Absprachen gemäße Fahrzeuge geliefert werden. Ebenso ist es möglich, neue Produkte zu liefern, die herstellungsbezogenen Vorgaben entsprechen. Für unternehmensbezogene Faktoren sind Nacherfüllung und Ersatzlieferung regelmäßig nicht möglich. Dem Interesse, Waren von einem Unternehmen zu beziehen, das eine nachhaltige Unternehmenspolitik verfolgt, wird nicht dadurch genüge getan, dass das Unternehmen neue, nachhaltige Produkte liefert. Der Verkäufer müsste Maßnahmen ergreifen, die sein Image als nachhaltiges Unternehmen wiederherstellen. Eine solche Pflicht hat keinen Bezug mehr zu der konkreten Kaufsache und lässt sich überdies nicht einmal auf das konkrete Vertragsverhältnis zwischen Verkäufer und Käufer begrenzen. Unternehmensbezogene Faktoren als Be-

---

[72] So zu recht *Grunewald*, Kaufrecht, § 7 Rn. 5.
[73] *Reinicke/Tiedtke*, Kaufrecht, Rn. 307; Staudinger/*Matusche-Beckmann*, § 434 Rn. 54 m.w.N.; *Lüttringhaus*, AcP 219 (2019), 29, 48 ff.
[74] *Redeker*, Beschaffenheitsbegriff, S. 8f. Ebenso, aber für einen engeren Beschaffenheitsbegriff *Grigoleit/Herresthal*, JZ 118, 123; vgl. auch *Canaris*, Karlsr. Forum 2002, 5, 61. Zu weit daher *Berger*, JZ 2004, 276, 278.
[75] *Glinski*, Private Regulierung, S. 188.
[76] Zu weit daher *Beckers*, Enforcing CSR-Codes, S. 119; wohl auch *Lüttringhaus*, AcP 219 (2019), 29, 56 f.
[77] *Looschelders*, Schuldrecht BT, Rn. 82. A.A. *Glinski*, Private Regulierung, S. 217.
[78] A.A. *Beckers*, Enforcing CSR-Codes, 122.; *Glinski*, Soziale Mindeststandards, 191 f., die aber nicht hinreichend zwischen produkt- und unternehmensbezogenen Faktoren unterscheiden.

schaffenheit der Kaufsache einzuordnen, würde den Beschaffenheitsbegriff also auch im Hinblick auf das Rechtsfolgenregime überdehnen.

b) Ausschluss prozessorientierter Versprechen

Aus dem gleichen Grund fallen auch prozessorientierte Versprechen hinsichtlich produktbezogener Faktoren nicht unter den kaufrechtlichen Beschaffenheitsbegriff. Sie stehen zwar in einer näheren Beziehung zu den Produkten des Unternehmens als rein unternehmensbezogene Codes. Auch sie beziehen sich aber nicht auf die Kaufsache selbst. Dies wäre nur dann der Fall, wenn der Käufer erwarten könnte, dass jede (regulär produzierte) Kaufsache die angepriesenen Eigenschaften aufweist. Denkbar ist das nur bei erfolgsorientierten Versprechen. Verpflichtende Bemühungszusagen kennt die kaufrechtliche Äußerungshaftung dagegen nicht. Insofern unterscheidet sich § 434 Abs. 1 S. 3 BGB sowohl vom allgemeinen Vertragsrecht als auch von vorvertraglichen Täuschungsverboten: § 311 Abs. 1 BGB stellt es den Parteien frei, sich privatautonom auf jeden gewünschten Vertragsinhalt zu verpflichten, selbstverständlich auch darauf, sich um die Einhaltung einer bestimmten Regel zu bemühen. Ein Anfechtungsrecht nach § 123 Abs. 1 BGB steht auch demjenigen zu, der über eine innere Tatsache getäuscht wurde, etwa darüber, der Täuschende habe die Absicht, bestimmte Regeln einzuhalten.

So richtig es für das allgemeine Vertragsrecht und das vorvertragliche Täuschungsverbot ist, verpflichtende Bemühungszusagen anzuerkennen, so richtig ist es, sie im Kaufrecht auszuschließen. Das Kaufrecht ist streng erfolgsbezogen; der Verkäufer erfüllt seine Pflicht aus § 433 Abs. 1 BGB, wenn er dem Käufer das Eigentum an einer Sache verschafft, die der Beschaffenheit nach §§ 434, 435 BGB entspricht. Dass sich der Verkäufer um die Einhaltung einer produktbezogenen Regel bemüht, hat aber nicht zwingend Einfluss auf die Beschaffenheit der Kaufsache selbst. Fruchten die Anstrengungen des Verkäufers, mag dies so sein. Seine Bemühungszusage würde er aber auch erfüllen, wenn dies nicht der Fall ist. Verpflichtende Bemühungszusagen sind Leistungsversprechen, die typologisch denen des Dienstvertrags entsprechen. Wie unternehmensbezogene Versprechen beziehen sich auch produktbezogene Bemühungszusagen daher nicht auf die Kaufsache selbst und können damit keinen Einfluss nehmen auf die geschuldete Beschaffenheit.

3. Systematische Erweiterung des Beschaffenheitsbegriffs

Andenken ließe sich aber, ob § 434 Abs. 1 S. 3 BGB nicht aus systematischen Gründen ein anderer Beschaffenheitsbegriff zugrunde liegen müsste als den übrigen Bestimmungen des § 434 Abs. 1 BGB.

Ein Großteil der Literatur sieht in § 434 Abs. 1 S. 3 BGB eine Haftungsnorm für täuschende Werbeangaben.[79] Eindrücklich beschreibt den Normzweck etwa *Grundmann*:

> „Wenn nämlich der Kunde de facto bei Empfang der Werbung entscheidet, so ist die Sanktionsnotwendigkeit für die Richtigkeit von Aussagen im Rahmen entgeltlicher Geschäfte schon auf diesen Zeitpunkt zu beziehen."[80]

Auch die Gesetzesbegründung zur Schuldrechtsmodernisierung spricht von einer „Haftung des Verkäufers für öffentliche Äußerungen", die „dem Schutz vor unzutreffenden Werbeaussagen" diene.[81] Deutlich wird dies auch im Wortlaut der Norm: Die Haftung ist ausgeschlossen, wenn die öffentliche Äußerung rechtzeitig „berichtigt war", § 434 Abs. 1 S. 3 a.E. Var. 2 BGB. Wenn diese Einordnung richtig ist, ließe sich aber argumentieren, dass ein so geartetes Täuschungsverbot einer Beschränkung auf den Beschaffenheitsbegriff nicht bedarf. Vielmehr: Wenn es lediglich um den Schutz vor unzutreffenden Werbeaussagen ginge, wäre eine Beschränkung auf den Beschaffenheitsbegriff kontraproduktiv.

§ 434 Abs. 1 S. 3 BGB auf ein reines Täuschungsverbot zu beschränken, wird der Norm aber nicht gerecht. Neben der geschäftlichen Entscheidungsfreiheit schützt die Norm auch das Äquivalenzinteresse. Soweit die öffentliche Äußerung des Verkäufers die Sollbeschaffenheit bestimmt, haftet dieser auf Erfüllung – dies selbstverständlich auch dann, wenn die öffentliche Äußerung richtig ist. Gewährleistungsrechte greifen erst dann, wenn er seine Hauptleistungspflicht zur Lieferung einer mangelfreien Sache verletzt.[82] Besonders deutlich wird der Schutz des Äquivalenzinteresses in Dreieckskonstellationen: Bei fehlerhaften Herstellerangaben haftet nicht dieser; vielmehr hat der Käufer einen Anspruch auf Lieferung einer den Angaben des Herstellers entsprechenden Kaufsache gegen den Verkäufer als seinen Vertragspartner.

Im Ergebnis wird man die Norm daher allenfalls als Hybrid aus einer das Äquivalenzinteresse schützenden vertragsrechtlichen Regelung und einem auf die geschäftliche Entscheidungsfreiheit gerichteten Täuschungsverbot ansehen können. Eine Abkehr vom kaufrechtlichen Beschaffenheitsbegriff rechtfertigt dies nicht.

4. Erweiterung des Beschaffenheitsbegriffs über den Auslegungsmaßstab

Bisweilen wird gegen den Ausschluss von prozessorientierten CSR-Codes aus dem Beschaffenheitsbegriff erinnert, dass der Durchschnittskäufer zwi-

---

[79] A.A. *Kasper*, ZGS 2007, 172.
[80] *Grundmann*/Bianca, EU-Kaufrechts-RL, Art. 2 Rn. 34.
[81] RegE SchuldrechtsmodernisierungsG, BT-Drs. 14/6040, S. 241.
[82] Zu Recht herausstellend *Kasper*, ZGS 2007, 172.

schen solchen und erfolgsorientierten Codes nicht unterscheiden könnte.[83] Dieser würde selbst dann erwarten, dass ein Unternehmen den Erfolg eines CSR-Codes (auch über die gesamte Lieferkette) sicherstellt, wenn es lediglich verspricht, sich um die Einhaltung zu bemühen. Demnach müssten auch prozessorientierte Versprechen in CSR-Codes unter den Beschaffenheitsbegriff des Kaufrechts fallen. Die Sollbeschaffenheit der Kaufsache richtet sich nämlich nur danach, was der Käufer auf Grundlage der öffentlichen Äußerung des Verkäufers beziehungsweise der in § 434 Abs. 1 S. 3 BGB genannten Dritten „erwarten kann".

Mit anderen Worten: Die öffentliche Äußerung – hier das Versprechen, einen CSR-Code einzuhalten – ist auszulegen. Und: Je nachdem, welcher Auslegungsmaßstab anzulegen ist, könnten mehr oder weniger CSR-Codes eine (Erfüllungs-)Haftung nach § 434 Abs. 1 S. 3 BGB auslösen. Wenn die Käuferschaft nämlich schon nicht zwischen prozess- und erfolgsorientierten Codes unterscheiden kann, ließe sich vermuten, dass sie bisweilen auch den Unterschied zwischen produkt- und unternehmensbezogenen Faktoren nicht erkennen.

a) Ausgangslage

Der Einwand ist nicht trivial und befasst sich mit den Grundlagen der Auslegungsdogmatik. Welcher Auslegungsmaßstab beziehungsweise welche Auslegungsmethode § 434 Abs. 1 S. 3 BGB zugrunde liegt, ist in der Literatur umstritten.[84] Rechtsprechung existiert, soweit ersichtlich, nicht.

Ihre Grundlage finden die unterschiedlichen Ansätze in den systematischen und phänomenologischen Besonderheiten der Norm: § 434 Abs. 1 S. 3 BGB ist Teil des besonderen Schuldrechts, seine Rechtsfolgen sind klassisch vertragsrechtlich. Auszulegen ist aber kommerzielle Kommunikation, keine Willenserklärungen. Und: § 434 Abs. 1 S. 3 BGB geht zurück auf Art. 2 Abs. 2 lit. d Var. 3 Verbrauchsgüterkauf-RL und ist zumindest für qualifiziert einseitige Unternehmensgeschäfte richtlinienkonform auszulegen.[85] Während Verträge grundsätzlich nach §§ 133, 157 BGB auszulegen sind, ist dies für Wissenserklärungen – etwa Werbung – nicht zwingend.[86] Mit den lauterkeitsrechtlichen Auslegungsmaßstäben stehen dem deutschen Privatrecht zudem abweichende Regelungen zur Verfügung, die konkret zugeschnitten sind auf die Inhaltsbestimmung von an die Allgemeinheit adressierter kommerzieller Kommunikation.[87] Diese sind wiederum geprägt von dem durch den EuGH

---

[83] So für das Lauterkeitsrecht *Zimmer*, Soziale Mindeststandards, S. 263.
[84] Vgl. eingehend *Kasper*, ZGS 2007, 172, 174 ff.
[85] Vgl. zum Anwendungsbereich der Verbrauchsgüterkauf-RL *Grundmann*/Bianca, EU-Kaufrechts-RL, 2002, Einl. Rn. 22 ff., zum zwingenden Charakter insbes. Rn. 33 f.
[86] Etwa *Tiller*, Gewährleistung und Irreführung, S. 57 ff., 59.
[87] Etwa *Bernreuther*, MDR 2003, 63, 66; MüKo-BGB/*Westermann*, § 434 Rn. 29.

entwickelten Leitbild des „mündigen Verbrauchers". Innerhalb dieses Spielfelds gilt es, den richtigen Auslegungsmaßstab für § 434 Abs. 1 S. 3 BGB auszuloten.

b) Europäisches Verbraucherleitbild als Maßstab für b2c-Konstellationen

Ihren Ausgangspunkt muss die Untersuchung bei b2c-Konstellationen nehmen. Für sie ist § 434 Abs. 1 S. 3 BGB vor dem Hintergrund der Verbrauchsgüterkaufrichtlinie auszulegen, die für kommerzielle Kommunikation einen eigenen Auslegungsmaßstab vorsieht (vgl. Art. 2 Abs. 2 lit. d)): Geschuldet ist die Beschaffenheit, die ein Käufer nach den öffentlichen Äußerungen „vernünftigerweise erwarten kann".[88] Die Passage ist richtigerweise als Verweis auf das Verbraucherleitbild des EuGH[89] zu lesen, das dementsprechend auch der Auslegung im Rahmen des § 434 Abs. 1 S. 3 BGB zugrunde liegen muss.[90]

c) Vergleich zur Auslegung nach §§ 133, 157 BGB

Innerhalb der deutschen Literatur wird die Anwendung des Verbraucherleitbildes mitunter mit dem Argument kritisiert, eine Auslegung nach dem Verbraucherleitbild stelle verbraucherschützende Aspekte zu sehr in den Vordergrund und vernachlässige den vertragsrechtlichen Charakter des § 434 Abs. 1 S. 3 BGB.[91] Dieser Kritik scheint im Ergebnis die gleiche Überlegung zugrunde zu liegen, auf der auch die Idee einer Gleichstellung von prozess- und produktorientierten CSR-Codes über den Weg der Auslegung fußt: Das Verbraucherleitbild stelle geringere Anforderungen an die Auslegung als die §§ 133, 157 BGB.

Richtig ist das nicht. Wie ein Vergleich beider Auslegungsmaßstäbe zeigt, weichen sie, wenn überhaupt, nur marginal voneinander ab. Dies zeigt sich

---

[88] Art. 2 Abs. 2 lit. d) weicht damit von dem Grundsatz der Richtlinie ab, Auslegungsfragen dem nationalen Recht zu überlassen, vgl. *Grundmann*/Bianca, EU-Kaufrechts-RL, Einl. Rn. 35; Art. 8 Rn. 3.

[89] Ein europäisches Verbraucherleitbild gibt es nicht. Vgl. allein zu den unterschiedlichen Ausgestaltungen im Sekundärrecht *Stuyk*, in: Klinck/Riesenhuber (Hrsg.), Verbraucherleitbilder, S. 115 ff.; zum Primärrecht etwa *Cremer/Ostermann*, in: Klinck/Riesenhuber (Hrsg.), Verbraucherleitbilder, S. 81 ff. In dieser Arbeit soll mit dem Begriff das Leitbild bezeichnet werden, das der EuGH für kommerzielle Kommunikation entwickelt hat.

[90] Zu Recht *Amtenbrink/Schneider*, VuR 1999, 293, 300; *Glinski/Rott*, EuZW 2003, 649, 653 f.; *Grundmann*/Bianca, EU-Kaufrechts-RL, Art. 2 Rn. 34 (Fn. 3); *Jorden*, Verbrauchergarantien, S. 95; *Lehmann*, JZ 2000, 280, 284; *Schäfer/Pfeiffer*, ZIP 1999, 1829; *Sack*, GRUR 2004, 625, 628; *ders.*, WRP 1998, 264, 265 ff. A.A. *Tiller*, Gewährleistung und Irreführung, S. 68 f.; *Alexander*, Vertrag und unlauterer Wettbewerb, S. 198 f.

[91] *Tiller*, Gewährleistung und Irreführung, S. 69 f.; in diese Richtung wohl auch *Alexander*, Vertrag und unlauterer Wettbewerb, S. 198 f.

bereits bei relativ hoher Flughöhe – bei einem Blick auf die Definitionen: Europarechtlich maßgeblich ist der „mündige", d.h. durchschnittlich informierte, verständige und adäquat aufmerksame Durchschnittsverbraucher.[92] Die §§ 133, 157 BGB stellen bei Erklärungen an die Öffentlichkeit ab, auf den Verständnishorizont eines durchschnittlichen Verkehrsteilnehmers.[93]

Die Ähnlichkeiten setzen sich im Detail fort, wie im Folgenden zu zeigen ist. Dazu lassen sich beide Modelle in drei Elemente unterteilen: Entscheidend ist jeweils, wie ein (fiktionaler) Musteradressat (dazu bb)) die Erklärung unter Rückgriff auf das ihm zur Verfügung stehende Auslegungsmaterial (dazu aa)) und unter Anwendung eines entsprechenden Sorgfaltsmaßstabs interpretiert (dazu cc)).

aa) Heranzuziehendes Auslegungsmaterial

Anders als bei der Auslegung empfangsbedürftiger Willenserklärungen an einen individualisierten Empfänger besteht das relevante Auslegungsmaterial der objektiven Auslegung nach §§ 133, 157 BGB bei Erklärungen an die Allgemeinheit nicht aus den Umständen, die der konkrete Interpret kannte oder kennen konnte. Maßgeblich sind neben der Erklärung selbst nur solche Umstände, die jedem Mitglied der angesprochenen Verkehrskreise zugänglich sind.[94] Auch der EuGH zieht neben der kommerziellen Kommunikation selbst allenfalls solche Umstände heran, die allgemein zugänglich sind.[95] Im Regelfall beschränkt sich die Auslegung bei öffentlichen Äußerungen aber sowohl im Rahmen der §§ 133, 157 BGB als auch nach dem Verbraucherleitbild auf die Äußerung selbst, wobei es freilich auf die gesamte Aufmachung der Äußerung ankommt, nicht nur auf ihren Text.

bb) Eigenschaften des (fiktionalen) Musteradressaten

Der (fiktionale) Musteradressat ist das Kernelement beider Auslegungsmaßstäbe. Aufteilen lassen sich die ihm zugeschriebenen Eigenschaften wiederum in seinen Kenntnisstand sowie seine kognitive Befähigung.

Kenntnis hat der durchschnittliche Verkehrsteilnehmer der §§ 133, 157 BGB etwa von typischen Sprach-[96] und Verhaltensgewohnheiten[97] sowie

---

[92] EuGH, Rs. C-210/96, ECLI:EU:C:1998:369 – *Gut Springheide*.
[93] *Wolf/Neuner*, AT, § 35 Rn. 33.
[94] *Wolf/Neuner*, AT, § 35 Rn. 33.
[95] EuGH, Rs. C-210/96, ECLI:EU:C:1998:369, Rn. 2 – *Gut Springheide*.
[96] Grds. ist vom allgemeinen Sprachgebrauch auszugehen, innerhalb bestimmter Verkehrskreise setzt sich die dortige „Spezialsprache" durch, vgl. etwa BGH NJW 1999, 3191 f.; BGH NJW-RR 1995, 364 f.; BGH NJW-RR 1994, 1108, 1109; eingehend auch *Schimmel*, JA 1998, 979, 984.
[97] Es gilt der „soziale Konsens", HK-BGB/*Dörner*, § 133 Rn. 4.

der Verkehrssitte (vgl. § 157 BGB).[98] Er kann daneben auch auf Fachwissen zurückgreifen, das im Hinblick auf seinen Verkehrskreis typisch beziehungsweise durchschnittlich ist.[99] Gleiches dürfte für besondere fachliche Fähigkeiten gelten. Durchschnittlich scheint in diesem Zusammenhang wörtlich gemeint: Abgestellt wird nicht auf einen besonders kenntnisreichen Spezialisten innerhalb eines Verkehrskreises, nicht auf denjenigen mit dem geringsten Kenntnisstand, sondern auf einen üblichen Teilnehmer.

Auch der EuGH geht von einem durchschnittlich informierten Verbraucher aus. Urteile, in denen er sich konkret mit der Informiertheit auseinandersetzt, sind zwar selten.[100] Wenn er aber konkrete Ausführungen macht, liegt der Fokus auf der Frage, welches Maß an Fachwissen ein Verbraucher des jeweiligen Produkts üblicherweise hat. In *Darbo* führt er etwa aus, der Großteil der Verbraucher wisse, dass natürlich angebaute Gartenfrüchte den üblichen in der Atmosphäre vorhandenen Schadstoffen und Pestiziden ausgesetzt seien und aus solchen Früchten hergestellte Produkte Spuren dieser Substanzen enthalten können.[101] Verbraucher würden daher auch dann nicht davon ausgehen, eine Konfitüre sei vollständig frei von Schadstoffen, wenn ihr Hersteller mit dem Begriff „naturrein" werbe.[102] Daneben wisse der Verbraucher auch um übliche Marketing- beziehungsweise Verkaufsmethoden. Er kenne etwa den Unterschied zwischen kurzzeitigen Sonderverkäufen und halbjährlichen Schlussverkäufen, wie sie in den 1980er-Jahren in Luxemburg Usus waren.[103]

Zumindest sprachlich geht auch der EuGH bei der Bestimmung der durchschnittlichen Informiertheit einen deskriptiven Weg.[104] Bei der Auslegung seien etwa „soziale, kulturelle oder sprachliche Eigenheiten" der Mitgliedsstaaten zu beachten.[105]

Ein anderes Bild zeigt sich im Hinblick auf die kognitiven Fähigkeiten des Musteradressaten, d.h. seine Fähigkeit, ihm dargebotene Informationen und vorhandenes Wissen zu verarbeiten.[106] Während die deutsche Rechtsprechung

---

[98] Statt vieler Staudinger/*Singer*, § 133 Rn. 45. Grundlegend, i.E. aber zu weitgehend *Heck*, AcP 112 (1914), 1, 43.

[99] Vgl. etwa OLG Düsseldorf NZBau 2016, 55, 60: „Schulwissen" sei vorauszusetzen; BGHZ 84, 268, 272: versicherungsrechtliches Spezialwissen ist hingegen nicht zu fordern.

[100] Wohl nur EuGH, Rs. C-465/98, ECLI:EU:C:2000:184, – *Darbo* und EuGH, GRUR-Int. 1990, 955 – *GB-INNO-BM/Confédératio*.

[101] EuGH, Rs. C-465/98, ECLI:EU:C:2000:184, Rn. 27 ff. – *Darbo*.

[102] EuGH, Rs. C-465/98, ECLI:EU:C:2000:184, Rn. 27 ff. – *Darbo*.

[103] EuGH, GRUR-Int. 1990, 955, 956 – *GB-INNO-BM/Confédératio*.

[104] Ob der EuGH diese Aussagen unter das Kriterium „durchschnittlich informiert" fassen will, ist allerdings nicht ganz ersichtlich. Er scheint es eher als allgemeines Kriterium der Irreführungsprüfung zu betrachten.

[105] EuGH, Rs. C-220/98, ECLI:EU:C:2000:8, Rn. 29 – *Estée Lauder*.

[106] Vgl. *Wunderle*, Verbraucherschutz, S. 169.

annähernd durchgehend von einem „verständigen" Verkehrsteilnehmer spricht, wird die Literatur deutlicher: *Wolf/Neuner* stellen etwa ab auf einen „redlichen, verständigen und folgerichtig denkenden" Menschen, *Flume* auf einen „reasonable man".[107] Auch der historische Gesetzgeber ging davon aus, die Auslegung von Willenserklärungen sei ausschließlich geleitet von „praktische[r] Logik".[108] Hinter diesen Umschreibungen verbirgt sich kein deskriptiv beziehungsweise empirisch bestimmbarer Durchschnittsteilnehmer, sondern das normative Ideal eines unbeschränkt rationalen Verkehrsteilnehmers. Hierfür sprechen auch in der Rechtsprechung verbreitete Auslegungsmaximen, etwa die, dass im Zweifel das (wirtschaftlich) Vernünftige gewollt sei und dass die Auslegung nicht zu einem Ergebnis führen dürfe, das die Erklärung sinnlos oder widersprüchlich erscheinen lässt.[109]

Das Verbraucherleitbild des EuGH scheint sich hiervon nicht grundsätzlich zu unterscheiden: Zwar stellt der EuGH auf einen „durchschnittlich verständigen Verkehrsteilnehmer" ab, sodass zumindest sprachlich mehr Spielraum besteht.[110] Ein „durchschnittlicher Verstand" müsste schließlich all solche typischen Fehler und Begrenzungen abbilden, denen die der Durchschnittsbildung zugrunde liegenden Menschen tatsächlich unterliegen.[111] Der EuGH hat diesen Weg bisher aber nicht beschritten. Trotz der offenen Definition operiert er nicht mit einem deskriptiven Durchschnitts-, sondern mit einem normativen (unbeschränkt) rationalen Musterverbraucher.[112] In alternativen Formulierungen zum Verbraucherleitbild heißt es dementsprechend, maßgeblich sei ein „kritischer", ein „angemessen verständiger", ein „mündi-

---

[107] *Flume*, AT II, S. 311.

[108] Mot. I, S. 155 = Mugdan I, S. 437.

[109] Etwa BGH NJW 2005, 2618, 2619; BGH NJW 2002, 1038, 1039; BGH NJW 2002, 440; BGHZ 137, 69, 72 f.; *Bork*, AT, Rn. 556; *Flume*, AT II, S. 314 ff., 316; aus rechtsvergleichender Perspektive *Kötz*, FS-Zeuner, S. 219, 226 ff. Angewendet werden diese Regeln zudem *ex post*, aus Sicht des Gerichts. Urteile, in denen sich der Richter in die Parteien vor Vertragsschluss hineindenkt, existieren – soweit ersichtlich – nicht.

[110] Dafür, dass sich die Einschränkung „durchschnittlich" auch auf die Verständigkeit bezieht, etwa *Lettl*, GRUR 2004, 449, 453.

[111] Vgl. etwa *Lettl*, GRUR 2004, 449, 453.

[112] Ebenso *Duivenvoorde*, Consumer Benchmarks, S. 173; *Incardona/Poncibò*, 30 J. Consum. Policy 21, 29 f., 35 (2007); *Weatherill*, in: ders./Bernitz (Hrsg.), Regulation, S. 115, 127. Kritisch *Beater*, Verbraucherschutz, S. 96 f., der das Verbraucherleitbild des EuGH für zu unbestimmt hält, um daraus irgendwelche Schlüsse ziehen zu können. Anderes ergibt sich auch nicht daraus, dass der EuGH nationalen Gerichten nicht verwehrt, in besonders gelagerten Fällen zur Bestimmung des Verbraucherverständnisses auch auf demoskopische Gutachten zurückzugreifen (vgl. EuGH, ECLI:EU:C:1998:369, Rn. 31, 36 – *Gut Springheide*). Diesen kommt lediglich Indizwirkung zu; die Frage, ob auch der „Durchschnittsverbraucher" europäischer Prägung irregeführt werde, bleibt normativ.

ger", ein „rationaler" Verbraucher.[113] Der „Durchschnittsverbraucher" europäischer Prägung lasse sich etwa nicht dadurch irreführen, dass ein farblich markierter Balken auf der Verpackung eines Schokoriegels, der mit der Aufschrift „+ 10 %" beschriftet sei, tatsächlich mehr als 10 % der Gesamtfläche einnehme.[114] Er erwarte keinen zusätzlichen Inhalt, der dieser Fläche entspreche, sondern ein Mehr an 10 %.[115]

cc) Anzuwendender Sorgfaltsmaßstab

Bei der Auslegung muss der objektive Dritte schließlich „gehörige" Sorgfalt walten lassen.[116] Konkretisierungen zu diesem Maßstab finden sich in der Rechtsprechung nicht, und auch die Literatur zieht sich weitgehend auf mehr oder minder floskelhafte Umschreibungen zurück.[117] Im Ergebnis darf man die Anforderungen aber durchaus als hoch bezeichnen. Auch der vom EuGH geforderte Sorgfaltsmaßstab des „angemessen aufmerksamen" Durchschnittsverbrauchers ist abhängig vom Einzelfall. Die angemessene Sorgfalt soll insbesondere von der Art der konkreten Dienstleistung oder Ware abhängig sein, die Gegenstand der kommerziellen Kommunikation ist.[118] Ausschlaggebend ist vor allem der Preis des jeweiligen Produkts.[119] Generell geht die Tendenz allerdings auch hier zu recht hohen Anforderungen. So könnten Verbraucher bei einem als *Sauce béarnaise* oder *Sauce hollandaise* bezeichneten Produkt nicht bereits aus der Bezeichnung schließen, dass die Produkte – im Einklang mit der damals in Deutschland üblicherweise befolgten Rezepturvorschrift – unter Verwendung von Eiern und Butter, nicht aber aus Pflanzenfett hergestellt seien.[120] Es sei „nämlich davon auszugehen, daß Verbraucher [...] das Zutatenverzeichnis lesen".[121] Der Verbraucher muss demnach

---

[113] *Trstenjak*, Schlussantrag vom 24. März 2010, C-540/08, ECLI:EU:C:2010:161, Rn. 103 – *Mediaprint*.
[114] EuGH, NJW 1995, 3243, 3244 – *Mars*.
[115] EuGH, NJW 1995, 3243, 3244 – *Mars*.
[116] BGH NJW 2008, 2702, 2704.
[117] Vgl. etwa MüKo-BGB/*Busche*, § 133 Rn. 28; *Bork*, AT, Rn. 527; *Leenen*, AT, § 5 Rn. 45: der Empfänger muss sich „immerhin (mit zumutbaren Anstrengungen) Mühe gegeben" haben; er muss die „gemäß § 133 BGB gebotene Mühe" walten lassen, *Leenen*, AT, § 5 Rn. 56.
[118] EuGH, Rs. C-342/97, ECLI:EU:C:1999:323, Rn. 26 – *Lloyd Schuhfabrik Meyer*; EuGH, Rs. C-291/00, ECLI:EU:C:2003:169, Rn. 52 – *Arthur/Arthur et Félice*. Wenn Lettl, GRUR 2004, 449, 454, hierin einen Verweis auf die Einteilung in Such-, Erfahrungs- und Vertrauensgüter sehen will, ist das zwar nicht unplausibel, Anhaltspunkte lassen sich in der Rechtsprechung des EuGH aber weder dafür noch dagegen finden.
[119] Ebenda.
[120] EuGH, C 51/94, EU:C:1995:352, Rn. 34 – *Kommission/Bundesrepublik Deutschland*.
[121] EuGH, C 51/94, EU:C:1995:352, Rn. 34 – *Kommission/Bundesrepublik Deutschland*; ebenso EuGH, C-465/98, EU:C:2000, Rn. 22 – *Darbo*. In einer jüngeren Entschei-

selbst bei niedrigpreisigen Produkten alle auf der Verpackung befindlichen Informationen aufnehmen und verarbeiten. Dies dürfte selbst dann gelten, wenn die Verpackungsinformationen in Fremdsprachen verfasst sind, solange ihm die Übersetzung möglich oder eine Unterrichtung aus anderen Quellen zumutbar ist.[122]

dd) Zwischenergebnis

Grundsätzlich besteht damit kein wesentlicher Unterschied zwischen dem Verbraucherleitbild des EuGH und der Auslegung nach §§ 133, 157 BGB bei an die Öffentlichkeit gerichteter kommerzieller Kommunikation. Überraschend ist das nicht. Beide Auslegungsregime sind in ihrem Kern normativ.[123] Die historische Begründung des Verbraucherleitbilds als Werkzeug der Binnenmarktintegration außer Acht gelassen, gehen beide Modelle zudem auf ähnliche Überlegungen zurück.

Die Auslegung empfangsbedürftiger Willenserklärungen dient vorrangig der Verteilung von Sprech- beziehungsweise Verständnisrisiken. Weder setzt sich dasjenige durch, was der Erklärende tatsächlich wollte, noch das, was der Empfänger tatsächlich verstanden hat.[124] Beiden Parteien wird zugemutet, sich an einem objektiven Maßstab zu orientieren; beide Parteien tragen das Risiko, dass ihr Verständnis von diesem Maßstab abweicht.[125] Auch das Verbraucherleitbild resultiert aus einer Abwägung der Interessen von Werbenden und Werbeadressaten im Rahmen der Verhältnismäßigkeitsprüfung.[126] Den

---

dung wurde dieser Ansatz dahingehend modifiziert, dass Verbraucher von dem Vorhandensein bestimmter Zutaten ausgehen dürfen, wenn diese auf der Produktverpackung abgebildet sind, obwohl sie sich nicht im Zutatenverzeichnis wiederfinden. Entscheidend für die Bestimmung der Irreführungsgefahr sei nicht (nur) das Zutatenverzeichnis als solches, sondern der Gesamteindruck der Verpackung. (EuGH, C-195/14, ECLI:EU:C:2015:361, Rn. 37 ff. – *Teekanne*). Hierin ist nicht unbedingt eine Maßstabsänderung zu sehen (vgl. *Spasova*, EuZW 2015, 564). Beide Entscheidungen lassen sich durchaus zusammen denken: Verbraucher wären zwar gehalten, auch ihnen vertraut erscheinende Rezepturen anhand des Zutatenverzeichnisses zu überprüfen. Wenn sie aber bereits außerhalb des Zutatenverzeichnisses eindeutige Hinweise auf das Vorhandensein bestimmter einzelner Zutaten gefunden haben, würden keine weiteren Suchanstrengungen von ihnen verlangt.

[122] EuGH, Slg. 1991, I-2971, Rn. 31 – *Piageme I*; EuGH, Slg. 1995, I-2955, Rn. 31 – *Piageme II*; EuGH, Slg. 2000, I-6579, Rn. 23, 28 – *Geoffroy*.

[123] Für das Verbraucherleitbild: *Denkinger*, Verbraucherbegriff, S. 109; *Damm*, VersR 1999, 129; *Drexl*, Wirtschaftliche Selbstbestimmung, S. 430 ff.; *Riesenhuber*, System, S. 265; *Ullmann*, GRUR 1991, 789, 791 ff.; kritisch *Schweizer*, FS-Geimer, 1073 ff.

[124] Statt aller *Bork*, AT, Rn. 526.

[125] Treffend *Mittelstädt*, Auslegung, S. 41: „Die Normativierung bei der normativen Auslegung beschränkt sich auf das inhaltsneutrale Ziel, Missverständnisrisiken unter den Beteiligten zu verteilen."

[126] Vgl. nur *Rott*, VuR 2015, 163 ff.

Verbrauchern wird abverlangt, kommerzieller Kommunikation hinreichend kritisch gegenüberzutreten. Auch hier gilt: Jede Partei trägt das Risiko, dass ihr Verständnis von diesem Maßstab abweicht.

Um die jeweilige Grenzziehung zu begründen, berufen sich beide Modelle überdies auf ähnliche Argumentationsmuster. Die objektive Auslegung sei Ausfluss des liberalen Vertragsrechtsverständnisses, das den Prinzipien privatautonomer Selbstbestimmung und Selbstverantwortung unterliege.[127] Auch der EuGH wird nicht müde, die Selbstverantwortung des „mündigen" Verbrauchers zu betonen, „dem durch Informationen mehr geholfen sei als durch Verbote".[128] Beide Ansätze stehen damit wohl in der Tradition neoklassischer ökonomischer Modellannahmen von einem vollrational handelnden Erwartungsnutzenmaximierer.[129] Für b2c-Konstellationen gibt es damit keinen Grund, von der Anwendung des europäischen Verbraucherleitbildes abzuweichen.

d) *Plädoyer für eine einheitliche Auslegung und Zwischenergebnis*

Wenn mitunter vorgeschlagen wird, anstelle des Auslegungsmaßstabs der §§ 133, 157 BGB oder des europäischen Verbraucherleitbildes auf die lauterkeitsrechtlichen Auslegungsgrundsätze zurückzugreifen, ist dies allenfalls in b2b-Konstellationen denkbar. Zwar ist auch im Lauterkeitsrecht grundsätzlich das europäische Verbraucherleitbild maßgeblich, vollständig durchgesetzt hat es sich in der deutschen Rechtsprechung (und Literatur) aber noch nicht.[130] Anstelle einer normativen Inhaltsbestimmung herrscht dort weiterhin ein deskriptives Modell vor, das den Inhalt einer Äußerung im Zweifel mithilfe von Verbraucherbefragungen bestimmt. Und: Wenn auch europarechtlich bedenklich, ist dieser Weg für das Lauterkeitsrecht durchaus gangbar und überzeugend.

Für § 434 Abs. 1 S. 3 BGB gilt dies nicht. Das einzige Argument, das sich gegen das Verbraucherleitbild und auch den Maßstab der §§ 133, 157 BGB anbringen lässt, ist, dass es mehr oder weniger typische kognitive Defizite, psychologische Fehlsteuerungen und (trügerische) Heuristiken außer Acht lässt, denen ein Großteil der Menschen unterliegt, unabhängig davon, ob sie als Verbraucher agieren oder nicht. Für das Lauterkeitsrecht mag das bedenklich sein, weil es Werbenden die Möglichkeit gibt, diese Fehler auszunutzen. Die Situation des § 434 Abs. 1 S. 3 BGB stellt sich aber anders dar. Wie dargelegt, handelt es sich bei ihr im Kern um eine vertragsrechtliche Norm, die auf Erfüllung gerichtet ist. Anders als im Lauterkeitsrecht besteht damit ein unbedingtes Erfordernis für exakte Auslegungsergebnisse, denen sich der

---

[127] Vgl. nur Staudinger/*Singer*, § 133 Rn. 18.
[128] Etwa EuGH, C 51/94, EU:C:1995:352 – *Kommission/Bundesrepublik Deutschland*.
[129] Vgl. für das Verbraucherleitbild nur *Denkinger*, Verbraucherbegriff, S. 111.
[130] Dazu eingehend unten S. 210 ff.

Erklärende bei Äußerung sicher sein kann. Denn: Der Erklärende muss später dasjenige leisten, was das Ergebnis der Auslegung ist, der Erklärungsempfänger kann es fordern. Und: Demoskopisch oder deskriptiv erlangte Auslegungsergebnisse lassen sich kaum so präzise vorhersagen, dass sie es dem Erklärenden erlauben, sich ihnen rechtssicher anzupassen, was im Ergebnis unnötige Kosten produziert.[131]

Zumindest solange nicht rationale Denk- und Verhaltensweisen nicht so weit erforscht sind, dass sie rechtssicher vorhersehbar sind, sollten sie im Vertragsrecht daher vollständig außer Betracht bleiben.[132] Es spricht damit viel für eine im Ergebnis einheitliche Auslegung des § 434 Abs. 1 S. 3 BGB. Ob man sie in b2b-Beziehungen dogmatisch auf ein modifiziertes europäisches Adressatenleitbild oder auf die §§ 133, 157 BGB stellen will, mag angesichts der allenfalls geringfügigen Unterschiede dahinstehen.

5. Zwischenergebnis

Mit den eben aufgezeigten Voraussetzungen gibt es keinen Grund, daran zu zweifeln, dass Verbraucher in der Lage sind, prozess- und erfolgsorientierte Versprechen ebenso voneinander abzugrenzen wie produkt- und unternehmensbezogene Faktoren. Beide Differenzierungen erfordern kein besonderes Fachwissen, das einem durchschnittlichen Käufer möglicherweise nicht zur Verfügung steht, sondern ergeben sich bei sorgsamer Betrachtung aus dem CSR-Code selbst. Ob ein Unternehmen lediglich verspricht, sich um die Einhaltung einer Klausel zu bemühen, seine Zulieferer zu überwachen oder Prozesse einzurichten, die auf bestimmte Veränderungen hinwirken, lässt sich einem CSR-Code durch hinreichend genaues Studium des Codetextes entnehmen. Einen Text sorgsam zu lesen und aus dem Gelesenen folgerichtige Schlüsse zu ziehen, verlangt das europäische Verbraucherleitbild ebenso wie die § 133, 157 BGB.

---

[131] Anders mit Blick auf die Lage in den USA *Ben-Shahar/Strahilevitz*, 92 N.Y.U. L. Rev. 1754 (2017).

[132] Selbst darüber hinaus gibt es gute Gründe, beim Ideal des rationalen Musteradressaten zu bleiben. Andernfalls würden die Parteien nämlich nicht nur das Risiko tragen, negativ von einem normativ ausgewählten Ideal abzuweichen, sondern auch das Risiko, positiv vom typischen Durchschnittsmenschen abzuweichen. Wer etwa eine übliche Heuristik nie verwendet, müsste sich immer fragen, ob diese dennoch systematisch vorkommt, und wenn ja, sein eigenes Auslegungsergebnis anhand der Heuristik korrigieren. Vor dem Hintergrund einer angemessenen Risikoverteilung dürfte daher mehr für eine Regel sprechen, die lautet: Jeder trägt das Risiko seiner eigenen kognitiven Unzulänglichkeiten selbst.

C. Informationshaftung

Eine Zuwiderhandlungshaftung, das zeigt das Vorgesagte deutlich, kommt auch im Verhältnis zwischen Anbieter und Abnehmer nur dann in Betracht, wenn sich die Parteien auf eine verpflichtende Geltung des (typischen) CSR-Codes geeinigt haben. Allein aus dem öffentlich geäußerten Versprechen lässt sich eine echte Regelbindung für die Zukunft nicht herleiten. Wie im Verhältnis des Emittenten zum Anlegerpublikum steht auch in der Beziehung Anbieter-Abnehmer daher der Bereich der Informationshaftung im Vordergrund.

I. Bürgerlich-rechtliche Informationshaftung

Das Verbot der aktiven Täuschung gehört zum „rechtshistorisch gesicherten Kernbestand des Vertragsrechts".[133] Das bürgerliche Recht kennt unterschiedliche Informationshaftungstatbestände, die jeweils mehr oder weniger wichtig sind für die Analyse von unternehmensbezogenen CSR-Codes. Im Vordergrund stehen insbesondere die Anfechtung wegen arglistiger Täuschung aus § 123 Abs. 1 BGB (dazu 1.) sowie Schadensersatzansprüche aus c.i.c. (§§ 311 Abs. 2 Nr. 1, 241 Abs. 2 BGB, dazu 2.) und aus Delikt (§ 826 BGB, dazu 3.).

1. Anfechtung wegen arglistiger Täuschung

Das Anfechtungsrecht aus §§ 123 f. BGB ist der Kern des bürgerlich-rechtlichen Täuschungsverbots. Es bietet dem Getäuschten eine kostengünstige Lösungsmöglichkeit vom Vertrag. Die Rückabwicklungskosten trägt der Täuschende; sein (positives wie negatives) Interesse bekommt er nicht ersetzt (vgl. § 122 Abs. 1 BGB).

a) Schutz ideeller Interessen

§ 123 BGB ist Ausdruck eines verhältnismäßig simplen Gedankens: „Die Rechtsordnung kann nicht gestatten, daß die freie Selbstbestimmung auf rechtsgeschäftlichem Gebiete widerrechtlich beeinträchtig wird."[134] Ökonomisch gewendet: Täuschungen sind verschwendet und vom Recht grundsätzlich nicht zu honorieren.[135] Beides gilt unabhängig davon, worauf sich eine solche Täuschung bezieht: Jede Lüge – egal welchen Inhalts –, die dazu ge-

---

[133] *Wagner*, in: Zimmermann (Hrsg.), Störungen der Willensbildung, S. 59, 88 f.
[134] Mot. I, S. 204 = Mugdan I, S. 465. Vgl. auch *Flume*, AT II, S. 529; *v. Thur*, AT II, S. 603.
[135] *Posner*, Economic Analysis, S. 119.

eignet ist, die rechtsgeschäftliche Entscheidungsfreiheit eines anderen zu beeinflussen und diesen zur Abgabe einer Willenserklärung zu bestimmen, unterfällt dem Regelungsbereich des § 123 BGB. Jede Lüge, die kausal war für die Abgabe einer Willenserklärung, berechtigt zu deren Anfechtung. Dies gilt für CSR-Codes ebenso wie für jede andere Täuschungshandlung.

Anders als etwa im Kaufrecht kommt es auf die inhaltliche Qualifikation des CSR-Codes nicht an: Dem Anwendungsbereich des § 123 BGB unterfallen produkt- und unternehmensbezogene Codes ebenso wie Erfolgs- und Bemühungszusagen.[136] Auch einen Vermögensschaden setzt das Anfechtungsrecht aus § 123 BGB nicht voraus. Die Vorschrift schützt monetäre Interessen ebenso wie ideelle. Demjenigen, der über die Einhaltung(-sabsicht) eines CSR-Codes getäuscht wurde, steht ein Anfechtungsrecht auch dann zu, wenn sich seine objektive Vermögenslage durch die Transaktion nicht verschlechtert hat. Dies ergibt sich eindeutig bereits aus der Entstehungsgeschichte des BGB: Während die Erste Kommission demjenigen ein Anfechtungsrecht zugestehen wollte, der durch „Drohung oder Betrug" zur Abgabe einer Willenserklärung bestimmt worden war (§ 103 E I), wechselte die Zweite Kommission auf den Begriff der „arglistigen Täuschung". Und:

„Diese Aenderung stelle in zweckentsprechender Weise, in Ueberstimmung mit der dem Entw. zu Grunde liegenden Auffassung, klar, daß im Abs. 1 nicht nothwendig ein Betrug im Sinne des StGB, vorausgesetzt werde, daß vielmehr eine die Anfechtung begründende Beeinflussung des Willens auch dann als vorliegend zu erachten sei, wenn in Folge des Verhaltens des anderen Theiles der Anfechtende einen vermögensrechtlichen Schaden nicht erlitten habe."[137]

b) Tatbestand

Auch über den Schutzzweck hinaus stellt die Veröffentlichung eines unrichtigen CSR-Codes den Tatbestand des § 123 BGB vor keine grundlegenden Probleme.

aa) Unternehmensbezogene Faktoren als Tatsachen

Zwar bezieht sich das Verbot der arglistigen Täuschung nur auf Tatsachen; d.h. auf Äußerungen, die objektiv nachprüfbar, die dem „Urteil „wahr" oder „falsch" zugänglich" sind.[138] Subjektive Werturteile, Vermutungen oder ungewisse Äußerungen sind ebenso wenig umfasst wie marktschreierische An-

---

[136] Damit unterscheidet sich § 123 BGB wesentlich von den Anfechtungsrechten des § 119 BGB und schließt die durch § 119 II BGB gerissene Lücke: „Hauptanwendungsfall der Vorschrift ist [...] der Motivirrtum." So treffend *Lorenz*, Schutz vor dem unerwünschten Vertrag, S. 314.

[137] Prot. I, S. 249 = Mugdan I, S. 722.

[138] Staudinger/*Singer/v. Finckenstein*, BGB, § 123 Rn. 7.

preisungen oder Kaufapelle.[139] CSR-Codes aller Couleur lassen sich aber ohne Probleme auch unter den Tatsachenbegriff fassen. Wenn sie auch darauf abzielen mögen, Abnehmer zum Vertragsschluss zu motivieren, stellen sie doch keine bloßen Kaufapelle dar. Vielmehr enthalten sie eine mehr oder weniger konkrete Beschreibung dessen, was ein Unternehmen in Nachhaltigkeitsfragen unternimmt oder zu unternehmen gedenkt. Unternehmerische Aussagen, die sich auf eine bestimmte Handlung oder Einrichtung beziehen, etwa einen bestimmten Schadstoffausstoß bei der Produktion nicht zu überschreiten oder das Vorhandensein bestimmter Monitoringsysteme zur Überwachung der Lieferkette, sind – zumindest theoretisch – ebenso nachprüfbar, wie das generelle Versprechen, bestimmte Nachhaltigkeitsgrundsätze ernst nehmen zu wollen oder nachhaltige Argumente bei unternehmerischen Entscheidungen beachten zu wollen. Letztere stellen, ebenso wie Aussagen über bestimmte Kenntnisse, Fähigkeiten oder die Absicht, einen Vertrag zu erfüllen, innere Tatsachen dar, die von § 123 BGB zweifelsohne umfasst sind.[140]

Die Grenze des Tatsachenbegriffs ist dort erreicht, wo einer Aussage jedwedes Maß an Konkretheit verloren geht. Wie immer, wenn geschäftlichen Äußerungen ein werbender oder anpreisender Gehalt zukommt, ist auch bei Nachhaltigkeitsaussagen zu untersuchen, ob diese einen nachprüfbaren Tatsachenkern enthalten – und wenn ja, wie weit dieser reicht.[141] Dass ein CSR-Code einmal vollkommen inhaltsleer ist, dürfte allerdings nur selten vorkommen. Verhaltenskodizes sind keine Werbeslogans, die sich etwa auch in einfachen Sprachbildern oder komödiantischen Ausdrücken erschöpfen können, sondern umfassen regelmäßig eine Reihe von Sollenssätzen, die auch in ihren vagsten Ausformungen immer noch ein bestimmtes unternehmerisches Tun oder Unterlassen beschreiben. Im Hinblick auf CSR-Codes steht denn auch gar nicht so sehr die Frage im Vordergrund, ob sie als Tatsachen anzusehen sind, sondern welchen Inhalt die mit der Veröffentlichung des Codes verbundene Aussage hat. Mit anderen Worten: zu welchem Verhalten sich ein Unternehmen mit den Codes genau verpflichtet.

---

[139] Staudinger/*Singer/v. Finckenstein*, § 123 Rn. 7. Wann eine Tatsachenbehauptung vorliegt, ist durch Auslegung zu bestimmen, wobei entscheidend ist, dass der Äußerung nach der Verkehrsauffassung ein sachlicher Kern zukommt, der objektiv nachprüfbar ist (ebenda). Im Ergebnis besteht so ein Gleichlauf zum Lauterkeitsrecht (dazu unten S. 199 f.), wie auch zum Kapitalmarktrecht (dazu oben S. 110 f.).

[140] Vgl. BGH LM Nr. 12 zu § 123; RGZ, 48, 282, 284 f.; Soergel/*Hefermehl*, § 123 Rn. 3; Staudinger/*Singer/v. Finckenstein*, § 123 Rn. 8; BeckOK-BGB/*Wendtlandt*, BGB, § 123 Rn. 8.

[141] BGH NJW 2007, 357, 358; BGH NJW-RR 2007, 1202, 1204; MüKo-BGB/*Armbrüster*, § 123 Rn. 29; *Bork*, AT, Rn. 866; Palandt/*Ellenberger*, § 123 Rn. 3; *Flume*, AT II, S. 541 f.; Staudinger/*Singer/v. Finckenstein*, § 123 Rn. 7.

bb) Täuschung

Wenn der Begriff der Täuschung mitunter mit „dem Hervorrufen eines Irrtums" definiert wird, ist dies nur die halbe Wahrheit. Auch das Täuschungsverbot in § 123 BGB ist grundsätzlich zweigliedrig: Erforderlich ist, dass durch Täuschung ein Irrtum hervorgerufen wird. Besser: Auch § 123 BGB verlangt eine Täuschungshandlung und Täuschungserfolg.[142] Ein Anfechtungsrecht scheidet demnach einerseits aus, wenn ein Abnehmer eine an sich richtige Aussage falsch versteht.[143] Es fehlt dann an einer Täuschungshandlung. Andererseits kann der Abnehmer auch dann nicht anfechten, wenn ein Unternehmen zwar fälschlicherweise die Einhaltung eines CSR-Codes behauptet, der Abnehmer die Täuschung aber durchschaut. Wer eine Lüge entlarvt, irrt nicht.

Die Unterscheidung ist vor allem deswegen bedeutsam, weil Täuschungshandlung und Täuschungserfolg an unterschiedlichen Maßstäben zu messen sind. Während es beim Täuschungserfolg auf das Verständnis des jeweiligen Anfechtenden selbst ankommt, muss bei der Täuschungshandlung ein objektiverer Maßstab gelten. Welcher objektive Maßstab damit genau gemeint ist, wird kaum behandelt. Wenn überhaupt, verweist die Literatur allgemein auf einen objektiven Dritten. Wie die Arbeit zeigt, können sich dahinter recht unterschiedliche Maßstäbe verstecken. Für den § 123 BGB bietet es sich an, zumindest bei öffentlichen Äußerungen nicht auf die normativen Grundsätze der §§ 133, 157 BGB zurückzugreifen, sondern sich der weicheren lauterkeitsrechtlichen Maßstäbe zu bedienen, d.h., möglichst zu ermitteln, wie der angesprochene Verkehr eine Äußerung des Unternehmers tatsächlich verstanden hat.[144] Einerseits ist eine Anwendung der §§ 133, 157 BGB bereits deswegen nicht geboten, weil nicht Willens-, sondern Wissenserklärungen ausgelegt werden.[145] Andererseits ist die Situation im Anfechtungsrecht der des Lauterkeitsrechts besser vergleichbar: Beide zielen auf den Schutz der geschäftlichen Entscheidungsfreiheit, beide sehen als Rechtsfolge keinen Erfüllungsanspruch vor. Es steht zudem nicht zu befürchten, dass eine Anwendung des etwas weniger strengen lauterkeitsrechtlichen Auslegungsmaßstabs den Unternehmer über Gebühr belastet. Dieser ist durch die generell

---

[142] Dass beide Ebenen getrennt zu behandeln sind, zeigt bereits ein einfaches alltägliches Beispiel – der Ausruf: „Du lügst!" Hier erkennt der vermeintlich Getäuschte, dass der Inhalt der Äußerung von der Wirklichkeit abweicht; der Erfolg der Täuschungshandlung bleibt freilich aus. Anders formuliert: Wären Täuschungshandlung und Täuschungserfolg dasselbe, dürfte es die „erkannte Lüge" sprachlich gar nicht geben.

[143] Würde es nur auf das Hervorrufen eines Irrtums ankommen, wären diese Fälle vom Anwendungsbereich des § 123 BGB umfasst. Auch das Vorsatzerfordernis stellt keine hinreichende Hürde für diese Fälle dar, denn wer etwas Richtiges sagt, mag dennoch darauf hoffen, der andere verstehe es falsch.

[144] Zu den Einzelheiten vgl. daher unten S. 203 ff. und 209 ff.

[145] Vgl. dazu oben S. 161 f.

hohen Anforderungen der Arglistanfechtung, insbesondere das Erfordernis eines individuellen Täuschungserfolgs sowie das Vorsatz- und das Kausalitätserfordernis, hinreichend geschützt.

cc) Kausalität

Erforderlich ist schließlich eine doppelte Kausalität: Die Täuschungshandlung muss kausal sein für den Täuschungserfolg und dieser wiederum für die Abgabe der Willenserklärung.[146] In theoretischer Hinsicht ist die Kausalität relativ unproblematisch.

Dies gilt zunächst für die Beziehung zwischen Täuschungshandlung und Täuschungserfolg: Wer das unrichtige Einhaltungsversprechen eines Unternehmens wahrnimmt und irrigerweise annimmt, das Unternehmen halte den Code tatsächlich ein, wird Letzteres regelmäßig tun, *weil* er das Versprechen vernommen hat. Gegen die Kausalität lässt sich auch nicht einwenden, CSR-Codes beziehungsweise darauf bezogene unternehmerische Versprechen seien regelmäßig bloßes „Greenwashing" und Abnehmer könnten sich daher nicht darauf verlassen, dass die Aussagen der Realität entsprächen. Abgesehen davon, dass sich eine dementsprechende Regel in dieser Allgemeinheit nicht erkennen lässt,[147] kommt es im Rahmen des § 123 Abs. 1 BGB nicht auf ein Mitverschulden des Getäuschten an.[148] Rechtsprechung und herrschende Lehre wollen die Ursächlichkeit nur dann ablehnen, wenn der Erklärende Kenntnis von der Täuschung hatte beziehungsweise diese für ihn offensichtlich war.[149] Sogar dann, wenn der Erklärende mit einer Täuschung von einem bestimmten Umfang rechnete, aber in noch größerem Umfang getäuscht wurde, sei die Kausalität gegeben.[150]

Genau genommen handelt es sich hierbei gar nicht um ein Problem der Kausalität, sondern bereits um eine Frage des Täuschungserfolgs. Das Ergebnis aber überzeugt, denn auch derjenige, der lediglich im Maß der Abweichung der Realität von den geäußerten Tatsachen getäuscht wurde, irrt. Für CSR-Codes bedeutet dies: Selbst wenn der Abnehmer erkannt hat, dass das Unternehmen in einem CSR-Code übertreibt, steht ihm ein Anfechtungsrecht zu, sofern selbst das von dem Abnehmer erwartete Mindestmaß an Regelbe-

---

[146] Treffend *Bork*, AT, Rn. 871.

[147] *Teubner*, FS-Hopt, S. 1449, 1451. Ausführlich dazu unten S. 218 ff.

[148] Mit rechtsvergleichenden Hinweisen: *Lorenz*, Unerwünschter Vertrag, S. 316 (Fn. 607). Anders freilich, wenn Schadensersatz verlangt wird, *Bork*, AT, Rn. 870.

[149] BGH NJW-RR 2005, 1082, 1083; *Kötz*, Vertragsrecht, Rn. 339; Staudinger/*Singer*/v. *Finckenstein*, § 123 Rn. 48. Zur Offensichtlichkeit vgl. das – wegen Einführung des AGG mittlerweile überholte – Urteil des BAG, NJW 2001, 1885.

[150] BGH NJW-RR 1986, 1258, 1259; BGH LM Nr. 4 zu § 123; BGH WM 1975, 1279, 1282; BGH WM 1972, 1443, 1446; Soergel/*Hefermehl*, § 123 Rn. 21; Staudinger/*Singer*/v. *Finckenstein*, § 123 Rn. 48.

folgung nicht eingehalten wurde; d.h. regelmäßig bei besonders krassen Verstößen.

Auch die Kausalitätsbeziehung zwischen Irrtum und Abgabe der Willenserklärung lässt sich in theoretischer Hinsicht verhältnismäßig leicht bestimmen. Sie ist immer dann gegeben, wenn der Abnehmer seine Willenserklärung gerade wegen der unrichtigen Vorstellung über die Unternehmenspolitik des Verkäufers abgegeben hat. Dabei ist nicht nur an Fälle zu denken, in denen sich der Abnehmer wegen des nachhaltigen Unternehmensbildes überhaupt für einen Vertragsschluss mit dem Verkäufer entschieden hat, sondern auch an solche, in denen er sich bereit erklärt, einen höheren Preis zu zahlen, weil die Ware von einem nachhaltig wirtschaftenden Unternehmen stammt.[151]
'Es kommt nicht darauf an, dass die unternehmensbezogenen Faktoren der einzige Grund für den konkreten Vertragsabschluss waren.[152] Mitursächlichkeit ist ausreichend, der Irrtum muss aber für das Rechtsgeschäft erheblich sein.[153] Die unternehmensbezogenen Faktoren dürfen aus Sicht des Abnehmers nicht nur belanglose Nebensächlichkeiten darstellen.[154] Maßgeblich ist aber die subjektive Sicht des Erklärenden, also ob dieser die Erklärung bei Kenntnis der wahren Sachlage nicht beziehungsweise nicht so abgegeben hätte.[155]

Die entscheidende Hürde dürfte auch im Rahmen des § 123 BGB die praktische Seite des Kausalitätserfordernisses darstellen. Der Getäuschte muss darlegen und beweisen, dass er einen unrichtigen CSR-Code wahrgenommen hat, aufgrund dessen er einem Irrtum unterlegen ist, und dass er (auch) deswegen eine bestimmte Willenserklärung abgegeben hat. Im Gegensatz zum kapitalmarktrechtlichen Täuschungsverbot aus § 826 BGB kommt die Rechtsprechung dem nach § 123 BGB Anfechtenden allerdings ein erhebliches Stück entgegen: Regelmäßig soll es genügen, Umstände darzulegen, „die für [den Entschluss des Anfechtenden] von Bedeutung sein konnten, und daß die arglistige Täuschung nach der allgemeinen Lebenserfahrung bei der Art des in Rede stehenden Rechtsgeschäfts Einfluß auf die Entschließung hat".[156]

Für die allermeisten über § 123 BGB gelösten Fälle ist das durchaus interessengerecht. Im Hinblick auf öffentlich geäußerte CSR-Codes sind dagegen

---

[151] Vgl. BGH NJW 1964, 811; MüKo-BGB/*Armbrüster*, § 123 Rn. 24.
[152] *v. Lübtow*, FS-Bartholomeyczik, S. 249, 256.
[153] BGHZ 83, 283, 292 – *Hartmetallkopfbohrer*; BGH NJW-RR 2005, 1082, 1083; *Bork*, BGB AT, Rn. 871; *v. Lübtow*, FS-Bartholomeyczik, S. 249, 256 m.w.N.
[154] Etwa Soergel/*Hefermehl*, § 123 Rn. 21; *Kötz*, Vertragsrecht, Rn. 339.
[155] BGH WM 1978, 221, 222; MüKo-BGB/*Armbrüster*, § 123 Rn. 23; Staudinger/*Singer/v. Finckenstein*, § 123 Rn. 48. A.A. wohl *Bork*, AT, Rn. 871. Einer objektiven Bestimmung der Erheblichkeit steht der Schutzzweck des § 123 BGB allerdings diametral entgegen.
[156] BGH NJW 1995, 2361, 2362; BGH WM 1976, 111, 113; MüKo-BGB/*Armbrüster*, § 123 Rn. 95 m.w.N.

Zweifel angebracht.[157] Erstens werden CSR-Codes, die auf der Webseite eines Unternehmens veröffentlicht sind, wohl nur von einem geringen Teil der Abnehmer überhaupt zur Kenntnis genommen. Zweitens entwickelt sich das Nachhaltigkeitsengagement von Unternehmen zwar zunehmend von einem Nischen- zu einem Breitenthema.[158] Abgeschlossen ist dieser Prozess allerdings noch nicht. Je nach Produktart interessieren sich mal mehr, mal weniger Abnehmer für die CSR-Politik des Anbieters. Eine allgemeine Regel, die von einem veröffentlichten CSR-Code zu einem typischen Irrtum sowie typischerweise zu einer fehlerhaften Willenserklärung der Abnehmer führt, lässt sich mithin nicht erkennen.[159] Vermutlich muss eine solche Regel eher in die umgekehrte Richtung formulieren: Da unternehmensbezogene Faktoren keinerlei direkten Einfluss auf die Produktqualität haben, ist eher als nicht davon auszugehen, dass sie bei der Abnehmerentscheidung eine Rolle gespielt haben.

Der Kausalitätsprüfung kommt im Rahmen des § 123 BGB zudem funktional entscheidende Bedeutung zu. Sie muss sicherstellen, dass ein Anfechtungsrecht nur von demjenigen ausgeübt wird, der tatsächlich in seiner Entscheidungsfreiheit beeinträchtigt wurde. Ein allgemeines Reurecht ist auch § 123 BGB nicht.[160] Im Hinblick auf unrichtige CSR-Codes ist diese Gefahr durchaus virulent. Publik werdende Nachhaltigkeitsskandale mögen auch zur Unzufriedenheit solcher Kunden führen, die der CSR-Politik des Unternehmens vor Vertragsschluss, noch keine Aufmerksamkeit geschenkt haben. Diesen Kunden nun eine kostengünstige Rückabwicklung des Vertrags zu ermöglichen, schießt über das Ziel des § 123 BGB hinaus.

Ebenso wie am Kapitalmarkt darf das Kausalitätsproblem aber auch hier nicht überbewertet werden. Abnehmer, die typischerweise auf Nachhaltigkeitsfragen achten und die typischerweise einen Blick auf die CSR-Informationen von Anbietern werfen, dürfte es verhältnismäßig leichtfallen, dies im Prozess glaubhaft zu machen. In Anlehnung an die Grundsätze im Kapitalmarktrecht wird man es ausreichen lassen müssen, dass der Abnehmer darlegt, sein Konsumverhalten grundsätzlich an Nachhaltigkeitskriterien auszurichten, um ihm die Möglichkeit zur Parteivernehmung von Amts wegen (§ 448 ZPO) zu ermöglichen.[161]

Unternehmerische Abnehmer können sich zudem auch auf eigene CSR-Codes oder Einkaufsstandards berufen. Die meisten namhaften CSR-

---

[157] Generell kritisch für Massenkommunikation *Köndgen*, Selbstbindung, S. 308 f.

[158] Siehe nur Die neue EU-Strategie (2011-14) für soziale Verantwortung der Unternehmen (CSR), KOM (2011) 681 endg., 5 f.; *Beckmann/Pies*, ZfbF 59 (2007), 615 f.

[159] Anderes gilt freilich dann, wenn auf den CSR-Code im Verkaufsgespräch hingewiesen wird, vgl. *Asmussen*, NJW 2017, 118, 121.

[160] Vgl. zum Reurechtsausschluss im Anfechtungsrecht eingehend *Lobinger*, AcP 195 (1995), 274 ff.

[161] Vgl. oben S. 114 f.

Reporting-Initiativen[162] ebenso wie die CSR-Richtlinie[163] der EU sehen etwa vor, dass berichtende Unternehmen auch Informationen über ihre Lieferkette offenlegen müssen. Können unternehmerische Abnehmer hinreichend darlegen, dass sie diese Standards üblicherweise beachten, dürfte auch der Kausalitätsnachweis im Einzelfall gelingen.

dd) Arglist des Anbieters

In subjektiver Hinsicht verlangt § 123 Abs. 1 BGB arglistiges Handeln. Schädigungs- oder Bereicherungsabsicht ist dabei ebenso wenig erforderlich[164] wie moralisch verwerfliches Verhalten[165]. Zweck von § 123 Abs. 1 BGB ist der Schutz der rechtsgeschäftlichen Entschließungsfreiheit, (bedingter) Vorsatz des Täuschenden reicht daher aus.[166] Arglist setzt sich zusammen aus einem kognitiven und einem voluntativen Element.[167] Im Fall von CSR-Codes muss der Verkäufer also die Unrichtigkeit seiner produkt- oder unternehmensbezogenen Aussage kennen und in dem Bewusstsein handeln, dass der andere Teil durch die Täuschung zu einer Willenserklärung veranlasst wird, die er sonst nicht abgegeben hätte.[168] Dies ist nicht unproblematisch, weil es sich bei Unternehmen, die die Einhaltung von CSR-Codes versprechen, in der Regel um arbeitsteilige Organisationen handelt und derjenige, der die Einhaltung verspricht, nicht unbedingt weiß, dass ein anderer Unternehmensteil dagegen verstößt. Und: Richtig verstanden, lässt sich die Arglist zudem auch nicht über die Grundsätze der Wissenszurechnung begründen[169].

---

[162] Etwa Kriterium 17 des Deutschen Nachhaltigkeitskodizes, siehe https://www.deutscher-nachhaltigkeitskodex.de/de-DE/Home/DNK/Criteria/17-Menschenrechte. Vgl. auch die „Supply Chain Related Standard Disclosures" in Sec. 6.3, G4 Sustainability Reporting Guidlines der Global Reporting Initiative, https://www.globalreporting.org/resource-library/GRIG4-Part1-Reporting-Principles-and-Standard-Disclosures.pdf. Auch der UN Global Compact regt seine Mitglieder an, die zehn Prinzipien nicht nur auf das Unternehmen selbst, sondern auch auf seine Lieferkette anzuwenden, siehe https://www.unglobalcom-pact.org/what-is-gc/our-work/supply-chain.

[163] Etwa ErwG 6 und 8 der CSR-RL 2014/95/EU.

[164] Statt aller BGH NJW 2000, 2497, 2499; BGH NJW 1974, 1505, 1506; MüKo-BGB/*Armbrüster*, § 123 Rn. 20; *Bork*, AT, Rn. 874.

[165] BGHZ 109, 327, 333; MüKo-BGB/*Armbrüster*, § 123 Rn. 18; *Bork*, AT, Rn. 874; grundlegend v. *Lübtow*, FS-Bartholomeyczik, 249, 260 ff., jeweils m.w.N. A.A. BGH LM Nr. 9 zu § 123; Palandt/*Ellenberger*, § 123 Rn. 11.

[166] St. Rspr. etwa BGH NJW 2015, 1669, 1670; BGHZ 168, 64, 69; BGHZ 7, 301, 302; MüKo-BGB/*Armbrüster*, § 123 Rn. 15; BeckOK-BGB/*Wendtlandt*, § 123 Rn. 17; Staudinger/*Singer*/v. *Finckenstein*, § 123 Rn. 49.

[167] Statt aller *Rösler*, AcP 207 (2007), 564, 572 f.

[168] Vgl. statt aller Staudinger/*Singer*/v. *Finckenstein*, § 123 Rn. 50.

[169] Etwa *Asmussen*, NJW 2017, 118, 122; *Buck*, Wissen und juristische Person, S. 332; *Faust*, JZ 2007, 101, 102; *Flume*, AcP 197 (1997), 441, 442 f.; Staudinger/*Schilken*, § 166 Rn. 8; *Wagner*, ZRH 181 (2017), 203, 263 ff.; *Waltermann*, NJW 1993, 889, 893 ff.; *ders.*,

Gleichwohl sollte auch dieses Problem nicht überschätzt werden. Ebenso wie im Rahmen von § 826 BGB lässt die Rechtsprechung bei der Arglistanfechtung zu Recht den Schluss von Leichtfertig auf Vorsatz zu; hinreichend sind bereits Aussagen „ins Blaue hinein".[170] Es reicht aus, wenn die Person, die die Einhaltung eines CSR-Codes verspricht, „Ungewisses als Gesichertes"[171] hinstellt, wenn sie denkt: „[W]ird schon stimmen"[172].

c) Zwischenergebnis

Im Ergebnis sind die §§ 123 f. BGB durchaus in der Lage, Täuschungen über die Einhaltung(-sabsicht) unternehmensbezogener CSR-Codes angemessen zu lösen. Abnehmern, die sich tatsächlich auf die Einhaltung des Codes verlassen und dies (mit) zur Grundlage ihrer Erwerbsentscheidung gemacht haben, können sich kostengünstig von dem Vertrag lösen. Im Grunde gelten für CSR-Codes keine Besonderheiten.

2. Vorvertragliche Informationshaftung auf Grundlage der c.i.c.

Über §§ 123 f. BGB hinaus entnehmen Rechtsprechung und Literatur auch der c.i.c. (§§ 311 Abs. 2, 241 Abs. 2 BGB) ein (nahezu) umfassendes Täuschungsverbot bei aktiver Information.[173] Voraussetzung ist wiederum ein täuschungsbedingter Irrtum des Abnehmers sowie Verschulden des Täuschenden, Fahrlässigkeit reicht aber aus. Das einen CSR-Code veröffentlichende Unternehmen würde demnach auch dann haften, wenn der für die Veröffentlichung Verantwortliche die Unrichtigkeit nicht kannte, aber kennen musste.[174] Erforderlich ist wie bei § 123 Abs. 1 BGB die Kausalität der Wahrheitspflichtverletzung für den Vertragsschluss.[175] Als Rechtsfolge ist der Abnehmer so zu stellen, als hätte er den wahren Sachverhalt vor Vertragsschluss gekannt. Er hat einen Schadensersatzanspruch (§§ 311 Abs. 2, 241 Abs. 2, 280 Abs. 1 BGB), der grundsätzlich auf das negative Interesse gerichtet ist.[176] Davon umfasst ist nicht nur der Ersatz von Vermögensschäden, etwa eines Reputationsschadens, der sich im Verlust von Kunden und/oder Umsatzrückgang bei unternehmerischen Abnehmern zeigt, oder eines Preisaufschlags, den Abnehmer für die unternehmensbezogenen Faktoren gezahlt

---

AcP 192 (1992), 181, 215 f. A.A. BGHZ 109, 327, 332 f.; dem i.E. zustimmend etwa *Baum*, Wissenszurechnung, S. 300; *Schüler*, Wissenszurechnung im Konzern, S. 39 f.

[170] BGHZ 63, 382, 388; BGH NJW 1981, 1441; BGHZ 168, 64, 70; *Medicus/Petersen*, AT, Rn. 788; *Rösler*, AcP 207 (2007), 564, 573; *Wolf/Neuner*, AT, § 41 Rn. 107.

[171] *Roth*, NJW 2006, 2953, 2954.

[172] So das typische Schulbeispiel, *Faust*, JZ 2007, 101, 103.

[173] *Grigoleit*, Vorvertragliche Informationshaftung, S. 6.

[174] Vgl. BeckOK-BGB/*Sutschet*, § 311 Rn. 79.

[175] Staudinger/*Feldmann*, § 311 Rn. 154.

[176] Statt aller MüKo-BGB/*Emmerich*, § 311 Rn. 201 m.w.N.

haben.[177] Der Anspruch kann grundsätzlich auch auf Vertragsaufhebung gerichtet sein.[178]

So klar die dogmatische Ausgestaltung der vorvertraglichen Informationshaftung ist, so unklar ist ihr konkreter Anwendungsbereich. Im Hinblick auf CSR-Codes sind insbesondere vier Problemkomplexe relevant: erstens die Frage, ob die vorvertragliche Informationshaftung entgegen der Rechtsprechung auch den Schutz rein ideeller Interessen umfassen sollte (dazu a)). Zweitens ein dogmatisches Konstruktionsproblem: Wie kann die vorvertragliche Informationshaftung aus c.i.c. Publikumswerbung erfassen, wenn diese erst zur Aufnahme späterer Vertragsverhandlungen führt (dazu b))? Drittens mehren sich Stimmen im Schrifttum, die in der vorvertraglichen Informationshaftung nicht nur eine Lösung für Zwei-Personen-Konstellationen sehen, d.h. für Fälle, in denen der täuschende Hersteller gleichzeitig der Vertragspartner des Abnehmers ist, sondern auch eine Lösung für Drei-Personen-Konstellationen (dazu c)). In der Regel werden die Fälle nämlich auch bei Täuschungen über CSR-Codes so liegen, dass der täuschende Hersteller nicht zugleich Vertragspartner des Abnehmers ist. Viertens bleibt zu erörtern, ob die vorvertragliche Informationshaftung überhaupt geeignet ist, Täuschungen über typische CSR-Codes zu erfassen (dazu d)). Dass diese (entscheidende) Frage erst am Ende behandelt wird, liegt daran, dass erst die Auseinandersetzung mit den vorigen Fragen das Argumentationsinstrumentarium bereitstellt, das zu ihrer Beantwortung erforderlich ist.

a) Schutz ideeller Interessen

Der BGH will dem Getäuschten einen Anspruch auf Vertragsaufhebung nur dann gewähren, wenn er einen (objektiven) Vermögensschaden erlitten hat.[179] Sind Leistung und Gegenleistung objektiv gleichwertig, scheide jede Form von Schadensersatzanspruch aus.[180] Rein ideelle Interessen umfasse der

---

[177] Diesen Aufschlag könnte der Käufer nach der Rspr. des BGH als Vertrauensschaden zurückverlangen, ohne darlegen zu müssen, dass der Verkäufer den Vertrag auch zu den geringeren Konditionen geschlossen hätte, vgl. etwa BGH NJW 2006, 3139, 3141 m.w.N.; BGH NJW 1989, 1793, 1794. Ablehnend etwa *Kersting*, JZ 2008, 714, 716 ff. m.w.N. Ebenso ablehnend *Lorenz*, NJW 1999, 1001, 1002, der entsprechend BGH NJW 1998, 2900, einen Anspruch auf Abschluss des günstigeren Vertrags gewähren will, wenn der Käufer nachweisen kann, dass der Verkäufer den Vertrag auch zu diesen Konditionen geschlossen hätte.

[178] So die Rspr. etwa BGH NJW 1962, 1196, 1198, und die inzwischen h.L., vgl. nur MüKo-BGB/*Emmerich*, § 311 Rn. 211; Staudinger/*Feldmann*, § 311 Rn. 177 f.; Palandt/*Grüneberg*, § 311 Rn. 13; Soergel/*Harke*, § 311 Rn. 25 jeweils m.w.N.

[179] St. Rspr., etwa BGH NJW-RR 2008, 564, 565; BGH NJW 2006, 845, 847; BGH NJW-RR 2002, 308, 309 f.; BGH NJW 1998, 302 ff. Ebenso insbes. *Schubert*, AcP 168 (1968), 470, 506 ff.

[180] Etwa BGH NJW 1998, 302, 304.

Schutzzweck der c.i.c. nicht. So unterscheide sich die vorvertragliche Informationshaftung aus c.i.c. von § 123 BGB; Erstere schütze das Vermögen, Letzterer die Entscheidungsfreiheit.[181] Ein Abnehmer, der auf einen unrichtigen CSR-Code vertraut hat, könnte demnach nur dann Rückabwicklung des Erwerbsgeschäfts verlangen, wenn sich die Täuschung über die Einhaltung des Codes wertmindernd auf den Wert des Vertragsgegenstands ausgewirkt hat beziehungsweise wenn ihm durch die Täuschung ein anderer Vermögensschaden entstanden wäre. Eine Verletzung seines Interesses, nur Produkte zu erwerben, die von einem nachhaltig wirtschaftenden Unternehmen stammen, würde nicht geschützt. Im Ergebnis bestünde so ein Gleichlauf zum Täuschungsverbot am Kapitalmarkt.[182]

In der Literatur wird die allgemeine Begrenzung der vorvertraglichen Informationshaftung auf Vermögensinteressen vielfach kritisiert: Bei der vorvertraglichen Informationshaftung gehe es um eine schadensersatzrechtliche Rückabwicklung; Vertragsaufhebung sei im Grunde aber Naturalrestitution i.S.d. § 249 Abs. 1 BGB, und eine Beschränkung auf Vermögensschäden ist dem BGB dort anders als beim Geldersatz grundsätzlich fremd (vgl. § 253 BGB).[183] Dem ist beizupflichten. Gründe für einen Ausschluss der Dispositionsfreiheit aus dem Schutzbereich des § 249 BGB lassen sich nicht erkennen, zumal (in den Grenzen des § 251 Abs. 2 S. 1 BGB) auch sonstige Affektionsinteressen grundsätzlich erfasst sind.[184] Soweit nicht Fälle einer vorvertraglichen Informationshaftung betroffen sind, ist der Schutz der Entscheidungsfreiheit durch die c.i.c. (§§ 311 Abs. 2, 241 Abs. 2, 280 Abs. 1 BGB) auch allgemein anerkannt und durch den Gesetzgeber im Rahmen der Schuldrechtsreform ausdrücklich klargestellt worden.[185]

Schließlich bedarf es einer Einschränkung des Schutzbereichs anders als am Kapitalmarkt auch nicht aus funktionalen Gründen. Die Berücksichtigung rein ideeller Interessen ist dort im Wesentlichen mit dem Argument abzulehnen, dass die Möglichkeit zur Rückabwicklung von Wertpapiertransaktionen erhebliche Gefahren für den Preisbildungsmechanismus und damit die Effizienz der Kapitalmärkte bergen würde. Am Güter- und Dienstleistungsmarkt besteht diese Gefahr nicht. Erstens werden Produktmärkte als bei Weitem nicht so effizient angesehen wie Kapitalmärkte, sodass sich die Aussagen zum Preisbildungsmechanismus am Kapitalmarkt bereits deswegen nicht

---

[181] Etwa BGH NJW 1979, 1983, 1984.
[182] Vgl. dazu oben S. 100 ff.
[183] MüKo-BGB/*Emmerich*, § 311 Rn. 78; *Fleischer*, Informationsasymmetrie, S. 440 ff., 442; *ders.*, AcP 200 (2000), 91, 93 ff.; *Grigoleit*, NJW 1999, 900, 901 f.; *Lorenz*, ZIP 1998, 1053, 1055; *Medicus/Petersen*, AT, Rn. 450.
[184] *Wagner*, ZGR 2008, 495, 511.
[185] RegE SchuldrechtsmodernisierungsG, BT-Drs. 14/6040, S. 126. Dazu eingehend *Leistner*, Richtiger Vertrag, S. 871 f.

uneingeschränkt übertragen lassen.[186] Zweitens dienen Produktmärkte anders als der Kapitalmarkt dazu, die Produkte demjenigen zuzuführen, dem sie am meisten Nutzen bringen.[187] Dafür ist es aber unbedingt erforderlich, alle monetären wie ideellen Interessen der Abnehmer gleichermaßen zu berücksichtigen. Für eine effiziente Güterallokation ist nur wichtig, dass die Güter an denjenigen gelangen, der sie am meisten schätzt, nicht, warum er dies tut.[188]

Insgesamt dient die vorgeschlagene Beschränkung des Schutzzwecks der vorvertraglichen Informationshaftung auf Vermögensschäden weniger eigenständigen dogmatischen oder funktionalen Zielen als vielmehr dazu, mutmaßliche Konflikte mit dem Regelungsanspruch der §§ 123 f. BGB zu umschiffen. Andernfalls – so die Befürchtung – käme es aufgrund des weitgehend einheitlichen Regelungsbereichs zu einer Nivellierung der Arglistanfechtung.[189] Viele der für die §§ 123 f. BGB prägenden Einschränkungen, insbesondere das Vorsatzdogma wie auch die im Verhältnis zur Regelverjährung kürzere Anfechtungsfrist des § 124 BGB, würden so unterlaufen.[190] Wenn ein solcher Anspruch neben den §§ 123 f. BGB aber grundsätzlich und zu Recht anerkannt wird, zudem eigenständige dogmatische oder funktionale Gründe für eine Schutzzweckbegrenzung auf Vermögensinteressen nicht existieren, ist nicht ersichtlich, warum die vorvertragliche Informationshaftung nicht auch den – ohnehin verhältnismäßig unbedeutenden – Schutz ideeller Interessen mitbetreffen soll.

---

[186] Vgl. etwa *Oxenfeld*, 32 Rev. Econ. & Stat. 300 (1950); *Morris/Bronson*, 33 J. Marketing No. 3, 26 (1969); für Deutschland etwa *Diller*, DBW 1977, 219.

[187] Vgl. nur *Varian*, Microeconomics, S. 14 ff.

[188] Ebenda.

[189] Für den praktisch wichtigen Fall des Kaufmängelgewährleistungsrechts gilt dies freilich nicht, gegenüber der c.i.c. stellt es eine abschließende Sonderregel dar. Vgl. nur BGH NJW 2016, 2315, 2317; BGHZ 180, 205, 212 ff.; Palandt/*Grüneberg*, § 311 Rn. 14; Erman/*Grunewald*, Vor § 437 Rn. 15.

[190] Letzteres versuchen einige durch eine analoge Anwendung des § 124 BGB zu beheben. So etwa *Arnold*, JuS 2013, 865, 869; *Fleischer*, Informationsasymmetrie, S. 448 f.; *ders.*, AcP 200 (2000), 91, 119 f.; *Grigoleit*, Vorvertragliche Informationshaftung, S. 159 ff. A.A. st. Rspr., etwa BGH NJW-RR 2002, 308, 310; BGH NJW 1979, 1983, 1984; ebenso etwa *Rösler*, AcP 207 (2007), 564, 604 f.; *Staudinger/Ewert*, JA 2010, 241, 246. Dass das Nebeneinander von Arglistanfechtung und Vertragsaufhebung im Wege der Naturalrestitution durchaus beabsichtigt war, zeigen allerdings bereits die Motive zum BGB (Mot. II, S. 20 f. = Mugdan II, S. 11): „Vermöge des Grundsatzes, wonach der Schadensersatz durch Herstellung desjenigen Zustandes zu leisten ist, der ohne den zum Ersatze verpflichtenden Umstand vorhanden sein würde, kann zB. auch der durch Drohung oder Betrug (§ 103) Geschädigte geeignetenfalls statt der dinglich wirkenden Anfechtung (§ 112ff.) den im Schadenersatzansprüche liegenden obligatorischen Restitutionsanspruch wählen, was für ihn im Hinblicke auf die für die Anfechtung gesetzte kurze Präklusivfrist und die längere Verjährungsfrist für den Schadensersatzanspruch (§§ 104, 719) von Interesse sein kann."

b) Werbung als Teil der Vertragsverhandlung

Wie bei jeder Form von öffentlicher Äußerung oder Publikumswerbung stellt sich bei CSR-Codes, die nicht etwa in einem Verkaufsgespräch mitbehandelt, sondern auf der Webseite des Unternehmens veröffentlicht werden, zudem ein theoretisches Konstruktionsproblem: Das Entstehen von Schutz- und Rücksichtnahmepflichten aus § 241 Abs. 2 BGB, zu denen auch das hier relevante Täuschungsverbot gehört, setzt bereits das Bestehen einer Sonderverbindung im Sinne des § 311 Abs. 2 BGB voraus. Diese wiederum beruht auf einem zweigliedrigen Entstehungstatbestand, der erst dann erfüllt ist, wenn etwa beide Parteien etwa Vertragsverhandlungen aufgenommen haben; einseitiges Handeln des Anbietenden erfüllt die Voraussetzungen des § 311 Abs. 2 BGB nicht.[191] Zum Zeitpunkt der Veröffentlichung eines unrichtigen CSR-Codes besteht eine solche Sonderverbindung regelmäßig noch nicht. Im Hinblick auf klassische Werbung etwa formuliert *Leistner*: Durch Werbung in Massenmedien kann

„eine Sonderverbindung erst in dem Moment entstehen [...], wo an die Werbung erkennbar insofern Vertrauen geknüpft wird, als der potentiell Geschädigte in irgendeiner Weise nach außen erkennbar auf die Werbung eingeht, sich für die beworbenen Produkte oder Dienstleistungen also interessiert. Das bedeutet zugleich, daß die Verbreitung der Werbeinformationen selbst genaugenommen noch nicht am Pflichtenmaßstab des § 241 Abs. 2 BGB gemessen werden kann."[192]

Praktisch spielt das aufgezeigte Konstruktionsproblem kaum eine Rolle.[193] Auch im Zusammenhang mit der bürgerlich-rechtlichen Prospekthaftung, bei der es ebenso virulent wird wie bei allgemeiner Publikumswerbung, wird es, soweit ersichtlich, nicht aufgegriffen.[194] Autoren, die sich dennoch mit dem Problem befassen, schlagen im Wesentlichen einen von drei Lösungswegen vor: Entweder stellen sie die Anwendbarkeit der c.i.c. auf Publikumswerbung mangels hinreichender persönlicher Vertrauensbeziehung generell in Frage.[195] Oder sie werfen dem Werbenden nicht die unrichtige Werbung selbst vor, sondern die im anschließenden Kaufgespräch unterlassene Richtigstellung – d.h. einen Verstoß gegen Aufklärungspflichten aus Ingerenz.[196] Schließlich schlagen andere vor, die Pflichten aus § 241 Abs. 2 BGB gewissermaßen vorzuverlagern: Auch der die Sonderverbindung nach § 311 Abs. 2 BGB

---

[191] Vgl. nur ausführlich *Kersting*, Dritthaftung, S. 140 ff.; *Leistner*, Richtiger Vertrag, S. 931 f. A.A. Palandt/*Grüneberg*, § 311 Rn. 222; MüKo-BGB/*Emmerich*, § 311 Rn. 43.

[192] *Leistner*, Richtiger Vertrag, S. 933.

[193] Vgl. *Leistner*, Richtiger Vertrag, S. 933.

[194] Eine Ausnahme ist freilich *Kersting*, Dritthaftung, S. 140 ff.

[195] So wohl *Köhler*, GRUR 2003, 265, 271. In diese Richtung bereits *Wronka*, UFITA 1977, 221, 230 f. Dagegen überzeugend *Augenhofer*, WRP 2006, 169, 175.

[196] Allen voran *Lehmann*, Vertragsanbahnung, S. 340 ff. Ebenso MüKo-BGB/*Emmerich*, § 311 Rn. 77.

begründende Akt solle bereits dem Pflichtenkatalog des § 241 Abs. 2 BGB unterworfen werden.[197] Dogmatisch verbirgt sich dahinter die Annahme, die Begründung der Schutz- und Rücksichtnahmepflichten stünde unter der aufschiebenden Bedingung, eine Sonderverbindung werde tatsächlich eingegangen.[198] Konkret: Durch die Reaktion des Abnehmers auf die unrichtige Publikumswerbung werde das bereits bei Veröffentlichung der Werbung bestehende Täuschungsverbot aktualisiert.[199]

Im Ergebnis kann lediglich der zuletzt genannte Ansatz überzeugen. Während der erste Ansatz, der eine Sonderverbindung im Sinne des § 311 Abs. 2 BGB letztlich nur in persönlichen Verkaufsgesprächen entstehen lassen will, zu weit von den Realitäten der heutigen Wirtschaftswelt entfernt liegt und die Bedeutung von Publikumswerbung für die Konsumentscheidung des Abnehmers unterschätzt,[200] erkennt der zweite Ansatz zwar die Notwendigkeit, die rechtliche Bewertung von Publikumswerbung und Aussagen im persönlichen Verkaufsgespräch anzunähern. Er reißt aber einerseits erhebliche Schutzlücken und bleibt andererseits mehr dogmatischer Taschenspielertrick als systemgerechte Lösung.[201] Die Fürsprecher einer Vorverlagerung der Pflichten aus § 241 Abs. 2 BGB heben zu Recht darauf ab, dass es widersprüchlich wäre, täuschende Publikumswerbung zunächst zu gestatten, dem Täuschenden Anbieter dann aber aufzugeben, jeden getäuschten Interessenten aufzuklären.[202]

c) Direkthaftung des werbenden Herstellers

In der Literatur wird eine Haftung für Publikumswerbung aus c.i.c. zudem nicht nur in Zwei-Personen-Verhältnissen, d.h. zwischen Anbieter und Abnehmer, behandelt. Auch Ansätze, die eine Direkthaftung des Herstellers für von diesem geschaltete Werbung auf die c.i.c. stützen wollen, finden immer mehr Zuspruch.[203]

---

[197] Zum neuen Schuldrecht insbesondere *Kersting*, Dritthaftung, S. 143 ff.; zustimmend *Leistner*, Richtiger Vertrag, S. 941 ff. Aus der älteren Literatur vgl. insbesondere *Baumert*, Tatbestand und Haftungsmaßstab, S. 19 f.; *Hildebrandt*, Erklärungshaftung, S. 92 f.

[198] *Kersting*, Dritthaftung, S. 148 f.

[199] Etwa *Kersting*, Dritthaftung, S. 148 f. In diese Richtung auch *Leistner*, Richtiger Vertrag, S. 941 ff. Zu dieser Konstruktion, wenn auch mit Plädoyer für eine vertragliche Haftung, bereits *Köndgen*, Selbstbindung, S. 232 f.

[200] Treffend zu diesem Hintergrund im Hinblick auf Art. 2 Abs. 2 lit. d) Verbrauchsgüterkauf-RL/199/44/EG, *Grundmann*/Bianca, EU-Kaufrechts-RL, Art. 2 Rn. 34.

[201] Eine solche Lösung würde etwa dazu führen, dass vergebliche Fahrtkosten zum Verkaufsgespräch nicht ersatzfähig wären, da für sie zwar die täuschende Werbung, nicht aber die Pflichtverletzung, i.e. die mangelnde spätere Aufklärung, kausal wurde, *Kersting*, Dritthaftung, S. 146; *Leistner*, Richtiger Vertrag, S. 936, 940.

[202] *Kersting*, Dritthaftung, S. 147.

[203] Vgl. etwa *Augenhofer*, WRP 2006, 169, 175.

aa) Ansätze Lehmanns, Kerstings & Leistners

Noch zum alten Schuldrecht schlug *Lehmann* eine umfassende Haftung des Verkäufers sowie des Produktherstellers für kommerzielle Kommunikation auf Grundlage der Grundsätze zur c.i.c. vor.[204] Publikumswerbung sei als eigenständige Fallgruppe anzuerkennen, die sich quasi zwischen die bereits anerkannte Haftung wegen besonderem wirtschaftlichen Eigeninteresse und der Sachwalterhaftung einreihen sollte.[205]

Die Argumentation ist streng ökonomisch: (Hersteller-)Werbung käme im modernen Massenverkehr erhebliche Bedeutung zu; sie sei wesentliche Grundlage für die Konsumentscheidung der Abnehmer.[206] Aus wirtschaftswissenschaftlicher Perspektive gelte als erwiesen, dass Werbung nicht nur „akquisitorisch anreizend, sondern auch informatorisch" wirke.[207] Seine (allokations-)effizienzsteigernde Wirkung könne der Gütermarkt nur dann erreichen, wenn die mit der Werbung transportierten Informationen auch richtig seien, d.h., durch irreführende Werbung bedingte Fehlentscheidungen der Konsumenten ausgeschlossen wären.[208] Es bedürfe daher eines bürgerlich-rechtlichen Schadensersatzanspruches, der für die Werbenden den Anreiz setze, ausschließlich richtige Informationen zu verbreiten.[209] Lügen dürften sich nicht lohnen.[210]

Mangels anderweitiger einschlägiger beziehungsweise hinreichend umfassender Anspruchsgrundlagen sei dieser Anspruch aus den Grundsätzen zur *culpa in contrahendo* herzuleiten.[211] Dass nicht der Verkäufer als Vertragspartner des Abnehmers für Herstellerwerbung hafte, sondern der Hersteller selbst, ergebe sich dogmatisch aus seiner dem Sachwalter verwandten Stellung sowie seinem wirtschaftlichen Eigeninteresse am Absatz seiner Waren.[212] Ökonomisch sinnvoll sei seine Haftung zudem, weil sie die moderne Funktionsaufteilung zwischen Händler und Hersteller abbilde und an denjenigen anknüpfe, der die Richtigkeit der Werbung am günstigsten sicherstellen könne. Für Unrichtigkeiten in eigener Werbung sei der Hersteller *cheapest cost avoider*.[213]

Durchgesetzt hat sich *Lehmanns* Ansatz nicht.[214] Die Rechtsprechung hat ihn nicht aufgenommen; eher im Gegenteil: Sie hat den Weg der *Hühnerpest-*

---

[204] *Lehmann*, Vertragsanbahnung, S. 295 ff.
[205] *Lehmann*, Vertragsanbahnung, S. 362 ff.
[206] *Lehmann*, Vertragsanbahnung, S. 64 ff.
[207] *Lehmann*, NJW 1981, 1233, 1234 f. m.w.N.
[208] *Lehmann*, Vertragsanbahnung, S. 248 ff.
[209] *Lehmann*, Vertragsanbahnung, S. 248 ff.
[210] *Lehmann*, Vertragsanbahnung, S. 245 ff.
[211] *Lehmann*, Vertragsanbahnung, S. 295.
[212] *Lehmann*, Vertragsanbahnung, S. 361 ff.
[213] *Lehmann*, Vertragsanbahnung, S. 252 ff.
[214] *Leistner*, Richtiger Vertrag, S. 949.

Entscheidung fortgeführt und die Haftung Dritter aus c.i.c. verengt, nicht erweitert.[215]

Erneut befeuert wurde die Diskussion um die Haftung des werbenden Herstellers erst durch die Schuldrechtsreform.[216] Mit § 311 Abs. 2 und 3 BGB wurde die c.i.c. gesetzlich normiert; der – weit formulierte – Abs. 3 BGB befasst sich explizit mit der Haftung Dritter. Auch zu diesen könne ein Schuldverhältnis mit Pflichten nach § 241 Abs. 2 BGB entstehen, „insbesondere, wenn der Dritte in besonderem Maße Vertrauen für sich in Anspruch nimmt und dadurch die Vertragsverhandlungen oder den Vertragsschluss erheblich beeinflusst" (S. 2). Ausweislich der Gesetzesbegründung war mit der Einführung zwar keine Erweiterung der bisher in der Rechtsprechung anerkannten Fallgruppen beabsichtigt, die Rechtsentwicklung sollte aber auch nicht beschränkt werden. § 311 Abs. 3 BGB ist bewusst entwicklungsoffen.[217]

Diese Funktion aufgreifend, sieht *Kersting* in §§ 311 Abs. 3 S. 2, 241 Abs. 2 BGB einen umfassenden Haftungstatbestand für fehlerhafte Drittinformationen.[218] Auf dieser Grundlage ließen sich nicht nur angemessene Ergebnisse für die bisher von der Rechtsprechung anerkannten Fallgruppen der Dritthaftung finden, sondern auch die Probleme um die Haftung etwa für Publikumswerbung oder Kapitalmarktinformation systemgerecht lösen.[219]

Wie bei *Lehmann* stehen ökonomische Argumente im Vordergrund.[220] Aus dogmatischer Sicht sei wesentlich, sauber zwischen der Begründung einer Vertrauensbeziehung nach § 311 Abs. 3 BGB und der Bestimmung der sich daraus ergebenen Pflichten nach § 241 Abs. 2 BGB zu trennen.[221] An die Begründung einer Vertrauensbeziehung i.S.d. § 311 Abs. 1 S. 3 BGB dürften keine zu hohen Anforderungen gestellt werden; eine solche sei regelmäßig bereits dann anzunehmen, wenn „der Dritte dem Vertrauenden eine Information zur Vornahme eines Rechtsgeschäfts zur Verfügung stellt und der Vertrauende das Geschäft vornimmt".[222] Der Natur nach handele es sich um eine Sonderverbindung „unterhalb der Ebene des rechtlich bindenden Vertrages", die durch Verständigung der Parteien über die Gewährung und Inanspruchnahme von Vertrauen entstehe.[223] Neben tatsächlichem Vertrauen des Abnehmers sei prägendes Merkmal, dass sich der Vertrauensnehmer (d.h. der sich äußernde Dritte) dem geschäftlichen Charakter seiner Äußerung bewusst

---

[215] Dazu *Leistner*, Richtiger Vertrag, S. 949.
[216] Vgl. *Leistner*, Richtiger Vertrag, S. 949.
[217] RegE SchuldrechtsmodernisierungsG, BT-Drs. 14/6040, S. 162 f.
[218] *Kersting*, Dritthaftung, S. 122 ff.; zustimmend in einigen Punkten *Faust*, AcP 210 (2010), 555.
[219] *Kersting*, Dritthaftung, S. 317 ff., 473 ff.
[220] *Kersting*, Dritthaftung, S. 174 ff.; 192 ff.
[221] *Kersting*, Dritthaftung, S. 113.
[222] *Kersting*, JR 2008, 312; *ders.*, Dritthaftung, S. 135 ff.; 290 f.
[223] *Kersting*, Dritthaftung, S. 258, 209 ff.

ist und dass er mit Willen zur Vertrauensinanspruchnahme handelt; in Anlehnung an die Willenserklärung spricht *Kersting* von „Inanspruchnahmebewusstsein" und „Inanspruchnahmewille".[224] Letzterer sei gleichzeitig die maßgebliche Begrenzung des Dritthaftungstatbestands: Über den Inanspruchnahmewillen könne der Dritte steuern, wem gegenüber er für eine Äußerung haften möchte, wem gegenüber nicht.[225]

Der Ausweitung des § 311 Abs. 3 BGB im Verhältnis zu den bisher von der Rechtsprechung anerkannten Fallgruppen setzt *Kersting* eine Begrenzung der aus der Vertrauensbeziehung resultierenden Pflichten gegenüber.[226] Aus § 241 Abs. 2 BGB ergebe sich nicht zwingend eine Wahrheitspflicht, vielmehr müsse der sich äußernde Dritte nur darlegen, auf welcher Grundlage seine Äußerung beruhe und auf dieser Grundlage richtig sein. Nur wenn er keine (einschränkenden) Aussagen zur Bewertungsgrundlage mache, sei ein normativer Maßstab anzulegen. Der Dritte hafte dann für all die Aussagen, die „*lege artis*" unrichtig sind.[227]

Auch *Leistner* möchte den werbenden Hersteller für Irreführungen des Verkehrs durch aktive unwahre oder missverständliche Äußerungen grundsätzlich nach §§ 311 Abs. 3, 241 Abs. 2 BGB haften lassen.[228] Dogmatisch gründet sein Ansatz auf einer Bezugnahme zur kaufrechtlichen Vertrauenshaftung nach § 434 Abs. 1 S. 3 BGB sowie zum lauterkeitsrechtlichen Irreführungsverbot gem. § 5 Abs. 1 UWG. Entscheidende Voraussetzung der Dritthaftung nach § 311 Abs. 3 BGB sei das in S. 2 genannte besondere Vertrauen, das der Dritte „für sich" in Anspruch nehmen müsse.[229] Dabei dürfe nicht starr auf die Stellung des Betroffenen abgestellt werden; im Rahmen einer wertenden Betrachtung sei der „Wechselzusammenhang von Nähe des Dritten zum Schuldverhältnis und Reichweite des in ihn gesetzten Vertrauens" maßgeblich.[230] Für Werbeaussagen des Herstellers beziehungsweise anderer qualifizierter Dritter sei diese Wertungsfrage durch § 434 Abs. 1 S. 3 BGB präjudiziert.[231] Der Regelung liege erstens die gesetzgeberische Erkenntnis zugrunde, dass die Abnehmer im modernen Massenverkehr auch den Werbeaussagen des Herstellers besonderes Vertrauen schenkten.[232] Zweitens ergebe sich aus ihr *a maiore ad minus*, dass das Ver-

---

[224] *Kersting*, Dritthaftung, S. 239 ff.
[225] *Kersting*, Dritthaftung, S. 312. Ob ein solcher Wille vorliege, sei wie beim Rechtsbindungswillen nach dem objektiven Empfängerhorizont zu bestimmen (§§ 133, 157 BGB).
[226] *Kersting*, Dritthaftung, S. 360 ff.
[227] *Kersting*, Dritthaftung, S. 364.
[228] *Leistner*, Richtiger Vertrag, S. 968.
[229] *Leistner*, Richtiger Vertrag, S. 950 f.
[230] *Leistner*, Richtiger Vertrag, S. 950.
[231] *Leistner*, Richtiger Vertrag, S. 951 f.
[232] *Leistner*, Richtiger Vertrag, S. 951 f.

trauen der Käufer auch i.S.d. § 311 Abs. 3 S. 2 BGB schutzwürdig sei: Wenn der Gesetzgeber herstellerische Werbeaussagen als so bedeutsam ansehe, dass sie das vertragliche Äquivalenzverhältnis zwischen Käufer und Verkäufer beeinflussen, ließe sich schlecht begründen, im Verhältnis zum Hersteller dürfe der Käufer auf sie nicht vertrauen.[233]

Noch mehr: Die Haftung der Verkäufers aus § 434 Abs. 1 S. 3 BGB sei lediglich Ausdruck eines „Sphärengedankens": Weil der Verkäufer von Herstellerwerbung bestimmungsgemäß profitiert, müsse er auch das damit verbundene Irreführungsrisiko tragen.[234] Es wäre aber widersprüchlich, wenn dann nur der Verkäufer, nicht aber der Hersteller, der den Vertrauenstatbestand aktiv gesetzt habe, für die Werbeangaben haften würde.[235] Ähnlich zu *Kersting* und *Lehmann* stützt *Leistner* seine Ansicht darüber hinaus mit einem Vergleich zur Sachwalterhaftung: Wie bei einem Gutachter messe der Verkehr dem Hersteller eine „besondere, qualifizierte Kompetenz" bei, die aus seiner Teilnahme am Herstellungsprozess resultiere.[236]

Innerhalb dieses Vertrauensverhältnisses treffe den Hersteller beziehungsweise die sonstigen nach § 434 Abs. 1 S. 3 BGB qualifizierten Dritten die Pflicht, den Käufer nicht aktiv irrezuführen.[237] Bezugspunkt dieser Pflicht sei dabei die das Vertrauensverhältnis begründende Äußerung selbst.[238] Als Maßstab für die Irreführung sei dann grundsätzlich auf die Auslegungsmaßstäbe der §§ 133, 157 BGB zurückzugreifen, diese aber durch die Grundsätze des lauterkeitsrechtlichen Irreführungsschutzes zu ergänzen.[239] Durch die Bezugnahme auf § 434 Abs. 1 S. 3 BGB ist *Leistners* Ansatz sehr viel enger als die vorgenannten.[240] Ein Vertrauensverhältnis i.S.d. § 311 Abs. 3 BGB werde nur durch Herstellerwerbung begründet, welche die hohen Voraussetzungen des § 434 Abs. 1 S. 3 BGB erfüllt, sich also hinreichend konkret auf Produkteigenschaften der Kaufsache selbst bezieht.[241] Gleichzeitig ist er aber auch weiter als *Kersting*: Fahrlässige (produktbezogene) Fehlinformationen sollen stets einen Pflichtverstoß darstellen, auf eine besondere Inanspruchnahme von Vertrauen für die Richtigkeit der Information komme es nicht an.[242]

---

[233] *Leistner*, Richtiger Vertrag, S. 952, 956.
[234] *Leistner*, Richtiger Vertrag, S. 953.
[235] *Leistner*, Richtiger Vertrag, S. 953 f.
[236] *Leistner*, Richtiger Vertrag, S. 955 ff.
[237] *Leistner*, Richtiger Vertrag, S. 969 f.
[238] *Leistner*, Richtiger Vertrag, S. 969 f.
[239] *Leistner*, Richtiger Vertrag, S. 970 ff.
[240] So auch *Leistner* selbst, Richtiger Vertrag, S. 955 ff.
[241] *Leistner*, Richtiger Vertrag, S. 968.
[242] *Leistner*, Richtiger Vertrag, S. 970.

bb) Anwendung auf unternehmensbezogene CSR-Codes

Die Veröffentlichung von typischen CSR-Codes lässt sich mit den dargestellten Ansätzen nur teilweise fassen. Dass eine Haftung nach *Leistners* Ansatz nicht in Betracht kommt, ist offensichtlich. Wenn dieser für einen Direktanspruch gegen den Hersteller nach §§ 311 Abs. 3, 241 Abs. 2, 280 Abs. 1 BGB auf die Voraussetzungen des § 434 Abs. 1 S. 3 BGB rekurriert, schließt er eine Haftung für unternehmensbezogene sowie produktbezogene, aber prozessorientierte CSR-Codes aus. Beide beziehen sich nicht hinreichend konkret auf den jeweiligen Vertragsgegenstand.[243] Allein in hier ausgeklammerten Ausnahmefällen, d.h., wenn das Unternehmen einen produktbezogenen und ergebnisorientierten CSR-Code veröffentlicht, käme eine Haftung des Herstellers in Betracht.

Schwieriger zu beantworten ist die Frage bei *Kersting*. Auch nach seinem Ansatz wird die Veröffentlichung typischer CSR-Codes aber wohl keine Direkthaftung des Herstellers aus §§ 311 Abs. 3 S. 2, 241 Abs. 2, 280 Abs. 1 BGB nach sich ziehen. Zwar sei von einer Dritthaftung regelmäßig bereits dann auszugehen, wenn der Dritte Informationen für ein intendiertes Rechtsgeschäft zu Verfügung stelle,[244] was bei öffentlich geäußerten unternehmensbezogenen CSR-Codes durchaus der Fall sein mag. Fehlen wird es aber üblicherweise am subjektiven Tatbestand der Vertrauensinanspruchnahme. Eine abschließende Beurteilung fällt freilich schwer. Insbesondere in ihren Randbereichen bleiben die Institute des „Inanspruchnahmebewusstseins" und des „Inanspruchnahmewillens" dafür zu unscharf.

Grundsätzlich dient das „Inanspruchnahmebewusstsein" dazu, geschäftliche von sozialen Kontakten abzugrenzen; nur im geschäftlichen Bereich komme eine Haftung nach § 311 Abs. 3 S. 2 BGB in Betracht.[245] Erforderlich sei ein finaler Zusammenhang zwischen der vertrauensbegründenden Handlung des Dritten und einer rechtsgeschäftlichen Handlung des Abnehmers.[246] Der Dritte müsse wissen, „daß er sich mit seiner Handlung insofern im geschäftlichen Verkehr bewegt, als diese geeignet ist, rechtsgeschäftsbezogene Handlungen des Vertrauensgebers [d.h. des Abnehmers] auszulösen".[247] „Inanspruchnahmewille" liege immer dann vor, wenn der Dritte Vertrauen gerade des Handelnden in Anspruch nehmen wollte.[248] Auf diese Weise könne der Dritte diejenigen Bezugsverträge hinreichend konkretisieren, für die er haften wolle.

---

[243] Dazu bereits ausführlich oben S. 156 ff.
[244] So laute die „Kurzfassung" des § 311 Abs. 3 S. 2 BGB, *Kersting*, Dritthaftung, S. 290, 471, 475.
[245] *Kersting*, Dritthaftung, S. 241.
[246] *Kersting*, Dritthaftung, S. 241 ff.
[247] *Kersting*, Dritthaftung, S. 243.
[248] *Kersting*, Dritthaftung, S. 243 ff.

Ob Inanspruchnahmebewusstsein und -wille vorliegen, sei durch Auslegung nach §§ 133, 157 BGB analog zu bestimmen.[249] Eine strikte Anwendung dieser Grundsätze auf CSR-Codes müsste eine Direkthaftung des Herstellers begründen. Wie die wirtschaftswissenschaftlichen Überlegungen zeigen, zielen die Unternehmen durch CSR-Maßnahmen (auch) darauf ab, Abnehmer zum Vertragsschluss zu motivieren.[250] Die relevanten Bezugsverträge wären zudem hinreichend konkretisiert. Zwar lässt sich den Codes selbst kein direkter Adressat entnehmen.[251] Bei Äußerungen an einen unbestimmten Personenkreis will *Kersting* allerdings ausreichen lassen, dass sich die Äußerung auf *alle* denkbaren Bezugsverträge bezieht. Eine weitergehende Individualisierung der konkreten Abnehmer sei nicht erforderlich. Dementsprechend sieht er etwa grundsätzlich auch (produktbezogene) Publikumswerbung,[252] Testergebnisse der Stiftung Warentest[253] oder öffentliche Kapitalmarktinformation[254] als hinreichend bestimmt an.

Nimmt man die Beispiele *Kerstings* etwas genauer in den Blick, zeigt sich jedoch ein disparates Bild. Bei freiwilliger Kapitalmarktinformation soll der subjektive Tatbestand regelmäßig nur dann erfüllt sein, wenn eine Veröffentlichung Informationen über den wirtschaftlichen Erfolg oder die wirtschaftliche Tätigkeit des Unternehmens enthält.[255] Bei anderen Äußerungen, beispielsweise über die „Sport- und Kulturförderung des Unternehmens oder den Namen des Architekten, der die neue Firmenzentrale planen soll", sei regelmäßig selbst dann nicht von Inanspruchnahmebewusstsein und -wille auszugehen, wenn die Informationen kursrelevant sein sollten.[256] Das Ergebnis überrascht. Ebenso wie bei CSR-Maßnahmen wird der Hintergrund unternehmerischer Sport- und Kulturförderung regelmäßig wirtschaftlicher Natur sein. Stark vereinfacht lässt sich sagen: Auch die mit derartigen Maßnahmen bezweckte Reputationssteigerung dient schließlich der Unternehmensreputation beziehungsweise der Absatzsteigerung.

---

[249] Ebenda.
[250] Vgl. oben S. 16 f.
[251] Sprachlich richten sie sich grundsätzlich an die gesamte Öffentlichkeit. Wenn – etwa bei Multistakeholder-Codes – doch einmal ein Versprechensempfänger definiert ist, handelt es sich dabei regelmäßig nicht um Abnehmer, sondern um die Initiatoren der Codes, beispielsweise internationale Organisationen. So etwa beim UN Global Compact, bei dem die Mitgliedschaft an eine formelle Absichtserklärung des Unternehmens gegenüber der UNO gebunden ist, vgl. https://www.unglobalcompact.org/participation/join/application/business.
[252] *Kersting*, Dritthaftung, S. 475.
[253] *Kersting*, Dritthaftung, S. 478 f.
[254] *Kersting*, Dritthaftung, S. 511 ff.
[255] *Kersting*, Dritthaftung, S. 514.
[256] Ebenda.

Die Beispiele zeigen: Wenn auch unausgesprochen, scheint *Kersting* den subjektiven Tatbestand bei einer nur (sehr) mittelbaren Verbindung zwischen der Äußerung des Dritten und einer möglicherweise damit zusammenhängenden rechtsgeschäftlichen Handlung der Abnehmer abzulehnen. Erhärtet wird dieser Befund durch *Kerstings* Ausführungen zur Produktwerbung. Dort schreibt er:

„Begründen lässt sich [der Inanspruchnahmewille] mit dem primären Zeck von Werbeveröffentlichungen, möglichst viele Kunden zu erreichen und zum Vertragsabschluss zu veranlassen. Dieser *eindimensionale Daseinszweck* der Werbung erlaubt es, auf einen Inanspruchnahmewillen hinsichtlich aller potentieller Kunden und im Hinblick auf alle auf das beworbene Produkt bezogenen Vertragsabschlüsse zu schließen. Dies mag man allenfalls bei reiner Imagewerbung (,Otto ... find' ich gut!') oder Schockwerbung (Benetton) anders sehen – doch fehlt es in diesen Fällen bereits an einem produktbezogenen Informationsgehalt der Werbung."[257]

Nimmt man diese Einschränkungen ernst, ließe sich zumindest vertreten, dass der subjektive Tatbestand der Vertrauensinanspruchnahme bei der Veröffentlichung von CSR-Codes regelmäßig nicht gegeben sein wird. CSR-Codes wirken nicht ein-, sondern multidimensional. Einerseits sprechen sie gleichermaßen Abnehmer, Anleger, Wettbewerber, NGOs, Anwohner, staatliche Stellen etc. – kurz: alle Stakeholder – an.[258] Andererseits verfolgen Unternehmen mit der Aufstellung von CSR-Codes bisweilen auch interne Ziele, die Codes sollen Einfluss nehmen auf Mitarbeiter und Betriebsabläufe selbst.[259] CSR-Codes beeinflussen insbesondere Abnahmeverträge zudem nur mittelbar. Sie beziehen sich regelmäßig nicht auf den konkreten Vertragsgegenstand, etwa eine Kaufsache, selbst, sondern statuieren darüber hinausgehende generellere Verhaltenspflichten des Herstellers.[260] Ähnlich wie bei Kultur- oder Sportförderung verspricht ein Unternehmen, bestimmte Maßnahmen, was seine Reputation steigert und Abnehmern als Motiv dient, die Produkte des Unternehmens zu erwerben.

Ob sich ähnliche Einschränkungen auch dem Ansatz von *Lehmann* entnehmen lassen, ist unklar. Direkte Einschränkungen lassen sich seinen Ausführungen nicht entnehmen. Soweit er Beispiele verwendet, bezieht sich allerdings auch *Lehmann* vornehmlich auf produktbezogene Faktoren. Zur Begründung der Direkthaftung des Produktherstellers schreibt er etwa:

„Als Hersteller des abzusetzenden Produkts ist er [...] aus der Sicht des Käufers als Sachwalter und Fachmann zu betrachten, der selbst am besten über die Güte, Qualität und

---

[257] *Kersting*, Dritthaftung, S. 475. Hervorhebung durch mich.
[258] Ausführlich dazu oben S. 16 f. Um einen „Inanspruchnahmewillen" im Sinne *Kerstings* zu begründen, müsste man annehmen, dass sich dieser auf alle Stakeholder bezieht, die möglicherweise Verträge über Produkte oder Anteile des Unternehmens schließen.
[259] Auch dazu bereits oben S. 16 f.
[260] Dazu ausführlich oben S. 157 ff.

Funktionseigenschaften seiner Waren Bescheid weiß. Diesen Produktangaben muß der Werbeadressat und potentielle Käufer im besonderen Maß Vertrauen schenken dürfen [...]."[261]

Hieraus den Schluss zu ziehen, dass *Lehmann* unternehmensbezogene Werbeangaben aus dem Anwendungsbereich der c.i.c. heraushalten will, wäre allerdings vorschnell. Produktbezogene Werbung stellt vielmehr den Regelfall dar und liegt bereits dementsprechend im Fokus der Autoren.

d) Begrenzung auf produktbezogene Faktoren

Spricht auch vieles dafür, eine Direkthaftung des Herstellers auf Grundlage der c.i.c. abzulehnen, um die inzwischen verfestigten und im Ergebnis gut funktionierenden Institutionen der Produkthaftung sowie der kaufrechtlichen Abwicklung über den Verkäufer nicht zu nivellieren, kann diese Streitfrage hier offenbleiben. Sowohl die Auseinandersetzung mit den vorgenannten Ansichten zum Drei-Personen-Verhältnis wie auch die Betrachtung der dogmatischen Fallstricke im Zwei-Personen-Verhältnis führt nämlich zu einer für die Behandlung von typischen CSR-Codes viel fundamentaleren Frage: Ist die vorvertragliche Informationshaftung bei öffentlicher Kommunikation vielleicht generell, d.h. bereits im Zwei-Personen-Verhältnis, auf bestimmte Inhalte zu beschränken? Und wenn ja, umfasst sie Täuschungen über unternehmensbezogene beziehungsweise prozessorientierte CSR-Codes?

aa) Funktionale Betrachtung

Dem Schutzzweck der vorvertraglichen Informationshaftung lässt sich eine solche Einschränkung nicht entnehmen. Die Dispositionsfreiheit der Abnehmer ist immer betroffen, wenn diese aufgrund unrichtiger Informationen eine Entscheidung treffen, die sie andernfalls nicht getroffen hätten.[262] Auch ökonomische Überlegungen zur Marktfunktion streiten nicht gegen, sondern für einen weiten Anwendungsbereich: Menschen sind unterschiedlich, und die Frage, warum sie ein Produkt mehr oder weniger schätzen als ein anderes, bleibt ihnen überlassen. Auch fehlerhafte Informationen über andere als produktbezogene Faktoren können daher eine ineffiziente Güterverteilung verursachen.

Genau genommen geht es an dieser Stelle aber gar nicht so sehr um die Frage, ob eine unrichtige Äußerung über unternehmensbezogene Faktoren bürgerlich-rechtliche Haftungsfolgen auslösen kann. Ein Anfechtungsrecht nach § 123 BGB steht dem darüber Getäuschten ohne Frage zu, ebenso ein Schadensersatzanspruch nach § 826 BGB.[263] In Frage steht lediglich, ob eine

---

[261] *Lehmann*, Vertragsanbahnung, S. 366.
[262] Dazu bereits oben S. 179 ff.
[263] Dazu sogleich.

Täuschung über unternehmensbezogene Faktoren daneben auch einen Schadensersatzanspruch aus c.i.c. begründet, dessen Charme vor allem in seinen verhältnismäßig geringen Tatbestandsvoraussetzungen liegt.

Wie dargelegt, sind vorvertragliche Fehlinformationen aus ökonomischer Sicht insbesondere aus zwei Gründen schädlich. Erstens sind die für sie aufgewendeten Kosten verschwendet.[264] Zweitens halten sie den Getäuschten davon ab, eigene Informationsanstrengungen zu unternehmen.[265] Abnehmer, denen eine für sie wichtige Information bereits vom Anbietenden zur Verfügung gestellt wird, beschaffen sich diese nicht mehr auf anderem Weg. Ein Informationshaftungstatbestand verlagert das Risiko der Fehlinformation vom Abnehmer auf den Anbieter und setzt so Anreize, keine fehlerhaften Informationen zu veröffentlichen.[266]

In der Literatur wird diese Risikoverlagerung zumeist für angemessen erachtet. Der Anbieter ist nämlich derjenige, der am kostengünstigsten sicherstellen kann, dass die Informationen, die er verbreitet, auch richtig sind.[267] Zugleich ist er derjenige, der von der Werbewirkung seiner Information wirtschaftlich profitiert.[268] Diese Argumentation ist ohne Frage richtig. Sie beleuchtet aber nur einen Teil des hier in Rede stehenden informationsökonomischen Problems: Der einen CSR-Code veröffentlichende Unternehmer ist nämlich nicht nur *cheapest cost avoider*, er ist auch der *cheapest information gatherer*. Welchen Einfluss das Geschäftsmodell des Unternehmens auf CSR-Belange hat und wie es plant, mit diesen umzugehen, kann das Unternehmen verhältnismäßig günstig, seine Abnehmer nur mit prohibitiv hohen Kosten herausfinden. Sieht man einmal von der Informationsbeschaffung durch NGOs ab, die auch nur einige wenige Unternehmen unter die Lupe nehmen können, sind die Abnehmer daher auf die Informationsvermittlung durch die Unternehmen angewiesen.[269]

Wie bereits dargelegt, sollte ein angemessener Informationshaftungstatbestand diese beiden Aspekte in Ausgleich bringen. Er sollte einerseits sicherstellen, dass Unternehmen nicht aus Sorge um ein überbordendes Haftungsrisiko von der Veröffentlichung von CSR-Codes absehen oder sich in leere Phrasen flüchten. Andererseits muss die Informationshaftung so eingestellt sein, dass Abnehmer sich hinreichend auf die veröffentlichten Informationen verlassen können. Im kapitalmarktrechtlichen Teil dieser Arbeit ist diese

---

[264] Dazu bereits oben S. 130 ff.

[265] Treffend *Wagner*, in: Zimmermann (Hrsg.), Störungen der Willensbildung, S. 59, 88 f.

[266] Vgl. oben S. 135 ff.

[267] *Lehmann*, Vertragsanbahnung, S. 252 ff.

[268] Vgl. *Lehmann*, Vertragsanbahnung, S. 344 ff.; *Leistner*, Richtiger Vertrag, S. 939; *Tiller*, Gewährleistung und Irreführung, S. 53.

[269] Dazu bereits S. 21 ff.

Abwägung gegen eine Haftung für fahrlässige Fehlinformation ausgegangen.[270] Für Produktmärkte muss dies nicht gelten: Hier ließe sich einwenden, dass diese nicht in gleichem Maße von Informationen des Anbieters abhängig sind.[271] Viele der für die Abnehmer relevanten Eigenschaften der gehandelten Produkte können Abnehmer auch auf anderem Wege in Erfahrung bringen, etwa durch Untersuchung des Kaufgegenstands. Insbesondere im Verhältnis zum Sekundärmarkt haben Anbieter zudem ein deutlich höheres Interesse an der wirtschaftlichen Entscheidung des Abnehmers, weil sie von dem Erwerb des Produkts unmittelbarer profitieren und damit einen größeren Anreiz haben zu täuschen.[272]

Und dennoch: Auch Waren und Dienstleistungen setzen sich zu nicht unerheblichen Teilen aus Vertrauenseigenschaften zusammen, die sich eben nicht durch Untersuchung oder Erfahrung hinreichend bestimmen lassen können. Wenn sich dazu nicht hinreichend präzise vorhersagen lässt, welche wirtschaftlichen Vorteile sich für den Anbieter mit der Veröffentlichung diesbezüglicher Informationen erzielen lassen, ist zu erwarten, dass bei einem ungenau eingestellten Haftungstatbestand auch eigentlich nützliche Äußerungen unterbleiben. Eine klare Linie, wann eine Fahrlässigkeitshaftung für Fehlinformationen an Produktmärkten angemessen ist und wann nicht, lässt sich aus dem Vorgesagten freilich nicht entnehmen. Präzise ließe sich diese wohl nur für jeden Einzelfall und unter Berücksichtigung aller dort relevanten Umstände bestimmen.[273]

Zumindest lässt sich aber sagen, dass eine Fahrlässigkeitshaftung für unrichtige unternehmensbezogene Faktoren auch am Produktmarkt nicht zwingend geboten ist.

bb) Systematische Betrachtung

Die entscheidenden Argumente gegen eine Einbeziehung sämtlicher öffentlicher Äußerungen in den Tatbestand der c.i.c. sind denn auch eher systematischen Wertungen zu entnehmen. Im deliktischen Bereich hat sich der Gesetzgeber für eine Diskriminierung reiner Vermögensschäden entschieden: Außerhalb von Sonderverbindungen besteht prinzipiell keine Haftung für die

---

[270] Oben S. 135 ff.
[271] Vgl. *Klöhn*, ZHR 171 (2008), 388, 410.
[272] Vgl. wiederum *Klöhn*, ZHR 171 (2008), 388, 403 ff.
[273] Mit einzubeziehen wäre dann etwa, inwieweit einer öffentlichen Aussage eher informierender oder eher motivierender Gehalt zukommt, Möglichkeiten und Kosten der Informationsbeschaffung durch die Abnehmer sowie der erwartete Nutzen für das informierende Unternehmen.

fahrlässige Verletzung „bloßer" Vermögensinteressen.[274] Dies gilt umso mehr, wenn als schädigendes Verhalten informationelles Handeln in Rede steht.[275] Freilich hat sich der Gesetzgeber spätestens mit der Schuldrechtsreform und der damit verbundenen Normierung der c.i.c. in § 311 Abs. 2 BGB dazu entschlossen, dass auch Vermögensschäden zu ersetzen sind, die durch fahrlässige Fehlinformation verursacht wurden.[276]

Vorauszusetzen ist aber, dass das informationelle Fehlverhalten im Rahmen einer dort spezifizierten Sonderverbindung aufgetreten ist. Ungeachtet des seit jeher brodelnden Streits um die dogmatische Einordnung der c.i.c. ist es diese Sonderverbindung, die sie von den Regelungen der §§ 823 ff. BGB unterscheidet. Wie bereits oben gezeigt, ist die Begründung dieser Sonderbeziehung bei Publikumskommunikation auf eine besondere Probe gestellt.

Darüber hinaus gilt: Je weiter der Anwendungsbereich des § 311 Abs. 2 BGB gezogen wird, desto enger werden die durch das Deliktsrecht bewusst geschaffenen Freiräume.[277] Wie dargelegt, lässt sich dieser Konflikt im Wesentlichen damit lösen, dass nicht jede fehlerhafte öffentliche Äußerung von Anbietenden einen Schadensersatzanspruch von jedem auslöst, der durch die Äußerung getäuscht wurde. Erforderlich ist vielmehr, dass der Getäuschte aufgrund der Äußerung mit dem Anbietenden in eine Sonderverbindung eintritt.[278] Das ist grundsätzlich richtig. Es dient nämlich einerseits dazu, völlig diffuse Schadensbilder aus dem Schutzbereich der c.i.c. hinauszuhalten, und garantiert andererseits die Einordnung der vorvertraglichen Informationshaftung zwischen Vertrag und Delikt.

Um sinnvolle Ergebnisse zu erzielen, kommt es aber maßgeblich auf korrekte Feinabstimmung des Lösungsansatzes an. Entscheidend ist die Frage, welche Äußerungen genau als Kontaktaufnahme, d.h. als Eintritt in die Sonderbeziehung nach § 311 Abs. 2 BGB, anzusehen sind und welche nicht. Nur wenn eine Abgrenzung hinreichend präzise möglich ist, lässt sich sicherstellen, dass bereits in Zwei-Personen-Konstellationen nicht typische Jedermannspflichten dem Tatbestand der §§ 241 Abs. 2, 280 Abs. 1 BGB unterworfen werden. Hierfür gilt es, noch einmal den Begründungsansatz für die Vorverlagerung des vorvertraglichen Pflichtenkatalogs in den Blick zu nehmen: Die besonderen vorvertraglichen Schutz- und Rücksichtnahmepflichten, die aus einer Sonderverbindung im Sinne des §§ 311 Abs. 2 BGB resultieren, sollen auch für solche Handlungen gelten, bei denen es widersprüchlich wäre,

---

[274] Vgl. nur MüKo-BGB/*Wagner*, § 826 Rn. 13 ff.; *ders.*, in: Zimmermann (Hrsg.), Grundstrukturen, S. 189, 230 ff.

[275] Grundlegend etwa *Grigoleit*, Vorvertragliche Informationshaftung, S. 16 ff., der dem BGB ein prinzipielles Vorsatzdogma für informationelles Handeln entnimmt.

[276] Ebenda.

[277] Vgl. etwa *Larenz/Canaris*, Schuldrecht BT II, S. 356 f.; *Picker*, AcP 183 (1983), 369, 470 ff.; MüKo-BGB/*Wagner*, § 823 Rn. 12 ff., 19.

[278] Vgl. *Kersting*, Dritthaftung, S. 148.

wenn sich der Handelnde später darauf berufen würde, die Sonderverbindung hätte zum Handlungszeitpunkt noch gar nicht bestanden – d.h. bei solchen Handlungen, die geeignet sind, eine solche Sonderverbindung zu begründen. Der Handelnde wisse dann nämlich, dass ihn derartige Pflichten treffen werden, und könne sich bereits bei der pflichtbegründenden Handlung an den im Verhältnis zum Deliktsrecht verschärften Pflichtenkatalog anpassen.[279]

Damit ist bereits ein recht enges Spielfeld bereitet: Die an das Verbot des widersprüchlichen Verhaltens aus § 242 BGB anknüpfende Begründung zwingt nämlich dazu, die Grenze für eine derartige Kontaktaufnahme nicht zu niedrig anzusetzen.[280] Einen Vorschlag, diese Grenze sauber zu bestimmen, hat bereits zum alten Schuldrecht *Canaris* unterbreitet: Aus einem Vergleich der verschiedenen Fallgruppen der c.i.c. ergebe sich, dass die vorvertragliche Informationshaftung inhaltlich der Gewährleistungshaftung viel näher stehe als dem inhaltlich unbeschränktem § 123 BGB.[281] Diese Nähe fruchtbar machend, schlägt er vor, Informationshaftungsfälle immer dann über die c.i.c. zu lösen, wenn sich die Aussage inhaltlich mit einer kaufrechtlichen Beschaffenheitsvereinbarung vergleichen lasse.[282] Im Ergebnis ist damit die gleiche Richtung eingeschlagen, die auch *Leistner* und *Kersting* in den oben dargestellten Ansätzen wählen.[283] Ein Vergleich bietet sich darüber hinaus auch zur bürgerlich-rechtlichen Prospekthaftung an, die gerade damit begründet wird, dass Wertpapierprospekte in der Regel alle wesentlichen Informationen über eine Anlagemöglichkeit enthielten und daher für die Anleger die wichtigste Informationsquelle darstellten.[284]

Nun dürfte es sicher nicht förderlich sein, den kaufrechtlichen Beschaffenheitsbegriff mitsamt seiner europäischen Prägung sowie dem lang anhaltenden Reichweitenstreit in die c.i.c. zu importieren.[285] Die Grundüberlegung dieser Ansätze verdient aber Zustimmung. Werbeaussagen, die sich konkret auf die Eigenschaften einer Sache beziehen, sind im Ergebnis nichts anderes als die Vorverlagerung des Verkaufsgesprächs. Abnehmer nehmen diese zur Kenntnis, entscheiden sich auf dieser Grundlage dafür, in einen konkreten Verhandlungsprozess einzutreten, und werden die beworbene Eigenschaft dort mitunter nicht einmal mehr zur Sprache bringen, sondern schlicht voraussetzen. Gleiches gilt über den Beschaffenheitsbegriff hinaus auch für sonstige Angaben des Anbieters etwa zu Verwendungsmöglichkeiten, Hinter-

---

[279] Vgl. *Leistner*, Richtiger Vertrag, S. 942.
[280] Vgl. *Leistner*, Richtiger Vertrag, S. 942; etwas allgemeiner *Kersting*, Dritthaftung, S. 147.
[281] *Canaris*, AcP 200 (2000), 273, 306 ff.
[282] *Canaris*, AcP 200 (2000), 273, 308.
[283] *Leistner*, Richtiger Vertrag, S. 918 ff., zieht darüber hinaus auch für das Zwei-Personen-Verhältnis deutliche Parallelen zu Kaufmängelgewährleistung.
[284] Siehe oben S. 85 ff.
[285] Für eine 1:1-Übertragung plädiert auch *Canaris*, AcP 200 (2000), 273, 308 ff., nicht.

gründen etc., die sich auf den konkreten Vertragsgegenstand, zumindest aber auf den Vertrag selbst beziehen. Auch das Versprechen, mit dem Erwerb eines bestimmten Gegenstands gehe ein gewisses soziales Ansehen einher, mag manchen Abnehmer zur Aufnahme von Vertragsverhandlungen bewegen und wird so Teil der vorvertraglichen Sonderbeziehung selbst.

Dort, wo dies nicht der Fall ist, wo vielmehr keine hinreichende Verbindung zu einem konkretisierbaren Vertrag mehr zu erkennen ist, ist der Bereich der quasivertraglichen Sonderverbindung der §§ 311 Abs. 2 BGB überspannt. Wenn ein Unternehmen etwa kundtut, es wolle einen bekannten Fußballclub unterstützen, mag das dessen Anhänger motivieren, eher Produkte dieses Unternehmens als die eines anderen zu erwerben. Mangels hinreichenden Vertragsbezugs wird man darin aber noch keine Handlung sehen können, die geeignet ist, eine Sonderverbindung im Sinne des § 311 Abs. 2 BGB zu begründen. Gleiches muss für auf der Unternehmenswebseite veröffentlichte unternehmensbezogene CSR-Codes gelten. Sie beziehen sich lediglich auf das allgemeine Unternehmenshandeln, nicht aber auf einen konkreten Vertrag oder die Beziehung zu einem konkreten Abnehmer. Sie enthalten vielmehr das Versprechen, die darin enthaltenen Regeln unabhängig von konkreten Vertragsverhältnissen zu achten. Anderes mag freilich dann gelten, wenn das Unternehmen die Einhaltung im Zusammenhang mit konkreter Produktwerbung verbreitet, beispielsweise durch Hinweise in Werbeanzeigen. Allgemein auf der Webseite geäußerte Angaben ohne Bezug zu einem konkreten Vertragsverhältnis begründen eine Sonderverbindung aber nicht.

e) Zwischenergebnis

Selbst wenn man einen vorvertraglichen Informationshaftungstatbestand aus §§ 311 Abs. 2 (und 3) BGB neben der Arglistanfechtung grundsätzlich anerkennen mag und selbst wenn man auf dieser Grundlage auch eine Direkthaftung werbender Dritter in Erwägung ziehen möchte, wären dessen Tatbestandsvoraussetzungen in den hier untersuchten Fällen mangels hinreichender Beziehung zu einem konkreten Vertragsverhältnis also nicht erfüllt.

3. Deliktische Informationshaftung

Neben die Arglistanfechtung tritt zudem ein deliktischer Informationshaftungsanspruch der getäuschten Abnehmer aus § 826 BGB. Dass Verstöße gegen das Verbot der aktiven Täuschung als sittenwidrig einzuordnen sind, wurde bereits im Hinblick auf den Kapitalmarkt umfassend dargelegt.[286] Für den Produktmarkt ergibt sich nichts anderes. Insbesondere lässt sich nicht erinnern, dass der Produktmarkt weniger abhängig ist von Informationen der Anbietenden. Dass Täuschungen der Abnehmer geeignet sind, die allokative

---

[286] Dazu oben S. 97 ff.

Funktion des Produktmarkts zu beeinträchtigen, steht ebenso außer Frage wie ein damit einhergehender Vertrauensverlust, der schlimmstenfalls zum totalen Marktversagen führt.[287] Anders als am Kapitalmarkt sind zudem keine Gründe ersichtlich, die für eine Beschränkung des Täuschungsverbots auf monetäre Interessen streiten, sodass grundsätzlich alle Täuschungen über die Befolgung(-sabsicht) von unternehmensbezogenen CSR-Codes als sittenwidrig im Sinne von § 826 BGB anzusehen sind.

Ein Schadensersatzanspruch setzt neben einer solchen Täuschung vorsätzliches Handeln des für die Veröffentlichung Verantwortlichen sowie Kausalität der Täuschung für den Vertragsschluss voraus. Im Grundsatz gilt hier nichts anderes als bei § 123 BGB. Auf die obigen Ausführungen kann daher verwiesen werden. Relevant wird das Täuschungsverbot aus § 826 BGB daher insbesondere dann, wenn der unrichtige CSR-Code nicht von dem Vertragspartner des Getäuschten veröffentlicht wird, sondern von einem Dritten, insbesondere dem Hersteller eines erworbenen Produkts. § 826 BGB gibt dem Getäuschten dann die Möglichkeit an die Hand, sich direkt gegen den Hersteller zu wenden und von diesem Rücknahme des Vertragsgegenstands gegen Rückzahlung des Erwerbspreises zu verlangen. Relevant wird § 826 BGB zudem, wenn der Getäuschte über die Rückabwicklung des Vertrags hinaus etwa Ersatz eventueller Reputationsschäden verlangt.

II. Lauterkeitsrechtliches Irreführungsverbot

Nach § 5 Abs. 1 UWG handelt unlauter,

„wer eine irreführende geschäftliche Handlung vornimmt, die geeignet ist, den Verbraucher oder sonstigen Marktteilnehmer zu einer geschäftlichen Entscheidung zu veranlassen, die er andernfalls nicht getroffen hätte".

Das sanktionswürdige Verhalten des Unternehmers liegt in der Täuschung der Marktteilnehmer durch die Veröffentlichung des CSR-Codes. Hinsichtlich Schutzzweck und Tatbestandsvoraussetzungen unterscheidet sich das lauterkeitsrechtliche Irreführungsverbot erheblich von den bisher behandelten Informationshaftungstatbeständen. Im Folgenden soll es aber nicht darum gehen, alle Tatbestandsvoraussetzungen des Irreführungsverbots fein auszuziselieren, sondern den Fokus auf die wesentlichen Hindernisse für die lauterkeitsrechtliche Beurteilung von CSR-Codes zu legen. Reduziert man das Irreführungsverbot auf das Wesentliche, ergibt sich folgender Gang der Untersuchung: Ausgehend vom Schutzzweck des Lauterkeitsrechts (dazu 1.) ist zu fragen, ob unternehmensbezogene und prozessorientierte CSR-Codes dem Anwendungsbereich des Irreführungsverbots unterfallen (dazu 2.), wann davon auszugehen ist, dass solche Versprechen irreführend sind (dazu 3. und 4.), und wann diese relevant und damit unlauter sind (dazu 5.). Schließlich ist

---

[287] Vgl. oben S. 21 ff.

das Rechtsfolgenregime des lauterkeitsrechtlichen Irreführungsverbots zu beleuchten (dazu 6.).

1. Schutz ideeller Interessen

Das UWG stellt den Schutz der Mitbewerber, der Verbraucher und sonstigen Marktteilnehmer sowie das Interesse der Allgemeinheit an einem funktionsfähigen Wettbewerb nebeneinander.[288] Sonstige Allgemeininteressen schützt das UWG nicht. Die geschäftliche Entscheidungsfreiheit der Marktteilnehmer schützt es aber umfassend. Ideelle Interessen, von denen sich Marktteilnehmer bei ihren geschäftlichen Entscheidungen leiten lassen, unterfallen dem Schutzbereich des Lauterkeitsrechts ebenso wie monetäre.[289] Ziel des Lauterkeitsrechts ist es sicherzustellen, dass sich die Abnehmer frei zwischen den konkurrierenden Angeboten entscheiden können.[290] Jedwede Beschränkung der anzuerkennenden Abnehmerinteressen würde der Allokationsfunktion der Produktmärkte zuwider- und damit den Institutionenschutz unterlaufen.[291] Die Abnehmerschaft fungiert am Markt als „Schiedsrichter", der über Erfolg und Misserfolg der unternehmerischen Angebote entscheidet und so zu einer effizienten Ressourcenallokation wie zum gesellschaftlichen Fortschritt beiträgt.[292] Wie die Abnehmerschaft diese Funktion ausübt, d.h., nach welchen Kriterien sie ihre Entscheidungen trifft, bleibt ihr überlassen. Um im Bild zu bleiben: Die Abnehmer sind Schiedsrichter und Regelkomitee in einem.

Aber: Das UWG schützt die Abnehmerinteressen nicht individuell, sondern kollektiv.[293] Nicht jede Aussage, die *einen* Abnehmer täuscht, ist unlauter, nicht jedes Merkmal, das *ein* Abnehmer für maßgeblich erachtet, ist lauterkeitsrechtlich relevant.[294] Dem Lauterkeitsrecht geht es im Grunde um einen generellen Schutz der abnehmerischen Entscheidungsfreiheit und damit um einen Schutz des Wettbewerbs selbst.[295] Dieser kollektive Schutzcharakter wird beim Irreführungsverbot besonders deutlich: Ziel des Lauterkeitsrechts ist es nicht nur, die Abnehmerschaft vor täuschenden Angaben zu bewahren, sondern sie in eine Position zu versetzen, die eine informierte Konsumentscheidung ermöglicht.[296] Das Lauterkeitsrecht muss einerseits sicher-

---

[288] Vgl. § 1 UWG.
[289] Missverständlich Harte/Henning/*Podszun*, § 1 Rn. 61 ff.
[290] RegE zum UWG (2004), BT-Drs. 15/1487, S. 13.
[291] Vgl. dazu bereits oben S. 47.
[292] Vgl. nur *Augenhofer*, WRP 2006, 169, 170; *Beater*, FS-Tilmann, S. 87; *Drexl*, Wirtschaftliche Selbstbestimmung, S. 91 ff., 128 ff., 133 ff.; *Lettl*, Schutz vor Irreführung, S. 88 ff.; Ohly/*Sosnitza*, § 1 Rn. 20.
[293] Etwa *Köhler*, GRUR 2003, 265, 267; *Lettl*, GRUR 2004, 449, 460; Ohly/*Sosnitza*, § 1 Rn. 11; Harte/Henning/*Podszun*, § 1 Rn. 53; a.A. *Augenhofer*, WRP 2006, 170, 176.
[294] Dazu sogleich.
[295] Vgl. nur *Köhler*/Bornkamm/Feddersen, § 1 Rn. 17; *Podszun*, WRP 2009, 509 f.
[296] Vgl. *Beater*, Unlauterer Wettbewerb, Rn. 1174 ff.

stellen, dass Unternehmer Informationen bereitstellen, die für die geschäftliche Entscheidung der Abnehmerschaft relevant sind, und andererseits dafür Sorge tragen, dass die bereitgestellten Informationen möglichst richtig sind.[297] Diese Abwägung kann das – auch auf Massenkommunikation gerichtete – Irreführungsverbot nur kollektiv treffen.[298]

2. Unternehmensbezogene Faktoren und prozessorientierte Versprechen als lauterkeitsrechtlich relevante Umstände

Dem Schutzzweck trägt das Irreführungsverbot mit einem umfassenden Anwendungsbereich Rechnung. Zwar bezieht sich § 5 UWG grundsätzlich nur auf Tatsachenbehauptungen (in den Worten des UWG „Angaben").[299] Gleichwohl ist lediglich erforderlich, dass einer Angabe nach der Anschauung der relevanten Verkehrskreise ein Mindestmaß an objektiv nachprüfbaren Informationen zu entnehmen ist; außerhalb des Anwendungsbereichs liegen bloß inhaltsleere Anpreisungen, subjektive Meinungskundgaben, Kaufapelle oder Fantasiebezeichnungen, die keine Qualitätsvorstellungen auslösen.[300] Der Tatsachenbegriff ist auch darüber hinaus weit zu verstehen.[301] Äußere Tatsachen sind ebenso umfasst wie innere, auch ein konkretes Erfolgsversprechen ist nicht erforderlich. Für CSR-Codes ergeben sich damit keine Besonderheiten: Erfolgsorientierte Versprechen sind ebenso Angaben wie prozessorientierte Versprechen oder bloße Bemühungszusagen, die zumindest als kundgegebene Einhaltungsabsicht innere Tatsachen darstellen.[302]

Neben der Beschränkung auf Tatsachenbehauptungen enthält § 5 Abs. 1 S. 2 UWG einen Katalog verschiedener Umstände, auf die sich eine Angabe beziehen muss, um am lauterkeitsrechtlichen Irreführungsverbot gemessen zu werden. Ob es sich hierbei um einen abschließenden Katalog handelt oder vielmehr alle Angaben von „geschäftlicher Relevanz" in den Anwendungsbereich des Irreführungsverbots fallen, ist umstritten.[303] Praktisch ist der Streit

---

[297] Vgl. *Beater*, Unlauterer Wettbewerb, Rn. 1193 ff.
[298] Vgl. dazu auch *Beater*, Unlauterer Wettbewerb, Rn. 21 ff.; 1087.
[299] Statt aller BGHZ 132, 13, 21 – *Lohnkiller*; Köhler/*Bornkamm/Feddersen*, § 5 Rn. 1.21.
[300] BGH GRUR 1964, 33, 35 – *Bodenbeläge*; BGHZ 43, 140, 142 – *Lavamat II*; Köhler/*Bornkamm/Feddersen*, § 5 Rn. 1.21 ff.; Harte/Henning/*Dreyer*, § 5 B Rn. 57 ff.; Ohly/*Sosnitza*, § 5 Rn. 85 ff.
[301] Vgl. nur BGH GRUR 1963, 482, 483 – *Hollywood-Duftschaumbad*; Ohly/*Sosnitza*, § 5 Rn. 85. Auch jüngere Tendenzen, die den Angabenbegriff verengen, betreffen lediglich extreme Randbereiche, die für die hiesige Untersuchung nicht von Relevanz sind, vgl. dazu etwa MüKo-UWG/*Ruess*, § 5 Rn. 155 m.w.N.
[302] Vgl. dazu bereits oben S. 171 f.
[303] Für einen abschließenden Katalog etwa *Beater*, Unlauterer Wettbewerb, Rn. 1358; Harte/Henning/*Dreyer*, § 5 B Rn. 256; Gloy/Loschelder/Erdmann/*Helm*, HdB Wettbewerbsrecht, § 59 Rn. 63; *Peifer*, WRP 2008, 556, 558; Fezer/*Peifer*, 2. Aufl., § 5 Rn. 270.

weitgehend irrelevant; die einzeln aufgeführten Umstände selbst sind derart offen formuliert, dass selbst ein abschließender Katalog wohl jede Angabe von geschäftlicher Relevanz umfassen würde.[304] Auch wer nach Anknüpfungspunkten für CSR-Codes sucht, wird schnell fündig: § 5 Abs. 1 S. 2 Nr. 1 UWG umfasst „die wesentlichen Merkmale der Ware oder Dienstleistung", Nr. 3 bezieht sich auf „die Person, Eigenschaften oder Rechte des Unternehmers".

Qualitätsbezogene Codes, d.h. Aussagen über die physischen Merkmale eines Produkts, stellen den Regelfall der wesentlichen Produktmerkmale i.S.d. § 5 Abs. 1 S. 2 Nr. 1 UWG dar. Sie sind ohne Frage vom Irreführungsverbot umfasst. Ob dies auch für herstellungsprozessbezogene Codes gilt, ist umstritten. Ähnlich der kaufrechtlichen Diskussion wird auch im Lauterkeitsrecht teilweise vertreten, produktbezogen i.S.d. § 5 Abs. 1 S. 2 Nr. 1 UWG seien lediglich Umstände, die sich auf die physische Zusammensetzung des Produkts beziehen.[305] Als Argument wird vor allem auf den Wortlaut der Norm verwiesen. Dort heißt es: Unlauter sind Aussagen, die sich beziehen auf

„die wesentlichen Merkmale der Ware oder Dienstleistung wie Verfügbarkeit, Art, Ausführung, Vorteile, Risiken, Zusammensetzung, Zubehör, Verfahren oder Zeitpunkt der Herstellung, Lieferung oder Erbringung, Zwecktauglichkeit, Verwendungsmöglichkeit, Menge, Beschaffenheit, Kundendienst und Beschwerdeverfahren, geographische oder betriebliche Herkunft, von der Verwendung zu erwartende Ergebnisse oder die Ergebnisse oder wesentlichen Bestandteile von Tests der Waren oder Dienstleistungen".

Schon ein kurzer Blick auf die genannten Merkmale zeigt aber, dass die Auseinandersetzung nicht 1:1 vergleichbar ist mit der Diskussion um den Beschaffenheitsbegriff in § 434 Abs. 1 BGB. Einige dort umstrittene Punkte erkennt das Lauterkeitsrecht ausdrücklich als Merkmale eines Produkts an.[306] Wer konkret nach nachhaltigen Aspekten bei der Herstellung des Produkts sucht, wird allerdings nicht fündig. Vertreter eines engen Begriffs der Pro-

---

Dagegen Köhler/*Bornkamm/Feddersen*, § 5 Rn. 0.30; MüKo-UWG/*Busche*, § 5 Rn. 288; Großkomm-UWG/*Lindacher*, § 5 Rn. 306; Fezer/Büscher/Obergfell/*Peifer/Obergfell*, § 5 Rn. 270; Ohly/*Sosnizta*, § 5 Rn. 228; *ders.*, WRP 2008, 1014, 1028 f.; *Wiring*, NJW 2010, 580, 581 f. Verwirrung stiftet insbesondere die Gesetzeshistorie: Während das UWG von 2004 den Katalog noch mit „insbesondere" einleitete, ist diese tatbestandliche Öffnung mit dem UWG von 2008 entfallen. Gleichwohl ist ein im RefE Erstes UWG-ÄnderungsG (S. 29) noch ausdrücklich festgehaltener Hinweis auf den abschließenden Charakter des Katalogs im weiteren Gesetzgebungsverfahren gelöscht worden, vgl. RegE Erstes UWG-ÄnderungsG, BT-Drs. 16/10145, S. 23.

[304] Vgl. Götting/Nordemann/*Axel Nordemann*, § 5 Rn. 0.8, 0.21, 1.1; Fezer/*Peifer*, 2. Aufl., § 5 Rn. 270.
[305] *Birk*, GRUR 2011, 196, 201 f; *Augsburger*, MMR 2014, 427, 429 f.
[306] Etwa Verwendungsmöglichkeiten, Zwecktauglichkeit etc. Vgl. zum Kaufrecht oben S. 156 ff.

duktbezogenheit wollen diese auch nicht unter das „Verfahren der Herstellung" fassen. Aus einer systematischen Gesamtschau ergebe sich, dass darunter nur Verfahren zu verstehen sind, die sich auf die physischen Eigenschaften der Sache auswirken.[307]

Überzeugend ist eine solch enge Auslegung nicht. Dies gilt bereits in systematischer Hinsicht. Auch der „Kundendienst" und das „Beschwerdeverfahren" beziehen sich nicht auf das Produkt selbst, sondern auf andere vertragliche Verpflichtungen des Unternehmers. Zudem sind alle physischen Eigenschaften eines Produkts bereits über die Merkmale „Ausführung", „Zusammensetzung" und „Beschaffenheit" erfasst und damit mittelbar auch die auf sie gerichteten Herstellungsverfahren. Welcher Raum daneben noch für ein eng verstandenes Merkmal „Verfahren der Herstellung" bleiben soll, ist nicht ersichtlich. Der Wortlaut ließe sich außerdem nur dann als Argument anführen, wenn die Aufzählung in § 5 Abs. 1 S. 2 Nr. 1 UWG selbst abschließend wäre, was nach allgemeiner Ansicht nicht der Fall ist.[308] Sprachlich wird diese Öffnung bereits durch das einleitende „wie" gekennzeichnet.[309]

Auch funktional sprechen die besseren Gründe dafür, § 5 Abs. 1 S. 2 Nr. 1 und Nr. 3 UWG (wie auch die gesamte Aufzählung) weit zu verstehen. Ein effektiver Schutz der geschäftlichen Entscheidungsfreiheit der Abnehmer und damit des Wettbewerbs ist nur dann gewährleistet, wenn sich das Irreführungsverbot auf alle Merkmale bezieht, die die Verkehrsteilnehmer als relevant erachten.[310] Täuschungen, die sich auf andere Merkmale beziehen, umfasst das Irreführungsverbot ohnehin nicht (dazu unten S. 223 ff.). Die darüber hinausgehende Beschränkung des Tatbestands auf Angaben mit einem bestimmten Inhalt kommt einer nicht hinzunehmenden Vorstrukturierung der subjektiven Präferenzen der Abnehmer gleich. Wer die wettbewerbliche Schiedsrichterfunktion der Abnehmer ernst nimmt, muss ihnen auch zugestehen, selbst zu bestimmen, auf welche Merkmale sie eine Entscheidung stützen.[311]

Auch die Rechtsprechung versteht den Anwendungsbereich des § 5 Abs. 1 S. 2 Nr. 1 UWG daher zu Recht weit und bezieht etwa auch umweltbezogene Aussagen mit ein, die sich auf die Bedingungen der Herstellung, das Verhalten des Unternehmers bei der Herstellung oder auf sonstige ökologisch rele-

---

[307] *Augsburger*, MMR 2014, 427, 429 f.
[308] Dies anerkennen auch diejenigen, die generell für einen abschließenden Katalog streiten, vgl. Gloy/Loschelder/Erdmann/*Helm*, HdB Wettbewerbsrecht, § 59 Rn. 229.
[309] Ebenso formuliert auch Art. 6 Abs. 1 lit. b) und lit. f) UGP-RL/2005/29/EG.
[310] Vgl. etwa MüKo-UWG/*Busche*, § 5 Rn. 288.
[311] Zur Schiedsrichterfunktion etwa *Augenhofer*, WRP 2006, 169, 170; *Beater*, Unlauterer Wettbewerb, Rn. 1093; *Drexl*, Wirtschaftliche Selbstbestimmung, S. 91 ff., 128 ff., 133 ff.

vante Umstände beziehen.³¹² Begründet wird dies gemeinhin damit, dass das Umweltbewusstsein der Verbraucher gestiegen sei, Umweltinformationen für sie eine wichtige Entscheidungsgrundlage darstellen.³¹³ Dogmatisch sind diese Erwägungen zwar eher dem Relevanzkriterium zuzuordnen; das Ergebnis aber ist unzweifelhaft richtig.

Dass auch unternehmensbezogene Codes zum Gegenstand des lauterkeitsrechtlichen Irreführungsverbots gehören, ergibt sich unmittelbar aus § 5 Abs. 1 S. 2 Nr. 3 UWG.³¹⁴ Umfasst sind demnach auch Angaben über

„die Person, Eigenschaften oder Rechte des Unternehmers wie Identität, Vermögen einschließlich der Rechte des geistigen Eigentums, den Umfang von Verpflichtungen, Befähigung, Status, Zulassung, Mitgliedschaften oder Beziehungen, Auszeichnungen oder Ehrungen, Beweggründe für die geschäftliche Handlung oder die Art des Vertriebs".

Gemeint sind damit alle Informationen über das Unternehmen, zu denen zweifelsohne auch Informationen über seine CSR-Politik und damit alle unternehmensbezogenen Codes fallen. Hiergegen lässt sich auch nicht einwenden, dass die UGP-Richtlinie einen unmittelbaren Bezug zum Produktabsatz fordert, der bei unternehmensbezogenen CSR-Codes mitunter nicht gegeben sein könne.³¹⁵ Zu Recht wird der Begriff „unmittelbar" nicht in einem streng kausalen Sinn verstanden.³¹⁶ Der UGP-Richtlinie kommt es im Wesentlichen darauf an, die geschäftliche Entscheidungsfreiheit und damit die wirtschaftlichen Interessen der Verbraucher in einem breiten Sinne zu schützen; eine Auslegung, die nur solche Handlungen dem Lauterkeitsrecht unterwerfen will, die den Verbraucher ohne weitere Zwischenschritte zu einer geschäftlichen Handlung veranlassen kann, wird diesem Ziel nicht gerecht.³¹⁷ Dass selbstverständlich auch Marketingformen wie „Imagewerbung" oder „Sponsoring" von der UGP-Richtlinie erfasst sein sollen, zeigen nicht zuletzt die besonderen Verbotsnormen (etwa Art. 6 Abs. 1 lit. c) oder Art. 6 Abs. 1 lit. f) UGP-Richtlinie).

3. Maßgebliche Verkehrskreise für die Irreführungsprüfung

Ob die Veröffentlichung eines CSR-Codes irreführend und damit unlauter ist, hängt maßgeblich davon ab, wer ihn liest. Dies gilt im Grunde auch für die bürgerlich-rechtliche Informationshaftung.³¹⁸ Ob eine Äußerung eine Täuschungshandlung darstellt, bestimmt sich auch dort nach dem Verständnis

---

³¹² Vgl. etwa BGH GRUR 2014, 578, 579 – *Umweltengel für Tragetasche*; BGH GRUR 2018, 431, 435 – *Tiegelgröße*.
³¹³ Dazu *Birk*, GRUR 2011, 196, 202; Köhler/*Bornkamm*/*Feddersen*, § 5 Rn. 2.180.
³¹⁴ Zu Recht *Birk*, GRUR 2011, 196, 201.
³¹⁵ Vgl. dazu *Beckers*, Enforcing CSR-Codes, S. 192, i.E. wie hier.
³¹⁶ Statt aller Ohly/*Sosnitza*, § 2 Rn. 27.
³¹⁷ Etwa MüKo-UWG/*Bähr*, § 2 Rn. 104.
³¹⁸ Siehe oben S. 173.

eines durchschnittlichen Mitglieds des angesprochenen Verkehrskreises. Maßgeblich sind insbesondere dessen Fach- und Sprachkenntnisse.[319] Die Bedeutung der korrekten Verkehrskreisbestimmung reicht im Lauterkeitsrecht aber darüber hinaus. Schutzgut ist hier nicht die geschäftliche Entscheidung eines Marktteilnehmers, sondern die Entscheidungsfreiheit aller Marktteilnehmer und damit die Funktionsfähigkeit des Marktes selbst.[320] Nur wenn hinreichend viele Marktteilnehmer einem Irrtum unterliegen und dieser Irrtum zudem für hinreichend viele Marktteilnehmer relevant ist, ist das Irreführungsverbot des § 5 Abs. 1 UWG betroffen.[321] Anders als im Rahmen der bürgerlich-rechtlichen Informationshaftung kommt es dementsprechend nicht nur bei der Frage nach der Täuschungshandlung, sondern auch hinsichtlich des Täuschungserfolgs sowie der Kausalität zwischen Irrtum und geschäftlicher Entscheidung (hier: Relevanz) maßgeblich darauf an, welcher Verkehrskreis durch einen CSR-Code angesprochen wird. Dementsprechend zentral ist die Verkehrskreisbestimmung.[322] Und: Dementsprechend divers sind die Zusammensetzungen, die für CSR-Codes vorgeschlagen werden. *Zimmer* etwa stellt lediglich ab auf „aufgeklärte Teile der (End-)VerbraucherInnen, die sich in ihrem Einkaufsverhalten zudem nicht nur von der Mentalität ‚Geiz ist geil' leiten lassen".[323] Wäre dem beizupflichten, stellt etwa die Frage nach der geschäftlichen Relevanz von CSR-Codes keine besondere Herausforderung mehr da: Wenn ohnehin nur Personen maßgeblich sind, die sich für Nachhaltigkeitsthemen interessieren, dürften Aussagen über die CSR-Politik eines Unternehmens – um nichts anderes handelt es sich schließlich bei CSR-Codes – immer als relevant anzusehen sein.

Wer genau Teil des maßgeblichen lauterkeitsrechtlichen Verkehrskreises ist, richtet sich danach, an wen sich die konkrete Äußerung richtet, wer ihr „ausgesetzt ist"[324]. Entscheidend sind dabei vor allem zwei Anhaltspunkte: Wer kommt potentiell mit der Äußerung in Kontakt und wer gehört zur potentiellen Abnehmerschaft des sich äußernden Unternehmens?[325]

---

[319] Vgl. oben S. 163 ff.

[320] Siehe oben S. 198 ff.

[321] Seit der UWG-Reform 2015 findet sich dieser Gedanke auch im Wortlaut des § 5 Abs. 1 UWG: Unlauter ist eine irreführende geschäftliche Handlung, „die geeignet ist, den Verbraucher oder sonstigen Marktteilnehmer zu einer geschäftlichen Entscheidung zu veranlassen, die er andernfalls nicht getroffen hätte". Dass das lauterkeitsrechtliche Irreführungsverbot nur relevante Irreführungen umfasst, war aber auch vorher gängige Münze, vgl. nur RegE UWG (2004), BT-Drs. 15/1487, S. 19.

[322] Vgl. etwa BGH GRUR 1990, 377 f. – *RDM*; BGH NJWE-WettbR 1998, 169, 170.

[323] *Zimmer*, Soziale Mindeststandards, S. 262.

[324] BGHZ 13, 244, 253 – *Cupresa-Kunstseide*.

[325] Vgl. BGH GRUR 1997, 925, 926 – *Ausgeschiedener Sozius*; Köhler/*Bornkamm*/*Feddersen*, § 5 Rn. 1.57 ff.; Großkomm-UWG/*Lindacher*, § 5 Rn. 71 ff.; Fezer/Büscher/Obergfell/*Peifer*/*Obergfell*, § 5 Rn. 208; Ohly/*Sosnitza*, § 5 Rn. 115 ff.

a) Beschränkung durch Veröffentlichung auf der Unternehmenswebseite

Damit ein CSR-Code Abnehmer täuschen und beeinflussen kann, müssen diese den Code also zunächst einmal wahrnehmen. Wer nicht in Kontakt mit einer geschäftlichen Handlung kommt, kann durch sie auch nicht in seiner geschäftlichen Entscheidungsfreiheit beeinträchtigt werden. Fachzeitschriften etwa lesen regelmäßig nur Experten, nicht aber Laien.[326] Informationsmaterial für Zwischenhändler erreicht üblicherweise Zwischenhändler, keine Endabnehmer, und Stellenanzeigen lesen Arbeitssuchende, nicht aber Anleger, die auf der Jagd nach einem Investment sind.[327] Je spezieller das Medium ist, über das eine geschäftliche Äußerung verbreitet wird, desto enger ist demnach der relevante Verkehrskreis. Senden Unternehmen CSR-Mitteilungen über einen derart speziellen Kommunikationskanal, können sie mithin verhältnismäßig genau steuern, wer mit diesen in Kontakt kommt und an welche Verständnismöglichkeiten und Interessen sie sich anzupassen haben.

In aller Regel gehen Unternehmen diesen Weg aber nicht, sondern veröffentlichen CSR-Codes öffentlich einsehbar auf ihrer Unternehmenswebseite, sodass diese grundsätzlich für alle Marktteilnehmer einsehbar sind. Ein Unterschied zu „normaler" Publikumswerbung besteht nicht. Dem lässt sich auch nicht entgegenhalten, dass die Codes anders als beispielsweise bei Rundfunkwerbung aktiv von den Marktteilnehmern gesucht werden müssen und diesen Aufwand nur Personen betreiben, die sich für Nachhaltigkeitsfragen interessieren.[328] Über das Merkmal des „Erreichens" lassen sich nur solche Personen ausschließen, die bereits aufgrund der Publikationsform und nicht aufgrund des Inhalts der Angabe typischerweise nicht mit dieser in Kontakt kommen.[329] Dies ist bei öffentlichen Unternehmenswebseiten nicht der Fall.

Auch die subjektiven Ziele des Unternehmens sind irrelevant.[330] Nur weil ein Unternehmen mit einem auf der Webseite veröffentlichten CSR-Code beispielsweise allein Teilnehmer des Kapitalmarkts ansprechen will, ist das Verständnis anderer Marktteilnehmer nicht bereits unerheblich.

---

[326] Vgl. BGH GRUR 2007, 605, 606 – *Colo-rado*.

[327] Vgl. für Zwischenhändlerprospekte etwa BGH GRUR 1968, 200, 201 – *Acrylglas*, wobei dort davon auszugehen war, dass diese an Endverbraucher weitergereicht würden, sodass diese ebenfalls einen Teil des maßgeblichen Verkehrskreises darstellten. Vgl. zu Stellenanzeigen Großkomm-UWG/*Lindacher*, § 5 Rn. 81 mit Nachweisen aus der obergerichtlichen Rechtsprechung.

[328] In diese Richtung wohl *Zimmer*, Soziale Mindeststandards, S. 262.

[329] Vgl. etwa die Fälle zur Weitergabe von an Zwischenhändler gerichteten Angaben, BGH GRUR 1969, 422, 424 f. – *Kaltverzinkung*; BGH GRUR 1968, 200, 201 – *Acrylglas*; BGH GRUR 1957, 339, 341 – *Venostasin*.

[330] Ohly/*Sosnitza*, § 5 Rn. 115.

C. Informationshaftung

b) Beschränkung auf Abnehmer mit Nachhaltigkeitsinteressen

Von größerer Bedeutung ist die Abgrenzung nach dem potentiellen Abnehmerkreis. Das lauterkeitsrechtliche Irreführungsverbot ist kein allgemeines Wahrheitsgebot.[331] Nur wenn die Leser eines CSR-Codes überhaupt als Abnehmer der von dem sich äußernden Unternehmen angebotenen Produkte in Betracht kommen, ist ihr mutmaßlicher Irrtum lauterkeitsrechtlich beachtlich.[332] Wer ein bestimmtes Produkt niemals erwerben würde, wird durch eine auf dieses Produkt bezogene Angabe in seiner geschäftlichen Entscheidungsfreiheit nicht beeinträchtigt.

Im Hinblick auf CSR-Codes ist zu unterscheiden: Der maßgebliche Verkehrskreis produktbezogener (d.h. qualitäts- oder herstellungsprozessbezogener) Codes besteht grundsätzlich aus allen Marktteilnehmern, die die von dem Code betroffenen Produkte potentiell nachfragen. Bei unternehmensbezogenen Codes ist der maßgebliche Verkehrskreis weiter zu ziehen. Dort ist auf alle Verkehrsteilnehmer abzustellen, die die von dem Unternehmer angebotenen Produkte potentiell nachfragen. Stellt ein Unternehmen etwa lediglich Zwischen- und keine Endprodukte her, besteht der maßgebliche Verkehrskreis allein aus unternehmerischen Abnehmern (d.h. sonstigen Marktteilnehmern i.S.d. § 1 Abs. 1 Nr. 2 UWG).[333] Stellt ein Unternehmen aber auch Endprodukte her und kommen auch Verbraucher als Abnehmer in Betracht, muss auch ihr Verkehrsverständnis Berücksichtigung finden.[334]

In Frage steht aber nicht nur, ob lediglich Verbraucher oder Fachkreise die Produkte des Unternehmens nachfragen, sondern konkret, um welche Verbraucher beziehungsweise Fachleute für welche Themen es sich handelt. Wendet sich ein Produkt ausschließlich an Verbraucher mit sehr speziellen Interessen, ist nur deren Verkehrsverständnis erheblich. In einer viel zitierten Entscheidung hat der BGH etwa angenommen, dass sich Werbung für Schachcomputer nur an aktive Schachspieler richtet.[335] Auch Werbung für

---

[331] Vgl. BGH GRUR 2000, 914, 915 – *Tageszulassung II*; BGH GRUR 2000, 239, 241 – *Last-Minute-Reise*; BGH GRUR 1998, 949, 951 – *D-Netz-Handtelefon*; BGH GRUR 1995, 125, 126 – *Editorial I*; BGH GRUR 1991, 852, 855 – *Aquavit*; Köhler/*Bornkamm/Feddersen*, § 5 Rn. 1.171; Gloy/Loschelder/Erdmann/*Helm*; HdB Wettbewerbsrecht, § 59 Rn. 155; *Sack*, WRP 2004, 521; Ohly/*Sosnitza*, § 5 Rn. 208.

[332] Vgl. etwa BGH GRUR 1971, 305, 307 – *Konservenzeichen II*; Großkomm-UWG/*Lindacher*, § 5 Rn. 73 f.; Fezer/Büscher/Obergfell/*Peifer/Obergfell*, § 5 Rn. 208; Ohly/*Sosnitza*, § 5 Rn. 115.

[333] Vgl. Köhler/*Bornkamm/Feddersen*, § 5 Rn. 1.64; Großkomm-UWG/*Lindacher*, § 5 Rn. 76.

[334] Vgl. nur BGH GRUR 1969, 422, 423 – *Kaltverzinkung*; BGH GRUR 1968, 200, 201 – *Acrylglas*; BGH GRUR 1957, 339, 340 – *Venostasin*; Köhler/*Bornkamm/Feddersen*, § 5 Rn. 1.64; Großkomm-UWG/*Lindacher*, § 5 Rn. 79; Fezer/*Peifer/Obergfell*, § 5 Rn. 209; Ohly/*Sosnitza*, § 5 Rn. 121.

[335] BGH GRUR 2003, 800, 802 – *Schachcomputerkatalog*.

extrem teure Produkte soll nur besonders reiche Abnehmer ansprechen.[336] Dem ist grundsätzlich beizupflichten. Würde Werbung für Spezialprodukte, die nur von bestimmten Marktteilnehmern nachgefragt wird, immer am Durchschnitt der gesamten Abnehmerschaft gemessen, müsste ihr Informationsgehalt notwendigerweise sinken.[337] Unternehmer müssten befürchten, dass Äußerungen, die nur Spezialisten verstünden, ordinäre Abnehmer täuschen. Wenn Letztere die beworbenen Produkte aber überhaupt nicht nachfragen, besteht weder Gefahr für ihre geschäftliche Entscheidungsfähigkeit noch für den Markt an sich.

Dies gilt selbstverständlich auch für die Veröffentlichung von CSR-Codes. Wichtiger ist hier allerdings die Frage, ob eine Einschränkung des Verkehrskreises auch dann in Betracht kommt, wenn ein Unternehmen zwar typische Massenprodukte anbietet, sich aber über eine nachhaltige Unternehmensführung auszeichnet. Mit anderen Worten: Stellen „ethische Abnehmer" einen eigenen Unterverkehrskreis dar? Beziehungsweise: Stellen typische Massenprodukte, etwa Kaffee, Seife etc., von nachhaltig produzierenden Unternehmen Spezialprodukte dar, für die überhaupt nur „ethische Abnehmer" in Betracht kommen?[338] Der Charme dieses Ansatzes liegt im Informationsinteresse des Marktes: Je enger ein Verkehrskreis zu ziehen ist, desto leichter kann sich das äußernde Unternehmen an die jeweiligen Besonderheiten der Gruppe anpassen, desto klarer kann es formulieren.

Gleichwohl dürfte eine derartige Beschränkung des relevanten Verkehrskreises zu weit gehen. Schon die dafür erforderliche Grundannahme, nur „ethische Verbraucher" würden Produkte von Unternehmen nachfragen, die CSR-Codes veröffentlichen, ist in der Realität kaum zu halten. Zwar handelt es sich bei solchen Verbrauchern zweifelsohne um ein eigenes Marktsegment, um das Unternehmen buhlen.[339] Dass sich Unternehmen nur an solche Verbraucher richten, ist allerdings selten und zumindest nicht spezifisch für Unternehmen, die CSR-Codes veröffentlichen. Aktuell finden sich CSR-

---

[336] Vgl. BGH GRUR 1990, 377, 378 – *RDM*; BGH GRUR 1982, 672, 674 – *Aufmachung von Qualitätsseifen*; BGHZ 13, 244, 257 – *Cupresa-Kunstseide*. Das Beispiel ist illustrativ, konkrete Ergebnisse liefert es aber nicht. Eine Regel, die generell vom Reichtum der Abnehmer auf ihre Verständnismöglichkeiten schließt, bleibt in dieser Allgemeinheit blass. So zu Recht Großkomm-UWG/*Lindacher*, § 5 Rn. 74. Richtigerweise müsste sie zudem dahingehend eingeschränkt werden, dass auch solche Abnehmer umfasst sind, die zwar nicht über ausreichend eigene liquide Mittel verfügen, sich diese aber etwa durch Verbraucherkredite beschaffen können. Und: In vielen Fällen dient Werbung für besonders hochpreisige Produkte auch (oder gerade) dazu, niedrigpreisige Massenprodukte (mit) zu vermarkten.

[337] Vgl. Großkomm-UWG/*Lindacher*, § 5 Rn. 73.

[338] Dafür wohl *Zimmer*, Soziale Mindeststandards, S. 262.

[339] Zu Recht *Zimmer*, Soziale Mindeststandards, S. 262 f. Vgl. etwa auch *Crane*, in: Harrison/Newholm/Shaw (Hrsg.), Ethical Consumer, S. 219 ff.

Codes auf 29 Unternehmenswebseiten der DAX 30-Unternehmen.[340] Mitglieder des UN Global Compact sind auch Nahrungsmittel- und Konsumgüterriesen wie etwa Henkel, Nestlé, Unilever oder Procter & Gamble sowie Technologiekonzerne wie Microsoft.[341] Wenn sich unter deren Abnehmern auch solche befinden mögen, die ein besonderes Interesse an CSR-Themen haben, wäre es schlicht abwegig zu behaupten, die genannten Unternehmen würden sich ausschließlich an „ethische Abnehmer" richten.

Man mag sicherlich annehmen: Je größer das spezifische Investment eines Unternehmens in seinen CSR-Bereich ist, je prominenter es sich für Nachhaltigkeitsthemen einsetzt und je mehr Produkte nachhaltigen Standards entsprechen, desto eher ist davon auszugehen, dass seine Produkte „ethische Abnehmer" stärker ansprechen als den allgemeinen Durchschnitt. Aber: Selbst typisch nachhaltige Produkte wie Fair-Trade-Kaffee werden heutzutage wie selbstverständlich im regulären Supermarkt angeboten. Selbst wenn diese Produkte im Endeffekt mehr oder ausschließlich von „ethischen Abnehmern" erworben werden, spricht dies noch nicht für eine Eingrenzung des lauterkeitsrechtlichen Verkehrskreises. Ausreichend ist nämlich bereits, dass Marktteilnehmer ein Produkt potentiell nachfragen.[342] Es liegt auch im Einklang mit den Schutzzwecken des UWG wie der UGP-Richtlinie, nur solche Personen auszuschließen, bei denen lediglich eine theoretische Erwerbsmöglichkeit in Betracht kommt.[343] Beide Regelungssysteme fassen den Begriff der geschäftlichen Entscheidung weit; betroffen ist diese nicht nur dann, wenn sich der Abnehmer tatsächlich für den Erwerb eines Produkts entscheidet, sondern bereits dann, wenn er sich täuschungsbedingt mit dem Produkt auseinandersetzt.[344]

Für CSR-Codes gilt damit nichts anderes als für übliche Publikumswerbung. Veröffentlicht ein Unternehmen, das lediglich Spezialprodukte herstellt, einen CSR-Code, ist deren (potentieller) Abnehmerkreis maßgeblich; vertreibt das Unternehmen typische Massenprodukte, kommt es auf einen Durchschnitt aller Bevölkerungskreise an.[345] Dass die in einem CSR-Code

---

[340] Siehe die Nachweise in § 1 Fn. 37.
[341] Vgl. nur die durchaus illustre Mitgliederliste, abrufbar unter: https://www.unglobalcompact.org/what-is-gc/participants/.
[342] Allg. Ansicht, nur BGH GRUR 2006, 760, 762 – *Lotto*; BGH GRUR 1971, 305, 307 – *Konservenzeichen II*; Großkomm-UWG/*Lindacher*, § 5 Rn. 73; Fezer/Büscher/Obergfell/*Peifer/Obergfell*, § 5 Rn. 208; Ohly/*Sosnitza*, § 5 Rn. 117.
[343] So richtig Fezer/Büscher/Obergfell/*Peifer/Obergfell*, § 5 Rn. 208.
[344] Vgl. § 2 Abs. 1 Nr. 9 UWG; Art. 2 lit. k) UGP-RL/2005/29/EU. Dazu EuGH, Rs. C-281/12, ECLI:EU:C:2013:859, Rn. 38 – *Trento Sviluppo*; BGH GRUR 2015, 698, 700 – *Schlafzimmerbett komplett*. Vgl. auch *Köhler*, WRP 2014, 259, 260.
[345] Falsch ist die mitunter vorgebrachte Ansicht, bei umweltbezogener Werbung habe stets der allgemeine Maßstab für Endabnehmerabsprache zu gelten (insbesondere OLG Hamburg Urt. v. 02.05.2007 – 5 U 85/06, Rn. 46 – juris, WRP 2008, 679 (Ls.) – *schnell*

behandelten Themen mitunter nur für einen Teil der Abnehmerschaft von Bedeutung sind, spielt für die Verkehrskreisbestimmung keine Rolle.[346]

c) *Gespaltene Verkehrsauffassung für unterschiedliche Stakeholdergruppen*

Irreführend ist das Versprechen, einen CSR-Code einzuhalten, nach dem Vorgesagten etwa dann, wenn der Durchschnitt der Bevölkerung diesen als verpflichtend ansieht, das den Code veröffentlichende Unternehmen ihn aber nicht einhält. Lauterkeitsrechtlich relevant ist das Versprechen, wenn die im Code genannten Umstände für das Durchschnittsbevölkerungsmitglied bei der Kaufentscheidung erheblich sind.[347] Trifft dies nicht zu, ist es auch unerheblich, wenn eine kleine Gruppe „ethischer Abnehmer" zu einer anderen Einschätzung kommt.[348] Eine – ein anderes Ergebnis provozierende – gespaltene Bestimmung der Verkehrsauffassung oder der Relevanz ist grundsätzlich abzulehnen; es ist gerade Sinn und Zweck der Durchschnittsbildung, unterschiedliche Fähigkeiten, Wissensstände und Präferenzen in einem einheitlichen Maßstab zu vereinen.[349]

Dennoch stellen CSR-Codes ein Paradebeispiel für die Notwendigkeit einer gespaltenen Verkehrskreisbestimmung dar. Dies gilt – wie dargelegt – nicht für eine Grenzziehung zwischen „ethischen" und ordinären Verbrauchern, aber für die Abgrenzung von unternehmerischen Abnehmern, Verbrauchern, Kapitalanlegern und Mitbewerbern. Von einem einheitlichen Maßstab ist nämlich dann abzuweichen, wenn durch eine geschäftliche Angabe derart unterschiedliche Verkehrskreise angesprochen werden, dass eine sinnvolle Durchschnittsbildung unmöglich wird. Typische Beispiele betreffen Äußerungen, die sowohl Fachkreise wie auch Endverbraucher ansprechen, oder Werbung, die sich an Mitglieder unterschiedlicher Sprachkreise richtet.[350] In all diesen Fällen reicht es für die Unlauterkeit aus, wenn einer der Verkehrskreise relevant irregeführt wird, gleichzeitig ist es denkbar, wenn möglich, auch die Rechtsfolgen des Irreführungsverbots – insbesondere die

---

biologisch abbaubar). Ob Fachkreisen nämlich auch bestimmte Kenntnisse im ökologischen Bereich zuzusprechen sind, wird nicht schon bei der korrekten Verkehrskreisbestimmung, sondern auf der nächsten Prüfungsstufe relevant. Erst dort geht es darum, welche Kenntnisse und Fähigkeiten einem durchschnittlichen Mitglied der identifizierten Verkehrskreise zuzuschreiben sind. Dass Fachkreise Fachkenntnisse aber nur in den für sie relevanten Bereichen haben, ist keine Besonderheit umweltbezogener Angaben.

[346] A.A. *Zimmer*, Soziale Mindeststandards, S. 262.
[347] Dazu ausführlich unten S. 223 ff.
[348] Zu beiden Kriterien eingehend sogleich.
[349] Vgl. BGH GRUR 2014, 1013, 1017 – *Original Bach-Blüten*; ebenso aus dem Markenrecht BGH GRUR 2015, 587, 589 – *Pinar*; BGH GRUR 2013, 631, 637 – *AMARULA/ Marulablu*. Zudem Harte/Henning/*Dreyer*, § 5 B Rn. 16; *Scherer*, WRP 2016, 8, 12 ff.
[350] Ausführlich *Scherer*, WRP 2016, 8 ff.

Unterlassensanordnung – auf den irregeführten Verkehrskreis zu beschränken.[351]

Voraussetzung für eine gespaltene Verkehrskreisbestimmung ist stets, dass sich die betroffenen Verkehrskreise objektiv voneinander abgrenzen lassen.[352] So liegt die Situation bei CSR-Codes. Alle Adressaten eines Codes, d.h. Verbraucher, unternehmerische Abnehmer, Kapitalanleger, Mitbewerber, Arbeitnehmer etc., werden von einem einzigen Code angesprochen; ihr aller Verständnis ist lauterkeitsrechtlich relevant. Jede dieser Gruppen lässt sich auch nach klaren objektiven Kriterien voneinander abgrenzen. Die Entscheidung, in Wertpapiere eines Unternehmens zu investieren, unterscheidet sich etwa fundamental von der, als Endkunde Konsumgüter zu erwerben oder in eine langfristige Geschäftsbeziehung einzutreten.[353] Wissen und Fähigkeiten der Beteiligten, vor allem aber die Sorgfalt, mit der solche Entscheidungen regelmäßig vorbereitet werden, lassen sich kaum vergleichen. Die Frage, ob eine relevante Irreführung vorliegt, ist mithin für jede Stakeholdergruppe einzeln zu bestimmen, wobei innerhalb dieser Gruppe der Durchschnitt maßgeblich ist.

4. Irreführungsgefahr von CSR-Codes

Anhand des soeben dargelegten Verkehrskreisverständnisses gilt es nun zu bestimmen, wann CSR-Codes als irreführend einzuordnen sind. Grundsätzlich sanktioniert das lauterkeitsrechtliche Irreführungsverbot nur unwahre Angaben des Unternehmens. Wenn § 5 Abs. 1 S. 2 UWG zwischen unwahren und sonstigen zur Täuschung geeigneten Angaben unterscheidet, stellt dies nur klar, was auch in allen anderen Informationshaftungstatbeständen Usus ist: Maßgeblich ist nicht eine abstrakte „objektive Unwahrheit", die sich möglicherweise erst mit semantischen oder philologischen Gutachten erkennen lässt, sondern das Verständnis der relevanten Verkehrskreise.[354] Verstehen diese eine Angabe in einem Sinn, der von der Realität abweicht, liegt eine Täuschungshandlung vor.[355]

---

[351] Vgl. Gloy/Loschelder/Erdmann/*Helm*, HdB Wettbewerbsrecht, § 59 Rn. 83; Großkomm-UWG/*Lindacher*, § 5 Rn. 83 f.; Fezer/Büscher/Obergfell/*Peifer/Obergfell*, § 5 Rn. 210; Ohly/*Sosnitza*, § 5 Rn. 124; mit Unterschieden in der dogmatischen Begründung.

[352] BGH GRUR 2014, 1013, 1017 – *Original Bach-Blüten*; sowie die weiteren Nachweise soeben in Fn. 349.

[353] Zum Spannungsfeld zwischen Lauterkeits- und Kapitalmarktrecht etwa *Klöhn*, ZHR 172 (2008), 388.

[354] Vgl. statt aller BGH GRUR 2015, 1019, 1020 – *Mobiler Buchhaltungsservice*; BGH GRUR 2014, 88, 90 – *Vermittlung von Netto-Policen*; Ohly/*Sosnitza*, § 5 Rn. 91.

[355] Eine krasse Abweichung ist nicht erforderlich, Ohly/*Sosnitza*, § 5 Rn. 155.

a) Maßstab

Auch im Lauterkeitsrecht gilt also: Um zu bestimmen, ob CSR-Codes irreführend sind, müssen diese zunächst einmal ausgelegt werden. Die Frage, wie diese Auslegung zu erfolgen hat, ist ein „Klassiker" des Lauterkeitsrechts, der für die Untersuchung von CSR-Codes ebenso relevant ist wie für jede andere (mutmaßlich) irreführende geschäftliche Angabe. Sie ist für CSR-Codes aber auch nicht relevanter als in anderen Fällen und soll daher lediglich kurz angerissen werden: Die lauterkeitsrechtliche Inhaltsbestimmung greift nicht zurück auf die §§ 133, 157 BGB, sondern folgt eigenen Prinzipien. Umstritten ist dabei seit jeher, ob die Inhaltsbestimmung empirischen (besser: empirisch-deskriptiven) oder normativen Grundsätzen zu folgen hat.

Die Vertreter einer empirisch-deskriptiven Variante versuchen im Grundsatz zu ermitteln, welchen Inhalt der maßgebliche Verkehrskreis einer geschäftlichen Angabe tatsächlich beimisst.[356] Methodisch soll dazu entweder auf richterliche Erfahrungssätze (deskriptiver Teil) oder auf demoskopische Gutachten zurückgegriffen werden (empirischer Teil). Wer dagegen für eine normative Ansicht streitet, sieht im maßgeblichen Verkehrskreisverständnis eine auf Grundlage rechtlicher Wertungen zu ermittelnde Größe, die dem tatsächlichen Verständnis der Marktteilnehmer nicht unbedingt entsprechen muss.[357] Während der empirisch-deskriptive Ansatz lange Zeit vorherrschend war, erhält die normative Sicht seit Erlass der UGP-Richtlinie und dem daraufhin ergangenen UWG von 2008 erheblich Aufschwung. Denn: Die UGP-Richtlinie und damit auch das UWG legen zur Bestimmung des Verkehrskreisverständnisses das europäische Verbraucherleitbild zugrunde, d.h. das Bild von einem angemessen informierten, verständigen und situationsadäquat aufmerksamen Musteradressaten.[358]

In der Tat dürfte der Streit damit zumindest für den b2c-Bereich weitgehend entschieden sein. Dass das europäische Verbraucherleitbild in seinem Kern normativ ist, steht außer Frage.[359] Die Rechtsprechung, wie auch weite

---

[356] So die wohl noch herrschende Meinung, etwa Köhler/*Bornkamm*/*Feddersen*, § 5 Rn. 1.224 ff.; Großkomm-UWG/*Lindacher*, § 5 Rn. 65; Gloy/Loschelder/Erdmann/*Helm*, HdB Wettbewerbsrecht, § 59 Rn. 91; *Ahrens*, WRP 2000, 812, 813 f.; *Kaestner*, WRP 2006, 1149, 1152; vgl. auch *Tiller*, Gewährleistung und Irreführung, S. 107.

[357] Harte/Henning/*Dreyer*, § 5 B Rn. 9; *Fezer*, WRP 1995, 671, 672, 675; Fezer/Büscher/Obergfell/*Peifer*/*Obergfell*, § 5 Rn. 232; *v. Stein*, WRP 1970, 332, 333; *Scherer*, WRP 2013, 977, 978; *dies.*, GRUR 2000, 273, 275; *dies.*, WRP 1999, 991, 993.

[358] ErwG 18 der UGP-RL/2005/29/EG; EuGH, Rs. C-210/96, ECLI:EU:C:1998:369, Rn. 31 ff., 37 – *Gut Springenheide*; BGH GRUR 2016, 521 – *Durchgestrichener Preis II*; BGH GRUR 2012, 1053, 1054 – *Marktführer Sport*; BGH GRUR 2012, 184, 815 – *Branchenbuch Berg*; BGH GRUR 2000, 619, 621 – *Orient-Teppichmuster*; BGH GRUR 2000, 820, 821 – *Space Fidelity Peep-Show*.

[359] Harte/Henning/*Dreyer*, § 5 B Rn. 9 f.; MüKo-UWG/*Ruess*, § 5 Rn. 70 ff.; *Ulbrich*, WRP 2005, 940, 941 f.

Teile der Literatur, haben diesen Wandel allerdings nicht vollumfänglich vollzogen.[360] Den europarechtlichen Vorgaben versuchen sie vielmehr gerecht zu werden, indem sie höhere Anforderungen als bisher an die Irreführungsquote – d.h. an den Anteil der Verkehrsteilnehmer, die eine geschäftliche Angabe in unrichtiger Weise verstehen – stellen.[361] Galt eine Äußerung früher bereits üblicherweise dann als irreführend, wenn 10 bis 15 % der Marktteilnehmer sie falsch auffassten,[362] sollen heute je nach Fallgestaltung mindestens 25 bis 33 % erforderlich sein.[363] Um eine starre Quote handelt es sich freilich nicht, vielmehr ist sie im Rahmen einer allgemeinen am Schutzzweck des Irreführungsverbots ausgerichteten Interessenabwägung im Einzelfall nach oben oder unten zu korrigieren.[364]

In funktionaler Hinsicht ist das Verharren auf einem empirisch-deskriptiven Ansatz durchaus richtig, wenn auch europarechtlich bedenklich.[365] Für den Schutz des Wettbewerbs wie auch für den Schutz der Marktgegenseite kommt es nur auf das tatsächliche Verständnis der Marktteilnehmer an. Versteht ein erheblicher Teil der Marktteilnehmer eine relevante geschäftliche Angabe falsch, gerät der Wettbewerb in Gefahr. Das gilt unabhängig davon, ob nun ein normativer Durchschnittsverbraucher die Angabe richtig verstehen würde. Anders als im Kapitalmarktrecht oder innerhalb der Rechtsgeschäftslehre sind auch keine anderweitigen Gründe ersichtlich, die eine normative Bewertung notwendig werden lassen.[366] Einerseits fordern die lauterkeitsrechtlichen Rechtsfolgen – insbesondere das Unterlassen der irreführenden Werbung – keine so strikte Risikoabgrenzung und Vorhersehbarkeit wie das Vertragsrecht. Andererseits ist der Produktmarkt nicht so existenziell abhängig von schneller Informationsvermittlung wie der Kapital-

---

[360] Vgl. nur BGH GRUR 2004, 162, 163 – *Mindestverzinsung*; BGH GRUR 2012, 1053, 1054 – *Marktführer Sport*.
[361] Köhler/*Bornkamm/Feddersen*, § 5 Rn. 1.95; Großkomm-UWG/*Lindacher*, § 5 Rn. 66.
[362] Vgl. etwa BGH GRUR 1979, 716, 718 – *Kontinent Möbel*; BGH GRUR 1981, 71, 74 – *Lübecker Marzipan*; BGH GRUR 1992, 66, 68 – *Königlich Bayerische Weisse*; dazu und m.w.N. Köhler/*Piper*, 3. Aufl., § 3 Rn. 149; Großkomm-UWG/*Lindacher*, 1. Aufl., § 3 Rn. 107 ff.
[363] So Köhler/*Bornkamm/Feddersen*, § 5 Rn. 1.99. 50 % jedenfalls sind wohl auch heute nicht erforderlich (ebenda). Zum ganzen *Lindacher*, FS-Roth, S 461, 469 ff.
[364] Köhler/*Bornkamm/Feddersen*, § 5 Rn. 1.200, 1.203 ff.
[365] Strikt ausgeschlossen ist eine empirische Ermittlung der Verkehrsauffassung aus europarechtlicher Sicht allerdings nicht; in *Gut Springenheide* hat der EuGH anerkannt, dass die Einholung demoskopischer Gutachten zumindest bei „Vorliegen besonderer Umstände" möglich sei, Rs. C-210/96, ECLI:EU:C:1998:369, Rn. 35.
[366] Vgl. zum Kapitalmarktrecht S. 110 f.; zum Vertragsrecht S. 168.

markt, sodass eine Erhöhung des Risikos für den sich äußernden Unternehmer hier weniger ins Gewicht fällt.[367] Wie dem auch sei, *in praxi* dürften beide Ansätze deutlich weniger weit voneinander entfernt liegen, als der theoretische Streit glauben macht.[368] Auf der einen Seite geht auch die Rechtsprechung nicht davon aus, dass es sich der Bestimmung des Verkehrsverständnisses prozessual um eine Tatsachenfrage handelt, die nur im Beweiswege zu klären wäre.[369] Vielmehr war und ist anerkannt, dass es sich um eine Rechtsfrage handelt, die es im Wege richterlicher Eigenfeststellung zu lösen gilt.[370] Dazu könne das Gericht entweder auf eigene Sachkunde zurückgreifen oder im Einzelfall nicht vorhandene Sachkunde durch demoskopische Sachverständigengutachten beschaffen. Praktisch ist die Einholung demoskopischer Gutachten denn auch absolute Ausnahme, weil insbesondere spezialisierte Wettbewerbskammern über die erforderliche Sachkunde regelmäßig verfügen.[371] Schließlich erkennt die Rechtsprechung sogar an, dass die auf diese Weise ermittelte Verkehrsauffassung notwendigenfalls durch normative Interessensabwägung zu korrigieren ist.[372] Auf der anderen Seite wollen selbst diejenigen, die sich für eine normative Ermittlung des Verkehrsverständnisses aussprechen, demoskopischen Gutachten zumindest eine Indizwirkung beimessen.[373] Aufschlussreich ist zuletzt ein Blick auf die von beiden Seiten vorgeschlagenen Auslegungsmaximen, die mal im Rahmen richterlicher Erfahrungssätze, mal als normative Leitlinien vorgeschlagen werden, inhaltlich aber weitgehend übereinstimmen.

Auch für die Bewertung von CSR-Codes dürften sich kaum Unterschiede ergeben. Dass grundsätzlich hohe Anforderungen an die Abnehmerschaft zu richten sind, ist allgemein anerkannt.[374] Dies gilt für ihre Fach- und Sprachkenntnisse ebenso wie für die ihnen zugeschriebenen kognitiven Fähigkeiten und die von ihnen verlangte Auslegungssorgfalt.[375] Die ersten beiden Krite-

---

[367] Auch wenn eine höhere Unsicherheit sicherlich mit niedrigerem Informationsgehalt einhergeht. Vgl. *Beater*, Unlauterer Wettbewerb, Rn. 1324.

[368] Ebenso Köhler/*Bornkamm/Feddersen*, § 5 Rn. 1.102.

[369] Ebenda.

[370] Europarechtlich ist dies wohl geboten, vgl. ErwG 18 der UGP-RL/2005/29/EG, der von den nationalen Gerichten verlangt, sich auf „auf ihre eigene Urteilsfähigkeit unter Berücksichtigung der Rechtsprechung des Gerichtshofs" zu verlassen.

[371] Etwa BGH GRUR 2014, 1211, 1212 f. – *Runes of Magic II*; BGHZ 156, 250, 255 – *Marktführerschaft*. Vgl. zum Ganzen etwa Köhler/*Bornkamm/Feddersen*, § 5 Rn. 1.232 ff.

[372] Etwa BGH GRUR 2002, 715, 716 – *Scanner-Werbung*. Dazu Köhler/*Bornkamm/Feddersen*, § 5 Rn. 1.103.

[373] Etwa Harte/Henning/*Dreyer*, § 5 B Rn. 9; Fezer/Büscher/Obergfell/*Peifer/Obergfell*, § 5 Rn. 232.

[374] Statt aller Köhler/*Bornkamm/Feddersen*, § 5 Rn. 1.99 ff.; Harte/Henning/*Dreyer*, § 5 B Rn. 9 ff.

[375] Statt aller Köhler/*Bornkamm/Feddersen*, § 5 Rn. 1.99 ff.; Harte/Henning/*Dreyer*, § 5 B Rn. 9 ff.

rien lassen sich im Hinblick auf CSR-Codes rasch abhandeln: Besondere Fach- oder Sprachkenntnisse sind für das Verständnis von CSR-Codes nämlich regelmäßig nicht erforderlich. Zwar befassen sich die Codes mitunter mit technisch komplizierten Regelungsmaterien oder operieren in organisatorisch und betriebswirtschaftlich verzwickten Strukturen. Was die Unternehmen zu tun gedenken beziehungsweise um welche Ziele sie sich bemühen wollen, legen sie aber meist recht einfach und verständlich dar. Besonderes Fachwissen wäre nur dann erforderlich, wenn man aus allgemein formulierten Codes die Verpflichtung zur Durchführung einzelner ganz konkreter Maßnahmen herauslesen wollte (etwa die Pflicht zum Einbau ganz bestimmter Filteranlagen, wenn ein Industrieunternehmen verspricht, sich um die Absenkung seines Schadstoffausstoßes zu bemühen). Ein solches Auslegungsergebnis dürfte aber auch dann fernliegend sein, wenn man dieses Fachwissen voraussetzt. Dass sich Unternehmen in diesem Maße festlegen und sich ihres wirtschaftlichen wie technischen Spielraums berauben wollen, kann kein Abnehmer erwarten. Zudem sind auch weder normative Argumente ersichtlich, die dafür sprechen, derartiges Fachwissen von Verbrauchern wie unternehmerischen Abnehmern zu verlangen, noch wird man es tatsächlich vorfinden.

Auch in kognitiver Hinsicht gelten für CSR-Codes keine Besonderheiten. Zwar liegt der Charme eines empirisch-deskriptiven Ansatzes gerade darin, *typische* kognitive Unzulänglichkeiten, *biases* oder Heuristiken der Verkehrsteilnehmer abbilden zu können. Einerseits aber macht die Rechtsprechung hiervon – soweit ersichtlich – keinen Gebrauch, andererseits liegt hier kein für CSR-Codes symptomatisches Problem.

Entscheidend dürfte es darauf ankommen, welche Sorgfaltsanstrengungen man von den Rezipienten eines CSR-Codes erwarten muss. Rechtsprechung und Literatur konkretisieren den Sorgfaltsmaßstab anhand unterschiedlicher Kriterien. Wesentlich ist insbesondere, ob es sich bei der geschäftlichen Angabe um Individualansprache (dann aufmerksamer) oder Publikumskommunikation handelt (dann weniger aufmerksam), welcher Wert der beworbenen Ware oder Dienstleistung zukommt, wobei der Grad an Aufmerksamkeit mit dem Wert des Produkts steigt, über welches Medium die geschäftliche Angabe verbreitet wird (flüchtige Medien sprechen eher für eine niedrigere Aufmerksamkeit als textbasierte) sowie wen die Angabe anspricht (Fachleuten fällt die Befassung mit Fachinformationen leichter, was deren Aufmerksamkeit fördert).[376]

Die grundsätzliche Richtigkeit dieser Kriterien lässt sich kaum bestreiten. Versucht man sie auf CSR-Codes anzuwenden, zeigt sich auch ein relativ klares Bild: Erstens kommt es auf die Produkte an, die das den Code veröffentlichende Unternehmen vertreibt. Maßgeblich ist hier vor allem der Preis,

---

[376] Vgl. etwa die Übersicht bei Großkomm-UWG/*Lindacher*, § 5 Rn. 85 ff.; MüKo-UWG/*Ruess*, § 5 Rn. 97 ff.

aber auch die Frage, wie leicht es für den Abnehmer ist, sich wieder von dem Produkt zu trennen. Ökonomisch gesprochen: Entscheidend ist die Höhe des erforderlichen Kapitaleinsatzes sowie die Bindung des Kapitals (der *lock-in*). Da sich CSR-Codes auf alle erdenkbaren Produkte beziehen, gelten hier keine Besonderheiten. Zweitens ist nach der Art der Abnehmer zu differenzieren: Unternehmerische Abnehmergeschäfte sind regelmäßig erheblich kapitalintensiver als die von Verbrauchern, sodass sich eine höhere Aufmerksamkeit eher rentiert. Auch dies gilt für CSR-Codes wie für jede andere Information. Drittens, und vor allen Dingen, spielt es zudem eine erhebliche Rolle, dass CSR-Codes im Wesentlichen auf der Unternehmenswebseite veröffentlicht werden. Anders als bei typischer Publikumswerbung ist hier der Weg der Information nämlich ein anderer. Wird typische Publikumswerbung dem Abnehmer eher unfreiwillig aufgedrängt, bemüht sich der Besucher von Webseiten selbst um die ihm zur Verfügung gestellte Information, er fragt diese bewusst nach. In derartigen Fällen wird man von dem Rezipienten aber auch erwarten dürfen, die ihm zur Verfügung gestellte Information zumindest hinreichend sorgfältig zu lesen und zum Verständnis des Textes gar auf verlinkte Folgeseiten zurückzugreifen.[377]

b) Unwahre Angaben in CSR-Codes

Aus dem Vorgesagten ergibt sich eine nicht unbedeutende Regel: Um festzustellen, ob ein Code irreführend ist, muss man sich mit dessen Inhalt beschäftigen. Entscheidend – und zwar im Verhältnis zu allen Stakeholdern – ist die Gesamtaufmachung des Codes,[378] vor allem aber der Wortlaut der einzelnen Klauseln. Das ist nicht selbstverständlich. Würde das deutsche Recht weiterhin dem Leitbild eines flüchtigen Rezipienten anhängen,[379] wäre es zumindest nicht abwegig, bereits aus dem Vorhandensein eines CSR-Codes an sich auf das Versprechen einer allgemein erhöhten *corporate social performance* zu schließen.[380] Nach heutigem Recht gilt dies nicht.

Wenn ein CSR-Code eine verhältnismäßig eindeutige Regel enthält, ist das Versprechen, ihn einzuhalten, grundsätzlich nur dann unwahr, wenn das Unternehmen die konkrete Regel nicht so befolgt wie versprochen. Das heißt aber auch: Mehr als das in dem Code Versprochene kann ein durchschnittlicher Verkehrsteilnehmer nicht erwarten. Die Verpflichtung, sich gegen die Beschäftigung von unter 14-Jährigen einzusetzen, verpflichtet den Unter-

---

[377] Vgl. BGH GRUR 2005, 690, 692 – *Internet-Versandhandel*; Harte/Henning/*Dreier*, § 5 B Rn. 58; Großkomm-UWG/*Lindacher*, § 5 Rn. 91. Einschränkend: BGH GRUR 2005, 438, 441 – *Epson-Tinte*.
[378] Harte/Henning/*Dreyer*, § 5 Rn. 106.
[379] Zuletzt wohl BGH GRUR 1993, 127 – *Teilzahlungspreis II*.
[380] Vgl. generell etwa BGHZ 105, 277, 283 – *Umweltengel*; BGH GRUR 1991, 546, 547 – *... aus Altpapier*.

nehmer weder dazu, diese Einstellungspolitik bei seinen Zulieferern sicherzustellen, noch dazu, sich darum zu bemühen, die Altersgrenze etwa auf 16 Jahre anzuheben. Hiergegen lässt sich auch nicht einwenden, dass durchschnittlichen Abnehmern – insbesondere Verbrauchern – der Unterschied zwischen prozess- und erfolgsorientierten Codes nicht unbedingt geläufig ist, dass sie etwa nicht wüssten, dass der UN Global Compact regelmäßig nur ein Bemühen seiner Unterzeichner fordere.[381] Selbst wenn dies zuträfe, hätte es keine Auswirkung auf das Irreführungsverbot. Ob ein Unternehmer nämlich lediglich eine Bemühungszusage oder aber ein Erfolgsversprechen abgibt, lässt sich dem Wortlaut eines Codes – auch ohne besondere Fachkenntnisse – unmittelbar entnehmen. Gleiches gilt grundsätzlich für die Unterscheidung zwischen produkt- und unternehmensbezogenen CSR-Codes.

Auch wird man einen CSR-Code nicht schon deswegen als irreführend ansehen können, weil er keine über den Branchenstandard hinausgehenden Versprechen enthält. Selbst dann, wenn er lediglich kundtut, dass das Unternehmen „alle rechtlich verbindlichen Vorschriften" einzuhalten gedenkt, dürfte sich nichts anderes ergeben. Zwar mag man bei typischer Publikumswerbung mit Selbstverständlichkeiten bisweilen eine Irreführungsgefahr erkennen, weil dem durchschnittlichen Verkehrsteilnehmer suggeriert wird, er habe es mit einem besonderen Angebot zu tun; tatsächlich erhält er aber nur, was kraft Gesetzes vorgeschrieben ist, was der einheitlichen Übung im Verkehr entspricht oder was gar eine Eigenart der jeweiligen Ware oder Dienstleistung darstellt.[382] Die meisten Inhalte, die Unternehmen in ihren CSR-Codes aufnehmen, wird man allerdings nicht als Selbstverständlichkeit ansehen können. Dass Unternehmen die Auswirkungen ihrer Geschäftstätigkeit auf CSR-Themen mitbedenken und Nachhaltigkeitsaspekte fördern wollen, ist schlicht nicht selbstverständlich, sondern steht im krassen Widerspruch zu dem Bild, das Wirtschaftsunternehmen lange Zeit von sich hatten und das die Öffentlichkeit ihnen zugeschrieben hat oder immer noch zuschreibt. Nicht zuletzt die scharfe Diskussion um Sinn und Unsinn beziehungsweise die richtige Art von CSR-Maßnahmen zeigt das deutlich.[383]

Vor diesem Hintergrund wird man es jedem Unternehmen, das sich dazu entschließt, Nachhaltigkeitsbelange zumindest in seine unternehmerischen Überlegungen miteinzubeziehen, zugestehen müssen, dies auch kundzutun. Selbst wer hier anderer Auffassung sein mag, muss eine Irreführung aber

---

[381] A.A. *Zimmer*. Soziale Mindeststandards, S. 252; sowie zum alten Recht OLG München WRP 1999, 965 – *Qualitätsmanagement*.

[382] Vgl. etwa EuGH, Rs. C-123/00, ECLI:EU:C:2001:214, Rn. 14 ff. – *Bellamy*; BGH GRUR 2014, 498, 499 – *Kostenlose Schätzung*; BGH WRP 2009, 435 – *Edelmetallankauf*; BGH GRUR 1990, 1028, 1029 – *incl. MwSt II*; BGH GRUR 1981, 206, 207 – *4 Monate Preisschutz*; BGH GRUR 1973, 481, 483 – *Weingeist*; BGH GRUR 1956, 550, 553 – *Tiefenfurter Bauernbrot*; *Michalski*, BB 1992, 440 ff.; *Ohly/Sosnitza*, § 5 Rn. 192 f.

[383] Dazu bereits oben S. 4 ff.

spätestens auf nächster Stufe scheitern lassen. Irreführend ist es nämlich nicht, Selbstverständlichkeit bloß kundzutun; erforderlich ist vielmehr eine besondere Betonung.[384] Die einfache Veröffentlichung eines CSR-Codes auf der Unternehmenswebseite wird hierfür ebenso wenig ausreichen wie dessen Einkleidung in einen besonderen Nachhaltigkeitsbereich. Die Codes selbst sind im Vergleich zu ordinärer Publikumswerbung fast nüchtern, und auch der typischen Webseitengestaltung lässt sich regelmäßig nicht entnehmen, dass es sich bei dem Nachhaltigkeitsengagement um ein Alleinstellungsmerkmal des Unternehmens handelt. Vielmehr dürfte ein durchschnittlicher und situationsangemessen sorgfältiger Abnehmer der Gesamtgestaltung eher entnehmen, dass auch das jeweilige Unternehmen dasjenige an CSR-Engagement erbringt, was man heutzutage von Unternehmen „erwartet", dass es zu der Gruppe von Unternehmen gehört, für die Nachhaltigkeitsfragen zumindest ein Thema sind. Eine Werbung, die lediglich kundtut, auch das werbende Unternehmen erfülle den gleichen Standard wie seine Mitbewerber, reicht für eine Irreführung nicht aus.[385]

Schwieriger gestaltet sich die Inhaltsbestimmung bei verhältnismäßig vagen Klauseln, wie sie für CSR-Codes eher typisch als untypisch sind.[386] Als Beispiel mag wieder das bereits oben aufgegriffene Prinzip Nr. 9 des UN Global Compact herhalten: „Unternehmen sollen die Entwicklung und Verbreitung umweltfreundlicher Technologien beschleunigen."[387] Bei einer solchen Formulierung ergibt sich nicht unmittelbar, welche Maßnahmen der Unterzeichner genau verspricht und wann das Unternehmen sein Versprechen bricht. Nach der lauterkeitsrechtlichen Risikoverteilung gehen solche Unklarheiten grundsätzlich zu Lasten des sich Äußernden.[388] Erforderlich ist freilich, dass es überhaupt zu einer mehr oder weniger konkreten Vorstellung bei den Abnehmern kommt. Andernfalls liegt schon keine Angabe vor; das Lauterkeitsrecht schützt die Abnehmer nur vor verdeckter Unklarheit.[389] Ist den Abnehmern bewusst, dass die Aussage unklar ist und sich Schlüsse auf wahre oder unwahre Tatsachen verbieten, greift es nicht. Welches Maß an Vorstellung auf Seiten der Abnehmer erforderlich ist, ist eine Einzelfallfrage. Grundsätzlich nicht erforderlich ist aber eine genaue Vorstellung der Abnehmer über die konkreten Nachhaltigkeitsbemühungen, auch Unkonkretes oder nicht näher präzisierte Vorstellungen über das CSR-Engagement reichen

---

[384] Etwa Ohly/*Sosnitza*, § 5 Rn. 193.

[385] Ebenda. Zudem OLG Stuttgart WRP 1996, 246, 248 – *Auktionshaus*.

[386] Vgl. nur S. 9 ff.

[387] Vgl. https://www.globalcompact.de/de/ueber-uns/Dokumente-Ueber-uns/DIE-ZEHN-PRINZIPIEN-1.pdf.

[388] Vgl. nur BGH GRUR 1969, 546, 548 – *med*; Ohly/*Sosnitza*, § 5 Rn. 162; Harte/Henning/*Dreyer*, § 5 B Rn. 109; differenzierend Köhler/Bornkamm/*Feddersen*, § 5 Rn. 1.110.

[389] BGH GRUR 1989, 754, 755 – *Markenqualität*.

aus.[390] Nicht hinreichend sind lediglich bloße Gedankenassoziationen an Ethik, Moral oder Nachhaltigkeit.[391] CSR-Codes werden diese Grenze aber regelmäßig überschreiten. Im Gegensatz zu reiner Imagewerbung oder assoziativen Werbeslogans enthalten sie *per definitonem* – mehr oder minder – konkrete Verhaltensvorgaben.[392]

Daran ändert auch ihre Einordnung als Bemühungszusage nichts. Bemühungszusagen bedeuten weder, dass ein Unternehmen seine Nachhaltigkeitsvorgaben überhaupt nicht beachtet, noch, dass es sie immer beachtet. Vielmehr dürfte beispielsweise § 86 Abs. 1 HGB verlässliche Anhaltspunkte bieten, wann einer Bemühenspflicht hinreichend entsprochen wird: Zumindest wird man von einem Unternehmen, das verspricht, sich um ein bestimmtes Ziel zu bemühen, daher verlangen können, dass es sich zwar nicht ständig mit Nachhaltigkeitsfragen beschäftigt, sich aber zumindest bei besonders relevanten, weit tragenden und für die Nachhaltigkeitsziele besonders risikoreichen Geschäften mit CSR-Belangen auseinandersetzt.[393]

Verkompliziert wird die Lage regelmäßig dadurch, dass CSR-Codes nicht nur lediglich ein Bemühen fordern, sondern auch das angestrebte Ziel mitunter recht unscharf bleibt.[394] Selbst bei noch so vagen und unbestimmten Zielvorgaben lässt sich aber zumindest ein Nachhaltigkeitsbelang ausmachen, für den sich das Unternehmen engagieren will – sei es Umweltschutz, der Schutz der Menschenrechte oder die Geschlechtergleichstellung. Und: Zumindest wird ein durchschnittlicher Abnehmer erwarten dürfen, dass das Unternehmen dem Ziel, diesen Belang irgendwie zu fördern, nicht diametral entgegen handelt. Das Versprechen etwa, sich für die Beschleunigung der Entwicklung umweltfreundlicher Technologien einzusetzen, ist in jedem Fall dann irreführend, wenn vermeintlich niedrige Schadstoffausstöße von Kraftfahrzeugen durch eine „Schummelsoftware" lediglich vorgegaukelt werden. Darüber hinaus gilt: Je konkreter das jeweilige Nachhaltigkeitsziel formuliert ist, desto eher wird man auch konkrete Maßnahmen zur Zielerreichung verlangen können.

Anders als im Kapitalmarktrecht wird man nicht davon ausgehen können, dass der durchschnittliche Abnehmer typischerweise mit solchen Maßnahmen rechnet, die für das Unternehmen zumindest wirtschaftlich neutral sind. Die möglichen Auswirkungen einer CSR-Maßnahme auf das Unternehmensergebnis zu bewerten, erfordert erhebliche finanzwirtschaftliche Kenntnisse und Fähigkeiten, die man zwar einem professionellen Informationshändler

---

[390] Vgl. BGH GRUR 1967, 362, 369 – *Spezialsalz I*.
[391] Vgl. BGH GRUR 2003, 247, 248 f. – *THERMAL-BAD*; BGH GRUR 1969, 546, 547 – *med*.
[392] Vgl. oben S. 11.
[393] Zur Heranziehung von § 86 Abs. 1 HGB zur Inhaltbestimmung von CSR-Codes auch, *Weller/Benz*, AG 2015, 467, 472.
[394] Vgl. wiederum S. 10 ff.

zuschreiben muss, nicht aber einem Abnehmer. Dies gilt unbedingt bei Verbrauchern, dürfte aber auch für den durchschnittlichen unternehmerischen Abnehmer zutreffen. Hierfür spricht auch, dass die Abnahmeentscheidungen regelmäßig nicht von speziellen CSR-Abteilungen getroffen werden, über die ohnehin nur sehr große Unternehmen verfügen, sondern von dem normalen Einkaufspersonal. Gleichwohl lässt sich aus dem Vorgesagten aber nicht der Schluss ziehen, der durchschnittliche Abnehmer – ob Unternehmer, ob Verbraucher – würde bei einem CSR-Code nur Maßnahmen erwarten, die über das wirtschaftlich Lohnende hinausgehen. Auch ein durchschnittlicher Abnehmer ist sich durchaus bewusst, dass auch Unternehmen, die CSR-Codes veröffentlichen, im Grunde auf Gewinnmaximierung bedacht sind. Insbesondere wenn Unternehmen in ihren Codes darlegen, dass sie – im Sinne des Nachhaltigkeitsdreiecks – darauf abzielen, wirtschaftliche mit CSR-Zielen zu vereinen, muss dies auch dem Letzten klar sein.

c) Sonderproblem: Greenwashing

CSR-Codes stellen das Irreführungsverbot vor ein weiteres Problem: das der „erkannten Lüge". Zwar fordert § 5 Abs. 1 UWG anders als etwa § 123 BGB keinen individuellen Täuschungserfolg; unlauter sind bereits solche Angaben, die zur Irreführung der Marktteilnehmer lediglich geeignet sind.[395] § 5 UWG ist seiner Struktur nach konkretes Gefährdungs-, nicht Erfolgsdelikt.[396] Gleichwohl spielt die erkannte Lüge auch im Lauterkeitsrecht eine Rolle, hier aber auf kollektiver Ebene. Auch „objektiv" unwahre Angaben sind nämlich lauter, wenn der Verkehr sie richtig versteht. Aus empirisch-deskriptiver Sicht: Wenn nicht mindestens 25 bis 33 % der Verkehrsteilnehmer eine „objektiv" unwahre Angabe für wahr nehmen, ist der Tatbestand des Irreführungsverbots nicht erfüllt. Alles andere würde der wettbewerbsfunktionalen Ausrichtung des Lauterkeitsrechts zuwiderlaufen.[397]

Zwar sind (bewusste) Täuschungen im Geschäftsverkehr grundsätzlich ineffizient. Mit *Posner* gesprochen:

„The liar makes a positive investment in manufacturing and disseminating misinformation. The investment is wasted from a social standpoint, so naturally the law does not reward him for his lie."[398]

---

[395] Vgl. Art. 6 I UGP-RL/2005/29/EG; Art. 2 lit. b) Irreführungs-RL/2006/114/EG. Statt aller zudem BGH GRUR 2000, 911, 913 f. – *Computerwerbung*; BGH GRUR 1964, 33, 36 – *Bodenbeläge*; Gloy/Loschelder/Erdmann/*Helm,* HdB Wettbewerbsrecht, § 59 Rn. 66; Ohly/*Sosnitza*, § 5 Rn. 12.

[396] Ohly/*Sosnitza*, § 5 Rn. 12.

[397] Vgl. dazu § 198 f. Kritisch *Halfmeier*, AcP 216 (2016), 717, 760, mit der Forderung, das Privatrecht müsse sich generell stärker in Richtung eines „nachhaltigen Privatrechts" entwickeln.

[398] *Posner*, Economic Analysis, S. 119.

Das lauterkeitsrechtliche Rechtsfolgenregime ist allerdings scharf und maßgeschneidert für Täuschungen des Marktes, nicht für die individueller Marktteilnehmer.[399] Es soll nur Anreiz sein, Markttäuschungen zu unterlassen. Anderes ergibt sich auch nicht aus den bereits eingesetzten, aber unerfolgreichen Täuschungskosten. Solange unwahre Aussagen die kollektive Entscheidungsfreiheit nicht gefährden, wäre der Einsatz des lauterkeitsrechtlichen Rechtsfolgeninstrumentariums (insbesondere die Durchführung von Gerichtsverfahren) verschwendet: Die ineffizienten Täuschungskosten sind versunken; bei der Frage, ob und mit welchen Sanktionen das Recht reagieren soll, müssen sie außer Betracht bleiben.

Zum Problem für CSR-Codes werden diese Erwägungen wegen des mitunter massiv schlechten Rufs unternehmerischer Nachhaltigkeitsversprechen. Abnehmer stehen diesen häufig skeptisch gegenüber, wie die Begriffe „White-„ oder „Greenwashing" illustrieren. Und: Auch theoretisch lässt sich das abnehmerische Misstrauen recht einfach erklären: Nimmt man an, dass nachhaltige Produktion und Unternehmensführung Kosten produziert und dass Abnehmer nachhaltige Produkte gegenüber nicht nachhaltigen präferieren, aber das Nachhaltigkeitsengagement des Herstellers nicht verifizieren können, liegt der unternehmerische Königsweg offen zutage: Rationale Unternehmen dürften sich nicht nachhaltig verhalten, müssten ein solches Verhalten aber suggerieren.[400] Angesprochen ist damit kein CSR-Spezifikum, sondern ein allgemeines informationsökonomisches Problem. Aus Sicht der Abnehmer lautet die rationale Reaktion nämlich: Werbeaussagen, die sich auf Vertrauenseigenschaften beziehen, dürfen sie keinen Glauben schenken. Grundlegend hat das bereits *Nelson* herausgearbeitet.[401] Im Hinblick auf die Situation im Lauterkeitsrecht sei noch einmal an die Grundaussagen erinnert: Nur Werbeaussagen, die sich auf Sucheigenschaften beziehen, dürften Anbieter weitgehend vertrauen; weil sie die Aussage noch vor dem Produkterwerb überprüfen können, sind Täuschungen weitgehend unsinnig. Schon im Hinblick auf Erfahrungsgüter gelte dies nicht. Abnehmer könnten darauf bezogene Werbeaussagen schließlich erst überprüfen, wenn es schon zu spät ist, und müssten daher grundsätzlich mit einer Täuschung rechnen. Für Vertrauensgüter verschärft sich die Lage noch einmal.

Werbung für Erfahrungsgüter komme aber immerhin eine Signalfunktion zu. Weil sie Geld koste, führe sie zu höheren Produktionskosten. Diese rechneten sich regelmäßig nur, wenn das Produkt von guter Qualität sei, sodass

---

[399] Dem individuell Getäuschten stehen freilich Ansprüche aus bürgerlich-rechtlicher Informationshaftung zu.

[400] Vgl. etwa *Baksi/Bose*, 37 Environ. Resour. Encon. 411, 423 (2007); *Feddersen/Gilligan*, 10 J. Econ. Manag. Strateg. 149 (2001); *Kaas*, in: Gerd Wagner (Hrsg.), Betriebswirtschaft und Umweltschutz, S. 29, 33.

[401] *Nelson*, 82 J. Pol. Econ. 729 (1974).

der Abnehmer seine Konsumentscheidung wiederhole. Wenn auch der Inhalt einer auf Erfahrungsgüter bezogenen Werbemitteilung irrelevant ist, so lassen sich aus der Tatsache, dass überhaupt geworben wird, doch Informationen über die Qualität des Produkts ziehen. Mit *Nelson*:

„[B]elieve in an advertisement for experience qualities when it tells about the functions of a brand; do not believe the advertisement when it tells how well the brand performs that function."[402]

Im Hinblick auf echte Vertrauenseigenschaften existiert kein vergleichbares „cash-burning quality signal".[403] Da Abnehmer die versprochene Qualität der Eigenschaften auch nach Vertragsschluss nicht verifizieren können, lässt auch die Tatsache, dass ein Unternehmen wirbt beziehungsweise dass es sich am Markt gut behauptet, keine Schlüsse auf die Qualität zu.[404]

Aus lauterkeitsrechtlicher Sicht ist die Situation paradox. Nimmt man die informationsökonomischen Überlegungen beim Wort, sind Täuschungen über Vertrauenseigenschaften ausgeschlossen, weil sie nie zum Erfolg führen würden. Gleichzeitig benötigten die Abnehmer verlässliche Informationen über die Qualität von Vertrauenseigenschaften besonders dringend, weil sie diese nicht selbst beschaffen können.[405] Das Irreführungsverbot würde dort ausscheiden, wo es am wichtigsten wäre. Die informationsökonomischen Erkenntnisse lassen sich allerdings nicht friktionslos auf das Lauterkeitsrecht übertragen.[406] Methodisch handelt es sich bei den hier dargestellten Ansätzen um nicht kooperative spieltheoretische Modelle, die sich mathematisch mit der Frage auseinandersetzen, wie sich Personen in sozialen Konfliktsituationen optimal verhalten.[407] Zur Beantwortung dieser Frage greift die Spieltheorie regelmäßig auf verhältnismäßig starke Annahmen zurück, die ihren Aussagegehalt für das Lauterkeitsrecht schmälern. Uneingeschränkt gelten ihre Ergebnisse nur innerhalb des Modells und geben allenfalls eine Empfehlung, wie sich Akteure unter den gegebenen Annahmen verhalten sollten – sie sind im wissenschaftstheoretischen Sinn *normativ*. Mit der mitunter vorgeschlage-

---

[402] *Nelson*, 82 J. Pol. Econ. 729, 749 (1974).

[403] So der einprägsame Begriff von *Milgrom/Roberts*, 94 J. Pol. Econ. 796 (1986).

[404] Aus diesem Grund ist auch kompetitiver Wettbewerb selbst unter Annahme zukünftiger Käufe keine Möglichkeit, opportunistisches Verhalten hinreichend zu verhindern *Darby/Karni*, 16 J. L. & Econ. 67 f. (1973). Vgl. aber *Hahn*, 72 Manch. Sch. 50 (2004).

[405] Nach diesem Verständnis wären Schutz durch das Irreführungsverbot und Bedarf nach demselben antiproportional.

[406] Vgl. treffend *Fleischer*, Informationsasymmetrie, S. 120.

[407] Vergleiche nur die grundsätzlichen Arbeiten von *Nelson*, 82 J. Pol. Econ. 729 (1974) und *Darby/Karni*, 16 J. L. & Econ. 67 (1973), die Literaturübersicht von *Dulleck/Kerschbamer*, 44 J. Econ. Lit. 5 (2006) sowie die konkret zu Vertrauensgütern der hier in Rede stehenden Kategorie ergangene theoretische Literatur: *Baksi/Bose*, 37 Environ. Resour. Econ. 411 (2007); *Feddersen/Gilligan*, 10 J. Econ. Manag. Strateg. 149 (2001); *Reik*, Informationen in Vertrauensgütermärkten, S. 226 ff.

nen normativen Bestimmung des Verkehrskreisverständnisses ist der Begriff nicht gleichzusetzen. Letztere ist eine juristisch normative Methode, die nicht das optimale Verhalten der Parteien erforscht, sondern eine rechtlichen Erwägungen folgende Risikozuweisung abbildet.

Besonders deutlich zeigt sich die begrenzte Aussagekraft informationsökonomischer Ergebnisse aber, wenn man einen empirisch-deskriptiven Ansatz verfolgt: Die grundlegendste und gleichzeitig problematischste Annahme der hier verwendeten spieltheoretischen Modelle ist vollständige Rationalität der Spieler bei einer weiten Wissensannahme. Die Modelle gehen grundsätzlich davon aus, die Spieler verhalten sich so, dass sie den (Erwartungs-)Wert der Auszahlung, d.h. dessen, was sie aus dem Spiel erhalten, maximieren (Verhaltensannahme). Dies tun sie in Kenntnis der Regeln des Spiels und mit dem Wissen, dass alle anderen Spieler diese Regeln, einschließlich der Verhaltensannahme, kennen („*common knowledge*"-Annahme). Dass sich Menschen nicht (immer) rational verhalten, ist hinreichend diskutiert und beschrieben. Konkret zeigen empirische Erhebungen, dass Menschen dazu neigen, auch Werbung über Vertrauenseigenschaften nicht vollständig zu misstrauen, während Versprechende dazu neigen, die Wahrheit zu sagen – mag die Lüge auch noch so günstig sein.[408] Auch die *common knowledge*-Annahme hält in der Realität nicht, was bereits daraus folgt, dass sie die Verhaltensannahme voraussetzt. Häufig setzen die theoretischen Modelle zudem eine Umgebung ohne rechtliche Irreführungsverbote voraus.[409]

Gleichwohl wird man den Erkenntnissen zumindest einen gewissen Fingerzeig entnehmen müssen. Dass Unternehmer mitunter opportunistisch handeln und gerade dort täuschen, wo die Wahrscheinlichkeit der Aufdeckung gering ist, dürften auch eingefleischte Verhaltensökonomen nicht bestreiten. Und auch die Tatsache, dass ein Irreführungsverbot existiert, führt noch nicht dazu, dass Abnehmer werbenden Unternehmern uneingeschränkt vertrauen dürften.[410] Dementsprechend bestätigen empirische Erhebungen die theoretischen Ergebnisse insoweit, als Abnehmer Werbung für Erfahrungs- und Vertrauenseigenschaften weitaus skeptischer gegenübertreten als solcher für Sucheigenschaften.[411] In lauterkeitsrechtlicher Hinsicht ist daher allenfalls ein ambivalenter Schluss erlaubt: Um das tatsächliche Verhalten der Abnehmer zu beschreiben, taugen die informationsökonomischen Modelle nur begrenzt. Gleichzeitig können sie – freilich in abgemilderter Form – Ausgangspunkt sein für weitere Untersuchungen oder Überlegungen. Gerade dort, wo sie durch realitätsnähere empirische oder experimentelle Methoden gestützt wer-

---

[408] Bildlich *van den Assem/van Dolder/Thaler*, 58 Manag. Sci. 2 (2012).
[409] Etwa *Nelson*, 82 J. Pol. Econ. 729 (1974); *Darby/Karni*, 16 J. L. & Econ. 67 (1973).
[410] So auch *Nelson*, 82 J. Pol. Econ. 729, 749 (1974).
[411] *Ford/Smith/Swasy*, 16 J. Cons. Res. 433, 437 f. (1990).

den, haben sie einen Anwendungsbereich. Und schließlich: Erfahrungssätzen der richterlichen Eigenfeststellung sollte zumindest dort mit Zweifel begegnet werden, wo sie den informationsökonomischen Ergebnissen diametral entgegenstehen.

Was heißt das nun für das Verkehrsverständnis von CSR-Codes? Zunächst, dass es in Zweifelsfällen doch einmal auf demoskopische Gutachten ankommen kann. Darüber hinaus lassen sich aber auch die Ergebnisse der ökonomischen Forschung selbst nutzbar machen, um bestimmte Argumente für und wider der Glaubwürdigkeit einzelner CSR-Codes zu finden. Opportunistische Täuschungen über Vertrauenseigenschaften sind nämlich nicht in allen Fällen gleich rational. Immer dann etwa, wenn ihre Aufdeckungswahrscheinlichkeit steigt, sinkt gleichzeitig der Erwartungsnutzen unwahrer Angaben.[412] Maßgeblich dafür ist insbesondere das Hinzutreten dritter „Experten", die in der Lage sind, die unternehmerischen Aussagen zu überprüfen – im CSR-Bereich vor allem NGOs, auf Nachhaltigkeitsfragen spezialisierte Ratingagenturen oder staatliche Stellen.[413] Auch das Handeln bestimmter wirtschaftlicher Akteure, etwa als besonders nachhaltig bekannte unternehmerische Abnehmer oder Anleger, können aber das Vertrauen der Marktteilnehmer stärken. Investiert etwa der Norwegische Pensionsfond in ein Unternehmen, mögen andere Akteure daraus den Schluss ziehen, der Emittent werde sich tatsächlich nachhaltig verhalten. Je höher die Dichte derartiger „Experten" in einem Markt ist, desto eher werden auch die (übrigen) Abnehmer auf die Einhaltung der veröffentlichten Codes vertrauen.[414]

Häufig haben die Unternehmen selbst daher sogar ein eigenes Interesse daran, ihre Glaubwürdigkeit zu erhöhen, und arbeiten etwa mit NGOs zusammen. Aber selbst ein mehr oder minder transparentes Nachhaltigkeitsreporting dürfte das Vertrauen stärken. Wichtiger noch dürften aber andere Signale des Unternehmens sein. Nur weil Werbung für Vertrauenseigenschaften nicht per se als „cash burning signal" taugt, ist dieser Weg den Unternehmen näm-

---

[412] Vgl. zur Nutzenkalkulation nur *Darby/Karni*, 16 J. L. & Econ. 67, 73 (1973).

[413] Dazu insbesondere *Feddersen/Gilligan*, 10 J. Econ. & Manag. Strat. 149 (2001). Zu den möglichen Strategien von NGOs vgl. *Winston*, 16 Ethics Int. Aff. 71 (2002). Beispiele für solches kooperatives NGO-Verhalten sind etwa die Fair Labor Association (FLA) oder Social Accountability International (SAI). Letztere haben etwa einen relativ verständlichen und auditierbaren Code entwickelt, der sich mit Arbeitnehmerrechten (keine Kinderarbeit, keine Zwangsarbeit, vertretbare Arbeitszeiten, angemessene Löhne etc.) befasst. Wesentliches Element des Codes ist, dass Unternehmen, die dem Code angehören, durch akkreditierte Partner zertifiziert werden müssen. Beigetretene Unternehmen werden zudem mehrmals im Jahr durch angekündigte und unangekündigte Kontrollen kontrolliert.

[414] Wenig überraschend zeigen empirische Untersuchungen etwa, dass Abnehmer Siegeln höheres Vertrauen entgegenbringen, wenn sie von Dritten stammen *Byrne/Toensmeyer/German/Muller*, 22 J. Food. Dist. Res. 49 (1991); *MacKenzie*, 1 Cons. Pol. Rev. 68, 69 (1991).

lich nicht gänzlich versperrt. Insbesondere spezifische und irreversible Investitionen wirken als vertrauensbildendes Signal an die Abnehmerschaft.[415] Hat ein Unternehmen einmal Geld in die Hand genommen, um nachhaltige Technologie zu erwerben oder zu entwickeln, ist mit guten Gründen anzunehmen, es werde sie auch benutzen.[416] Zudem gilt: Geht man davon aus, dass eine bestimmte Aufdeckungsgefahr immer besteht, wird man auch in einer (hinreichend) teuren PR-Kampagne eine spezifische Investition sehen können.[417] Je mehr das Unternehmen dabei von seiner Reputation am Markt abhängig ist, desto eher dürfte es zudem dazu neigen, diese nicht aufs Spiel zu setzen.[418] Zumal ein Vertrauensverlust bei aufgedeckten Zuwiderhandlungen wohl nicht auf das Nachhaltigkeitsengagement beschränkt bliebe.

Nimmt man das alles zusammen, dürften die Fälle, in denen die maßgeblichen Verkehrskreise CSR-Codes so wenig Vertrauen entgegenbringen, dass eine Irreführung ausgeschlossen ist, kaum mehr als einen Spezialfall darstellen. Insbesondere für Markenanbieter, die auf ihre Reputation beim Endkunden stets bedacht sind, erscheint dies eher abwegig. Und dennoch bleibt das Vertrauen der Abnehmer eine stets zu begründende Einzelfallfrage, die auch einmal anders ausfallen mag.

5. Wettbewerbliche Relevanz von CSR-Codes

Unlauter sind schließlich nur irreführende geschäftliche Handlungen, die geeignet sind, „den Verbraucher oder sonstigen Marktteilnehmer zu einer geschäftlichen Entscheidung zu veranlassen, die er andernfalls nicht getroffen hätte". Mit der UWG-Reform von 2015 wurde dieser Halbsatz in Anlehnung an Art. 6 Abs. 1 UGP-Richtlinie ausdrücklich in § 5 Abs. 1 S. 1 UWG aufgenommen. Inhaltliche Änderungen waren damit nicht bezweckt; das Erfordernis der lauterkeitsrechtlichen Relevanz war auch bisher allgemein anerkannt.[419] Ihm zugrunde liegt der gleiche wettbewerbsfunktionale Gedanke, der auch für den Ausschluss erkannter Täuschungen streitet: Das lauterkeitsrechtliche Rechtsfolgeninstrumentarium soll nur gegen solche Täuschungen in Stellung gebracht werden, die die Funktionsfähigkeit des Marktes beeinträchtigen können.[420] Täuschungen über Merkmale, für die sich niemand

---

[415] Vgl. etwa grundlegend *Spence*, 87 Q. J. Econ. 355 (1973); *ders.*, 90 Q. J. Econ. 591, 592 (1976); *Hauser*, 32 KYKLOS 739 (1979).

[416] Die Kosten, die das Unternehmen für die Technologie aufgewandt hat, sind nämlich größtenteils versunken, *Kaas*, in: Gerd Wagner (Hrsg.), Betriebswirtschaft und Umweltschutz, 1993, S. 29, 36.

[417] Ebenda.

[418] Zur doppelten Wirkung von Reputation als Vermögengegenstand und Disziplinierungsmittel *Schmolke/Klöhn*, NZG 2015, 689, 690 m.w.N.

[419] *Ohly/Sosnitza*, § 5 Rn. 208 m.w.N.

[420] Das übersieht *Köhler*, wenn er schreibt, der Relevanzklausel fehle der Wettbewerbsbezug, WRP 2014, 259, 262.

interessiert, tun das nicht. Gemeint ist wiederum eine kollektive Relevanz. Die Tatsache, über die eine geschäftliche Angabe irreführt, muss für einen hinreichenden Teil bei der geschäftlichen Entscheidung beachtlich sein.[421]

Ob dies bei einer Angabe – hier bei dem Versprechen, einen CSR-Code einzuhalten – der Fall ist, ist empirisch-deskriptiv zu ermitteln.[422] Die Frage nach der lauterkeitsrechtlichen Relevanz ist im Grunde eine Frage nach den subjektiven Präferenzen der Marktteilnehmer, bei der sich jedwede normativen Erwägungen verbieten.[423] Alles andere würde die Schiedsrichterfunktion der Abnehmer ebenso in Frage stellen wie die Allokationsfunktion des Marktes selbst. Letztere ist aber davon abhängig, welchen Nutzen die Abnehmer individuell aus einem Produkt ziehen. Rechtliche Erwägungen können hierüber ebenso wenig Auskunft geben wie normative sozialwissenschaftliche Modelle. Vielmehr: Die Entscheidung, warum ein Abnehmer ein Produkt einem anderen vorzieht, muss in einer freiheitlichen Wirtschaftsordnung jedem Individuum selbst überlassen bleiben. Für CSR-Codes heißt dies einerseits, dass auch Täuschungen über lediglich ideell relevante Aspekte unlauter sein können, solange hinreichend viele Marktteilnehmer ihre Konsumentscheidung (auch)[424] darauf stützen. Andererseits kann das lauterkeitsrechtliche Relevanzkriterium nicht durch gesellschaftspolitische Sollenserwägungen, etwa die Förderung einer nachhaltigen Wirtschaft, ersetzt werden.

a) Empirie

Auch für die Relevanzprüfung gilt daher: Solange Gerichte den Einfluss einer unrichtigen Angabe auf die geschäftliche Entscheidung der Abnehmerschaft aus eigener Sachkunde feststellen können, steht ihnen dieser Weg offen, andernfalls müssen sie die erforderliche Sachkunde durch demoskopische Sachverständigengutachten beschaffen.[425] Wer die lauterkeitsrechtliche Literatur zu CSR-Codes in den Blick nimmt, findet zumeist relativ allgemeine und knapp gehaltene Verweise auf ein (vermeintlich) geändertes Verbraucherverhalten, das die Relevanz begründen soll.[426] Nachhaltigkeitsfragen, das zeigten empirische Studien, würden für Verbraucher immer wichtiger und seien daher auch lauterkeitsrechtlich relevant.

---

[421] Dazu etwa Köhler/*Bornkamm/Feddersen*, § 5 Rn. 1.174 f.

[422] Vgl. etwa BGH GRUR 2004, 613, 614 f. – *Schlauchbeutel*. A.A. Harte/Henning/*Dreyer*, § 5 B Rn. 214; MüKo-UWG/*Ruess*, § 5 Rn. 208.

[423] Vgl. zu Konsumentenpräferenzen etwa *Varian*, Microeconomics, S. 14 ff.

[424] Mitursächlichkeit ist ausreichend: Gloy/Loschelder/Erdmann/*Helm*, HdB Wettbewerbsrecht, , § 59 Rn. 159; MüKo-UWG/*Ruess*, § 5 Rn. 208; Großkomm-UWG/*Lindacher*, § 5 Rn. 246.

[425] Köhler/*Bornkamm/Feddersen*, § 5 Rn. 1.183 f.

[426] Dazu bereits oben S. 202.

In dieser Allgemeinheit dürfte die getroffene Aussage allerdings weder empirisch richtig sein noch rechtlich nutzbar gemacht werden können. Die Relevanzfrage ist in jedem konkreten Fall einzeln zu stellen. Entscheidend ist, ob die irreführende Angabe in ihrer konkreten Form dazu geeignet ist, die geschäftliche Entscheidungsfreiheit der Abnehmer zu beeinträchtigen, nicht, ob CSR-Fragen im gesellschaftlichen Diskurs eine wesentlichere Rolle einnehmen.[427]

Dass zudem zwischen den jeweils angebotenen Waren oder Dienstleistungen ebenso zu differenzieren ist wie zwischen produkt- und unternehmensbezogenen Codes, ist evident. Es dürfte denn auch viel dafür sprechen, dass den Abnehmern produktbezogene Aussagen deutlich wichtiger sind als unternehmensbezogene. Ein wesentlicher Aspekt der gesteigerten Nachfrage für nachhaltige Produkte, insbesondere im Nahrungsmittelsektor, dürfte eher auf gesundheitliche oder geschmackliche Erwägungen zurückgehen als auf ökologische.[428] Etwas scharfzüngig mag man vermuten: Häufig wollen sich die meisten Abnehmer selbst etwas Gutes tun, nicht der Umwelt. Soweit eine Irreführung durch unternehmensbezogene Codes im Raum steht, müssten solche empirischen Unschärfen aber herausgearbeitet werden. Vielmehr noch: Im Einzelfall müsste wohl für jedes Produkt und jeden Code ein einzelnes Gutachten eingeholt werden.

Zudem zeigt sich das empirische Bild auch in genereller Hinsicht durchaus ambivalenter, als es die lauterkeitsrechtliche CSR-Literatur glauben macht. Es ist zwar richtig, dass Studien ein gestiegenes Umweltbewusstsein der Abnehmerschaft nachweisen können. Nicht beantwortet ist damit aber die Frage, ob dieses Bewusstsein auch Einfluss auf die Konsumentscheidung nimmt. Die CSR-Forschung beobachtet seit Langem, dass es zwischen durch Befragungen ermitteltem Umweltbewusstsein und Konsum mitunter zu erheblichen Reibungsverlusten kommt.[429] Nun ist für die lauterkeitsrechtliche Relevanz freilich hinreichend, dass Abnehmer Nachhaltigkeitsfragen bei ihrer Entscheidungsfindung überhaupt beachten. Dass diese den Ausschlag geben, ist nicht erforderlich. CSR-Codes können also auch für diejenigen relevant sein, die sich im Endeffekt dennoch für das günstigste oder technisch innova-

---

[427] Mit dem BGH: „Entscheidend ist [...], ob die Werbeangabe in dem Punkt und in dem Umfang, in dem sie von der Wahrheit abweicht, bei ungezwungener Auffassung geeignet ist, die Kauflust des Publikums irgendwie zu beeinflussen", BGH GRUR 1960, 563, 565 – *Sektwerbung*. Ebenso BGH GRUR 2012, 286, 288 – *Falsche Suchrubrik*; BGH GRUR 2000, 239, 241 – *Last-Minute-Reise*; BGH GRUR 1987, 916, 918 – *Gratis-Sehtest*; BGH GRUR 1981, 71, 73 – *Lübecker Marzipan*.

[428] *Kaas*, in: Gerd Wagner (Hrsg.), Betriebswirtschaft und Umweltschutz, S. 29, 30.

[429] Aus der älteren Literatur etwa *Monhemius*, Umweltbewußtes Kaufverhalten, S. 1 ff.; *Kaas*, in: Gerd Wagner (Hrsg.), Betriebswirtschaft und Umweltschutz, 1993, S. 29 f. In jüngerer Zeit etwa *Öberseder/Schlegelmilch/Gruber*, 104 J. Bus. Ethics 449 (2011); *Janssen/Vanhamme*, 130 J. Bus. Ethics 775 (2015).

tivste Produkt entscheiden, auch wenn es unter CSR-Gesichtspunkten schlechter abschneidet. Es lässt sich aber auch nicht leugnen, dass generelle Erhebungen zum CSR-Bewusstsein mit einem grundsätzlichen methodischen Problem behaftet sind: Auch Umfrageteilnehmer neigen dazu, mit ihrer tatsächlichen Einstellung hinter dem Berg zu halten und eher das widerzugeben, was sie als gesellschaftlich akzeptiert oder erwünscht ansehen, solange ihr unehrliches Verhalten nicht sanktioniert wird.[430]

Dies alles soll die empirischen Untersuchungen zu CSR-Themen keinesfalls diskreditieren. Die wirtschaftswissenschaftliche Forschung – wenn auch noch eher am Anfang – zeichnet inzwischen ein recht differenziertes Bild des abnehmerischen Umweltbewusstseins und dessen Einfluss auf den Konsum. Und: Dass auch lediglich unternehmensbezogene Faktoren für die Abnehmerschaft eine gewisse Bedeutung haben, sei es aufgrund tatsächlicher dahingehender Präferenzen oder als Signal für die Produktqualität, lässt sich ebenso wenig allgemein abstreiten wie bestätigen.[431] Als allgemeinen Fingerzeig für eine gestiegene Relevanz von CSR-Themen mag man die Forschung also durchaus nehmen. Ebenso unbestritten ist, dass es eine Gruppe von Abnehmern gibt, die ihre Konsumentscheidung von CSR-Fragen abhängig machen. Für die Entscheidung konkreter wettbewerbsrechtlicher Sachverhalte reicht das aber noch nicht aus. Soll eine solche Entscheidung (auch) auf die bisherige empirische Forschung gestützt werden, gilt es sie richtig einzuordnen und insbesondere nach dem konkreten CSR-Versprechen, den angebotenen Waren- und Dienstleistungen, der Branche etc. zu differenzieren.

b) Prognoseargumentarium

Zwingend notwendig ist ein Rückgriff auf die empirische Forschung allerdings regelmäßig nicht.[432] Dogmatisch handelt es sich bei der Relevanzprüfung um eine im Wege richterlicher Eigenfeststellung zu tätigende Prognoseentscheidung, für die in der Praxis eher auf bestimmte Erfahrungssätze zurückgegriffen wird als auf Empirie.

So soll etwa die Einholung von Sachverständigengutachten immer dann entbehrlich sein, wenn sich eine unwahre geschäftliche Angabe auf ein Merkmal von zentraler Bedeutung bezieht.[433] Typische Beispiele für zentrale Merkmale sollen etwa der Preis, die Qualität oder die Anwendungsmöglichkeiten eines Produkts sein.[434] Aber auch die gesundheitliche Unbedenklich-

---

[430] *Wimmer*, in: Gerd Wagner (Hrsg.), Betriebswirtschaft und Umweltschutz, S. 44.

[431] Kriterien dazu arbeitet etwa *Duong Dinh*, CSR, S. 94 ff. heraus.

[432] Wenn passende signifikante Ergebnisse vorliegen, sollten sie freilich einbezogen werden.

[433] BGH GRUR 2007, 1079, 1081 – *Bundesdruckerei*. Zudem m.w.N. Harte/Henning/ *Dreyer*, § 5 B Rn. 222.

[434] Etwa Ohly/*Sosnitza*, § 5 Rn. 210.

keit[435] sowie die ökologischen Ansprüchen genügende Herstellung von Lebensmitteln[436] wird teilweise als zentral angesehen. Maßgeblich sei stets das konkrete Produkt. Auch wenn es sich bei dem Schluss von „zentralen Merkmalen" auf die Relevanz genau genommen um eine Tautologie handelt, weil sich das, was zentral ist, nach der Verkehrserwartung richten müsste, lässt sich die Abgrenzung praktisch sicherlich nutzbar machen: Solche Eigenschaften oder Merkmale, die eine Ware oder Dienstleistung auszeichnen und sie im Kern von anderen unterscheiden, werden regelmäßig relevant sein.[437] Wären sie es nicht, müsste das Produkt vom Markt verschwinden. Im Hinblick auf CSR-Codes dürfte dieses Kriterium allerdings selten erfüllt sein. Allenfalls bei konkreten produktbezogenen Versprechen, wie Fair-Trade-Kaffe oder Ähnlichem, ist es denkbar. Übliche CSR-Codes stellen kein Spezifikum eines Produkts dar.

Auch aus der reinen Tatsache, dass ein Unternehmen einen CSR-Code veröffentlicht, dürfte man noch nicht auf dessen Relevanz schließen können. Zwar mag man bei produktbezogener Werbung durchaus annehmen, dass das werbliche Herausstellen eines bestimmten Merkmals dessen Relevanz signalisiere.[438] Schließlich beruhen Werbekampagnen häufig auf aufwendigen Marktanalysen. Es ist sicher auch richtig, dass Unternehmer die Marktrelevanz bestimmter Merkmale besser beurteilen können als Wettbewerbsgerichte.[439] Anders als herkömmliche Werbekampagnen richten Unternehmen CSR-Codes aber an ganz unterschiedliche Stakeholder und verfolgen mit ihrer Aufstellung diverse Zwecke. Dass auch Abnehmer zu einer Konsumentscheidung motiviert werden sollen, mag einer davon sein. Ob dieser Aspekt ausschlaggebend ist, lässt sich aber nicht sicher sagen. Weniger eindeutig als bei herkömmlicher Werbung ist auch, ob Unternehmen ihre Codes tatsächlich auf Grundlage konkreter Marktanalysen erstellen. Häufig mögen sie auch lediglich Druck zur Aufstellung verspüren, weil ihre Konkurrenten eine CSR-Strategie verfolgen oder weil dies gerade allgemein in Mode geraten ist. Insbesondere Unternehmen, die den neuen Berichtspflichten der §§ 289b-e, 315b und c HGB unterliegen, mögen ihre CSR-Strategie mitunter mehr an diesen als am Abnehmermarkt ausrichten. Das soll nicht heißen, dass diese Unternehmen nicht darauf hoffen, durch ihre CSR-Strategie auch Abnehmer zu erreichen. Ein sicherer Schluss auf die Präferenzen der Marktteilnehmer lässt sich daraus allerdings auch nicht ziehen. Und dennoch: Je mehr ein Unternehmen in seine CSR-Strategie investiert, je mehr Aufwand es betreibt, diese

---

[435] BGH GRUR 2008, 443, 446 – *Saugeinlagen.*
[436] So für Gemüse Köhler/*Bornkamm/Feddersen,* § 5 Rn. 1.182.
[437] Schwierige Grenzfälle lassen sich mit dem Erfahrungssatz freilich nicht lösen.
[438] Köhler/*Bornkamm/Feddersen,* § 5 Rn. 1.184; Großkomm-UWG/*Lindacher,* § 5 Rn. 248. Kritisch MüKo-UWG/*Ruess,* § 5 Rn. 207.
[439] So bereits *Callmann,* JW 1929, 3072; *Heydt,* GRUR 1970, 469, 470; *v. Gamm,* Wettbewerbsrecht, S. 692.

seinen Abnehmern zur Kenntnis zu bringen, desto eher wird man das unternehmerische Verhalten als Indiz für die Relevanz werten können.

Konkret für CSR-Codes bieten sich ferner zwei andere Ansätze an. Erstens dürfte es sich lohnen, immer dann, wenn sich ein Anbieter an unternehmerische Abnehmer wendet, einen Blick auf deren CSR-Strategie zu werfen. Unternehmer machen ihre CSR-Maßnahmen in aller Regel öffentlich und legen dabei zumeist dar, wenn sie über bestimmte Einkaufsrichtlinien verfügen, die sich an Nachhaltigkeitsthemen orientieren.[440] Sind derartige Richtlinien in einer Branche verbreitet, die ein Anbieter bedient, und besteht Anlass zu der Annahme, sie würden auch eingehalten, dürfte hierin ein starkes Indiz für die Relevanz zu sehen sein.

Zweitens spricht viel dafür, auch die Marktentwicklung selbst zu verfolgen. Am Kapitalmarkt ergibt sich die Preisrelevanz einer Information spätestens aus der Marktentwicklung selbst. An der Reaktion des Börsenkurses lässt sich – mehr oder weniger genau – ablesen, ob der Markt eine Information für erheblich hält und wie er sie bewertet.[441] Auf den Markt für Waren und Dienstleistungen lässt sich dies zwar nicht ohne Weiteres übertragen. Aber auch für Waren und Dienstleistungen lässt sich mitunter beurteilen, ob die Abnehmer bereit sind, für eine bestimmte Eigenschaft einen höheren Preis zu bezahlen, ob die Eigenschaften einen sogenannten „hedonischen" Preis besitzen. Ist dies der Fall, ist eine Täuschung über die Eigenschaft auch relevant. Deutlich zeigt sich das etwa am Strommarkt: Lässt man einmal unterschiedliche Vertragsgestaltungen (Laufzeiten, Abrechnungsmodelle etc.), sonstige Zusatzleistungen oder Insolvenzrisiken außer Betracht, dürften unterschiedliche Stromanbieter keine unterschiedlichen Preise verlangen. Wenn nun „Ökostrom"-Anbieter für eine Kilowattstunde erheblich höhere Preise aufrufen können als ihre weniger grünen Wettbewerber, lässt sich dies nur darauf zurückführen, dass Stromkunden bisweilen eine Präferenz für eine umweltfreundliche Art der Stromerzeugung haben. Üblicherweise sind Waren- und Dienstleistungen allerdings schwieriger zu vergleichen als Strom. Nichtsdestotrotz bietet sich mitunter die Möglichkeit, den hedonischen Preis auch unternehmensbezogener Faktoren verhältnismäßig einfach zu bestimmen. Zumal die Wirtschaftswissenschaften ein breites methodisches Instrumentarium dazu entwickelt haben.

Ist dies im Einzelfall möglich, bietet es sich an, darauf zurückzugreifen. Spannender dürfte aber der Blick auf die Marktentwicklung nach „Auffliegen" einer Täuschung sein. Üblicherweise werden unwahre CSR-Versprechen entlarvt, wenn Zuwiderhandlungen zu medial aufbereiteten Skandalen führen. Wer „Verstoß gegen Nachhaltigkeitsversprechen" hört, denkt an Ab-

---

[440] Vgl. bereits oben S 176 f.
[441] Vgl. etwa BGHZ 192, 90, 106 – *IKB*: „Indizwirkung"; *Klöhn*, ZHR 177 (2013), 349, 378: „widerlegliche Vermutung".

gasskandale, Ölpesten, Kinderarbeit oder Fabrikbrände. Aus lauterkeitsrechtlicher Sicht sind nun vor allem die Marktreaktionen auf solche Skandale interessant. Reagiert der Markt durch sinkende Preise und/oder Absatzzahlen, mag man darin ein Indiz für die Relevanz erkennen. Ein sicheres Anzeichen ist es allerdings nicht. Die Abnehmerschaft mag sich nämlich nicht nur deswegen von einem Produkt abwenden, weil die ihnen zugeschriebene positive CSR-Eigenschaft weggefallen ist, sondern insbesondere, weil die Reputation beziehungsweise das Image des Unternehmens durch den Skandal selbst gelitten hat. Letzteres ist aber bei der Frage nach der lauterkeitsrechtlichen Relevanz nicht von Bedeutung. Mehr Aufschluss verspricht daher der Gegenschluss: Bleiben Preis und Absatzzahlen auch nach einem medienwirksamen CSR-Skandal stabil, wird man die Relevanz regelmäßig verneinen müssen.

c) *Verwässerung von CSR-Strategien*

Die Täuschung einer marktrelevanten Anzahl von Abnehmern ist nicht die einzige Möglichkeit, die wettbewerbliche Relevanz zu begründen. Der neu eingeführte § 5 Abs. 1 S. 1 UWG sagt dies zwar nicht ausdrücklich; auch traditionell steht der Abnehmerbezug stark im Vordergrund der Relevanzprüfung.[442] Allerdings war bisher anerkannt, dass sich die wettbewerbliche Relevanz bei fehlender Beeinträchtigung der Abnehmer auch aus einer Schädigung der Wettbewerber herleiten lässt.[443] Vor dem Hintergrund von Art. 2 lit. d) der Werberichtlinie ist ein solches Verständnis auch weiterhin unionsrechtlich geboten.[444] Die Wettbewerberschädigung wird dort mit der Abnehmerbeeinflussung in ein Alternativverhältnis gestellt.[445] Ausdrücklich heißt es: Irreführend ist demnach „jede Werbung, die in irgendeiner Weise [...] die Personen, an die sie sich richtet oder die von ihr erreicht werden, täuscht oder zu täuschen geeignet ist und die infolge der ihr innewohnenden Täuschung ihr wirtschaftliches Verhalten beeinflussen kann *oder aus diesen Gründen einen Mitbewerber schädigt oder zu schädigen geeignet ist*".[446]

Im Grunde dürfte sich eine solche erweiternde Auslegung bereits aus der Schutzzwecktrias in § 1 UWG ergeben. Sie ist auch in funktioneller Hinsicht gerechtfertigt. Dem Relevanzkriterium kommt grundsätzlich die Aufgabe zu, die wettbewerbsfunktionale Zweckrichtung des Irreführungsverbots sicherzustellen, und das scharfe lauterkeitsrechtliche Rechtsfolgeninstrumentarium für solche Täuschungen zu reservieren, die schädigend auf den Wettbewerb einwirken können. Eine allgemeine Wahrheitspflicht will § 5 UWG nicht

---

[442] Vgl. Köhler/*Bornkamm/Feddersen*, § 5 B Rn. 1.171.
[443] Harte/Henning/*Dreyer*, § 5 B Rn. 207.
[444] Ebenda.
[445] Köhler/*Bornkamm/Feddersen*, § 5 Rn. 1.171; Harte/Henning/*Dreyer*, § 5 B Rn. 206 f. Großkomm-UWG/*Lindacher*, § 5 Rn. 256.
[446] Hervorhebung durch mich.

statuieren. Eine Gefahr für den Wettbewerb kann sich aber nicht nur daraus ergeben, dass die geschäftliche Entscheidungsfähigkeit der Verbraucher beeinträchtigt wird, sondern auch durch wettbewerbschädigendes Verhalten oder Handlungen, die generell auf die Funktionsfähigkeit des Marktes zielen. Einen Grund, diese Schutzrichtung aus dem Irreführungsverbot herauszuhalten, existiert nicht.

Dagegen lässt sich auch nicht erinnern, dass § 5 UWG (auch) auf die abschließend geregelte UGP-Richtlinie zurückgeht und diese lediglich auf den Verbraucherschutz fokussiert.[447] Durch die UGP-Richtlinie wollte der Richtliniengeber lediglich das Verhältnis der Unternehmer zu den Verbrauchern abschließend regeln, Irreführungen der Verbraucher, die lediglich Mitbewerber schädigen, fallen nicht in ihren Anwendungsbereich.[448] Inhaltliche Änderungen der bereits damals vorhandenen europäischen Regelungen zum Schutz der Mitbewerber (Richtlinie gegen irreführende und vergleichende Werbung, RL 84/450/EG) waren nicht beabsichtigt.[449] Die Ersetzung der Irreführungsrichtlinie durch die Werberichtlinie etwa ein Jahr nach Erlass der UGP-Richtlinie macht das hinreichend deutlich.

Für die lauterkeitsrechtliche Bewertung von täuschenden CSR-Codes bietet sich damit ein interessanter Ansatzpunkt: Auch wenn das Nachhaltigkeitsengagement eines Unternehmens für die geschäftliche Entscheidung der Abnehmer im Hinblick auf dessen Produkte irrelevant sein mag, könnte sich die wettbewerbsrechtliche Relevanz möglicherweise daraus ergeben, dass die Täuschung über die Einhaltung eines CSR-Codes durch das Unternehmen die Nachhaltigkeitsversprechen anderer Unternehmen in Misskredit bringt. Die Mitbewerber würden geschädigt, weil die Werbewirkung ihrer CSR-Strategien durch das irreführende Verhalten ihres Konkurrenten verwässert würden, weil deren Werbewirkung sinkt.

Soweit ersichtlich, hat ein solcher Gedanke im Rahmen der Relevanzprüfung noch keine Rolle gespielt. Die Mitbewerberschädigung als Relevanzkriterium wurde bisher vornehmlich in Fällen relevant, in denen eine Beeinflussung der geschäftlichen Entscheidung der Abnehmer ausgeschlossen war, weil irreführend beworbene Waren nicht in ausreichendem Maße vorgehalten waren, ein Geschäftsabschluss daher nicht in Frage kam. In derartigen Fällen erzeuge die irreführende Werbung aber eine Anlockwirkung, die dennoch geeignet sei, Kundenströme zu Lasten der Mitbewerber umzuleiten.[450] Am nächsten kommt dem hier vorgeschlagenen Gedanken die *Preiswerbung ohne Umsatzsteuer*-Entscheidung des BGH.[451] In einer Online-Automobilbörse

---

[447] Harte/Henning/*Dreyer*, § 5 B Rn. 207.
[448] Vgl. ErwG 6 UGP-RL/2005/29/EG. Dazu Harte/Henning/*Dreyer*, § 5 B Rn. 207.
[449] EuGH, Rs. C-52/13, ECLI:EU:C:2014:150, Rn. 27 – *Photoshop*.
[450] Vgl. etwa Großkomm-UWG/*Lindacher*, § 5 Rn. 256 ff.
[451] BGH GRUR 2011, 82 – *Preiswerbung ohne Umsatzsteuer*.

hatte ein Unternehmer ein Angebot für einen Gebrauchtwagen eingestellt, den dafür aufgerufenen Preis aber ohne Umsatzsteuer angegeben. Der BGH sah hierin eine Täuschung der Verbraucher, die lediglich die Angabe von Endpreisen erwarteten (vgl. § 1 Abs. 1 S. 1 PAngV).[452] Zwar hatte der Anbieter einen Geschäftsabschluss mit Verbrauchern glaubhaft ausgeschlossen, sodass ihre geschäftliche Entscheidung nicht beeinflusst werden könne; der angegebene im Verhältnis zur Konkurrenz niedrigere Preis lasse deren Angebote aber unverhältnismäßig teuer erscheinen und sei daher geeignet, die Interessen der Mitbewerber zu schädigen.

Auf Täuschungen über CSR-Codes lassen sich diese Erwägungen nicht unmittelbar übertragen. Der zugrunde liegende Gedanke, dass die Art und Weise, in der ein Unternehmen sich und seine Produkte im Wettbewerb präsentiert, auch Einfluss nehmen kann auf die abnehmerische Wahrnehmung seiner Mitbewerber, greift aber auch hier. CSR-Codes stellen eine besondere Form von kommerzieller Kommunikation dar. Sie beziehen sich nicht auf die Spezifika eines Unternehmens oder seiner Produkte, sondern auf das allgemeine unternehmerische Verhalten. Sie sind darüber hinaus wenig individualisiert. Insbesondere von Dritter Stelle herausgegebene Codes, wie der UN-Global Compact oder von Branchenverbänden aufgestellte Regelwerke, enthalten sogar die gleichen Regelungen für alle beigetretenen Unternehmen. Die Frage, welche Werbewirkung den Codes zukommt, welches Vertrauen die Abnehmer ihnen entgegenbringen, ist aber abhängig von dem Verhalten aller Teilnehmer des Codes. Ein schwarzes Schaf kann das Vertrauen in die gesamte Regelung unterwandern.[453] Es ließe sich sogar überlegen, ob nicht gewissermaßen alle CSR-Strategien in einem solchen Abhängigkeitsverhältnis zueinander stehen. Die Verantwortung für Fragen des Umweltschutzes, der Menschenrechte etc. wird der gesamten Wirtschaft zugeschrieben; Unterschiede zwischen Branchen werden häufig nur dort gemacht, wo bestimmte Themen besonders brisant sind. Dann ist es aber zumindest denkbar, dass Täuschungen über die Einhaltung von CSR-Codes durch ein Unternehmen, für dessen Abnehmer Nachhaltigkeitsfragen irrelevant sind, auch das Ansehen von Unternehmen beschädigt, deren CSR-Strategie eines der wesentlichen Verkaufsargumente ist. Ein effektiver Mitbewerber und Wettbewerbsschutz muss auch solche Irreführungen unterbinden.

6. Rechtsfolgen

a) Lauterkeitsrechtliches Rechtsfolgeninstrumentarium

Nimmt man das Vorgesagte zusammen, sind nicht wenig Fälle denkbar, in denen die Veröffentlichung unwahrer CSR-Codes den Tatbestand des lauter-

---

[452] BGH GRUR 2011, 82, 83 f. – *Preiswerbung ohne Umsatzsteuer*.
[453] Vgl. dazu bereits ausführlich S. 35 ff.

keitsrechtlichen Irreführungsverbotes erfüllt. Die Rechtsfolgen derartiger Verstöße regeln die §§ 8 f. UWG. Insbesondere können Mitbewerber, Interessenverbände und Kammern Unterlassen und Beseitigung der irreführenden Angabe verlangen. Ein Verschulden des Unternehmers ist dafür nicht erforderlich. Insbesondere wird man von einem Unternehmer verlangen können, den täuschenden Code von seiner Webseite zu nehmen und gegebenenfalls eine Richtigstellung zu veröffentlichen.[454] Mitbewerber, denen durch die Irreführung ein Schaden entstanden ist, können diesen gem. § 9 UWG ersetzt verlangen, wobei vorsätzliches oder einfach fahrlässiges Verhalten des Unternehmers vorausgesetzt ist. Schließlich kommen bei vorsätzlichen Täuschungen auch Gewinnabschöpfungsansprüche der Mitbewerber, Interessenverbände und Kammern in Betracht, wobei lediglich Zahlung an den Bundeshaushalt verlangt werden kann. Individualansprüche der Abnehmer sieht das UWG – trotz mitunter vehementer Forderung – nicht vor.

b) *Schadensersatzansprüche der Abnehmer über § 823 Abs. 2 BGB*

Eine stete Diskussion herrscht allerdings darüber, inwieweit Ansprüche aus § 823 Abs. 2 BGB das spezifische lauterkeitsrechtliche Rechtsfolgenregime flankieren.[455] Kurz: Stellen die lauterkeitsrechtlichen Verbotstatbestände Schutzgesetze dar, auf die sich auch Abnehmer berufen können? Zum UWG von 1909 hatte sich die Rechtsprechung festgelegt: Der damalige § 3 UWG sollte zwar auch die Abnehmerschaft schützen, allerdings nur kollektiv; im Grunde sei das UWG ein Gesetz zum Schutze der Mitbewerber vor unlauterem Verhalten ihrer Konkurrenten.[456]

Die seit 2004 ergangenen Neufassungen des UWG haben die Debatte neu befeuert: Einerseits hat der Gesetzgeber mit der Aufnahme der Schutzzwecktrias nämlich den Schutz der „Verbraucherinnen und Verbraucher sowie der sonstigen Marktteilnehmer" in § 1 UWG als gleichberechtigtes Ziel neben den Mitbewerberschutz sowie den Institutionenschutz gestellt. Vielmehr noch ist der Verbraucher alleiniges Schutzobjekt der 2005 erlassenen UGP-Richtlinie.[457] Andererseits verlangt die UGP-Richtlinie zwar die Einführung „geeigneter und wirksamer Mittel zur Bekämpfung unlauterer Geschäftspraktiken" (Art. 11 UGP-Richtlinie). Eine Verpflichtung der Mitgliedstaaten,

---

[454] Vgl. grundsätzlich zu Letzterem *Ohly*/Sosnitza, § 8 Rn. 67 ff.

[455] Dafür etwa *Augenhofer*, WRP 2006, 169, 170 f.; *Sack*, WRP 2009, 1330, 1332 ff.; Dagegen etwa *Beater*, Unlauterer Wettbewerb, Rn. 2669 ff.; *Köhler*/Bornkamm/Feddersen, Einl. Rn. 7.5; *Leistner*, Richtiger Vertrag, S. 252 Fn. 334; Harte/Henning/*Podszun*, § 1 Rn. 38.

[456] Grundlegend BGH GRUR 1975, 150 f. – *Prüfzeichen*.

[457] ErwG 6 sowie Art. 1 UGP-RL/2005/29/EG; dazu *Beater*, Unlauterer Wettbewerb Rn. 661 ff.

individuelle Ansprüche einzuführen, enthält sie aber nicht.[458] Zudem hat sich der Gesetzgeber in der Begründung zum UWG von 2004 deutlich auf die Seite der Rechtsprechung gestellt. Dort heißt es:

„Die Regelungen zu den zivilrechtlichen Rechtsfolgen sind sowohl hinsichtlich der Klagebefugnis als auch hinsichtlich der Anspruchsgrundlagen abschließend. Dies hat zur Folge, dass das UWG entsprechend der bisherigen Rechtslage weiterhin kein Schutzgesetz im Sinne des § 823 Abs. 2 BGB ist."[459]

Die Gesetzesbegründung ist allerdings nicht frei von Widersprüchlichkeiten, und die Befürworter einer Anerkennung als Schutzgesetz weisen zu Recht auf die methodische Hierarchie zwischen Gesetzestext und Materialien hin.[460] Zudem lässt die Tatsache, dass das UWG grundsätzlich nur kollektiven Abnehmerschutz gewährt, noch nicht den Schluss zu, individuelle Schadensersatzansprüche seien in jedem Fall ausgeschlossen. Überdies mag man das gesetzgeberische Argument gegen die Einordnung als Schutzgesetz, die Befürchtung einer volkswirtschaftlich schädlichen „Vielzahl von Klagen von Verbrauchern wegen eines (angeblichen) Verstoßes gegen das UWG",[461] durchaus in Frage stellen, wenn es gleichzeitig heißt, dass der bis zum UWG von 2004 vorhandene Individualanspruch für Verbraucher – § 13a UWG a.F. – gerade wegen praktischer Bedeutungslosigkeit abzuschaffen war.[462]

Und dennoch: Der Wortlaut von § 1 UWG legt eine Einordnung als Schutzgesetz zwar nahe; zwingend ist ein solches Verständnis aber nicht.[463] Zudem ist der Gesetzgeber bei der Rechtsfolgenwahl für Normverstöße grundsätzlich frei. Eine legislative Pflicht, bestimmte Normverstöße mit Schadensersatzansprüchen zu verknüpfen, existiert nicht. Dies gilt umso mehr, als der Ersatz bloßer Vermögensschäden dem Deliktsrecht grundsätzlich fremd ist. Zwar trifft sicherlich auch für Irreführungen des Produktmarkts zu, dass diese nicht nur private Schäden verursachen. Sie schmälern

---

[458] So die ganz h.M., vgl. nur *Augenhofer*, WRP 2006, 169, 170 f. m.w.N. Anderes mag sich künftig aus dem sog. „New Deal for Consumers" ergeben, den die Kommission im April 2018 präsentiert hat. Das Maßnahmenpaket umfasst u.a. den Vorschlag für eine Änderung der UGP-Richtlinie 2005/25/EG (vgl. COM(2018) 185 final), die um vertragliche und außervertragliche Rechtsbehelfe zugunsten geschädigter Verbraucher ergänzt werden soll (Art. 1 Nr. 4 des Kommissionsentwurfs, vorgesehen als Art. 11a UGP-RL). Vgl. zum Kommissionsentwurf etwa *Augenhofer*, EuZW 2019, 5, 7 f. Ob die Richtlinie in dieser Form erlassen wird, bleibt abzuwarten. Gleiches gilt für die Frage, ob und inwieweit sich der Umsetzungsgesetzgeber dazu veranlasst sehen würde, neue Individualrechtsbehelfe in das UWG einzuführen.
[459] RegE zum UWG (2004), BT-Drs. 15/1487, S. 22.
[460] *Augenhofer*, WRP 2006, 169, 176.
[461] RegE zum UWG (2004), BT-Drs. 15/1487, S. 22.
[462] RegE zum UWG (2004), BT-Drs. 15/1487, S. 14.
[463] *Beater*, Unlauterer Wettbewerb, Rn. 2669 ff.; *Köhler*/Bornkamm/Feddersen, Einl. Rn. 7.5; *Leistner*, Richtiger Vertrag, S. 252 Fn. 334; Harte/Henning/*Podszun*, § 1 Rn. 38.

nämlich generell das Vertrauen der Abnehmer in von Unternehmern bereitgestellte Informationen, provozieren teures *screening* oder *signaling* und produzieren damit zweifelsohne erhebliche gesamtgesellschaftliche Kosten.[464] Dies allein vermag aber nur zu begründen, warum durch Täuschung herbeigeführte Vermögensschäden der Marktteilnehmer überhaupt ersatzfähig sind, nicht dass dies über § 823 Abs. 2 BGB bereits bei einfacher Fahrlässigkeit der Fall sein muss. Im Grunde geht es auch im Lauterkeitsrecht – konkret im Rahmen des Irreführungsverbots – um eine Abwägung zwischen dem Interesse der Marktteilnehmer, überhaupt brauchbare Informationen zu erhalten, und dem Interesse, dass diese Informationen möglichst richtig sind. Mit einer Flucht in die Vagheit ist auch am Markt für Waren und Dienstleistungen keinem geholfen. Der Gesetzgeber hat sich für das Lauterkeitsrecht für ein Mehr an Information, für ein Mehr an unternehmerischer Freiheit entschieden. Das ist zu respektieren.

D. Ergebnis

Ansprüche auf Einhaltung eines öffentlich geäußerten CSR-Codes stehen auch den Abnehmern regelmäßig nicht zu. Zwar sind sie theoretisch denkbar. Vorauszusetzen wäre aber, dass sich Anbieter und Abnehmer auf die Geltung des Codes konkret geeinigt hätten. Das öffentliche Versprechen, einen CSR-Code einzuhalten beziehungsweise einhalten zu wollen, begründet jedenfalls keine rechtsgeschäftliche Einhaltungspflicht. Wesentliche Voraussetzung einer solchen Pflicht und gleichzeitig wesentliches Manko der hier untersuchten Versprechen ist der Rechtsbindungswille des Versprechenden. Ein solcher Wille der versprechenden Unternehmen, durch die Veröffentlichung eines CSR-Codes rechtsgeschäftliche Einhaltungspflichten zu begründen, lässt sich auch nicht aus der Kombination mit ohnehin geschlossenen Abnahmeverträgen konstruieren. Unternehmensbezogene sowie produktbezogene, aber prozessorientierte CSR-Versprechen enthalten einen über den üblichen Inhalt eines Abnahmevertrags hinausgehenden Pflichtenkanon; Unternehmen versprechen dort Maßnahmen, die weder in direktem Zusammenhang stehen mit den üblichen vertraglichen Verpflichtungen des Abnahmevertrags und die darüber hinaus in Dauer und Intensität mit dem üblichen Pflichtenprogramm solcher Verträge nicht vergleichbar sind. Gründe, warum Unternehmen sich – ohne zusätzliche Vergütung – rechtsgeschäftlich zu einer solchen Leistung verpflichten sollten, existieren regelmäßig nicht. Dementsprechend lassen sich öffentlich geäußerte CSR-Codes weder als an die Öffentlichkeit adressierte Angebote auf Abschluss eines eigenständigen Vertrags lesen noch lassen sie sich durch Auslegung in einen ohnehin geschlossenen Abnahme-

---

[464] Vgl. *Fleischer*, Gutachten DJT 64 (2002), F-100.

D. Ergebnis

vertrag inkorporieren. Unternehmen gegen ihren Willen an öffentliche Nachhaltigkeitsversprechen dauerhaft zu binden, vermag das Vertragsrecht nicht zu leisten. Dies gilt selbst dann, wenn eine solche Bindung von der (ethischen) Abnehmerschaft auch noch so sehr gewünscht ist. Die freiheitsstiftende Funktion des Vertragsrecht bedeutet auch, über die Möglichkeit zu verfügen, Leistungspflichten nicht entstehen zu lassen.

Die Abnehmer und ihre (auch ideellen) Interessen bleiben aber nicht schutzlos. Soweit (unrichtige) Versprechen, einen CSR-Code einzuhalten, einen Abnehmer in seiner geschäftlichen Entscheidungsfreiheit beeinträchtigt, gerät ein umfassender Schutzmechanismus in Gang. Abnehmer, die durch einen CSR-Code getäuscht wurden und sich darum für den Abschluss eines Vertrags entschieden haben, können sich von diesem lösen. Dies gilt dann, wenn die Täuschung von ihrem Vertragspartner herrührt (§§ 123 f.; 826 BGB). Es gilt aber auch in Drei-Personen-Verhältnissen, d.h., wenn es der Hersteller selbst ist, der über sein Nachhaltigkeitsengagement täuscht (§ 826 BGB). Dass sich die Täuschung dabei lediglich auf ideelle Interessen der Abnehmer beziehen mag, spielt dabei keine Rolle. Das bürgerliche Recht schützt die geschäftliche Entscheidungsfreiheit umfassend. Voraussetzung ist aber stets, dass es sich um eine hinreichend erhebliche Täuschung gehandelt hat und dass dem täuschenden Unternehmer mit Vorsatz, zumindest aber leichtfertig gehandelt hat. Eine Informationshaftung, die bereits einfach fahrlässige Täuschungen umfasst, existiert im Hinblick auf typische CSR-Codes auch am Markt für Waren und Dienstleistungen nicht. Ungeachtet aller – und zum Teil sicher valider – funktionaler Argumente, gilt es, die gesetzgeberische Entscheidung zu respektieren: Eine Haftung für fahrlässige Fehlinformation kennt das Gesetz grundsätzlich nur in (vor-)vertraglichen Beziehungen. Und: Lediglich öffentlich geäußerte unternehmensbezogene oder prozessorientierte CSR-Codes lassen sich auch mit viel gutem Willen nicht zum Teil der Vertragsverhandlungen machen.

Aus Steuerungsgesichtspunkten dürften daher mögliche lauterkeitsrechtliche Rechtsfolgen wichtiger sein als die individuelle Haftung der Unternehmer gegenüber ihren Abnehmern. Unrichtige öffentliche Versprechen, einen CSR-Code einzuhalten, erfüllen grundsätzlich den Irreführungstatbestand aus § 5 Abs. 1 UWG. Sofern ein solches Versprechen von einem Viertel bis einem Drittel der relevanten Marktteilnehmer als verbindlich aufgefasst wird, ist der Anwendungsbereich des Irreführungsverbots eröffnet – wie bei jeder anderen kommerziellen Kommunikation auch. Im Einzelfall erforderlich ist aber, dass die Täuschung über die Einhaltung des CSR-Codes für die Marktteilnehmer relevant ist, d.h., Einfluss nimmt auf ihre geschäftliche Entscheidung. Ein allgemeiner Hinweis auf das gestiegene Bewusstsein für Nachhaltigkeitsfragen dürfte dafür nicht hinreichen. Vielmehr muss anhand der konkreten Umstände dargelegt werden, dass sich dieses Bewusstsein auch in den Konsumentscheidungen der Abnehmer niederschlägt. Ist dies nicht der Fall, kommt eine Anwendung des Irreführungsverbots und damit des lauterkeitsrechtlichen Rechtsfolgenregimes nur dann in Betracht, wenn das Verhalten des Unternehmens auch die Glaubwürdigkeit der CSR-Versprechen seiner Mitbewerber beschädigt. Lauterkeitsrecht ist Marktverhaltensrecht; eine allgemeine Wahrheitspflicht statuiert es nicht.

Zusammenfassung der Ergebnisse in Thesen

§ 1 Grundlagen

1. CSR ist im Wesentlichen ein unternehmerisches, ein betriebswissenschaftliches Phänomen. Ungeachtet erheblicher wissenschaftlicher Definitionsschwierigkeiten und trotz mitunter scharfer Kritik hat es sich im Wirtschaftsleben durchgesetzt.

2. CSR-Codes sind schriftlich fixierte Regelwerke, in denen Unternehmen die wesentlichen Elemente ihrer CSR-Strategie niederlegen. CSR-Codes und die darin enthaltenen Regeln lassen sich nach verschiedenen Kriterien unterscheiden. Von besonderer Bedeutung sind zwei Differenzierungen: erstens, die Unterscheidung zwischen produkt- und unternehmensbezogenen Codes. Produktbezogen sind CSR-Codes, wenn sie sich auf qualitäts- oder herstellungsprozessbezogene Faktoren beziehen. Wenn ein Unternehmen etwa verspricht, ein Produkt sei frei von bestimmten Inhaltsstoffen oder es sei ohne Kinderarbeit hergestellt worden. Unternehmensbezogen ist ein Code, wenn er sich nicht auf ein konkretes Produkt, sondern auf das Verhalten des Unternehmens generell bezieht. Etwa das Versprechen, Umweltbelange bei der Unternehmensleitung zu beachten oder Leitungsgremien paritätisch zu besetzen. Zweitens ist zwischen erfolgs- und prozessorientierten Versprechen zu unterscheiden. Erfolgsorientierte und produktbezogene CSR-Codes kommen in der Praxis quasi nicht vor; typische Codes sind entweder unternehmensbezogen oder produktbezogen, aber prozessorientiert. Nur mit ihnen befasst sich die Arbeit.

3. Unternehmen verfolgen eine CSR-Politik insbesondere aus drei Gründen: aus intrinsischer Motivation der Entscheidungsträger, aus Sozialisation und/oder aus Gewinninteresse. Dem letztgenannten Aspekt kommt eine Schlüsselrolle zu: Wirtschaftlich handelnde Unternehmen nehmen CSR-Maßnahmen insbesondere dann vor, wenn ihr wirtschaftlicher Nutzen deren Kosten übersteigt. Und: CSR-Maßnahmen bieten vielfältige Potentiale, etwa die Steigerung der organisatorischen Effizienz und Innovationskraft sowie die Verbesserung der Unternehmensreputation. So verstanden, sind CSR-Maßnahmen ein unternehmerisches Mittel, um sich am Markt um Abnehmer, Mitarbeiter und Kapital durchzusetzen.

4. Aus volkswirtschaftlicher Sicht könnte CSR ein Werkzeug sein, ein bestehendes Externalitätenproblem zu lösen. Weil soziale und ökologische

Belange häufig öffentliche Güter darstellen, bestehen systematische Anreize für Wirtschaftsunternehmen, diese Belange zu missachten. Die durch die Schädigung dieser Güter verursachten Kosten trägt nicht das Unternehmen, sondern die Gesellschaft. Ein funktionierender Wettbewerb um CSR-Maßnahmen könnte für Unternehmen Anreize setzen, diese Kosten zu internalisieren. Haben Abnehmer etwa Präferenzen für eine bestimmte Umweltpolitik, werden sich Produkthersteller finden, die diese Präferenzen bedienen. Aus diesem Prinzip ergeben sich gleichsam die Grenzen eines wettbewerbsorientierten CSR-Konzepts: Rationale Unternehmen werden sich nicht zwangsläufig für die volkswirtschaftlich sinnvollste CSR-Maßnahme entscheiden, sondern für die, die den Präferenzen ihrer wirtschaftlichen Stakeholder entspricht.

5. CSR-Versprechen sind als Vertrauensgüter zu qualifizieren. Ob ein Unternehmen diese Versprechen tatsächlich einhält, können seine Vertragspartner weder vor noch nach Vertragsschluss zu vertretbaren Kosten überprüfen. Für Unternehmen besteht daher ein Anreiz, die Einhaltung von CSR-Maßnahmen lediglich vorzutäuschen. Folge dieses informationsökonomischen Problems ist die Gefahr totalen Versagens des Marktes um CSR. Diese Gefahr ist bei der rechtlichen Analyse stets zu beachten.

§ 2 Haftung gegenüber Wettbewerbern

6. CSR-Codes werden in vielen Fällen von mehreren Wettbewerbern, mitunter einer gesamten Branche, gemeinsam aufgestellt. Unternehmen können von der Teilnahme an einem solchen Multicorporate-Code unter anderem deswegen profitieren, weil ein gemeinsamer Branchenstandard staatliche Regulierung präjudizieren kann, weil Unternehmen aus schärfer regulierten Jurisdiktionen ihre Mitbewerber den gleichen Anforderungen unterwerfen können und/oder weil die teilnehmenden Unternehmen an einem gemeinsamen Ruf partizipieren.

7. Haftungsrechtliche Folgen löst der Verstoß gegen einen Multicorporate-Code im Horizontalverhältnis nur dann aus, wenn dieser als Vertrag einzuordnen ist. Ob ein CSR-Code einen Vertrag darstellt, ist durch Auslegung (§§ 133, 157 BGB) zu bestimmen. Maßgeblich ist, ob die beteiligten Unternehmen mit Rechtsbindungswillen gehandelt haben. Im Rahmen dieser Auslegung ist nicht nur auf den Wortlaut und die Gestaltung des Codes zu fokussieren. Weil Multicorporate-Codes geschrieben sind, um neben den Teilnehmern auch andere Stakeholder-Gruppen (werbend) anzusprechen, wird die Auslegung des konkreten Wortlauts sogar regelmäßig unergiebig sein. Entscheidend kommt es auf die dem Code zugrunde liegende wirtschaftliche Interessenlage an. Entspricht eine rechtsgeschäftliche Vereinbarung den Interessen der teilnehmenden Unternehmen, wird von einer solchen auszugehen sein.

8. Im Einzelfall kann ein Interesse an einem rechtsgeschäftlich vereinbarten Multicorporate-Code durchaus vorliegen. Angesprochen sind damit insbesondere Situationen, in denen die teilnehmenden Unternehmen an einem gemeinsamen Ruf teilhaben. Ein solcher „Branchenruf" kann Eigenschaften eines öffentlichen Guts aufweisen, etwa weil die relevanten Stakeholder nicht hinreichend zwischen den einzelnen Wettbewerbern unterscheiden können. Dies bietet Unternehmen die Möglichkeit, auch dann von dem guten Ruf der Branche zu profitieren, wenn sie keine Investitionen darein tätigen. Gleichsam besteht stets das Risiko, dass von einem Unternehmen verursachte Skandale auch die Reputation seiner Wettbewerber in Mitleidenschaft ziehen. Sind diese Risiken groß genug und besteht für einzelne Unternehmen nicht die Möglichkeit, sich hinreichend von seinen Wettbewerbern abzugrenzen, um seinen Ruf zu privatisieren, kann es rational sein, die Einhaltung eines CSR-Codes vertraglich zu vereinbaren.

9. Eine Zuwiderhandlungshaftung auf anderer, insbesondere lauterkeitsrechtlicher Grundlage lässt sich nicht begründen. Zwar hält das UWG verschiedene Wege bereit, um das wettbewerbsrechtliche Rechtsfolgenregime auch bei Verstößen gegen außerhalb des UWG liegende Regeln in Anschlag zu bringen. CSR-Codes umfassen diese aber nicht. Die Codes stellen weder Gesetze i.S.d. § 3a UWG noch Verhaltenskodizes i.S.d. § 5 Abs. 1 S. 2 Nr. 6 UWG dar. Der Begriff Verhaltenskodex umfasst nur solche Regelwerke, die sich inhaltlich auf das Verhalten im Wettbewerb beziehen (sog. Marktverhaltensregeln). CSR-Maßnahmen betreffen dagegen in aller Regel betriebsinterne Vorgänge wie etwa Produktion oder Arbeitnehmerbehandlung, nicht aber das eigentliche Marktgeschehen, also Angebot oder Nachfrage von Waren und Dienstleistungen.

10. Im Horizontalverhältnis scheidet überdies jede Form von Informationshaftung aus. Eine Wahrheitspflicht zwischen Wettbewerbern besteht grundsätzlich nicht.

§ 3 Haftung gegenüber Anlegern

11. Emittenten bedienen mit CSR-Maßnahmen zwei unterschiedliche Investoreninteressen, die scharf auseinanderzuhalten sind: zum einen das wirtschaftliche Interesse aller Anleger. Wirkt sich eine CSR-Maßnahme (langfristig) positiv auf das wirtschaftliche Ergebnis des Emittenten aus, werden alle Anleger die Maßnahme positiv einpreisen. CSR-Codes sowie jede andere Information, die sich auf solche Maßnahmen bezieht, sind für alle Anleger relevant. Zum anderen haben bestimmte Anleger eine Präferenz für Wertpapiere, die von Unternehmen mit einer guten sozialen Performance ausgegeben werden. Solche *social responsible investors* ziehen zwischen zwei Wertpapieren, die in monetärer Hinsicht identisch sind, immer das Papier mit der besseren sozialen Performance vor. Bisweilen sind sie sogar bereit, monetäre Einbu-

ßen in Kauf zu nehmen, um ihre Nachhaltigkeitsziele zu verfolgen. Auch deren Interessen sprechen Emittenten mit der Veröffentlichung von CSR-Codes an.

12. Eine Haftung für Verstöße gegen einen öffentlich geäußerten CSR-Code lässt sich gegenüber dem Anlagepublikum nicht begründen. Dies gilt unabhängig davon, ob durch den Verstoß die monetären Interessen aller Anleger oder „nur" die ideellen Interessen der *social responsible investors* verletzt werden. Dauerhafte Einhaltungspflichten lassen sich nur auf rechtsgeschäftlicher Grundlage begründen. Und: Ein vertragliches Verhältnis zwischen Emittent und Anleger, das die Einhaltung von CSR-Codes umfasst, existiert in aller Regel nicht.

13. Soweit ein Emittent über die Einhaltung eines CSR-Codes täuscht, der kursrelevant ist, der also die monetären Interessen der Anleger anspricht, greift eine Informationshaftung auf Grundlage von §§ 826, 31 BGB. § 826 BGB stellt seit der *Infomatec*-Rechtsprechung des BGH die einzig denkbare Anspruchsgrundlage bei allgemeinen Täuschungen des Sekundärmarkts dar. Im Hinblick auf CSR-Codes ist auch bei Täuschungen des Primärmarkts keine abweichende Handhabung geboten.

14. Darüber hinausgehende Informationshaftungstatbestände greifen regelmäßig nicht. Spezialgesetzliche Prospekthaftungstatbestände (§§ 9 ff. WpPG n.F.) scheitern in aller Regel daran, dass Emittenten die Einhaltung ihrer CSR-Codes nicht im Prospekt versprechen. CSR-Codes sind regelmäßig auch nicht Inhalt von Ad-hoc-Mitteilungen. Praktisch verweisen Emittenten vor allem in nichtfinanziellen Erklärungen gem. §§ 289b-e, §§ 315b, c HGB auf von ihnen veröffentlichte Codes. Ein eigener Haftungstatbestand für fehlerhafte nichtfinanzielle Erklärungen existiert allerdings nicht. Die §§ 289b-e, §§ 315b, c HGB selbst stellen auch keine Schutzgesetze i.S.d. § 823 Abs. 2 BGB dar. Eine Haftung für einfach fahrlässige Täuschungen in nichtfinanziellen Erklärungen würde erhebliche Konflikte mit dem haftpflichtrechtlichen Gesamtsystem produzieren. § 823 Abs. 2 BGB greift nur dann, wenn die Veröffentlichung der fehlerhaften nichtfinanziellen Erklärung strafbewährt ist (vgl. § 331 Nr. 1 Var. 3 bzw. 4 HGB) – d.h. bei vorsätzlichem Handeln (§ 15 StGB). CSR-Codes unterfallen schließlich auch nicht dem Prospektbegriff der bürgerlich-rechtlichen Prospekthaftung im eigentlichen Sinn, die zumindest für prospektähnliche Informationsprodukte reserviert bleiben muss.

15. Täuschungen des Kapitalmarkts über die Einhaltung eines CSR-Codes sind sittenwidrig, soweit die versprochene CSR-Maßnahme kursrelevant ist. Welches Verhalten § 826 BGB unterfällt, bestimmt sich funktional. Sittenwidrig ist ein Verhalten zumindest dann, wenn es gegen die spezifischen Mindest- oder Grundanforderungen eines Rechtsgebiets verstößt und wenn sich eine daran anknüpfende Haftung für reine Vermögensschäden angemessen in das deliktische Haftungssystem einpasst. Im Hinblick auf CSR-Codes

ist dies der Fall, wenn die Täuschung die monetären Interessen der Anleger betrifft.

16. Schutzzweck kapitalmarktrechtlicher Täuschungsverbote ist zumindest auch der Schutz des Preisbildungsmechanismus. Ziel des Kapitalmarktrechts ist ein informations- und fundamentalwerteffizienter Markt im Sinne der halbstrengen Variante der *Efficient Capital Market Hypothesis*. Das Kapitalmarktrecht setzt daher Anreize, die darauf hinwirken, dass der Marktpreis zu einem beliebigen Zeitpunkt alle öffentlich verfügbaren Informationen vollständig und richtig widerspiegelt. Insbesondere schützt es bestimmte Händlertypen, die mit ihrem Handel Informationen in den Marktpreis einarbeiten (sog. Informationshändler). Ob diese Händler um ihrer selbst Willen geschützt werden oder lediglich, weil sie dafür sorgen, dass neue Informationen in den Marktpreis eingearbeitet werden, ist für die Forschungsfrage irrelevant. Entscheidend ist, dass ein etwaiger Individualschutz nicht dem Interesse am Schutz des Preisbildungsmechanismus entgegenläuft.

17. Ein Täuschungsverbot, dass sich auf kursrelevante CSR-Informationen bezieht, senkt das Irreführungsrisiko der Informationshändler und ist daher aus kapitalmarktrechtlicher Sicht geboten. Ein Täuschungsverbot für CSR-Informationen, die lediglich die immateriellen Interessen von *social responsible investors* ansprechen, existiert dagegen nicht. Beachten Anleger bei ihrer Investitionsentscheidung auch immaterielle Interessen, können bei hinreichendem Kapitaleinsatz Überbewertungen und daher eine Verschlechterung der Fundamentalwerteffizienz drohen. Die Beachtung ideeller Interessen konfligiert so mit dem Interesse an einem funktionierenden Preisbildungsmechanismus und genießt daher keinen kapitalmarktrechtlichen Schutz.

18. Auf Grundlage der *Infomatec*-Rechtsprechung könnten Anleger bei Täuschungen über die Einhaltung kursrelevanter CSR-Codes wahlweise Ersatz des Kursdifferenzschadens oder Ersatz des Vertragsabschlussschadens verlangen. Wählt ein Anleger Letzteres, müsste ihm der Emittent die fraglichen Wertpapiere abnehmen Zug um Zug gegen Erstattung des Kaufpreises. Voraussetzung ist, dass die Täuschung kausal war für die Investitionsentscheidung des Anlegers sowie vorsätzliches Handeln des Täuschenden. Zu Recht handhabt der BGH das Vorsatzerfordernis großzügig und schließt regelmäßig von objektiv leichtfertigem Verhalten auf den erforderlichen Eventualvorsatz.

19. Diese Rechtsprechung des BGH wird in der Literatur vielfach und zu Recht kritisiert. Insbesondere sollte der Schadensersatz auf den Kursdifferenzschaden beschränkt werden, sobald der Wert der Rückabwicklungslösung die durch die Täuschung verursachte Kursdifferenz übersteigt. Dogmatisch ergibt sich dies aus § 251 Abs. 2 S. 1 BGB. Demnach steht dem Geschädigten lediglich ein Schadensersatzanspruch in Geld zu, wenn die Herstellung nur zu „unverhältnismäßigen" Kosten möglich ist. Die Grenze der Unverhältnismäßigkeit soll grundsätzlich sicherstellen, dass auch die immateriellen Interes-

sen des Geschädigten Beachtung finden. Wenn immaterielle Interessen, wie im Kapitalmarktrecht, aber nicht im Schutzbereich des Haftungstatbestands liegen, müssen sie auch im Rahmen des § 251 Abs. 2 S. 1 BGB außer Betracht bleiben. Unverhältnismäßig ist dann jede Kompensation, die den wirtschaftlichen Schaden des Anlegers übersteigt. Richtigerweise sollte zudem auch im Rahmen des § 826 BGB keine Transaktionskausalität gefordert werden, wenn lediglich der Kursdifferenzschaden ersetzt verlangt wird.

20. So verstanden ist eine auf §§ 826, 31 BGB gestützte Haftung für die Veröffentlichung täuschender CSR-Codes am Kapitalmarktrecht durchaus angemessen. Zwar wäre aus funktionaler Sicht eine Haftung bereits bei grober Fahrlässigkeit vorzugswürdig. Sie würde einen angemessenen Ausgleich schaffen zwischen dem Interesse des Kapitalmarkts, überhaupt konkrete Informationen über die CSR-Politik der Emittenten zu erhalten, und dem Interesse, dass diese auch richtig sind. Kurz: zwischen Informations- und Richtigkeitsanreizen. Legt man das großzügige Verständnis des BGH zugrunde und erkennt an, dass Emittenten auch den Unterschied zwischen grober Fahrlässigkeit und Eventualvorsatz praktisch nicht rechtssicher vorhersagen können und daher einen „Sicherheitsabstand" einplanen, dürfte eine Haftung aus § 826 BGB dem genannten Ziel aber relativ nah kommen.

21. Neben dieses Haftungssystem treten die lauterkeitsrechtlichen Rechtsfolgen. Auch CSR-bezogene Täuschungen des Kapitalmarkts können eine Irreführung i.S.d. § 5 Abs. 1 UWG darstellen. Individuelle Ansprüche des Anlegerpublikums ergeben sich daraus allerdings nicht.

§ 4 Haftung gegenüber Abnehmern

22. Unternehmen veröffentlichen CSR-Codes nicht zuletzt, weil diesen eine Werbewirkung am Absatzmarkt zukommt. Angesprochen werden Abnehmer, die eine Präferenz für Produkte von Unternehmen mit einer für sie hinreichenden CSR-Politik haben, aber auch ordinäre Abnehmer, die sich nicht für Nachhaltigkeitsfragen interessieren. CSR-Codes kann nämlich eine gewisse Signalwirkung für die Qualität der von einem Unternehmen angebotenen Waren und Dienstleistungen zugeschrieben werden. Dies beruht auf der Annahme, dass sich nur Unternehmen, die qualitativ hochwertige Produkte anbieten, verhältnismäßig teure CSR-Maßnahmen leisten können. Unternehmen mögen zudem hoffen, dass Abnehmer auch dann von einer guten sozialen Performance auf eine hohe Produktqualität schließen, wenn dies eigentlich nicht angezeigt wäre (sog. *Halo*-Effekt). Insbesondere aus Sicht unternehmerischer Abnehmer mag man ein Interesse an der eigenen Reputation ergänzen. CSR-Codes enthalten regelmäßig die Verpflichtung, die selbst gesetzten Ziele auch entlang der Lieferkette sicherzustellen. Will ein Unternehmen mit einem Abnehmer ins Geschäft kommen, der an einen solchen Code gebunden

ist, muss es regelmäßig die Nachhaltigkeitsanforderungen des Abnehmers erfüllen.

23. Für Verstöße gegen einen CSR-Code haftet ein Unternehmen seinen Abnehmern ausschließlich, wenn die Einhaltung konkret vertraglich versprochen war. Wird der Code, wie üblich und in der Arbeit vorausgesetzt, lediglich auf der Unternehmenswebseite veröffentlicht, scheidet eine Zuwiderhandlungshaftung mangels rechtsgeschäftlicher Vereinbarung aus.

24. Anderes ergibt sich auch nicht aus § 434 Abs. 1 S. 3 BGB, der die geschuldete übliche Beschaffenheit der Kaufsache um solche Beschaffenheitsmerkmale erweitert, die der Käufer aufgrund der öffentlichen Aussagen des Verkäufers sowie qualifizierter Dritter erwarten darf. Typische, d.h. unternehmensbezogene oder produktbezogene, aber prozessorientierte CSR-Codes beziehen sich nicht auf die Beschaffenheit der Kaufsache. Zwar ist ein weiter Beschaffenheitsbegriff grundsätzlich vorzugswürdig. Erforderlich ist aber zumindest, dass sich das Versprechen des Verkäufers oder Herstellers auf die Sache selbst bezieht. Bei typischen CSR-Codes ist diese Grenze nicht überschritten, weil sie losgelöst von der einzelnen Kaufsache das Unternehmenshandeln als Ganzes im Sinn haben oder Bemühungszusagen enthalten, die dem grundsätzlich erfolgsorientierten Kaufrecht fremd sind.

25. Die Grenze des Beschaffenheitsbegriffs lässt sich auch nicht über den Auslegungsmaßstab erweitern. Insbesondere lässt sich nicht einwenden, typische Abnehmer könnten nicht hinreichend zwischen den verschiedenen Arten von CSR-Codes unterscheiden. Welche Beschaffenheit der Verkäufer schuldet, bestimmt sich nach §§ 133, 157 BGB. Ob dieser Maßstab in b2c-Konstellation durch das europäische Verbraucherleitbild verdrängt wird, kann dahinstehen, weil sich beide Leitbilder nur marginal unterscheiden. Beide Leitbilder stellen an die Rezipienten von kommerzieller Kommunikation erhebliche Anforderungen. Dass ein solcher Musteradressat den Unterschied zwischen unternehmens- und produktbezogenen bzw. zwischen prozess- und erfolgsorientierten Versprechen erkennt, ist kaum zu bezweifeln.

26. Für CSR-bezogene Täuschungen haften Anbieter wie Hersteller einzelnen Abnehmern gem. §§ 826, 31 BGB. Ebenso wie am Kapitalmarkt ist eine solche Haftung funktional angemessen. Im Verhältnis Anbieter-Abnehmer kommt zudem eine Anfechtung wegen arglistiger Täuschung nach § 123 BGB in Betracht. Erforderlich ist in beiden Fällen, dass dem CSR-Code ein Mindestmaß an konkreten Handlungsvorgaben zu entnehmen ist.

27. Eine Beschränkung des Täuschungsverbots auf monetäre Interessen ist am Markt für Waren und Dienstleistungen aber nicht angezeigt. Im Hinblick auf eine effiziente Güterallokation ist es irrelevant, ob die Abnehmer ein Gut aus monetären oder ideellen Interessen präferieren. Entscheidend ist lediglich, dass knappe Güter diejenigen erreichen, die sie am meisten schätzen. Am Markt für Waren- und Dienstleistungen besteht darüber hinaus kein dem Kapitalmarkt vergleichbarer effizienter Preisbildungsmechanismus, der eine

andere Entscheidung nahelegen würde. Auch einer Beschränkung auf den durch die Täuschung verursachten Differenzschaden bedarf es am Markt für Waren und Dienstleistungen nicht.

28. § 826 wie § 123 BGB verlangen eine vorsätzliche Täuschung, wobei großzügig gehandhabter Eventualvorsatz hinreicht. Erforderlich ist zudem, dass die Täuschung für den Vertragsschluss zumindest mitursächlich war. Von diesem Kriterium ist zum Schutz vor opportunistischem Abnehmerverhalten auch nicht abzurücken. Geschützt ist die geschäftliche Entscheidungsfreiheit, ein allgemeines Reurecht vermitteln weder § 826 noch § 123 BGB. Prozessual ist in Anlehnung an das Kapitalmarktrecht aber auf die Möglichkeit einer Parteivernehmung von Amts wegen hinzuweisen (§ 448 ZPO). Um das Täuschungsverbot nicht leerlaufen zu lassen, sollte es dafür genügen, wenn der Abnehmer darlegen kann, auch bei anderen Nachfrageentscheidungen Nachhaltigkeitsthemen (mit-)zubeachten.

29. Eine Haftung aus c.i.c. (§ 311 Abs. 2 bzw. 3 BGB) kommt daneben regelmäßig nicht in Betracht. Dies gilt sowohl im Zwei-Personen-Verhältnis zwischen Anbieter und Abnehmer als auch im Drei-Personen-Verhältnis zwischen Hersteller und Abnehmer. Generell unterfallen typische CSR-Codes, die lediglich auf der Unternehmenswebseite veröffentlicht werden, dem Schutzbereich der c.i.c. nicht. Dieser ist vor dem Hintergrund der gesetzgeberischen Entscheidung für eine Diskriminierung reiner Vermögensschäden zu bestimmen. Und: Je weiter der Schutzbereich der c.i.c. gezogen wird, desto eher wird diese Entscheidung unterlaufen. Eine sinnvolle Grenzziehung lässt sich bei Publikumssprachen erreichen, indem man eine hinreichend konkrete Verbindung der öffentlichen Äußerung mit dem zu schließenden Vertrag fordert. Wenn eine Werbeannonce etwa Teile des Verkaufsgesprächs vorwegnimmt, spricht viel dafür, diese eher an vertraglichen als deliktischen Maßstäben zu messen. Bei typischen, d.h. unternehmensbezogenen oder produktbezogenen, aber prozessorientierten Codes ist diese Grenze regelmäßig überschritten.

30. Wesentliches Steuerungsinstrument im Hinblick auf CSR-Codes ist schließlich das Lauterkeitsrecht. Auch das Lauterkeitsrecht schützt die geschäftliche Entscheidungsfreiheit der Abnehmer umfassend. Ideelle Motive sind ebenso umfasst wie monetäre. Schutzgut des Lauterkeitsrechts ist der Wettbewerb selbst. Dieser kann seine volkswirtschaftliche Funktion nur erfüllen, wenn es den einzelnen Akteuren freisteht, auf welche Parameter sie ihre Entscheidung stützen.

31. Unrichtige CSR-Codes aller Couleur unterfallen demnach dem lauterkeitsrechtlichen Irreführungsverbot aus § 5 Abs. 1 UWG. Ob ein CSR-Code tatsächlich irreführend ist, ist im Einzelfall zu entscheiden. Maßgeblich ist nach Ansicht des BGH, ob etwa 25 bis 33 % des angesprochenen Verkehrskreises durch eine geschäftliche Angabe getäuscht wurden, wobei das Ver-

kehrskreisverständnis deskriptiv durch richterliche Eigenfeststellung zu ermitteln ist.

32. Im Hinblick auf CSR-Codes ist vor allem deren mitunter schlechter Ruf problematisch. Erkennen die Abnehmer Greenwashing als solches, greift das Irreführungsverbot nicht. Die erkannte Lüge ist auch lauterkeitsrechtlich nicht relevant. Wie viel Glauben die Abnehmerschaft CSR-bezogenen Versprechen schenkt, lässt sich allgemein kaum beantworten. Die ökonomische Forschung hat aber Kriterien herausgearbeitet, die das Vertrauen der Abnehmer in CSR-Maßnahmen erhöhen und die Fingerzeig für die gerichtliche Entscheidung sein könnten. Und: Regelmäßig dürften bei CSR-Strategien, die nicht gänzlich unbedeutend sind, derartige Seriösitätsindizien vorliegen.

33. Entscheidende Hürde für das Irreführungsverbot ist das Relevanzkriterium. Das lauterkeitsrechtliche Rechtsfolgenregime greift nur dann ein, wenn die Funktionalität des Wettbewerbs gefährdet ist, wenn also hinreichend viele Marktteilnehmer CSR-Belange bei ihrer Nachfrageentscheidung beachten. Hier wie bei der Frage nach der Irreführung sind der Maßstab alle potentiellen Abnehmer der beworbenen Produkte. Eine Beschränkung des relevanten Verkehrskreises lediglich auf sozial verantwortliche Abnehmer ist regelmäßig nicht angezeigt.

34. Maßgeblich für die Relevanzprüfung ist allein das tatsächliche Abnehmerverhalten; normative Erwägungen spielen keine Rolle. Die Relevanz von CSR-Codes ist wiederum in jedem Einzelfall gesondert festzustellen und kann nicht durch den Hinweis auf ein (vermeintlich) gestiegenes Nachhaltigkeitsempfinden ersetzt werden. Einen Hinweis mag mitunter aber die Marktentwicklung geben: Lässt sich ein eigener Preis für die jeweilige CSR-Maßnahme ermitteln, ist das Merkmal lauterkeitsrechtlich relevant. Gleichzeitig dürfte es erheblich gegen die lauterkeitsrechtliche Relevanz streiten, wenn Preis und Absatzzahlen einer Ware oder Dienstleistung auch nach der Aufdeckung von CSR-Verstößen stabil bleiben.

35. Über die Beeinflussung des Nachfrageverhaltens hinaus kann sich die Relevanz mitunter auch aus Mitbewerbergesichtspunkten ergeben: Werden deren CSR-Strategien durch CSR-bezogene Täuschungen ihrer Konkurrenten konterkariert, kann dies den Wettbewerb auch dann beeinträchtigen, wenn die Täuschung für keine geschäftliche Entscheidung der Abnehmer mitursächlich war.

35. Rechtsfolge von Verstößen gegen das lauterkeitsrechtliche Irreführungsverbot sind insbesondere verschuldensunabhängige Unterlassens- und Beseitigungsansprüche, die Mitbewerber, Interessenverbände und Kammern geltend machen können. Grundsätzlich kommen auch Schadensersatz und Gewinnabschöpfungsansprüche in Betracht, die aber Fahrlässigkeit bzw. Vorsatz voraussetzen. Individuellen Abnehmern stehen keine Ansprüche zu; das Irreführungsverbot ist auch nicht Schutzgesetz i.S.d. § 823 Abs. 2 BGB. Lauterkeitsrecht ist Marktverhaltensrecht, das die Interessen der Abnehmer

lediglich kollektiv im Blick hat. Schutzzweck des UWG ist ein funktionierender Wettbewerb – hier: ein funktionierender Wettbewerb um CSR.

Literaturverzeichnis

Adolff, Johannes: Unternehmensbewertung im Recht der börsennotierten Aktiengesellschaft, München 2007
Aguinis, Herman/Glavas, Ante: What We Know and Don't Know About Corporate Social Responsibility: A Review and Research Agenda, J. Manag. 38 (2012), 932–968
Ahrens, Hans-Jürgen: Verwirrtheiten juristischer Verkehrskreise zum Verbraucherleitbild einer „normativen" Verkehrsauffassung, WRP 2000, 812–816
Akerlof, George A.: The Market for ‚Lemons': Quality Uncertainty and the Market Mechanism, Q. J. Econ. 84 (1970), 488–500
Alexander, Christian: Vertrag und unlauterer Wettbewerb, Berlin 2002
–: Verhaltenskodizes im europäischen und deutschen Lauterkeitsrecht, GRUR-Int. 2012, 965–973
Alexander, Janet Cooper: Rethinking Damages in Securities Class Actions, Stan. L. Rev. 48 (1996), 1487–1537
Amtenbrink, Fabian/Schneider, Claudia: Europäische Vorgaben für ein neues Kaufrecht und deutsche Schuldrechtsreform, VuR 1999, 293–301
Ananiadis, Antonios: Die Auslegung von Tarifverträgen: Ein Beitrag zur Auslegungstypologie zwischen Vertrag und Gesetz, Berlin 1974
Andreoni, James: Giving with Impure Altruism: Applications to Charity and Ricardian Equivalence, J. Pol. Econ. 97 (1989), 1447–1458
Arnold, Stefan: Die arglistige Täuschung im BGB, JuS 2013, 865–870
Asmussen, Sven: Haftung für unwahre Aussagen über Nachhaltigkeitskodizes vor Abschluss eines Kaufvertrags, NJW 2017, 118–123
van den Assem, Martijn J./van Dolder, Dennie/Thaler, Richard H.: Split or Steal? Cooperative Behavior When the Stake Are Large, Manag. Sci. 58 (2012), 2–20
Assmann, Heinz-Dieter: Prospekthaftung als Haftung für die Verletzung kapitalmarktbezogener Informationsverkehrspflichten nach deutschem und US-amerikanischem Recht, Köln 1985
–: Konzeptionelle Grundlagen des Anlegerschutzes, ZBB 1989, 49–63
–: Entwicklungslinien und Entwicklungsperspektiven der Prospekthaftung, in: Assmann/Brinkmann, Thomas/Gounalakis, Georgois/Kohl, Helmut/Walz, Rainer (Hrsg.), Wirtschafts- und Medienrecht in der offenen Demokratie, Freundesgabe für Friedrich Kübler zum 65. Geburtstag, Heidelberg 1997, S. 317–354
–/*Schlitt, Michael/von Kopp-Colomb, Wolf:* Wertpapierprospektgesetz, Vermögensanlagegesetz, 3. Auflage, Köln 2017 (zitiert als: Assmann/Schlitt/v. Kopp-Colomb/*Bearbeiter*)
–/*Schneider, Uwe H.:* Wertpapierhandelsgesetz – Kommentar, 6. Auflage, Köln 2012 (zitiert als: Assmann/Schneider/*Bearbeiter*, 6. Aufl.)
–/*Schneider, Uwe H./Mülbert, Peter O.* (Hrsg.): Wertpapierhandelsrecht, 7. Auflage, Köln 2019 (zitiert als: Assmann/Schneider/Mülbert/*Bearbeiter*)

–/Schütze, Rolf A.: Handbuch des Kapitalanlagerechts, 4. Auflage, München 2015
Augenhofer, Susanne: Individualrechtliche Ansprüche des Verbrauchers bei unlauterem Wettbewerbsverhalten des Unternehmers, WRP 2006, 169–178
–: Liability Issues in Relation to Corporate Social Responsibility – German Report, in: Kobel, Pierre/Këllezi, Pranvera/Kilpatrick, Bruce (Hrsg.), Antitrust in the Groceries Sector & Liability Issues in Relation to Corporate Social Responsibility, Berlin/Heidelberg 2015, S. 507–529
–: Die Reform des Verbraucherrechts durch den „New Deal" – ein Schritt zu einer effektiven Rechtsdurchsetzung, EuZW 2019, 5–13
Augsberg, Steffen: Rechtsetzung zwischen Staat und Gesellschaft, Berlin 2003
Augsburger, Matthias: Lauterkeitsrechtliche Beurteilung von Corporate Responsibility Codes, MMR 2014, 427–431
Aupperle, Kenneth E./Carroll, Archie B./Hatfield, John D.: An Empirical Examination of the Relationship between Corporate Social Responsibility and Profitability, Acad. Manag. J 28 (1985), 446–463
Ayres, Ian: Back to *Basic*s: Regulating How Corporations Speak to the Market, Va. L. Rev. 77 (1991), 945–999
Bachmann, Gregor: Der „Deutsche Corporate Governance Kodex": Rechtswirkungen und Haftungsrisiken, WM 2002, 2137–2143
–: Private Ordnung, Tübingen 2006
–: Möglichkeiten und Grenzen einer bürgerlich-rechtlichen Informationshaftung, in: Bachmann/Casper, Matthias/Schäfer, Carsten/Veil, Rüdiger (Hrsg.), Steuerungsfunktionen des Haftungsrechts im Gesellschafts- und Kapitalmarktrecht, Baden-Baden 2007, S. 93–148
–: CSR-bezogene Vorstands- und Aufsichtsratspflichten und ihre Sanktionierung, ZGR 2008, 231–261
–: Anmerkung zum Urteil des BGH vom 13.12.2011, Az.: XI ZR 51/10, JZ 2012, 578–582
Bagehot, Walter: The Only Game in Town, Financ. Anal. J. 27 (2) (1971), 12–14, 22
Bagnioli, Mark/Watts, Susan G.: Selling to Socially Responsible Consumers: Competition and The Private Provision of Public Goods, J. Econ. & Manag. Strat. 12 (2003), 419–445
Bahntje, Udo: Gentlemen's Agreement und abgestimmtes Verhalten, Diss. Berlin 1981
de Bakker, Frank G. A./Groenewegen, Peter/den Hond, Frank: A Bibliometric Analysis of 30 Years of Research and Theory on Corporate Social Responsibility and Corporate Social Performance, Bus. & Society 44 (2005), 283–317
Baksi, Soham/Bose, Pinaki: Credence Goods, Efficient Labelling Policies, and Regulatory Enforcement, Environ. Resour. Econ. 37 (2007), 411–430
Balitzki, Anja: Werbung mit ökologischen Selbstverpflichtungen, GRUR 2013, 670–675
Bank, Matthias/Baumann, Ralf H.: Market efficiency under ad hoc information: evidence from Germany, Financ. Mark. Portf. Manag. 29 (2015), 173–206
von Bar, Christian: Verkehrspflichten: Richterliche Gefahrsteuerungsgebote im deutschen Deliktsrecht, Köln 1980
–: Deliktsrecht, Empfiehlt es sich, die Voraussetzungen der Haftung für unerlaubte Handlungen mit Rücksicht auf die gewandelte Rechtswirklichkeit und die Entwicklungen in Rechtsprechung und Lehre neu zu ordnen? Wäre es insbesondere zweckmäßig, die Grundtatbestände der §§ 823 Absätze 1 und 2, § 826 BGB zu erweitern oder zu ergänzen?, in: Bundesminister der Justiz (Hrsg.), Gutachten und Vorschläge zur Überarbeitung des Schuldrechts, Band II, Köln 1981, S. 1681–1778

Barnett, Michael L.: Finding a Working Balance Between Competitive and Communal Strategies, J. Manag. Stud. 43 (2006), 1753–1773
–/Hoffman, Andrew J.: Beyond Corporate Reputation: Managing Reputational Interdependence, Corp. Reputation Rev. 11 (2008), 1–9
–/King, Andrew A.: Good Fences Make Good Neighbors: A Longitudinal Analysis of an Industry Self-Regulatory Institution, Acad. Manag. J 51 (2008), 1150–1170
Baron, David P.: Private Politics, Corporate Social Responsibility, and Integrated Strategy, J. Econ. & Manag. Strat. 10 (2001), 7–45
Baron, Reuben M./Kenny, David A.: The Moderator–Mediator Variable Distinction in Social Psychological Research: Conceptual, strategic, and statistical considerations, J. Pers. & Soc. Psychol. 54 (1986), 1173–1182
Baum, Marcus: Wissenszurechnung, Berlin 1999
Baumbach, Adolf/Hefermehl, Wolfgang: Wettbewerbsrecht, 20. Auflage, München 1998
–/Hopt, Klaus J.: Handelsgesetzbuch, 38. Auflage, München 2018 (zitiert als: Baumbach/Hopt/*Bearbeiter*)
Baumert, Georg: Tatbestand und Haftungsmaßstab der einzelnen Pflichten bei der culpa in contrahendo, Berlin 1955
Baums, Theodor: Haftung wegen Falschinformation des Sekundärmarktes, ZHR 167 (2003), 139–192
Bayer, Walter: Der Vertrag zugunsten Dritter: Neuere Dogmengeschichte – Anwendungsbereich – Dogmatische Strukturen, Tübingen 1995
Bealy, Diana J./Goyen, Michelle/Philips, Peter: Why Do We Invest Ethically?, J. Invest. 14 (3) (2005), 66–78
Beater, Axel: Verbraucherschutz und Schutzzweckdenken im Wettbewerbsrecht, Tübingen 2000
–: Verbraucherverhalten und Wettbewerbsrecht, in: Keller, Erhard/Plassmann, Clemens/von Falck, Andreas (Hrsg.), Festschrift für Winfried Tilmann zum 65. Geburtstag, Köln 2003, S. 87–104
–: Unlauterer Wettbewerb, 2. Auflage, Tübingen 2011
–: Allgemeininteressen und UWG, WRP 2012, 6–17
Beck, Wolf: Verhaltenskodizes im Lauterkeitsrecht: Zur Frage der Unzulässigkeit von Verstößen gegen Verhaltenskodizes und von sonstigen Verhaltensweisen im Zusammenhang mit Verhaltenskodizes nach dem UWG, Göttingen 2015
Beck'scher Online-Kommentar: BeckOK BGB, Hrsg.: Bamberger, Georg/Roth, Herbert/Hau, Wolfgang/Poseck, Roman, 49. Edition, München (zitiert als: BeckOK-BGB/*Bearbeiter*)
Beck'scher Online-Großkommentar: beck-online.GROSSKOMMENTAR Zivilrecht – BGB, GesamtHrsg.: Gsell, Beate/Krüger, Wolfgang/Lorenz, Stephan/Reymann, Christoph, München 2019 (zitiert als: BeckOGK-BGB/*Bearbeiter*)
Becker, Gary S.: A Theory of Social Interaction, J. Political Econ. 82 (1974), 1063–1093
–: The Economic Way of Looking at Life, Coase-Sandor Institute for Law & Economics Working Paper No. 12, 1993, abrufbar unter: https://chicagounbound.uchicago.edu/cgi/viewcontent.cgi?article=1509&context=law_and_economics
Beckers, Anna: Enforcing Corporate Social Responsibility Codes, Oxford/Portland 2015
Beckmann, Markus/Pies, Ingo: Freiheit durch Bindung – Zur ökonomischen Logik von Verhaltenskodizes, ZfbF 59 (2007), 615–645
Ben-Shahar, Omri/Strahilevitz, Lior Jacob: Interpreting Contracts via Surveys and Experiments, N.Y.U. L. Rev. 95 (2017), 1753–1827

Bénabou, Roland/Tirole, Jean: Individual and Corporate Social Responsibility, Economica 77 (2010), 1–19
Berg, Stefan/Stöcker, Mathias: Anwendungs- und Haftungsfragen zum Deutschen Corporate Governance Kodex, WM 2002, 1569–1582
Berger, Christian: Der Beschaffenheitsbegriff des § 434 I BGB, JZ 2004, 276–283
Bernatzi, Shlomo/Thaler, Richard H.: Myopic Loss Aversion and the Equity Premium Puzzle, Q. J. Econ. 110 (1995), 73–92
Bernreuther, Friedrich: Sachmangelhaftung und Werbung, MDR 2003, 63–68
Bertelsmann Stiftung: Die gesellschaftliche Verantwortung von Unternehmen – Dokumentation der Ergebnisse einer Unternehmensbefragung der Bertelsmann Stiftung, Gütersloh 2005
Besley, Timothy/Ghatak, Maitreesh: Competition and Incentives with Motivated Agents, Am. Econ. Rev. 95 (2005), 616–636
–/–: Retailing Public Goods: The Economics of Corporate Social Responsibility, J. Publ. Econ. 91 (2007), 1645–1663
Béthoux, Èlodie/Didry, Claude/Mias, Arnaud: What Codes of Conduct Tell Us: corporate social responsibility and the nature of the multinational corporation, Corp. Governannce 15 (2007), 77–90
Birk, Axel: Corporate Responsibility, unternehmerische Selbstverpflichtungen und unlauterer Wettbewerb, GRUR 2011, 196–203
Bishop, William: Economic Loss in Tort, Oxford J. Legal Stud. 2 (1982), 1–29
Black, Bernard S.: The Legal and Institutional Preconditions for Strong Securities Markets, UCLA L. Rev. 48 (2001), 781–855
Booth, Richard A.: Index Funds and Securities Fraud Litigation, S. C. L. Rev. 64 (2012), 265–321
–: The End of the Securities Fraud Class Action as We Know It, Berkeley Bus. L.J. 4 (2007), 1–36
Bork, Reinhard: Allgemeiner Teil des Bürgerlichen Gesetzbuchs, 4. Auflage, Tübingen 2016
–/*Schäfer, Carsten:* Kommentar zum GmbHG, 3. Auflage, Köln 2015
Boujong, Karlheinz/Ebenroth, Carsten Thomas/Joost, Detlev/Strohn, Lutz (Hrsg.): Handelsgesetzbuch, 3. Auflage, München 2014 (zitiert als: Ebenroth/Boujong/Jost/Strohn/*Bearbeiter*)
Bowen, Howard R.: Social Responsibilities of the Businessman, New York 1953
Brammer, Stephen/Jackson, Gregory/Matten, Dirk: Corporate Social Responsibility and Institutional Theory: New Perspectives on Private Governance, Socio-Econ. Rev. 10 (2012), 3–28
Brandner, Hans Erich: Die Umstände des einzelnen Falls bei der Auslegung und Beurteilung von allgemeinen Geschäftsbedingungen, AcP 162 (1963), 237–264
Bratton, William W./Wachter, Michael L.: The Political Economy of Fraud on the Market, U. Penn. L. Rev. 160 (2011), 69–168
Brellochs, Michael: Publizität und Haftung von Aktiengesellschaften, München 2005
Brooks, Leonard J.: Corporate Codes of Ethics, J. Bus. Ethics 8 (1989), 117–129
Brunk, Bastian: Nichtfinanzielle Berichterstattung und Organverantwortung – Erweitert die Umsetzung der CSR-Richtlinie die Haftungsrisiken für Gesellschaftsorgane, in: Krajewski, Markus/Saage-Maaß, Miriam (Hrsg.), Die Durchsetzung menschenrechtlicher Sorgfaltspflichten von Unternehmen, Baden-Baden 2018, S. 165–201
Buchmann, Robert D.: Das KAG als Anspruchsgegnerin der bürgerlich-rechtlichen Prospekthaftung, AG-Report 2012, R-109–R-110

Buck, Petra: Wissen und juristische Person, Tübingen 2001
Buck-Heeb, Petra: Kapitalmarktrecht, 10. Auflage, Heidelberg 2019
–/*Dieckmann, Andreas:* Informationsdeliktshaftung von Vorstandsmitgliedern und Emittenten, AG 2008, 681–691
–/–: Selbstregulierung im Privatrecht, Tübingen 2010
Busch, Christoph: Informationspflichten im Wettbewerbs- und Vertragsrecht, Tübingen 2008
Byrne, Patrick J./Toensmeyer, Ulrich C./German, Carl L./Muller, H. Reed: Analysis of Consumer Attitudes Toward Organic Produce and Purchase Likelihood, J. Food Dist. Res. 22 (1991), 49–62
von Caemmerer, Ernst: „Mortus redhibetur". Bemerkungen zu den Urteilen BGHZ 53 144 und 57, 137, in: Paulus, Gotthard/Diederichsen, Uwe/Canaris, Claus-Wilhelm (Hrsg.), Festschrift für Karl Larenz zum 70. Geburtstag, München 1973, S. 621–642 (zitiert als: FS-Larenz I)
Callmann, Rudolf: Anmerkung zu RG JW 1929, 3072, JW 1929, 3072
Canaris, Claus-Wilhelm: Die Vertrauenshaftung im deutschen Privatrecht, München 1971
–: Schutzgesetzte – Verkehrspflichten – Schutzpflichten, in: ders./Diederichsen, Uwe (Hrsg.), Festschrift für Karl Larenz zum 80. Geburtstag, 1983, S. 27–110 (zitiert als: FS-Larenz II)
–: Die Reichweite der Expertenhaftung gegenüber Dritten, ZHR 163 (1999), 206–245
–: Wandlungen des Schuldvertragsrechts. Tendenzen zu einer „Materialisierung", AcP 200 (2000), 273–364
–: Die Neuregelung des Leistungsstörungs- und des Kaufrechts – Grundstrukturen und Problemschwerpunkte, Karlsr. Forum 2002, 5–100
Carroll, Archie B.: A Three-Dimensional Conceptual Model of Corporate Performance, Acad. Manag. Rev. 4 (1979), 497–505
–: The Pyramid of Corporate Social Responsibility: Toward the Moral Management of Organizational Stakeholders, Bus. Horizons 34 (1991), 39–48
–: Corporate Social Responsibility – Evolution of a Definitional Construct, Bus. & Society 38 (1999), 268–295
–: A History of Corporate Social Responsibility: Concepts and Practices, in: Crane, Andrew/McWilliams, Abagail/Matten, Dirk/Moon, Jeremy/Siegel, Donald S. (Hrsg.), The Oxford Handbook of Corporate Social Responsibility, Oxford 2008, S. 19–46
Casper, Matthias: Haftung für fehlerhafte Information des Kapitalmarktes, Der Konzern 2006, 32–39
Cheney, George/Roper, Juliet/May, Steven K.: Overview, in: dies. (Hrsg.), The Debate over Corporate Social Responsibility, Oxford/New York 2007, S. 3–15
Clark, J. Maurice: The Changing Basis of Economic Responsibility, J. Pol. Econ. 24 (1916), 209–229
Cochran Philip L./Wood, Robert A.: Corporate Social Responsibility and Financial Performance, Acad. Manag. J. 27 (1984), 42–56
Coester-Waltjen, Dagmar: Die fehlerhafte Willenserklärung, Jura 1990, 362–368
Coffee, John C., Jr.: Market Failure and the Economic Case for a Mandatory Disclosure System, Va. L. Rev. 70 (1984), 717–753
–: Causation by Presumption? Why the Supreme Court Should Reject Phantom Losses and Reverse Broudo, Bus. Law. 60 (2005), 533–548
Coing, Helmut: Zur Auslegung der Verträge von Personengesellschaften, ZGR 1978, 659–677

–: Haftung aus Prospektwerbung für Kapitalanlagen in der neueren Rechtsprechung des Bundesgerichtshofes, WM 1980, 206–213

Collins, Hugh: Conformity of Goods, the Network Society, and the Ethical Consumer, ERPL 22 (2014), 619–640

Comes, Heinrich: Der rechtsfreie Raum, Berlin 1976

Copeland, Thomas E./Galai Dan: Information Effects on the Bid-Ask Spread, J. Finance 38 (1983), 1457–1469

Crane, Andrew: Meeting the Ethical Gaze: Challenges for Orientating to the Ethical Market, in: Harrison, Rob/Newholm,Terry/Shaw, Deirdre (Hrsg.), The Ethical Consumer, London/Thousand Oaks/New Delhi 2005, S. 219–232

–/*McWilliams, Abagail/Matten, Dirk/Moon, Jeremy/Siegel, Donald S.:* The Corporate Social Responsibility Agenda, in: dies. (Hrsg.), The Oxford Handbook of Corporate Social Responsibility, Oxford 2008, S. 3–18

Cremer, Wolfram/Ostermann, Gregor-Julius: Vorgaben für ein Verbraucherleitbild aus den Grundfreiheiten des AEUV und der EU-Grundrechtecharta, in: Klinck, Fabian/Riesenhuber, Karl (Hrsg.), Verbraucherleitbilder – Interdisziplinäre und Europäische Perspektiven, Berlin 2015, S. 81–114

Cullis, John G./Lewis, Alan/Winnett, Adrian: Paying To Be Good? U.K. Ethical Investments, KYKLOS 45 (1992), 3–24

Damm, Reinhard: Privatautonomie und Verbraucherschutz – Legalstruktur und Realstruktur von Autonomiekonzepten,VersR 1999, 129–141

Darby, Michael R./Karni, Edi: Free Competition and Optimal Amount of Fraud, J. L. & Econ. 16 (1973), 67–84

Davis, Angela K./Guenther, David A./Krull, Linda K./Williams, Brian M.: Do Socially Responsible Firms Pay More Taxes?, Acct. Rev 91 (2016), 47–68

Davis, Keith: The Case for and against Business Assumption of Social Responsibilities, Acad. Manag. J. 16 (1973), 312–322

Dawson, Na Li/Segerson, Kathleen: Voluntary Agreements with Industries: Participation Incentives with Industry-Wide Targets, Land Econ. 84 (2008), 97–114

De Long, Bradford/Shleifer, Andrei/Summers, Lawrence H./Waldmann, Robert J.: Noise Trader Risk in Financial Markets, J. Pol. Econ. 98 (1990), 703–738

Denkinger, Fleur: Der Verbraucherbegriff: Eine Analyse persönlicher Geltungsbereiche von verbraucherrechtlichen Schutzvorschriften in Europa, Berlin 2007

Deumes, Rogier: Corporate Risk Reporting: A Content Analysis of Narrative Risk Disclosures in Prospectuses, J. Bus. Comm. 45 (2008), 120–157

Deutsch, Erwin: Allgemeines Haftungsrecht, 2. Auflage, Köln/Berlin/Bonn/München 1996

Deutscher Anwaltverein durch den Ausschuss Handelsrecht (DAV): Stellungnahme zu den Vorschlägen der Regierungskommission Deutscher Corporate Governance Kodex zu Kodexanpassungen und Änderungen für 2017, NZG 2017, 57–60

Dhaliwal, Dan S./Li, Oliver Zhen/Tsang, Albert/Yang, Yong George: Voluntary Nonfinancial Disclosure and the Cost of Equity Capital: The Inflation of Corporate Social Responsibility Reporting, Acct. Rev. 86 (2011), 59–100

Diamond, Douglas W.: Optimal Release of Information by Firms, J. Fin. 40 (1985), 1071–1094

Diller, Hermann: Der Preis als Qualitätsindikator, DBW 1977, 219–234

Dilling, Olaf: Die Produktionsbedingung als Produkteigenschaft – Ein Fallbeispiel für die Haftung bei Werbung mit ethischen Produktionsstandards nach der Schuldrechtsreform, in: Gerd Winter (Hrsg.), Die Umweltverantwortung multinationaler Unternehmen, Baden-Baden 2005, S. 283–313

Dirigo, Alexander: Haftung für fehlerhafte Ad-hoc-Publizität, Berlin 2011

Drexl, Josef: Die wirtschaftliche Selbstbestimmung des Verbrauchers – Eine Studie zum Privat- und Wirtschaftsrecht unter Berücksichtigung gemeinschaftsrechtlicher Bezüge, Tübingen 1998

Dreyer, Gunda: Verhaltenskodizes im Referentenentwurf eines Ersten Gesetzes zur Änderung des Gesetzes über den unlauteren Wettbewerb, WRP 2007, 1294–1302

Duhigg, Charles/Barboza, David: In China, Human Costs Are Built Into an iPad, The New York Times v. 26.01.2012, S. A1

Dühn, Matthias: Schadensersatzhaftung börsennotierter Aktiengesellschaften für fehlerhafte Kapitalmarktinformation, Frankfurt 2003

Duivenvoorde, Bram B.: The Consumer Benchmarks in the Unfair Commercial Directive, Cham 2016

Dulleck, Uwe/Kerschbamer, Rudolf: On Doctors, Mechanics and Computer Specialists: The Economics of Credence Goods, J. Econ. Lit. 44 (2006), 5–42

–/–/*Sutter, Matthias:* The Economics of Credence Goods: An Experiment on the Role of Liability, Verifiability, Reputation and Competition, Am. Econ. Rev. 101 (2011), 526–555

Duong Dinh, Hai Van: Corporate Social Responsibility – Determinanten der Wahrnehmung Wirkprozesse und Konsequenzen, Wiesbaden 2011

de la Durantaye, Katharina: Erklärung und Wille, Tübingen, im Erscheinen (voraussichtlich 2020)

Duve, Christian/Basak, Denis: Welche Zukunft hat die Organaußenhaftung für Kapitalmarktinformationen?, BB 2005, 2645–2651

Easterbrook, Frank H./Fischel, Daniel R.: Optimal Damages in Securities Cases, U. Chi. L. Rev. 52 (1985), 611–652

–/–: The Economic Structure of Corporate Law, Cambridge/London 1991

Eckert, Hans-Werner/Maifeld, Jan/Matthiessen, Michael: Handbuch des Kaufrechts, 2. Auflage, München 2014

Ehricke, Ulrich: Prospekt- und Kapitalmarktinformationshaftung in Deutschland, in: Hopt, Klaus J./Voigt, Hans-Christoph (Hrsg.), Prospekt- und Kapitalmarktinformationshaftung, Tübingen 2005, S. 187–325

Eickenjäger, Sebastian: Menschenrechtsberichterstattung durch Unternehmen, Tübingen 2018

Einsele, Dorothee: Bank- und Kapitalmarktrecht, 4. Auflage, Tübingen 2018

Ekkenga, Jens: Fragen der deliktischen Haftungsbegründung bei Kursmanipulationen und Insidergeschäften, ZIP 2004, 781–793

Elkington, John: Towards the Sustainable Corporation: Win-Win-Win Business Strategies for Sustainable Development, Cal. Manag. Rev. 36. (1994), 90–100

–: Cannibals with Forks: The Triple Bottom Line of 21st-Century Business, Oxford 1997

Elliott, W. Brooke/Jackson, Kevin E./Peecher, Mark E./White, Brian J.: The Unintended Effect of Corporate Social Responsibility Performance on Investors' Estimates of Fundamental Value, Acct. Rev. 89 (2014), 275–302

Empt, Martin: Corporate Social Responsibility – Das Ermessen des Managements zur Berücksichtigung von Nichtaktionärsinteressen im US-amerikanischen und deutschen Aktienrechts, Berlin 2004

Engel, David L.: An Approach to Corporate Social Responsibility, Stan. L. Rev. 32 (1979), 1–98

Engelhardt, Florian: Vertragsabschlussschaden oder Differenzschaden bei der Haftung des Emittenten für fehlerhafte Kapitalmarktinformationen, BKR 2006, 443–448

Epstein, Marc J./Roy, Marie-Josée: Sustainability in Action: Identifying and Measuring the Key Performance Drivers, Long Range Plann. 34 (2001), 585–604

Erman, Walter: BGB, 15. Auflage, Köln 2017 [zitiert als: Erman/*Bearbeiter*]

Esser, Josef: § 138 BGB und die Bankpraxis der Globalzession, ZHR 135 (1971), 320–339

–*/Schmidt, Eike:* Schuldrecht, Band 1: Allgemeiner Teil, Teilband 1, 8. Auflage, Heidelberg 1995

Ettinger, Jochen/Grützediek, Elke: Haftungsrisiken im Zusammenhang mit der Abgabe der Corporate Governance Entsprechenserklärung gemäß § 161 AktG, AG 2003, 353–366

Euffinger, Alexander: Die neue CSR-Richtlinie – Erhöhung der Unternehmenstransparenz in Sozial- und Umweltbelangen, EuZW 2015, 424–428

Ewing, Jack: Faster, Higher, Farther: The Volkswagen Scandal, New York 2017

Fama, Eugene F.: The Behavior of Stock-Market Prices, 38 J. Bus. 34–105 (1965)

–: Efficient Capital Markets: A Review of Theory and Empirical Work, J. Finance 25 (1970), 383–417

–: Foundations of Finance, New York 1976

–*/French, Kenneth R.:* Disagreement, tastes, and asset prices, J. Fin. Econ. 83 (2007), 667–689

–*/Miller, Merton H.:* The Theory of Finance, Hinsdale 1971

Fauchart, Emmanuelle/Cowan, Robin: Weak Links and the Management of Reputational Interdependencies, Strat. Manag. J, 35 (2014), 532–549

Faust, Florian: Der Schutz vor reinen Vermögensschäden – illustriert am Beispiel der Expertenhaftung, AcP 210 (2010), 555–579

–: Anmerkung zum Urteil des BGH vom 7.6.2006, Az.: VIII ZR 209/05 (Arglistige Täuschung beim Gebrauchtwagenkauf), JZ 2007, 101–104

Feddersen, Timothy J./Gilligan, Thomas W.: Saints and Market: Activists and the Supply of Credence Goods, J. Econ. Manag. Strateg. 10 (2001), 149–171

Fees, Eberhard: Einige Überlegungen zur Haftung bei reinen Vermögensschäden, in: Eger, Thomas/Bigus, Jochen/Ott, Claus/von Wangenheim, Georg (Hrsg.), Internationalisierung des Rechts und seine ökonomische Analyse – Festschrift für Hans-Bernd Schäfer zum 65. Geburtstag, Wiesbaden 2008, S. 141–157

Ferrel, Allen/Liang, Hao/Renneboog, Luc: Socially responsible firms, J. Fin. Econ. 122 (2016), 585–606

Fezer, Karl-Heinz: Das wettbewerbsrechtliche Irreführungsverbot als ein normatives Modell des verständigen Verbrauchers im Europäischen Unionsrecht – Zugleich eine Besprechung der Entscheidung „Mars" des EuGH vom 6. Juli 1995 (Rechtssache C 470/93), WRP 1995, 671–676

–: Kommentar zum Gesetz gegen den unlauteren Wettbewerb, 2. Auflage, München 2010 (zitiert als Fezer/*Bearbeiter*, 2. Aufl.)

–*/Büscher, Wolfgang/Obergfell, Eva Inés:* Kommentar zum Gesetz gegen den unlauteren Wettbewerb, 3. Auflage, München 2016 (zitiert als Fezer/Büscher/Obergfell/*Bearbeiter*)

Fischel, Daniel R.: Use of Modern Finance Theory in Securities Fraud Cases Involving Actively Traded Securities, Bus. Law. 38 (1982), 1–20

Fleischer, Holger: Konkurrenzprobleme um die culpa in contrahendo – Fahrlässige Irreführung versus arglistige Täuschung, AcP 200 (2000), 91–120
–: Informationsasymmetrie im Vertragsrecht. Eine rechtsvergleichende und interdisziplinäre Abhandlung zu Reichweite und Grenzen vertragsschlussbezogener Aufklärungspflichten, München 2001
–: Empfiehlt es sich, im Interesse des Anlegerschutzes und zur Förderung des Finanzplatzes Deutschland das Börsen- und Kapitalmarktrecht neu zu regeln? Gutachten F zum 64. Deutschen Juristentag, München 2002
–: Der Inhalt des Schadensersatzanspruchs wegen unwahrer oder unterlassener unverzüglicher Ad-hoc-Mitteilungen, BB 2002, 1869–1874
–: Die persönliche Haftung der Organmitglieder für kapitalmarktbezogene Falschinformationen, BKR 2003, 608–616
–: Zur deliktsrechtlichen Haftung der Vorstandsmitglieder für falsche Ad-hoc-Mitteilungen – Zugleich eine Besprechung der Infomatec-Entscheidungen des BGH vom 19.7.2004, DB 2004 S. 1928 ff, DB 2004, 2031–2036
–: Konturen der kapitalmarktrechtlichen Informationshaftung, ZIP 2005, 1805–1812
–: Der Zusammenschluss von Unternehmen im Aktienrecht – Aktienrechtliche Problemfelder bei M&A-Transaktionen –, ZHR 172 (2008), 538–571
–: Corporate Social Responsibility – Vermessung eines Forschungsfeldes aus rechtlicher Sicht, AG 2017, 509–525
–: Ehrbarer Kaufmann – Grundsätze der Geschäftsmoral – Reputationsmanagement: Zur „Moralisierung" des Vorstandsrechts und ihren Grenzen, DB 2017, 2015–2022
–/*Kalss, Susanne:* Kapitalmarktrechtliche Schadensersatzhaftung und Kurseinbrüche an der Börse, AG 2002, 329–336
Flume, Werner: Allgemeiner Teil des Bürgerlichen Rechts, Erster Band. Erster Teil: Die Personengesellschaft, Berlin/Heidelberg/New York 1977
–: Allgemeiner Teil des Bürgerlichen Rechts, Zweiter Band: Das Rechtsgeschäft, Berlin/Heidelberg/New York 1992
–: Die Haftung für Fehler kraft Wissenszurechnung bei Kauf und Werkvertrag, AcP 197 (1997), 441–455
Ford, Gary T./Smith, Darlene B./Swasy, John L.: Consumer Skepticism of Advertising Claims: Testing Hypotheses from Economics of Information, J. Cons. Res. 16 (1990), 433–441
Förster, Christian: Der Schwarze Ritter – § 826 BGB im Gesellschaftsrecht, AcP 209 (2009), 398–444
Fox, Merritt B.: Why Civil Liability for Disclosure Violations When Issuers Do Not Trade, Wis. L. Rev. 2009 (2009), 297–332
Freeman, R. Edward: Strategic Management: A Stakeholder Approach, Boston, Massachusetts 1984
–/*Harrisson, Jeffrey S./Wicks, Andrew C./Parmar, Bidhan L./de Colle, Simone:* Stakeholder Theory: The State of the Art, Cambridge 2010
Frenz, Walter: Selbstverpflichtungen der Wirtschaft, Tübingen 2001
Friedman, Milton: The Case for Flexible Exchange Rates, in: ders. (Hrsg.), Essays in Positive Economics, Chicago 1953, S. 159–205
–: The Social Responsibility of Business is to Increase its Profits, New York Times Magazine v. 13. September 1970, S. 17
Fuchs, Andreas: Wertpapierhandelsgesetz – Kommentar, 2. Auflage, München 2016 (zitiert als Fuchs/*Bearbeiter*)

–/Dühn, Matthias: Deliktische Schadensersatzhaftung für falsche Ad-hoc-Mitteilungen – Zugleich Besprechung des Urteils des OLG München, BKR 2002, 1096, BKR 2002, 1063–1071

Galema, Rients/Plantinga, Auke/Scholtens, Bert: The Stocks at Stake: Return and Risk in Socially Responsible Investment, J. Bank & Fin. 32 (2008), 2646–2654

von Gamm, Otto-Friedrich: Wettbewerbsrecht, 5. Auflage, Köln 1987

Geczy, Christopher C./Stambaugh, Robert F./Levin, David: Investing in Socially Responsible Mutual Funds, Working paper. University of Pennsylvania, Philadelphia 2003, abrufbar unter: https://repository.upenn.edu/cgi/viewcontent.cgi?article=1444&context=fnce_papers

Gehrt, John Alexander: Die neue Ad-hoc-Publizität nach § 15 Wertpapierhandelsgesetz, Baden-Baden 1997

Geis, Norbert: Das Lauterkeitsrecht in der rechtspolitischen Diskussion, in: Keller, Erhard/Plassmann, Clemens/von Falck, Andreas (Hrsg.), Festschrift für Winfried Tilmann zum 65. Geburtstag, Köln/Berlin/Bonn/München 2003, S. 121–133

Gernhuber, Joachim: Das Schuldverhältnis, Handbuch des Schuldrechts, Tübingen 1989

von Giercke, Otto: Der Entwurf eines bürgerlichen Gesetzbuches und das deutsche Recht, Leipzig 1889

Gilead, Israel: Tort Law and Internalization: The Gap Between Private Loss and Social Cost, Int. Rev. L. & Econ. 17 (1997), 589–608

Gilson, Ronald J./Kraakman Reinier H.: Market Efficiency After the Financial Crisis: It's Still a Matter of Information Costs, Va. L. Rev. 100 (2014), 313–375

–/–: The Mechanisms of Market Efficiency, 70 Va. L. Rev. 70 (1984), 549–644

Glac, Katherina: Understanding Socially Responsible Investing: The Effect of Decision Frames and Trade-off Options, J. Bus. Ethics 87 (2009), 41–55

Glinski, Carola: Die rechtliche Bedeutung der privaten Regulierung globaler Produktionsstandards, Baden-Baden 2011

–/Rott, Peter: Umweltfreundliches und ethisches Konsumverhalten im harmonisierten Kaufrecht, EuZW 2003, 649–654

Glöckner, Jochen: Wettbewerbsbezogenes Verständnis der Unlauterkeit und Vorsprungserlangung durch Rechtsbruch, GRUR 2008, 960–967

–: Rechtsbruchtatbestand oder ... The Saga Continues!, GRUR 2013, 568–576

Glosten, Lawrence R./Milgrom, Paul R.: Bid, Ask and Transaction Prices in a Specialist Market with Heterogeneously Informed Traders, J. Fin. Econ. 14 (1985), 71–100

Gloy, Wolfgang/Loschelder, Michael/Erdmann, Willi: Handbuch des Wettbewerbsrechts, 4. Auflage, München 2010 (zitiert als: Gloy/Loschelder/Erdmann/*Bearbeiter*, HdB Wettbewerbsrecht)

Godfrey, Paul C.: The Relationship between Corporate Philanthropy and Shareholder Wealth: A Risk Management Perspective, Acad. Manag. Rev. 30 (2005), 777–798

Godos-Díez, José-Luis/Fernández-Gago, Roberto/Martínez-Campillo, Almudena: How Important Are CEOs to CSR Practices? An Analysis of the Mediating Effect of the Perceived Role of Ethics and Social Responsibility, J. Bus. Ethics 98 (2011), 531–548

Goshen, Zohar/Parchomovsky, Gideon: The Essential Role of Securities Regulation, Duke L. J. 55 (2006), 711–782

Götting, Horst-Peter/Nordemann, Axel (Hrsg.)*:* UWG – Handkommentar, 3. Auflage, Baden-Baden 2016

Griffin, Jennifer J./Mahon, John F.: The Corporate Social Performance and Corporate Financial Performance Debate: Twenty-Five Years of Incomparable Research, Bus. & Society 36 (1997), 5–31

Grigoleit, Hans-Christoph: Neuere Tendenzen zur schadensrechtlichen Vertragsaufhebung, NJW 1990, 900–904
–: Vorvertragliche Informationshaftung, München 1997
–/*Herresthal, Carsten:* Grundlagen der Sachmängelhaftung im Kaufrecht, JZ 2003, 118–127
Groß, Wolfgang: Kapitalmarktrecht – Kommentar zum Börsengesetz, zur Börsenzulassungsverordnung und zum Wertpapierprospektgesetz, 3. Auflage 2016
Großkommentar zum Aktiengesetz (Hrsg.: Hirte, Heribert/Mülbert, Peter O./Roth, Markus): 5. Auflage, Berlin/München/Boston (zitiert als: Großkomm-AktG/*Bearbeiter*)
- Band 1: Einleitung, §§ 1–22, 2017
- Band 4 – Teilband 2: §§ 92–94, 2015
Großkommentar zum Bilanzrecht (Hrsg.: Ulmer, Peter): HGB-Bilanzrecht, Teilband 2: §§ 290–342a HGB Konzernabschluß, Prüfung und Publizität, Berlin 2002 (zitiert als: Großkomm-BilR/*Bearbeiter*)
Großkommentar zum Gesetz gegen den unlauteren Wettbewerb (Hrsg.: Lindacher, Walter F./Teplitzky, Otto/ Jacobs, Volker): 1. Auflage, Berlin 2006 (zitiert als: Großkomm-UWG/*Bearbeiter*, 1. Aufl.)
Großkommentar zum Gesetz gegen den unlauteren Wettbewerb (Hrsg.: Teplitzky, Otto/Peifer, Karl-Nikolaus/Leistner, Matthias): 2. Auflage, Berlin 2013 (zitiert als: Großkomm-UWG/*Bearbeiter*)
- Band 1: Einleitung; §§ 1–3
- Band 2: §§ 4–7
Grossman, Sanford J./Stiglitz, Joseph E.: On the Impossibility of Informationally Efficient Markets, Am. Econ. Rev. 70 (1980), 393–408
Grundmann, Stefan: Europäisches Kapitalmarktrecht, ZSR 115 (1996), 103–149
–: Information und ihre Grenzen im Europäischen und neuen englischen Gesellschaftsrecht, in: Schneider, Uwe H./Hommelhoff, Peter (Hrsg.), Festschrift für Marcus Lutter zum 70. Geburtstag – deutsches und europäisches Gesellschafts-, Konzern- und Kapitalmarktrecht, Köln 2000, S. 61–82
–: Information und ihre Grenzen im Europäischen und neuen englischen Gesellschaftsrecht, in: Schneider, Uwe H./Hommelhoff, Peter/Schmidt, Karsten/Timm, Wolfram/Grunewald, Barbara/Drygala, Tim (Hrsg.), Festschrift für Marcus Lutter zum 70. Geburtstag – Deutsches und europäisches Gesellschafts-, Konzern- und Kapitalmarktrecht, Köln 2000, S. 61–82
–/*Bianca, Cesare M.:* EU-Kaufrechts-Richtlinie – Kommentar, Köln 2002, (zitiert als: Grundmann/Bianca/*Bearbeiter*)
–/*Selbherr, Benedikt:* Börsenprospekthaftung in der Reform – Rechtsvergleichung, Europarecht, Interessenbewertung mit ökonomischer Analyse, WM 1996, 985–993
Grunewald, Barbara: Die Haftung des Experten für seine Expertise gegenüber Dritten, AcP 187 (1987), 285–308
–: Die Auslegung von Gesellschaftsverträgen und Satzungen, ZGR 1995, 68–92
–: Kaufrecht, Handbuch des Schuldrechts, Tübingen 2006
Grunwald, Armin/Kopfmüller, Jürgen: Nachhaltigkeit: Eine Einführung, 2. Auflage, Frankfurt/New York 2008
Gutsche, Gunnar/Ziegler, Andreas: Which private investors are willing to pay for sustainable investments? Empirical evidence from stated choice experiments, J. Bank. & Fin. 102 (2019), 193–214
Gutsche, Robert/Gratwohl, Michael/Fauser, Daniel: Die Bewertungsrelevanz von *Corporate Social Responsibility* (CSR-)Informationen, IRZ 2015, 455–458

Habersack, Mathias: Die Mitgliedschaft – subjektives und „sonstiges" Recht, Tübingen 1996
–/Ehrl, Max: Verantwortlichkeit inländischer Unternehmen für Menschenrechtsverletzungen durch ausländische Zulieferer – *de lege lata* und *de lege ferrenda,* AcP 2019 (2019), 156–210
–/Mülbert, Peter O./Schlitt, Michael: Handbuch der Kapitalmarktinformation, 2. Auflage, München 2013 (zitiert als: HdB Kapitalmarktinformation)
Haberstumpf, Helmut: Die Formel vom Anstandsgefühl aller billig und gerecht Denkenden in der Rechtsprechung des Bundesgerichtshofs, Berlin 1976
Hachenburg, Max: Gesetz betreffend die Gesellschaften mit beschränkter Haftung (GmbHG), Zweiter Band: §§ 35–52, 8. Auflage, Berlin 1997 (zitiert als: Hachenburg/*Bearbeiter*)
Hager, Günter: Strukturen des Privatrechts in Europa, Tübingen 2012
Hahn, Sunku: The Advertising of Credence Goods as a Signal of Product Quality, Manch. Sch. 72 (2004), 50–59
Halfmeier, Axel: Nachhaltiges Privatrecht, AcP 216 (2016), 717–762
–/Herbold, Nele Marie: Zur lauterkeitsrechtlichen Beurteilung von Nachhaltigkeitswerbung bei Kooperation mit einem nicht nachhaltig handelnden Unternehmen, WRP 2017, 1430–1437
Handkommentar zum BGB (Hrsg.: Schulze, Reiner/Dörner, Heinrich/Ebert, Ina/Hoeren, Thomas/Kemper, Rainer/Saenger, Ingo/Scheuch, Alexander/Schreiber, Klaus/Schulte-Nölke, Hans/Staudinger, Ansgar/Wiese, Volker), Bürgerlichen Gesetzbuch – Handkommentar, 10. Auflage, Baden-Baden 2019 (zitiert als: HK-BGB/Bearbeiter)
Hanfland, Philipp: Haftungsrisiken im Zusammenhang mit § 161 AktG und dem Deutschen Corporate Governance Kodex, Baden-Baden 2007
Hardin, Garret: The Tragedy of the Commons, Science 162 (1968), 1243–1248
Harris, Larry: Trading and Exchanges: Market Microstructure for Practitioners, Oxford/New York 2003
Harte-Bavendamm, Henning/Henning-Bodewig, Frauke: Gesetz gegen den unlauteren Wettbewerb – Kommentar, 4. Auflage 2016 (zitiert als: Harte/Henning/*Bearbeiter*)
Harvard Law Review: Note: Disclosure as a Legislative Device, Harv. L. Rev. 76 (1963), 1273–1293
Häublein, Martin: Der Beschaffenheitsbegriff und seine Bedeutung für das Verhältnis der Haftung aus culpa in contrahendo zum Kaufrecht, NJW 2003, 388–393
–/Hoffmann-Theinert, Roland (Hrsg.): HGB, Baden-Baden 2017 (zitiert als: Häublein/Hoffmann-Theinert/*Bearbeiter*)
Hauschka, Christoph E.: Der „Ehrbare Kaufmann" im Deutschen Corporate Governance Kodex in der Fassung der Änderung 2017, CCZ 2017, 97
Hauser, Heinz: Qualitätsinformationen und Marktstrukturen, KYKLOS 32 (1979), 739–763
Hautzinger, Henrik: Der Ruf von Branchen – Eine empirische Untersuchung zur Messung, Wechselwirkung und Haftungsrelevanz der Branchenreputation, Wiesbaden 2009
Hawliczek, Jens W.: Kapitalmarktfaktor Moral? Kursimplikationen ethisch relevanter Aspekte auf dem Kapitalmarkt, Wiesbaden 2008
Heal, Geoffrey: Corporate Social Responsibility: An Economic and Financial Framework, Geneva Papers 30 (2005), 387–409

Healy, Paul M./Palepu, Krishna G.: Information asymmetry, corporate disclosure, and the capital markets: A review of the empirical disclosure literature, J. Acct. & Econ. 31 (2001), 405–440

–/*Hutton, Amy P./Palepu, Krishna G.:* Stock Performance and Intermediation Changes Surrounding Sustained Increases in Disclosure, Contemp. Acct. Res. 16 (1999), 485–520

Heck, Philipp: Gesetzesauslegung und Interessenjurisprudenz, AcP 112 (1914), 1–318

Heidel, Thomas (Hrsg.): Aktienrecht und Kapitalmarktrecht, 4. Auflage, Baden-Baden 2014 (zitiert als: Heidel/*Bearbeiter*)

von Hein, Jan: Der Abschluss eines Scheingeschäfts durch einen Gesamtvertreter – Zurechnungsprobleme zwischen Corporate Governance und allgemeiner Rechtsgeschäftslehre, ZIP 2005, 191–199

Heinkel, Robert/Kraus, Alan/Zechner, Josef: The Effect of Green Investment on corporate Behavior, J. Fin. Qant. Anal. 36 (2001), 431–449

Heinze, Stephan: Europäisches Kapitalmarktrecht: Recht des Primärmarktes, München 1999

Heinzelmann, Steffen: Wetten auf den Untergang, Süddeutsche Zeitung vom 21.06.2010, abrufbar unter: http://www.sueddeutsche.de/wirtschaft/bp-aktien-absturz-nach-oelkatastrophe-wetten-auf-den-untergang-1.956669

Hell, Patrick: Grundsatzfragen der Ausgestaltung der nichtfinanziellen Unternehmenspublizität, EuZW 2018, 1015–1020

Hellgardt, Alexander: Kapitalmarktdeliktsrecht, Tübingen 2008

–: Praxis- und Grundsatzprobleme der BGH-Rechtsprechung zur Kapitalmarktinformationshaftung – Zugleich Besprechung des IKB-Urteils des BGH vom 13.12.2011 – XI ZR 51/10, DB 2012 S. 450 –, DB 2012, 673–678

–: Von der bürgerlich-rechtlichen Prospekthaftung zur Informationshaftung beim Vertrieb von Vermögensanlagen, ZBB 2012, 73–88

–: Europarechtliche Vorgaben für die Kapitalmarktinformationshaftung – de lege lata und nach Inkrafttreten der Marktmissbrauchsverordnung, AG 2012, 154–168

Hellwig, Konrad: Über die Grenzen der Vertragsmöglichkeit, AcP 86 (1896), 223–248

Henning-Bodewig, Frauke: Der „ehrbare Kaufmann", Corporate Social Responsibility und das Lauterkeitsrecht, WRP 2011, 1014–1023

Hennrichs, Joachim: Die Grundkonzeption der CSR-Berichterstattung und ausgewählte Problemfelder, ZGR 2008, 206–230

Hentze, Joachim/Thies, Björn: Stakeholder-Management und Nachhaltigkeits-Reporting, Heidelberg 2014

Herberg, Martin: Codes of Conduct und kommunikative Vernunft – Rechtssoziologische Überlegungen zu den umweltbezogenen Selbstverpflichtungen transnationaler Chemiekonzerne, ZfRSoz 22 (2001), 25–52

Herresthal, Carsten: Aktuelle Entwicklungen der (v.a. bürgerlichrechtlichen) Prospekthaftung, in: Grüneberg, Christian/Habersack, Michael/Mülbert, Peter O./Wittig, Arne (Hrsg.), Bankrechtstag 2015, 2016 Berlin/Boston, S. 103–162

Heydt, Dieter: Anmerkung zu BGH vom Urteil vom 13.03.1970 – I ZR 108/68 „Vertragswerkstatt", GRUR 1970, 469–471

Hildebrandt, Heinz: Erklärungshaftung, ein Beitrag zum System des bürgerlichen Rechts, Berlin/Leipzig 1931

Hoeren, Thomas: Selbstregulierung im Banken- und Versicherungsrecht, Karlsruhe 1995

Hoffman, Andrew J./Ocasio, William: Not All Events Are Attended Equally: Toward a Middle-Range Theory of Industry Attention to External Events, Organ. Sci 12 (2001), 414–434

Hoffmann, Esther/Dietsche, Christian/Westermann, Udo/Schöll, Gerd: Ranking Nachhaltigkeitsberichte, Berlin 2015, abrufbar unter: http://www.ranking-nachhaltigkeitsbe richte.de/data/ranking/user_upload/2015/Ranking_Nachhaltigkeitsberichte_2015_Er gebnisbericht.pdf

Hölters, Wolfgang: Aktiengesetz, 3. Auflage, München 2017 (zitiert als: Hölters/*Bearbeiter*)

Hommelhoff, Peter: Anlegerinformationen im Aktien-, Bilanz- und Kapitalmarktrecht, ZGR 2000, 748–775

–: Nichtfinanzielle Unternehmensziele im Unionsrecht – Zwanzig Bemerkungen zum Kommissionsvorschlag für die Novellierung der 4. und 7. Bilanzrichtlinie vom April 2013 –, in: Boemke, Burkhard/Lembke, Mark/Linck, Rüdiger (Hrsg.), Festschrift für Gerrick Frhr. v. Hoyningen-Huene, München 2014, S. 137–144

–: Nichtfinanzielle Ziele in Unternehmen von öffentlichem Interesse – Die Revolution übers Bilanzrecht –, in: Bork, Reinhard/Kayser, Godehard/Kebekus, Frank (Hrsg.), Festschrift für Bruno M. Kübler zum 70. Geburtstag, München 2015, S. 291–299

Hong, Harrison G./Liskovich, Inessa: Crime, Punishment and the Halo Effect of Corporate Social Responsibility, 2016, abrufbar unter: https://ssrn.com/abstract=2492202

Hopt, Klaus J.: Der Kapitalanlegerschutz im Recht der Banken, München 1975

–: Vom Aktien- und Börsenrecht zum Kapitalmarktrecht Teil 2 – Die deutsche Entwicklung im internationalen Vergleich, ZHR 141 (1977), 389–441

–: Nichtvertragliche Haftung außerhalb von Schadens- und Bereicherungsausgleich: Zur Theorie und Dogmatik des Berufsrechts und der Berufshaftung, AcP 183 (1983), 608–720

–: Grundsatz- und Praxisprobleme nach dem Wertpapierhandelsgesetz – insbesondere Insidergeschäfte und Ad-hoc-Publizität –, ZHR 159 (1995), 135–163

–: Das Dritte Finanzmarktförderungsgesetz – Börsen- und Kapitalmarktrechtliche Überlegungen –, in: Basedow, Jürgen/Hopt, Klaus J./Kötz, Hein, (Hrsg.), Festschrift für Ulrich Drobnig zum siebzigsten Geburtstag, Tübingen 1998, S. 525–548

–/*Voigt, Hans-Christoph:* Prospekt- und Kapitalmarktinformationshaftung – Recht und Reform in der Europäischen Union, der Schweiz und den USA –, WM 2004, 1801–1804

–/–: Empfehlungen, in: dies. (Hrsg.), Prospekt- und Kapitalmarktinformationshaftung, Tübingen 2005, S. 1–8

–/–: Grundsatz- und Reformprobleme der Prospekt- und Kapitalmarktinformationshaftung, in: dies. (Hrsg.), Prospekt- und Kapitalmarktinformationshaftung, Tübingen 2005, S. 9–160

Howard, Jennifer/Nash, Jennifer/Ehrenfeld, John: Standard or Smokescreen? Implementation of a Voluntary Environmental Code, Cal. Manag. Rev. 42 (2000), 63–82

Huber, Ulrich: Die Praxis des Unternehmenskaufs im System des Kaufrechts, AcP 202 (2002), 179–242

–: Fahrlässigkeit und Vorhersehbarkeit, in Max-Planck-Institut für Geschichte (Hrsg.), Festschrift für Hermann Heimpel zum 70. Geburtstag am 19. September 1971, Band III, Göttingen 1972, S. 440–474

Hucklenbruch, Gabriele: Umweltrelevante Selbstverpflichtungen – ein Instrument progressiven Umweltschutzes?, Berlin 2000

Hüffer, Uwe/Koch, Jens: Aktiengesetz – Kommentar, 12. Auflage, München 2016

Hunt, Shelby D./Kiecker, Pamela L./Chonko, Lawrence B.: Social Responsibility and Personal Success: A Research Note, J. Acad. Mark. Sci. 18 (1990), 239–244

Hutter, Stephan/Stürwald, Florian: EM.TV und die Haftung für fehlerhafte Ad-hoc-Mitteilungen, NJW 2005, 2428–2431

Incardona, Rosella/Poncibò, Cristina: The average consumer, the unfair commercial practices directive, and the cognitive revolution, J. Consum. Policy 30 (2007), 21–38

Ingram, Paul/Inman, Crist: Institutions, Intergroup Competition, and the Evolution of Hotel Populations around Niagara Falls, Admin. Sci. Q. 41 (1996), 629–658

Ioannou, Ioannis/Serafeim, George: The Impact of Corporate Social Responsibility on Investment Recommendations: Analysts' Perception and Shifting Institutional Logics, Strat. Manag. J. 36 (2015), 1053–1081

Janssen, Catherine/Vanhamme, Joëlle: Theoretical Lenses for Understanding the CSR-Consumer Paradox, J. Bus. Ethics 130 (2015), 775–787

Jauernig, Othmar: Bürgerliches Gesetzbuch – Kommentar, 17. Auflage, München 2018 (zitiert als: Jauernig/*Bearbeiter*)

Jensen, Michael C.: The Performance of Mutual Funds in the Period 1945–1964, J. Fin. 23 (1968), 389–416

–: Some Anomalous Evidence Regarding Market Efficiency, J. Fin. Econ. 6 (1978), 95–101

von Jhering, Rudolf: Ein Rechtsgutachten in Sachen des Internationalen Vorbereitungs-comités der Gäubahn gegen die Gesellschaft der schweizerischen Centralbahn, betreffend die Vollendung und den Betrieb der Wasserfallenbahn und ihre Fortsetzung von Solothurn nach Schönbühl, erstattet auf Aussuchen des klägerischen Comités von Dr. Rudolf von Jhering, Olten 1978, JherJb. (Jahrbücher für die Dogmatik des heutigen römischen und deutschen Privatrechts) 18 (1880), 1–128

Johnson, Harold.L.: Business in Contemporary Society: Framework and Issues, Belmont, Massachusetts 1971

Jorden, Simone: Verbrauchergarantien, München 2001

juris PraxisKommentar (Hrsg.: Herberger, Maximilian/Martinek, Michael/Rüßmann, Helmut/Weth, Stephan/Würdinger, Markus): BGB, Band 2: Schuldrecht, 8. Auflage, Saarbrücken 2017 (zitiert als jurisPK-BGB/*Bearbeiter*)

Just, Clemens/Voß, Thorsten/Ritz, Corinna/Becker, Ralf (Hrsg.): Wertpapierhandelsgesetz, München 2015 (zitiert als: Just/Voß/Ritz/Becker/*Bearbeiter*)

Kaas, Klaus Peter: Informationsprobleme auf Märkten für umweltfreundliche Produkte, in: Wagner, Gerd R. (Hrsg.), Betriebswirtschaft und Umweltschutz, Stuttgart 1993, S. 29–34

Kaestner, Jan: Werbliche Anpreisungen: Im Handumdrehen irregeführt?, WRP 2006, 1149–1152

Kahan, Marcel: Securities Laws and the Social Costs of Inaccurate Stock Prices, Duke L. J. 41 (1992) 977–1044

Kajüter, Peter: Die nichtfinanzielle Erklärung nach dem Regierungsentwurf zum CSR-Richtlinie-Umsetzungsgesetz, IRZ 2016, 507–513

Kallimopoulos, Georgios D.: Die Simulation im bürgerlichen Recht, Karlsruhe 1966

Kasper, Tim: Die Sachmangelhaftung des Verkäufers für Werbeaussagen, ZGS 2007, 172–181

Kenny, Katherine E.: Code or Conduct: Whether Wal-Mart's Code of Conduct Creates a Contractual Obligation Between Wal-Mart and the Employees of its Foreign Suppliers', Nw. J. Int'l L. & Bus. 27 (2007), 453–474

Kersting, Christian: Die Dritthaftung für Informationen Bürgerlichen Recht, München 2007
–: Die Rechtsfolgen vorvertraglicher Informationspflichtverletzungen – Vertragsaufhebungsanspruch oder „Minderung" aus c.i.c.?, JZ 2008, 714–720
–: Informationshaftung Dritter: Vertrauen auf Verlässlichkeit, JR 2008, 312–317
Kiethe, Kurt: Falsche Erklärung nach § 161 AktG – Haftungsverschärfung für Vorstand und Aufsichtsrat?, NZG 2015, 559–567
King, Andrew A.: Avoiding Ecological Surprise: Lessons from Long-Standing Communities, Acad. Manag. Rev. 20 (1995), 961–985
–/Lenox, Michael J.: Industry Self-Regulation without Sanctions: The Chemical Industry's Responsible Care Programm, Acad. Manag. J. 43 (2000), 698–716
–/Lenox, Michael J/Barnett, Michael L.: Strategic Responses to the Reputation Commons Problem, in: Hoffman, Andrew J./Ventresca, Marc J. (Hrsg.), Organizations, Policy, and the Natural Environment – Institutional and Strategic Perspectives, Stanford 2002, S. 393–406
–/Toffel, Michael W.: Self-regulatory Institutions for Solving Environmental Problems: Perspectives and Contributions from the Management Literature, Harvard Business School Working Paper Number 07–089, 2007, abrufbar unter: http://www.hbs.edu/faculty/Publication%20Files/07-089.pdf
Kitzmueller, Markus/Shimshack, Jay: Economic Perspectives on Corporate Social Responsibility, J. Econ. Lit. 50 (2012), 51–84
Klene, Victor: Corporate Social Responsibi-lity - Richtlinie, Umsetzung und Konsequenzen, WM 2018, 308–314
Klitzing, Joachim von: Die Ad-hoc-Publizität, Köln 1999
Klöhn, Lars: Kapitalmarkt, Spekulation, *Behavioral Finance*, Berlin 2006
–: Wettbewerbswidrigkeit von Kapitalmarktinformation?, ZHR 172 (2008), 388–418
–: Die Regelung selektiver Informationsweitergabe gem. § 15 Abs. 1 Satz 4 u. 5 WpHG – eine Belastungsprobe, WM 2010, 1869–1882
–: Die Ausweitung der bürgerlich-rechtlichen Prospekthaftung durch das „Rubert Scholz"-Urteil des BGH – Zugleich Besprechung von BGH, WM 2012, 19, WM 2012, 97–106
–: Die Haftung wegen fehlerhafter Ad-hoc-Publizität gem. §§ 37b, 37c WpHG nach dem IKB-Urteil des BGH (§§ 37b, 37c WpHG), AG 2012, 345–358
–: Die private Durchsetzung des Marktmanipulationsverbots – Europarechtliche Vorgaben und rechtsökonomische Erkenntnisse, in: Kalss, Susanne/Fleischer, Holger/Vogt, Hans-Ueli (Hrsg.), Gesellschafts- und Kapitalmarktrecht in Deutschland, Österreich und der Schweiz 2013, S. 229–249
–: Lafonta/AMF – die neue cause célèbre des europäischen Insiderrechts?, ZIP 2014, 945–954
–: Marktbetrug (Fraud on the Market), ZHR 178 (2014), 671–714
–: Der Aufschub der Ad-hoc-Publizität wegen überwiegender Geheimhaltungsinteressen des Emittenten (§ 15 Abs. 3 WpHG), ZHR 178 (2014) 55–97
–: Kollateralschaden und Haftung wegen fehlerhafter Ad-hoc-Publizität, ZIP 2015, 53–60
–: „Überholende Kausalverläufe" und Haftung wegen fehlerhafter Ad-hoc-Publizität, in: Casper, Matthias/Klöhn, Lars/Roth, Wulf-Henning/Schmies, Christian (Hrsg.), Festschrift für Johannes Köndgen zum 70. Geburtstag, Köln 2016, S. 311–328
– (Hrsg.): Marktmissbrauchsverordnung – Verordnung (EU) Nr. 596/2014 über Marktmissbrauch, München 2018 (zitiert als: Klöhn/*Bearbeiter*)

Klühs, Hannes: Die Börsenprospekthaftung für „alte" Stücke gemäß § 44 Abs. 1 S. 3 BörsG, BKR 2008, 154–156
Knöpfle, Robert: Zur Beurteilung der Problematik der Beurteilung einer Norm als Schutzgesetz im Sinne des § 823 Abs. 2 BGB, NJW 1967, 697–702
Kocher, Eva: Private Standards between Soft Law and Hard Law: The German Case, IJCLLIR 18 (2002), 265–280
–: Unternehmerische Selbstverpflichtungen im Wettbewerb – Die Transformation von „soft law" in „hard law" durch das Wettbewerbsrecht, GRUR 2005, 647–652
Köhler, Helmut: Wettbewerbsrecht im Wandel: Die neue Rechtsprechung zum Tatbestand des Rechtsbruchs, NJW 2002, 2761–2763
–: UWG-Reform und Verbraucherschutz, GRUR 2003, 265–272
–: „Wettbewerbshandlung" und „Geschäftspraktiken" – Zur richtlinienkonformen Auslegung des Begriffs der Wettbewerbshandlung und zu seiner Definition im künftigen UWG, WRP 2007, 1393–1397
–: Rechtsprechungsbericht zum Recht des unlauteren Wettbewerbs VII, GRUR-RR 2007, 129–138
–: Zur „geschäftlichen Relevanz" unlauterer geschäftlicher Handlungen gegenüber Verbrauchern, WRP 2014, 259–267
–/*Bornkamm, Joachim/Feddersen, Jörn*: Gesetz gegen den unlauteren Wettbewerb, 37. Auflage, München 2019
–/*Piper, Henning:* Gesetz gegen den unlauteren Wettbewerb, 3. Auflage, München 2002 (zitiert als: Köhler/Piper/*Bearbeiter*, 3. Aufl.)
Kölner Kommentar: Kommentar zum Aktiengesetz, Hrsg.: Zöllner, Wolfgang/Noack, Ulrich, 3. Auflage, Köln (zitiert als: KölnKomm-AktG/*Bearbeiter*)
– Band 2/1: §§ 76–94 AktG, 2010
– Band 3 – 1. Teillieferung: § 161 AktG, 2006
Kölner Kommentar: Kommentar zum WpHG, Hrsg.: Hirte, Heribert/Möllers, Thomas M. J., 2. Auflage, Köln 2014 (zitiert als KölnKomm-WpHG/*Bearbeiter*)
Köndgen, Johannes: Selbstbindung ohne Vertrag, Tübingen 1981
–: Zur Theorie der Prospekthaftung (I), AG 1983, 85–99
–: Zur Theorie der Prospekthaftung (II), AG 1983, 120–132
–: Bankhaftung – Strukturen und Tendenzen. Generalbericht, in: ders. (Hrsg.), Neue Entwicklungen im Bankhaftungsrecht, Köln 1987, S. 133–158
–: Die Positivierung der *culpa in contrahendo* als Frage der Gesetzgebungsmethodik, in: Schulze, Reiner/Schulte-Nölke, Hans (Hrsg.), Die Schuldrechtsreform vor dem Hintergrund des Gemeinschaftsrechts, München 2001, S. 231–242
–: Die Ad-hoc-Publizität als Prüfstein informationsrechtlicher Prinzipien, in: Schweizer, Rainer J./Burkert, Herbert/Gasser, Urs (Hrsg.), Festschrift für Jean Nicolas Druey zum 65. Geburtstag, Zürich 2002, S. 791–816
Kohler, Josef: Zwölf Studien zum Bürgerlichen Gesetzbuch – Das Obligationsinteresse, ArchBürgR 12 (1897), 1–88
Koller, Ingo: Sittenwidrigkeit der Gläubigergefährdung und Gläubigerbenachteiligung, JZ 1985, 1013–1024
–: Grundstrukturen des Bankhaftungsrechts unter besonderer Berücksichtigung des Zahlungsverkehrs, in: Köndgen, Johannes (Hrsg.), Neue Entwicklungen im Bankhaftungsrecht, Köln 1987, S. 21–34
Kopp, Philipp: Selbstkontrolle durch Verhaltenskodizes im europäischen und deutschen Lauterkeitsrecht, Münster 2016

Kopp, Reinhold/Klostermann, Eva A.: Vorsicht Falle: Verhaltenskodizes im reformierten Lauterkeitsrecht des UWG, CCZ 2009, 155–159

Kort, Michael: Die Außenhaftung des Vorstands bei der Abgabe von Erklärungen nach § 161 AktG, in: Damm, Reinhard/Heermann, Peter W./Veil, Rüdiger (Hrsg.), Festschrift für Thomas Raiser zum 70. Geburtstag am 20. Februar 2005, Berlin 2005, S. 203–223

Kötz, Hein: Vertragsauslegung, Eine rechtsvergleichende Skizze, in: Bettermann, Karl/Löwisch, Manfred/Otto, Hansjörg/Schmidt, Karsten (Hrsg.), Festschrift für Albrecht Zeuner zum 70. Geburtstag, Tübingen 1994. S. 219–241

–: Vertragsrecht, 2. Auflage, Tübingen 2012

–: Europäisches Vertragsrecht, 2. Auflage, Tübingen 2015

–/*Wagner, Gerhard:* Deliktsrecht, 13. Auflage, München 2016

Kowalewski, Jörn/Hellgardt, Alexander: Der Stand der Rechtsprechung zur deliktsrechtlichen Haftung für vorsätzlich falsche Ad-hoc-Mitteilungen – Zugleich Besprechung des EM.TV-Urteils des BGH vom 9.5.2005 – II ZR 287/02 –, DB 2005, 1839–1842

Krause, Rüdiger: Ad-hoc-Publizität und haftungsrechtlicher Anlegerschutz, ZGR 2002, 799–841

Krebber, Sebastian: Globalisierungsbedingter Verlust der Bindungswirkung staatlicher Regulierung und die sich entwickelnden Alternativen – Teil 2, EuZA, 2008, 315–334

Kysar, Douglas A.: Preferences for Processes: The Process/Product Distinction and the Regulation of Consumer Choice, Harv. L. Rev. 118 (2004), 525–642

Ladeur, Karl-Heinz: Die Regulierung von Selbstregulierung und die Herausbildung einer „Logik der Netzwerke", Die Verwaltung, Beiheft 4 (2001), 59–77

Lamberti, Andrea/Wendel, Dominik: Verkäufe außerhalb von Vertriebsbindungssystemen: Bringt die UWG-Reform neue Handlungsmöglichkeiten gegen Außenseiter, WRP 2009, 1479–1488

Lammel, Siegbert: Zur Auskunftshaftung, AcP 179 (1979), 337–366

Landes, William M./Posner, Richard A.: The Economic Structure of Tort Law, Cambridge/London 1987

Lange, Hermann/Schiemann, Gottfried: Schadensersatz, Handbuch des Schuldrechts, 3. Auflage, Tübingen 2003

Langenbucher, Katja: Kapitalerhaltung und Kapitalmarkthaftung, ZIP 2005, 239–244

–: Aktien- und Kapitalmarktrecht, 4. Auflage, München 2018

Larenz, Karl: Lehrbuch des Schuldrechts, Band I, Allgemeiner Teil, 14. Auflage, München 1987

–/*Canaris, Claus-Wilhelm:* Lehrbuch des Schuldrechts, Band 2 – Besonderer Teil, Teilband 2, 13. Auflage, München 1994

–/*Wolf: Manfred,* Allgemeiner Teil des Bürgerlichen Rechts, 9. Auflage, München 2004

Leenen, Detlef: BGB Allgemeiner Teil: Rechtsgeschäftslehre, 2. Auflage, Berlin/Boston 2015

Lehmann, Michael: Vertragsanbahnung durch Werbung, München 1981

–: Die bürgerlich-rechtliche Haftung für Werbeangaben. Culpa in contrahendo als Haftungsgrundlage für vertragsanbahnende Erklärungen, NJW 1981, 1233–1242

–: Informationsverantwortung und Gewährleistung für Werbeangaben beim Verbrauchsgüterkauf, JZ 2000, 280–291

Leipold, Dieter: BGB I: Einführung und Allgemeiner Teil, 10. Auflage, Tübingen 2019

Leisch, Clemens: Vorstandshaftung für falsche Ad-hoc-Mitteilungen – ein höchstrichterlicher Beitrag zur Stärkung des Finanzplatzes Deutschland, ZIP 2004, 1573–1580

Leisinger, Klaus M.: Globalisierung mit menschlichem Antlitz: Die Möglichkeiten und Grenzen des United Nations Global Compact bei Novartis, zfwu 3 (2002), 406–437
Leistner, Matthias: Richtiger Vertrag und lauterer Wettbewerb, Tübingen 2007
Lenenbach, Markus: Kapitalmarktrecht und kapitalmarktrelevantes Gesellschaftsrecht, 2. Auflage, Köln 2010
–: Kapitalmarkt- und Börsenrecht, Köln 2002
Lettl, Tobias: Die wettbewerbswidrige Ad hoc-Mitteilung, ZGR 2003, 853–877
–: Der lauterkeitsrechtliche Schutz vor Irreführung in Europa, München 2004
–: Der Schutz der Verbraucher nach der UWG-Reform, GRUR 2004, 449–461
Leuschner, Lars: Zum Kausalitätserfordernis des § 826 BGB bei unrichtigen Ad-hoc-Mitteilungen, ZIP 2008, 1050–1059
Leyens, Patrick C.: Selbstbindung an untergesetzliche Verhaltensregeln – Gesetz, Verband, Publizität und Aufsichtsrecht, AcP 215 (2015), 611–654
Lindacher, Walter F.: Das lauterkeitsrechtliche Irreführungsverbot – Tatbestandsprägung durch empirische und normative Elemente, in: Altmeppen, Holger/Fitz, Hanns/Honsell, Heinrich (Hrsg.), Festschrift für Günther H. Roth zum 70. Geburtstag, München 2011, S. 461–472
Lo, Andrew W.: Reconciling Efficient Markets with Behavioral Finance: The Adaptive Market Hypothesis, J. Inv. Consult. 7 (2005), 21–44
Lobinger, Thomas: Irrtumsanfechtung und Reurechtsausschluß, AcP 195 (1995), 274–282
Looschelders, Dirk: Schuldrecht Besonderer Teil, 14. Auflage, München 2019
Lorenz, Stephan: Haftungsausfüllung bei der culpa in contrahendo: Ende der „Minderung durch c.i.c."?, NJW 1999, 1001–1002
–: Schutz vor dem unerwünschten Vertrag, München 1997
–: Vertragsaufhebung wegen culpa in contrahendo – Schutz der Entscheidungsfreiheit oder des Vermögens? Eine Besprechung des Urteils des Bundesgerichtshofs vom 26 September 1997, ZIP 1998, 154, ZIP 1998, 1053–1057
von Lübtow, Ulrich: Zur Anfechtung von Willenserklärungen wegen arglistiger Täuschung, in: Harms, Wolfgang/Heckelmann, Dieter/Knöpfle, Robert/Teichmann, Arndt (Hrsg.), Entwicklungstendenzen im Wirtschafts- und Unternehmensrecht, Festschrift für Horst Bartholomeyczik zum 70. Geburtstag, Berlin 1973, S. 249–278
Lüttringhaus, Jan D.: Kaufrechtliche Gewährleistungsansprüche bei „ethischen" Produkten und öffentlichen Aussagen zur Corporate Social Responsibility – Zugleich ein Beitrag zur Weite des Beschaffenheitsbegriffs des § 434 BGB, AcP 219 (2019), 29–62
Lutter, Marcus: Der Letter of Intent: Zur rechtlichen Bedeutung von Absichtserklärungen, 3. Auflage, Köln/Berlin/Bonn/München 1998
–: Kodex guter Unternehmensführung und Vertrauenshaftung, in: Schweizer, Rainer J./Burkert, Herbert/Gasser, Urs (Hrsg.), Festschrift für Jean Nicolas Druey zum 65. Geburtstag, Zürich 2002, S. 463–478
Luy, Theo: Kapitalmarktinformationspflichten und Lauterkeitsrecht, Baden-Baden 2017
Lyon, Thomas/Maxwell, John: Corporate Social Responsibility and the Environment: A Theoretical Perspective, Rev. Envtl. Econ. Policy 2 (2008), 240–260
Mackenzie, Dorothy: The Rise of the Green Consumer, Cons. Pol. Rev. 1 (1991), 68–75
Mahoney, Paul G.: Precaution Costs and the Law of Fraud in Impersonal Markets, Va. L. Rev. 78 (1992), 623–670
Malkiel, Burton G.: Returns from Investing in Equity Mutual Funds 1971 to 1991, J. Fin. 50 (1995), 549–572

–: The Efficient Market Hypothesis and Its Critics, 17 J. Econ. Pers. 59–82 (2003)
Manne, Henry G./Wallich, Henry C.: Modern Corporation and Social Responsibility, Washington D.C. 1973
Mantz, Reto: Rechtsfragen offener Netze, Karlsruhe 2008
Margolis, Joshua D./Walsh, James P.: Misery Loves Companies: Rethinking Social Initiatives by Business, Admin. Sci. Q. 48 (2003), 268–305
Marsat, Sylvain/Pijourlet, Guillaume/Williams, Benjamin: Disentangling financial and ethical effects of corporate social responsibility, in: Boubaker, Sabri/Cumming, Douglas/Nguyen, Duc Khuong (Hrsg.), Research Handbook of Finance and Sustainability, Cheltenham 2018, S. 72–92
Mayer-Maly, Theo: Die guten Sitten als Maßstab des Rechts, JuS 1986, 596–600
McWilliams, Abagail/Siegel, Donald: Corporate Social Responsibility: A Theory of the Firm Perspective, Acad. Manag. Rev. 26 (2001), 117–127
–/–/*Wright, Patrick M.:* Corporate Social Responsibility: Strategic Implications, J. Manag. Stud. 43 (2006), 1–18
Medicus, Dieter: Der Grundsatz der Verhältnismäßigkeit im Privatrecht, AcP 192 (1992), 35–70
–/*Petersen, Jens:* Allgemeiner Teil des BGB, 11. Auflage, Heidelberg 2016
Meier-Schatz, Christian J.: Wirtschaftsrecht und Unternehmenspublizität, Zürich 1989
Merkt, Hanno: Unternehmenspublizität: Die Offenlegung von Unternehmensdaten als Korrelat der Marktteilnahme, Tübingen 2001
Mertens, Hans-Joachim: Zur Bankenhaftung wegen Gläubigerbenachteiligung, ZHR 143 (1979), 174–194
Metcalf, Cherie: Corporate Social Responsibility as Global Public Law: Third Party Rankings as Regulation by Information, Pace Envtl. L. Rev. 28 (2010), 145–199
Metzger, Axel: Die Entwicklung des Rechtsbruchtatbestands nach der Umsetzung der UGP-Richtlinie – ein Zwischenbericht, GRUR-Int. 2015, 687–692
Michaelis, Karl: Scheingeschäft, verdecktes Geschäft und verkleidetes Geschäft im Gesetz und in der Rechtspraxis, in: Behrends, Okko/Dießelhorst, Malte/Lange, Hermann/Liebs, Detlef/Wolf, Joseph Georg/Wollschläger, Christian (Hrsg.), Festschrift für Franz Wieacker zum 70. Geburtstag, S. 444–462
Michalski, Lutz: Die Patronatserklärung, WM 1994, 1229–1240
–: Verbot der Werbung mit Selbstverständlichkeiten, BB 1992, 440–447
Milgrom, Paul/Roberts, John: Price and Advertising Signals of Product Quality, J. Pol. Econ. 94 (1986), 796–821
Mintzberg, Henry: The Case for Corporate Social Responsibility, J. Bus. Strat. 4 (1983), 3–15
Mock, Sebastian: Berichterstattung über Corporate Social Responsibility nach dem CSR-Richtlinie-Umsetzungsgesetz, ZIP 2017, 1195–1203
Möllers, Thomas M. J.: Anlegerschutz durch Aktien- und Kapitalmarktrecht – Harmonisierungsmöglichkeiten nach geltendem und künftigem Recht –, ZGR 1997, 334–367
–: Das europäische Kapitalmarktrecht im Umbruch, ZBB 2003, 390–409
–: Der Weg zu einer Haftung für Kapitalmarktinformationen, JZ 2005, 75–83
–: Effizienz als Maßstab des Kapitalmarktrechts: Die Verwendung empirischer und ökonomischer Argumente zur Begründung zivil-, straf- und öffentlich-rechtlicher Sanktionen, AcP 208 (2008), 1–36
–/*Rotter, Klaus:* Ad-hoc-Publizität: Handbuch der Rechte und Pflichten von börsennotierten Unternehmen und Kapitalanlegern, München 2003

Möslein, Florian/Mittwoch, Anne-Christin: Der Europäische Aktionsplan zur Finanzierung nachhaltigen Wachstums, WM 2019, 481–489

Monhemius, Kerstin Christiane: Divergenzen zwischen Umweltbewusstsein und Kaufverhalten: Ansätze zur Operationalisierung und empirische Ergebnisse, Münster 1990

Morris, Ruby T./Bronson, Claire S.: The Chaos of Competition Indicated by Consumer Reports, J. Marketing 33 (3) (1969), 26–34

Moskowitz, Milton: Choosing Socially Responsible Stocks, Bus. & Soc. Rev. 1 (1972), 71–75

Möstl, Markus: Wandel des Verbraucherleitbilds?, WRP 2014, 906–910

Mugdan, Benno: Die gesamten Materialen zum Bürgerlichen Gesetzbuch, Berlin 1899
 – Band I: Einführungsgesetz und Allgemeiner Teil
 – Band II: Recht der Schuldverhältnisse

Mülbert, Peter O.: Aktiengesellschaft, Unternehmensgruppe und Kapitalmarkt – Die Aktionärsrechte bei Bildung und Umbildung einer Unternehmensgruppe zwischen Verbands- und Anlegerschutzrecht, 2. Auflage, München 1996

–: Konzeption des europäischen Kapitalmarktrechts für Wertpapierdienstleistungen, WM 2001, 2085–2102

–: Empfiehlt es sich, im Interesse des Anlegerschutzes und zur Förderung des Finanzplatzes Deutschland das Kapitalmarkt- und Börsenrecht neu zu regeln – Deutscher Juristentag, 4. Finanzmarktförderungsgesetz und Europa –, JZ 2002, 826–837

–: Anlegerschutz und Finanzmarktregulierung – Grundlagen –, ZHR (2013), 160–211

–/*Steup, Steffen:* Emittentenhaftung für fehlerhafte Kapitalmarktinformation am Beispiel der fehlehrhaften Regelpublizität – das System der Kapitalmarktinformationshaftung nach AnSVG und WpPG mit Ausbilck auf die Transparenzrichtlinie –, WM 2005, 1633–1680

Münchener Kommentar: Kommentar zum Aktiengesetz, Hrsg.: Goette, Wulf/Habersack, Mathias, München (zitiert als: MüKo-AktG/*Bearbeiter*)
 – Band 2: §§ 76–117, MitbestG, DrittelbG, 5. Auflage, 2019
 – Band 5: §§ 278–328, SpruchG, ÖGesAusG, Österreichisches Konzernrecht, 4. Auflage, München 2015,

Münchener Kommentar: Kommentar zum Bürgerlichen Gesetzbuch, Hrsg.: Säcker/Franz Jürgen/Rixecker, Roland/Oetker, Hartmut/Limberg, Bettina, München, (zitiert als: MüKo-BGB/*Bearbeiter*),
 – Band 1: Allgemeiner Teil §§ 1–240, AllgPersönlR, ProstG, AGG, 8. Auflage, 2018
 – Band 2: Schuldrecht – Allgemeiner Teil, 7. Auflage 2016
 – Band 3: Schuldrecht – Allgemeiner Teil II, 8. Auflage 2019
 – Band 3: Schuldrecht – Besonderer Teil I §§ 434–534, Finanzierungsleasing, CISG, 2016
 – Band 6: Schuldrecht – Besonderer Teil IV, §§ 705–853, Partnerschaftsgesellschaftsgesetz, Produkthaftungsgesetz, 7. Auflage 2017

Münchener Kommentar: Kommentar zum Gesetz betreffend die Gesellschaft mit beschränkter Haftung, Hrsg.: Fleischer, Holger/Goette, Wulf, Band 2: §§ 35–52, 2. Auflage, München 2016

Münchener Kommentar: Kommentar zum Handelsgesetzbuch, Hrsg.: Schmidt, Karsten, Band 4: Drittes Buch. Handelsbücher § 238–342e HGB, 3. Auflage, München 2013 (zitiert als: MüKo-HGB/*Bearbeiter*)

Münchener Kommentar: Kommentar zum Lauterkeitsrecht, Hrsg.: Heermann, Peter W./ Schlingloff, Jürgen, 2. Auflage, München 2014, (zitiert als: MüKo-UWG/*Bearbeiter*)
 – Band 1: §§ 1–4 UWG

- Band 2: §§ 5–20 UWG

Münchener Kommentar: Münchener Kommentar zum Bilanzrecht, Hrsg.: Hennrichs, Joachim/Kleindiek, Detlef/Watrin, Christoph, Band 2: Bilanzrecht §§ 238–342e HGB, München 2013 (zitiert als MüKo-BilR/*Bearbeiter*)

Muntermann, Jan/Guettler, Andre: Intraday Stock Price Effects of Ad Hoc Disclosures: the German Case, J. Int. Fin. Markets, Inst. & Money 17 (2007), 1–24

Naumann, Billy: 'Green' rating agencies in dealmaking flurry, Financial Times, European Edition, v. 17.09.2019, S. 21

Nelson, Philip: Advertising as Information, J. Pol. Econ. 82 (1974), 729–754

Nikoleyczik, Tobias/Graßl, Bernd: Überarbeitung des Deutschen Corporate Governance Kodex (DCGK) – Die Änderungsvorschläge der Regierungskommission aus der Plenarsitzung vom 13.10.2016, NZG 2017, 161–169

Nobbe, Gerd: Prospekthaftung bei geschlossenen Fonds – Ein Überblick über die Rechtsprechung insbesondere des Bundesgerichtshofs –, WM 2013, 193–204

O'Hara, Maureen: Market Microstructure Theory, Hoboken 1998

Öberseder, Magdalena/ Schlegelmilch, Bodo B./Gruber, Verena: "Why Don't Consumers Care about CSR?" – A Qualitative Study Exploring the Role of CSR in Consumption Decisions, J. Bus. Ethics 104 (2011), 449–460

Ohly, Ansgar: Das neue UWG im Überblick, GRUR 2016, 3–6

–/*Liebenau, Diana:* Corporate Social Responsibility: unmittelbare Beurteilung auf der Grundlage der lauterkeitsrechtlichen Generalklausel?, in: Hilty, Reto M./Henning-Bodewig, Frauke (Hrsg.), Corporate Social Responsibility, Berlin/Heidelberg 2014, S. 197–209

–/*Sosnitza, Olaf:* Gesetz gegen den unlauteren Wettbewerb – Kommentar, 7. Auflage, München 2016

Orlitzky, Marc: Corporate Social Performance and Financial Performance – A Research Synthesis, in: Crane, Andrew/McWilliams, Abagail/Matten, Dirk/Moon, Jeremy/Siegel, Donald S., The Oxford Handbook on Corporate Social Responsibility, Oxford 2008, S. 113–134

–: Corporate Social Responsibility, Noise and Stock Market Volatility, Acad. Manag. Pers. 27 (2013), 238–254

–/*Benjamin, John D.:* Corporate Social Performance and Firm Risk: A Meta-Analytic Review, 40 Bus. & Society (2001), 369–396

Ostrom, Elinor: Governing the Commons: The Evolution of Institutions for Collective Action, Cambridge 1991

Oxenfeld, Alfred R.: Consumer Knowledge: Its Measurement and Extent, Rev. Econ. & Stat. 32 (1950), 300–314

Palandt, Otto: Kommentar zum Bürgerlichen Gesetzbuch, 78. Auflage, München 2019 (zitiert als: Palandt/*Bearbeiter*)

Palmes, Christina: Der Lagebericht – Grundfragen und Haftung, München 2008

Park, Tido (Hrsg.): Kapitalmarktstrafrecht, 4. Auflage, Baden-Baden 2017 (zitiert als: Park/*Bearbeiter*)

Paulus, Christoph G./Schneider, Friedrich B.: Über die Ethisierung des Rechts, Jura 2013, 1197–1206

Pedersen, Esben Rahbek/Andersen, Mette: Safeguarding corporate social responsibility (CSR) in global supply chains: how codes of conduct are managed in buyer-supplier relationships, J. Publ. Aff. 6 (2006), 228–240

Peifer, Karl-Nikolaus: Die Zukunft der irreführenden Praktiken, WRP 2008, 556–563

–: Schutz ethischer Werte im Europäischen Lauterkeitsrecht oder rein wirtschaftliche Betrachtungsweise?, in: Hilty, Reto M./Henning-Bodewig, Frauke (Hrsg.), Lauterkeitsrecht und Acquis Communautaire, Berlin/Heidelberg 2009, S. 125–149

Peltzer, Martin: Corporate Governance als zusätzliche Pflichtenbestimmung für den Aufsichtsrecht, NZG 2002, 10–16

Peterkova Mitkidis, Katerina: Sustainability Clauses in International Supply Chain Contracts: Regulation, Enforceability and Effects on Ethical Requirements, Nordic J. Com. L. 2014, No. 1, 1–30

Pfeiffer, Thomas: Was kann ein Verbraucher?, NJW 2011, 1–7

Pflug, Hans-Joachim: Zur Auslegung wechselmäßiger Erklärungen gegenüber dem ersten Wechselnehmer und gegenüber weiteren Erwerbern des Papiers, ZHR 148 (1984), 1–26

Picker, Eduard: Positive Forderungsverletzung und culpa in contrahendo – Zur Problematik der Haftungen „zwischen" Vertrag und Delikt, AcP 183 (1983), 369–520

Plander, Harro: Lottospielgemeinschaft und Rechtsbindungswille, AcP 176 (1976), 425–447

Plumlee, Marlene/Brown, Darrell/Hayes, Rachel M./Marshall, R. Scott: Voluntary environmental disclosure quality and firm value: Further evidence, J. Account. Public Policy 34 (2015), 336–361

Podszun, Rupprecht: Der "more economic approach" im Lauterkeitsrecht, WRP 2009, 509–518

–: Corporate Social Responsibility-Standards: Rechtstheoretische Aspekte und die Frage, was den „Markenkern" der Rechtswissenschaft ausmacht, in: Hilty, Reto M./Henning-Bodewig, Frauke (Hrsg.), Corporate Social Responsibility: Verbindliche Standards des Wettbewerbsrechts?, Berlin/Heidelberg 2014, S. 51–79

Poelzig, Dörte: Private enforcement im deutschen und europäischen Kapitalmarktrecht – Eine Untersuchung anhand des Marktmanipulationsverbots unter Berücksichtigung der Entwicklungen im europäischen Kartellrecht, ZGR 2015, 801–848

Posner, Richard A.: A Theory of Negligence, J. Legal Stud. 1 (1972), 29–96

–: Economic Analysis of the Law, 9. Auflage, Austin 2014

Pritchard, Adam C.: Markets as Monitors: A Proposal to Replace Class Actions with Exchanges as Securities Fraud Enforcers, Va. L. Rev. 85 (1990), 925–1020

Prütting, Hanns: Methodische Grundfragen der Auslegung von Willenserklärungen, in: Brügmann, Klaus/Oppler, Peter Michael/Wenner, Christian (Hrsg.), Festschrift für Walter Jagenburg zum 65. Geburtstag, München 2002, S. 735–744

Quazi, Ali M./O'Brien, Dennis: An Empirical Test of a Cross-national Model of Corporate Social Responsibility, J. Bus. Ethics 25 (2000), 33–51

Raab, Thomas: Austauschverträge mit Drittbeteiligung, Tübingen 1999

Rehbinder, Eckard: Unternehmenspublizität im Zeichen sozialer Verantwortung der Unternehmen – Zur CSR-Richtlinie der Europäischen Union, Siekmann, Helmut (Hrsg.), Festschrift für Theodor Baums zum siebzigsten Geburtstag, Band II, Tübingen 2017, 595–974

Redeker, Philipp: Beschaffenheitsbegriff und Beschaffenheitsvereinbarung beim Kauf, München 2012

–: Die Verkäuferhaftung beim Unternehmens- und Grundstückskauf, NJW 2012, 2471–2474

Rees, Joseph V.: Development of Communitarian Regulation in the Chemical Industry, Law and Policy, 19 (1997), 477–528

Reik, Steffen: Der strategische Einfluss von Informationen in Vertrauensgütermärkten, Wiesbaden 2016

Reinicke, Dietrich/Tiedtke, Klaus: Kaufrecht, 8. Auflage, Köln 2009

Renneboog, Luc/Horst, Jenke T./Zhnag, Chendi: Socially responsible investments: Institutional aspects, performance and investor behavior, J. Bank. & Fin. 32 (2008), 1723–1742

Reuss, Karl Friedrich: Die Intensitätsstufen der Abreden und die Gentlemen-Agreements, AcP 154 (1955), 485–526

Richter, Stefan: Schadenszurechnung bei deliktischer Haftung für fehlerhafte Sekundärmarktinformation, Tübingen 2012

Riesenhuber, Karl: System und Prinzipien des europäischen Vertragsrechts, Berlin 2003

Riley, John G.: Silver Signals: Twenty-Five Years of Screening and Signaling, J. Econ. Lit 39 (2001), 432–478

Rivera, Jorge/de Leon, Peter: Is Greener Whiter?, Policy Stud. J. 32 (2004), 417–437

Rösler, Hannes: Arglist im Schuldvertragsrecht, AcP 207 (2007), 564–613

Roth-Mingram, Berrit: Corporate Social Responsibility (CSR) durch eine Ausweitung der nichtfinanziellen Informationen von Unternehmen, NZG 2015, 1341–1346

–: Corporate Social Responsibility in der Sozialen Marktwirtschaft, Baden-Baden 2017

Roth, Herbert: Standzeit von Kraftfahrzeugen als Sachmangel, NJW 2004, 330–332

–: Stückkauf und Nacherfüllung durch Lieferung einer mangelfreien Sache, NJW 2006, 2953–2956

Rott, Peter: Der „Durchschnittsverbraucher" – ein Auslaufmodell angesichts personalisiertem Marketings?, VuR 2015, 163–167

Rubinstein, Mark: Rational Markets: Yes or No? The Affirmative Case, Fin. Analysts J. 57 (3) (2001), 15–29

Rühmkorf, Andreas: Corporate Social Responsibility, Private Law & Global Supply Chains, Cheltenham 2015

Russo, Michael V./Fouts, Paul A.: A Resource-Based Perspective on Corporate Environmental Performance and Profitability, Acad. Manag. J. 40 (1997), 534–559

Rützel, Stefan: Der aktuelle Stand der Rechtsprechung zur Haftung bei Ad-hoc-Mitteilungen, AG 2003, 69–79

Sack, Rolf: Das Anstandsgefühl aller billig und gerecht Denkenden und die Moral als Bestimmungsfaktoren der guten Sitten, NJW 1985, 761–769

–: Das Verbraucherleitbild und das Unternehmerleitbild im europäischen und deutschen Wettbewerbsrecht, WRP 1998, 264–269

–: Deliktsrechtlicher Verbraucherschutz gegen unlauteren Wettbewerb, NJW 1975, 1303–1308

–: Die relevante Irreführung im Wettbewerbsrecht, WRP 2004, 521–529

–: Folgeverträge unlauteren Wettbewerbs, GRUR 2004, 625–635

–: Individualschutz gegen unlauteren Wettbewerb – Anmerkung zur BGH-Entscheidung „E-Mail-Werbung II" vom 20. Mai 2009, WRP 2009, 1330–1335

Sauer, Knut: Haftung für Falschinformation des Sekundärmarktes, Frankfurt a.M. 2004

–: Kausalität und Schaden bei der Haftung für falsche Kapitalmarktinformationen, ZBB 2005, 24–35

Sauter, Bettina: Anhang und Lagebericht im Spannungsfeld zwischen Unternehmens- und Bilanzrecht, Tübingen 2016

von Savigny, Friedrich Carl: Das Obligationenrecht als Theil des heutigen Römischen Rechts, Zweiter Band, Berlin 1853

–: System des heutigen Römischen Rechts, Dritter Band, Berlin 1840

Scalet, Steven/Kelly, Thomas F.: CSR Rating Agencies: What is Their Global Impact?, J. Bus. Ethics 94 (2010), 69–88

Schäfer, Carsten: Effektivere Vorstandshaftung für Fehlinformation des Kapitalmarkts, NZG 2005, 985–992

Schäfer, Hans-Bernd: Haftung für fehlerhafte Wertgutachten aus wirtschaftswissenschaftlicher Perspektive, AcP 202 (2002), 808–840

–: Efficient Third Party Liability of Auditors in Tort Law and in Contract Law, Supreme Court Econ. Rev. 12 (2004), 181–208

–: Die Dritthaftung des Wirtschaftsprüfers für Vermögensschäden auf Primär- und Sekundärmärkten, eine ökonomische Analyse, in Hopt, Klaus J./Voigt, Hans-Christoph (Hrsg.), Prospekt- und Kapitalmarktinformationshaftung, Tübingen 2005, S. 161–185

–/*Ott, Claus:* Lehrbuch der ökonomischen Analyse des Zivilrechts, 5. Auflage, Berlin/Heidelberg 2012

Schäfer, Peter/Pfeiffer, Karen: Die EG-Richtlinie über den Verbrauchsgüterkauf, ZIP 1999, 1829–1837

Scherer, Inge: Die Leerformel vom „hohen Verbraucherschutzniveau", WRP 2013, 977–980

–: Divergenz und Kongruenz der Rechtsprechung des EuGH und des BGH zur Verbraucherwerbung, WRP 1999, 991–997

–: Normative Bestimmung von Verwechslungs- und Irreführungsgefahr im Markenrecht, GRUR 2000, 273–279

–: Migrationsfolgen im Marken- und Lauterkeitsrecht, WRP 2016, 8–15

Schimanksy, Herbert/Bunte, Hermann-Josef/Lwowski, Hans-Jürgen: Bankrechts Handbuch, 5. Auflage, München 2017 (zitiert als: Schimansky/Bunte/Lwowski/*Bearbeiter*, HdB Bankrecht)

Schimmel, Roland: Zur Auslegung von Willenserklärungen, JA 1998, 979–987

Schmidhuber, Martin: Verhaltenskodizes im neuen UWG – Überlegungen zur Bedeutung für die lauterkeitsrechtliche Praxis in Deutschland, WRP 2010, 593–599

Schmidt, Detlef: Die Beschaffenheit der Kaufsache, BB 2005, 2763–2767

Schmidt, Eberhard: Schlägermensur und Strafrecht, JZ 1954, 369–375

Schmidt, Jessica: Der Vertragsschluss – ein Vergleich zwischen dem deutschen, französischen, englischen Recht und dem CESL –, Tübingen 2013

Schmidt, Karsten: Gesellschaftsrecht, 4. Auflage, Köln/Berlin/Bonn/München 2002

–/*Lutter, Marcus:* Aktiengesetz – Kommentar, 3. Auflage, Köln 2015

Schmolke, Klaus Ulrich: Die Haftung für fehlerhafte Sekundärmarktinformation nach dem „IKB"-Urteil des BGH, ZBB 2012, 165–178

–: Das Verbot der Marktmanipulation nach dem neuen Marktmissbrauchsregime – Ziele, Kennzeichen und Problemlagen der Neuregelung in Art. 12 f., 15 MAR, AG 2016, 434–445

–: Private Enforcement und institutionelle Balance – Verlangt das Effektivitätsgebot des Art. 4 III EUV eine Schadensersatzhaftung bei Verstoß gegen Art. 15 MAR?, NZG 2016, 721–728

–/*Klöhn, Lars:* Unternehmensreputation (Corporate Reputation) – Ökonomische Erkenntnisse und ihre Bedeutung im Gesellschafts- und Kapitalmarktrecht, NZG 2015, 689–697

Schnauder, Franz: Regimewechsel im Prospekthaftungsrecht bei geschlossenen Publikumsfonds, NJW 2013, 3207–3213

Schneider, Andreas: Reifegradmodell CSR – eine Begriffserklärung und -abgrenzung, in: ders./Schmidpeter, René (Hrsg.), Corporate Social Responsibility, Heidelberg 2015, S. 21–42

Schneider, Uwe H.: Patronatserklärungen gegenüber der Allgemeinheit Überarbeitete und aktualisierte Fassung eines Beitrags, der unter dem Titel „Kollektive konzernexterne und konzerninterne Patronatserklärungen" in der Festschrift für Hans-Joachim Krümmel, Berlin, 1988, erschienen ist, ZIP 1989, 619–625

Schnorr, Randolf: Geschäftsleiterhaftung für fehlerhafte Buchführung, ZHR 170 (2006), 9–38

Schön, Wolfgang: Entwicklung und Perspektiven des Handelsbilanzrechts: vom ADHGB zum IASC, ZHR 161 (1997), 133–159

Schönenberger, Andreas: Ökonomische Analyse der Notwendigkeit und Effizienz des börsenrechtlichen Haftungsregimes, Baden-Baden 2000

Schrader, Christian: Verrechtlichung von Corporate Social Responsibility, ZUR 2013, 451–458

Schreck, Philipp: Der Business Case for Corporate Social Responsibility, in: Schneider, Andreas/Schmidpeter, René (Hrsg.), Corporate Social Responsibility: Verantwortungsvolle Unternehmensführung in Theorie und Praxis, Heidelberg 2015, S. 71–88

Schröder, Michael: Is there a Difference? The Performance Characteristics of SRI Equity Indices, J. Bus. Fin. & Acct. 34 (2007), 331–348

Schubert, Werner: Unredliches Verhalten Dritter bei Vertragsschluss, AcP 168 (1968), 470–512

Schüler, Wolfgang: Die Wissenszurechnung im Konzern, Berlin 2000

Schultz, Friederike: Moral – Kommunikation – Organisation, Wiesbaden 2011

Schwab, Martin: Grundfälle zu culpa in contrahendo, Sachwalterhaftung und Vertrag mit Schutzwirkung für Dritte nach neuem Schuldrecht, JuS 2002, 773–778

Schwan, Gesine: Keynote, in: Hilty, Reto M./Henning-Bodewig, Frauke (Hrsg.), Corporate Social Responsibility: Verbindliche Standards des Wettbewerbsrechts? Berlin/Heidelberg 2014, S. 9–15

Schwark, Eberhard: Kapitalmarktbezogene Informationshaftung, in: Häuser, Franz/ Hammen, Horst/Hennrichs, Joachim/Steinbeck, Anja/Siebel, Ulf R./Welter, Reinhard, Festschrift für Walther Hadding zum 70. Geburtstag am 8. Mai 2004, Berlin 2004, S. 1117–1138

–/*Zimmer: Daniel,* Kapitalmarktrechts-Kommentar, 4. Auflage, München 2010 (zitiert als: Schwark/Zimmer/*Bearbeiter*)

Schwartz, Alan/Scott, Robert E.: Contract Theory and the Limits of Contract Law, Yale L. J. 113 (2003), 541–619

–/–: Contract Interpretation Redux, Yale L. J. 119 (2010), 926–964

Schwartz, Mark S./Carroll, Archie B.: Corporate Social Responsibility: A Three-Domain Approach, Bus. Ethics Q. 13 (2003), 503–530

Schwartz, Robert A.: Personal Philantropic Contributions, J. Pol. Econ. 78 (1970), 1264–1291

Schweizer, Robert: Die Evolution der Begriffsdefinitionen nach der Pluralität der Wirklichkeit – Das Europäische Verbraucherleitbild: Die halbe Weisheit, in: Schütze, Rolf A. (Hrsg.), Einheit und Vielfalt des Rechts, Festschrift für Reinhold Geimer zum 65. Geburtstag, München 2002, S. 1073–1096

Seibt, Christoph H.: Deutscher Corporate Governance Kodex und Entsprechens-Erklärung (§ 161 AktG-E), AG 2002, 249–259

–: Europäische Finanzmarktregulierung zu Insiderrecht und Ad hoc-Publizität, ZHR 177 (2013), 388–426

Sester, Peter: Gläubiger- und Anlegerschutz bei evidenten Fairnessverstößen über eine deliktsrechtliche Haftung der handelnden Personen – Plädoyer für eine zurückhaltende richterliche Regulierung und gegen ein Eingreifen des Gesetzgebers, ZGR 2006, 1–39

Sethe, Rolf: Anmerkung zu OLG Stuttgart, Urt. v. 08.02.2006 – 20 U 24/04, EWiR 2006, 263–264

Shiller, Robert J.: The Volatility of Long-Term Interest Rates and Expectations Models of the Term Structure, J. Pol. Econ 87 (1979), 1190–1219

–: Stock Prices and Social Dynamics, Brookings Pap. Econ. Act. 1984 (2) (1984), 457–498

–: From Efficient Markets Theory to Behavioral Finance, J. Econ. Pers. 17 (1) (2003), 83–104

–: Irrational Exuberance, 3. Auflage, Princeton/Oxford 2016

Shleifer, Andrei: Inefficient Markets: An Introduction to Behavioral Finance, Oxford/New York 2000

Siebel, Ulf/Gebauer, Stefan: Prognosen im Aktien- und Kapitalmarktrecht – Lagebericht, Zwischenbericht, Verschmelzungsbericht, Prospekt usw. – Teil II –, WM 2001, 173–193

Simitis, Konstantinos: Gute Sitten und ordre public, Marburg 1960

Simons, Cornelius: Corporate Social Responsibility und globales Wirtschaftsrecht, – Rechtspolitisches Impulsreferat –, ZGR 2008, 316–333

Singer, Reinhard: Fehler beim Kauf – Zum Verhältnis von Mängelgewährleistung, Irrtumsanfechtung und culpa in contrahendo, in: Canaris, Claus-Wilhelm/Heldrich, Andreas/Schmidt, Karsten/Roxin, Claus/Widmaier, Gunter (Hrsg.), 50 Jahre Bundesgerichtshof – Festgabe aus der Wissenschaft, Band I, München 2000, S. 381–405

Skinner, Douglas J.: Why Firms Voluntarily Disclose Bad News, J. Acct. Res. 32 (1994), 38–60

Soergel, Theodor: Bürgerliches Gesetzbuch mit Einführungsgesetz und Nebengesetzen, Band 2: Schuldrecht I. §§ 241–432 BGB, 12. Auflage, Stuttgart 1990, (zitiert als: Soergel/*Bearbeiter*, 12. Aufl.)

Soergel, Theodor: Bürgerliches Gesetzbuch mit Einführungsgesetz und Nebengesetzen, 13. Auflage, Stuttgart, (zitiert als: Soergel/*Bearbeiter*)
– Band 2: Allgemeiner Teil 2. §§ 104–240 BGB, 1999
– Band 3/2: Schuldrecht 1/2. §§ 234–304, 2014
– Band 5/1a: Schuldrecht 3/1a. §§ 311, 311a-c, 313, 314 BGB, 2014
– Band 5/3: Schuldrecht 3/3. §§ 328–432 BGB, 2009
– Band 11/1: Schuldrecht 9/1. §§ 705–758 BGB, 2011
– Band 11/3: Schuldrecht 9/3. §§ 780–822 BGB, 2012

Sosnitza, Olaf: Der Gesetzentwurf zur Umsetzung der Richtlinie über unlautere Geschäftspraktiken, WRP 2008, 1014–1034

Spar, Debora L./La Mure, Lana T.: The Power of Activism: Assessing the Impact of NGOs on Global Business, Cal. Manag. Rev. 45 (2003), 78–101

Sparkes, Russel/Cowton, Christopher J.: The Maturing of Socially Responsible Investment: A Review of the Developing Link with Corporate Social Responsibility, J. Bus. Ethics 52 (2004), 45–57

Spasova, Rumyana: Anmerkung zu EuGH, 04.06.2015 – C-497/13, EuZW 2015, 564–565

Spence, Michael: Job Market Signaling, Q. J. Econ. 87 (1973), 355–374

―: Informational Aspects of Market Structure: An Introduction, Q. J. Econ. 90 (1976), 591–597
Spickhoff, Alexander: Gesetzesverstoß und Haftung, Köln/Berlin/Bonn/München 1998
Spießhofer, Birgit: Die neue europäische Richtlinie über die Offenlegung nichtfinanzieller Informationen – Paradigmenwechsel oder Papiertiger?, NZG 2014, 1281–1287
―: Unternehmerische Verantwortung – Zur Entstehung einer globalen Wirtschaftsordnung, Baden-Baden 2017
―: Compliance und Corporate Social Responsibility, NZG 2018, 441–447
Spindler, Gerald: Persönliche Haftung der Organmitglieder für Falschinformationen des Kapitalmarktes – de lege lata und de lege ferenda, WM 2004, 2098–2098
―: Codes of Conduct im UWG – de lege lata und de lege ferrenda, in: *Büscher, Wolfgang/Glöckner, Jochen/Nordemann, Axel/Osterrieth, Christian/Rengier, Rudolf,* Marktkommunikation zwischen Geistigem Eigentum und Verbraucherschutz, Festschrift für Karl-Heinz Fezer zum 70. Geburtstag, München 2016, 849–867
―: Selbstregulierung und Zertifizierungsverfahren nach der DS-GVO – Reichweite und Rechtsfolgen der genehmigten Verhaltensregeln, ZD 2016, 407–414
–/Stilz, Eberhard: Kommentar zum Aktiengesetz, 4. Auflage, München 2019
Stamenkova van Rumpt, Jelena: Integrating CSR Principles in Capital Markets through the Prospectus Directive, Europ. Comp. L. 9 (2012), 81–85
Stathopoulos, Michael: Zur Methode der Auslegung der Willenserklärung, in: Paulus, Gotthard/Diederichsen, Uwe/Canaris, Claus-Wilhelm (Hrsg.), Festschrift für Karl Larenz zum 70. Geburtstag, München 1973, S. 357–372 (zitiert als: FS-Larenz I)
Staub, Hermann: Handelsgesetzbuch Großkommentar, Dritter Band, 1. Teilband: §§ 238–289, 4. Auflage, Berlin/New York (zitiert als Staub/*Bearbeiter,* 4. Aufl.)
Staub, Herrmann: Handelsgesetzbuch Großkommentar, 5. Auflage, Berlin/Boston
 – Fünfter Band: §§ 238–289a, 2014
 – Elfter Band: Bankvertragsrecht; Erster Teilband: Investment Banking I, 2016
Staudinger, Ansgar/Ewert, Thomas: Täuschung durch den Verkäufer, JA 2010, 241–247
von Staudinger, Julius, Kommentar zum Bürgerlichen Gesetzbuch (zitiert als: Staudinger/*Bearbeiter*)
 – Buch 1: Allgemeiner Teil. Einleitung zum BGB; §§ 1–14; VerschG (Einleitung zum BGB und Allgemeiner Teil 1), Neubearbeitung 2013
 – Buch 1: Allgemeiner Teil. §§ 90–124; 130–133 (Sachen und Tiere, Geschäftsfähigkeit, Willenserklärung), Neubearbeitung 2017
 – Buch 1: Allgemeiner Teil. §§ 139–163 (Allgemeiner Teil 4b), Neubearbeitung 2015
 – Buch 1: Allgemeiner Teil. §§ 164–240 (Allgemeiner Teil 5)
 – Buch 2: Recht der Schuldverhältnisse. Einleitung zum Schuldrecht; §§ 241–243 (Treu und Glauben), Neubearbeitung 2015
 – Buch 2: Recht der Schuldverhältnisse. §§ 249–254 (Schadensersatzrecht), Neubearbeitung 2017
 – Buch 2: Recht der Schuldverhältnisse. §§ 311, 311a–c Neubearbeitung 2018
 – Buch 2: Recht der Schuldverhältnisse. §§ 328–345 (Vertrag zugunsten Dritter, Draufgabe Vertragsstrafe), Neubearbeitung 2015
 – Buch 2: Recht der Schuldverhältnisse. §§ 433–480 (Kaufrecht), Neubearbeitung 2014
 – Buch 2: Recht der Schuldverhältnisse. §§ 823 A–D (Unerlaubte Handlungen 1 – Rechtsgüter und Rechte, Persönlichkeitsrecht, Gewerbebetrieb), Neubearbeitung 2017

- Buch 2: Recht der Schuldverhältnisse. §§ 823 E–I, 824, 825 (Unerlaubte Handlungen 1 – Teilband 2), Neubearbeitung 2009
- Buch 2: Recht der Schuldverhältnisse. §§ 826–829; ProdHaftG (Unerlaubte Handlungen 2, Produkthaftung), Neubearbeitung 2018
- Eckpfeiler des Zivilrechts, Neubearbeitung 2018 (zitiert als: Staudinger/*Bearbeiter*, Eckpfeiler)

Stein, Ursula: Haftung aus in Anspruch genommenem Marktvertrauen?, in: Lutter, Marcus/Scholz, Manfred/Sigle, Walter (Hrsg.), Festschrift für Martin Peltzer zum 70. Geburtstag, Köln 2001, S. 557–576

vom Stein, Werner: Zur Beurteilung irreführender Werbung ohne demoskopische Gutachten, WRP 1970, 332–333

Stigler, George J.: The Economics of Information, J. Pol. Econ. 69 (1961), 213–225

Stöhr, Alexander: Die Vertragsbindung – Legitimation, Herkunft, Grenzen, AcP 214 (2014), 425–458

Stoll, Hans: Das Handeln auf eigene Gefahr, Berlin 1961

Stout, Lynn A.: The Unimportance of Being Efficient: An Economic Analysis of Stock Market Pricing and Securities Regulation, Mich. L. Rev. 87 (1988), 613–709

Stuyk, Jules: Consumer Concepts in EU Secondary Law, in: Klinck, Fabian/Riesenhuber, Karl (Hrsg.), Verbraucherleitbilder: Interdisziplinäre und Europäische Perspektiven, Berlin 2015, S. 115–135

Teichmann, Christoph: Haftung für fehlerhafte Information am Kapitalmarkt, JuS 2006, 953–960

Teubner, Günther: Standards und Direktiven in Generalklauseln, Frankfurt a. M. 1971

–: Selbst-Konstitutionalisierung transnationaler Unternehmen? Zur Verknüpfung „privater" und „staatlicher" Corporate Codes of Conduct, in: Grundmann, Stefan/Haar, Brigitte/Merkt, Hanno/Mülbert, Peter O./Wellenhofer, Marina/et al. (Hrsg.), Festschrift für Klaus J. Hopt zum 70. Geburtstag am 24. August 2010, Unternehmen, Markt und Verantwortung, S. 1449–1470

The Economist: Players: 0; Colleges: $10,000,000,000, 16.–22. August 2014, S. 29–30

–: Special report: Corporate Social Responsibility – Just good business, 19. Januar 2008

–: Social saints, fiscal fields, Schumpeter, 2.–8. Januar 2016, S. 48

Thomale, Chris/Hübner, Leonhard: Zivilgerichtliche Durchsetzung völkerrechtlicher Unternehmensverantwortung, JZ 2017, 385–397

von Tuhr, Andreas: Der Allgemeine Teil des Bürgerlichen Rechts, Zweiter Band: Die rechtserheblichen Tatsachen, insbesondere das Rechtsgeschäft. Erste Hälfte, Berlin 1914, Nachdruck 1957

Tiller, Sebastian: Gewährleistung und Irreführung, München 2005

Tilmann, Winfried: Irreführende Werbeangaben und täuschende Werbung, GRUR 1976, 544–556

Tobin, James, On the Efficiency of the Financial System, Lloyds Bank Rev. 153 (1984), 1–15

Ulbrich, Sebastian: Der BGH auf dem Weg zum normativen Verbraucherleitbild, WRP 2005, 940–953

Ullmann, Eike: Der Verbraucher – ein Hermaphrodit, GRUR 1991, 789–795

–: Das Koordinatensystem des Rechts des unlauteren Wettbewerbs im Spannungsfeld von Europa und Deutschland, GRUR 2003, 817–825

Ulmer, Eugen: Sinnzusammenhänge im modernen Wettbewerbsrecht, Berlin/Heidelberg 1932

Ulmer, Peter: Der Deutsche Corporate Governance Kodex – ein neues Regulierungsinstrument für börsennotierte Aktiengesellschaften, ZHR 166 (2002), 150–181

–/Habersack, Mathias/Löbbe, Marc (Hrsg.): GmbHG – Gesetz betreffend die Gesellschaft mit beschränkter Haftung Großkommentar, Band 2: §§ 29–52, 2. Auflage, Tübingen 2014

Varian, Hal: Intermediate Microeconomics: A Modern Approach, 8. Aufl., New York, New York 2010

Veil, Rüdiger: Die Ad-hoc-Publizitätshaftung im System kapitalmarktrechtlicher Informationshaftung, ZHR 167 (2003), 365–402

–: Der Schutz des verständigen Anlegers durch Publizität und Haftung im europäischen und nationalen Kapitalmarktrecht, ZBB 2006, 162–171

–: Autonomie privaten Rechts und dessen Einbindung in die staatliche Rechtsordnung – Betrachtungen aus der Perspektive des Aktiengesellschafts- und Kapitalmarktrechts, in Bumke, Christian/Röthel, Anne (Hrsg.), Privates Recht, Tübingen 2012, S. 269–284

–: Sanktionsrisiken für Emittenten und Geschäftsleiter im Kapitalmarktrecht, ZGR 2016, 305–328

Verrecchia, Robert E.: On the Theory of Market Information Efficiency, J. Acct. & Econ. 1 (1979), 77–90

Votaw, Dow/Sethi, S. Prakash: Corporate Dilemma: Traditional Values Versus Contemporary Problems, Upper Saddle River, New Jersey 1973

Waddock, Sandra: Building a New Institutional Infrastructure for Corporate Social Responsibility, Acad. Manag. Perspect. 22 (2008), 87–108

Wagner, Gerhard: Grundstrukturen des europäischen Deliktsrechts, in: Zimmermann, Reinhard (Hrsg.), Grundstrukturen des europäischen Deliktsrechts, Baden-Baden 2003, S. 189–340

–: Lügen im Vertragsrecht, in: Zimmermann, Reinhard (Hrsg.), Störungen der Willensbildung bei Vertragsschluss, Tübingen 2007, S. 59–102

–: Schadensberechnung im Kapitalmarktrecht, ZGR 2008, 495–532

–: Wissenszurechnung: Rechtsvergleichende und rechtsökonomische Grundlagen, ZHR 181 (2017), 203–272

Waldman, David. A./Siegel, Donald: Defining the Socially Responsible Leader, Leadership Quarterly 19 (2008), 117–131

von Walter, Axel: Rechtsbruch als unlauteres Marktverhalten: Tatbestand und Anwendungsbereich des § 4 Nr. 11 UWG in Abgrenzung zur Fallgruppe „Vorsprung durch Rechtsbruch", Tübingen 2007

–: Corporate Social Responsibility und das Irreführungsverbot nach den §§ 5, 5a UWG, in: Hilty, Reto M./Henning-Bodewig, Frauke (Hrsg.), Corporate Social Responsibility, Berlin/Heidelberg 2014, S. 187–196

Waltermann, Raimund: Arglistiges Verschweigen eines Fehlers bei der Einschaltung von Hilfskräften, NJW 1993, 889–895

–: Zur Wissenszurechnung – am Beispiel der juristischen Personen des privaten und öffentlichen Rechts, AcP 192 (1992), 181–226

Wan-Jan, Wan Saiful: Defining corporate social responsibility, J. Publ. Affairs 6 (2006), 176–184

Wandt, Manfred: Gesetzliche Schuldverhältnisse, 9. Auflage, München 2019

Wang, William K.S.: Some Arguments that the Stock Market Is Not Efficient, U.C. Davis L. Rev. 19 (1985), 341–402

Weatherill, Stephen: Who is the 'Average Consumer'?, in: ders./Bernitz, Ulf (Hrsg.), The Regulation of Unfair Commercial Practices under EC Directive 2005/29 – New Rules and New Techniques, Oxford/Portland 2007, S. 127–138

Webley, Paul/Lewis: Alan/Mackenzie, Craig: Commitment among ethical investors: An experimental approach, J. Econ. Psych. 22 (2001), 27–42

Weiler, Frank: Haftung für Werbeaussagen nach neuem Kaufrecht, WM 2002, 1784–1794

von Weizsäcker, Ernst Ulrich: Einleitung, in: Vohrer, Manfred (Hrsg.), Ökologische Verantwortung in Europa, Baden-Baden 1992, S. 9–12

Weller, Marc-Philipe/Kaller, Luca/Schulz, Alix: Haftung deutscher Unternehmen für Menschenrechtsverletzungen im Ausland, AcP (216) 2016, 387–420

Weller, Marc-Philipe/Benz, Nina: Frauenförderung als Leitungsaufgabe, AG 2015, 467–476

Wiedemann, Herbert: Gesellschaftsrecht, Band I: Grundlagen, München 1980

Wilhelmsson, Thomas: A Green Sales Law?, Y.B. N.Z. Juris. 6 (2002–2003), 83–102

Willoweit, Dietmar: Abgrenzung und Relevanz nicht rechtsgeschäftlicher Vereinbarungen, Berlin 1969

–: Die Rechtsprechung zum Gefälligkeitshandeln, JuS 1986, 96–107

Wimmer, Frank: Umweltbewußtsein und konsumrelevante Einstellungen und Verhaltensweisen, in: Brandt, Arno/Hansen, Ursula/Schoenheit, Ingo/Werner, Klaus (Hrsg.), Ökologisches Marketing, Frankfurt/New York 1988, S. 44–85

Wimmer, Frank: Empirische Einsichten in das Umweltbewußtsein und Umweltverhalten der Konsumenten, in: Wagner, Gerd R. (Hrsg.), Betriebswirtschaft und Umweltschutz, Stuttgart 1993, S. 44–78

Windbichler, Christine: Der gordische Mitbestimmungsknoten und das Vereinbarungsschwert – Regulierung durch Hilfe zur Selbstregulierung?, in: Jürgens, Ulrich/Sadowski, Dieter/Schuppert, Gunnar Folke/Weiss, Manfred (Hrsg.), Perspektiven der Corporate Governance, Baden-Baden 2007, S. 282–304

–: Dodge v. Ford Revisited – Shareholder-Value-Leitentscheidung oder sprechende Corporate-Governance-Geschichte?, in: Siekmann, Helmut (Hrsg.), Festschrift für Theodor Baums zum siebzigsten Geburtstag, Band II, Tübingen 2017, 1443–1453

Windorfer, Mathias: Kapitalmarktinformationen aus der Perspektive des Lauterkeitsrechts, Baden-Baden 2014

Windscheid, Bernhard: Lehrbuch des Pandektenrechts in drei Bänden, Band II, 8. Auflage, Frankfurt a.M. 1900–1901

Winston, Mortong: NGO Strategies for Promoting Corporate Social Responsibility, Ethics Int. Aff. 16 (2002), 71–87

Wiring, Roland: § 5 UWG über irreführende geschäftliche Handlungen: Eine Norm, die irreführt?, NJW 2010, 580–582

Wöhe, Günter/Döring, Ulrich/Brösel, Gerrit: Einführung in die Allgemeine Betriebswirtschaftslehre, 26. Auflage, München 2016

Wolf, Klaus Dieter: Unternehmen als Normunternehmer, in: Kadelbach, Stefan/Günther, Klaus (Hrsg.), Recht ohne Staat?, Frankfurt/New York 2011, S. 101–118

Wolf, Manfred: Der Ersatzberechtigte bei Tatbeständen sittenwidriger Schädigung, NJW 1967, 709–712

–/*Neuner, Jörg:* Allgemeiner Teil des Bürgerlichen Rechts, 11. Auflage, München 2016

Wronka, Georg: Werberechtsreform und Verbraucherschutz, UFITA 1977, 221–226

Wunderle, Timo: Verbraucherschutz im europäischen Lauterkeitsrecht, Tübingen 2010

Wuttke, Tobias: Die Bedeutung der Schutzzwecke für ein liberales Wettbewerbsrecht – Zugleich eine Anmerkung zu BGH I ZR 234/03 – Warnhinweis II, WRP 2007, 119–127

Zech, Alexandra/Hanowski, Bernd: Haftung für fehlerhaften Prospekt aus § 13 VerkProspG a. F. – Maßgeblicher Empfängerhorizont bei der Beurteilung der Unrichtigkeit eines Prospekts, NJW 2013, 510–513

Zeppernick, Martin: Vorsprung durch Rechtsbruch im Spannungsverhältnis zwischen Konkurrentenschutz und Popularklage, Köln/Berlin/Bonn/München 2002

Zietsma, Charlene/Winn, Monika I.: Building Chains and Directing Flows, Bus. & Society 47 (2008), 68–101

Zimmer, Daniel: Verschärfung der Haftung für fehlerhafte Kapitalmarktinformation – Ein Alternativkonzept –, WM 2004, 9–21

Zimmer, Reingard: Soziale Mindeststandards und ihre Durchsetzungsmechanismen: Sicherung internationaler Mindeststandards durch Verhaltenskodizes?, Baden-Baden 2011

Sachregister

Affektionsinteressen, siehe ideelle Interessen
allgemeine Kapitalmarktinformationshaftung 88 f.
Allokationsfunktion
- des Kapitalmarktes 101, 108, 140
- des Marktes für Waren und Dienstleistungen 47, 180 f., 197, 224

Auslegung
- Beachtung vorvertraglicher Publikumswerbung bei der ~150 ff.
- ergänzende Vertrags~ 155
- von Erklärungen an die Öffentlichkeit 149 f.

~smaßstab der §§ 133, 157 BGB 162 ff.
~smaßstab i.R.v. § 434 Abs. 1 S. 3 BGB 159 ff.

Beschaffenheitsbegriff 156 ff.
- Bedeutung des ~ im Rahmen der c.i.c. 186, 195
- Erweiterung gegenüber Verbrauchern 160 ff.
- Erweiterung im Rahmen des § 434 Abs. 1 S. 3 BGB 159 f.
- Reichweite 157 ff.

Branchen-Codes 13, 27 ff.
Branchenruf 35 ff.
bürgerlich-rechtliche Informationshaftung 49 f., 170 ff.
business case for CSR, 15 ff.

corporate social performance 15, 56, 67
corporate social responsibility (CSR)
- Begriff 4 ff.
~-Berichtspflicht, siehe nichtfinanzielle Erklärung
- (betriebs-)wirtschaftliche Hintergründe 15 ff.

~-Codes 9 ff., 13 ff.
~-Pyramide 5
~-Richtlinie 56, 69 f.

Direkthaftung des werbenden Herstellers aus c.i.c. 183 ff.
Diskriminierung bloßer Vermögensschäden 50, 80 f., 193

Efficient Capital Market Hypothesis (*ECMH*) 102 ff., 120 ff.
ehrbarer Kaufmann 45
ethische Abnehmer 206 ff.
ethische Investoren, siehe *socially responsible investors*
Externalitäten 18 ff.

„Flucht in die Vagheit" 135 f., 234
fraud on the market 114, 128 ff.
Freiwilligkeit 8
Fundamentalwerteffizienz, siehe *Efficient Capital Market Hypothesis*

good corporate citizen 5
Greenwashing 174, 218 ff.
gute Sitten, siehe Sittenwidrigkeitsregel

herstellungsprozessbezogene Faktoren 11
Hühnerpest-Entscheidung 184 f.

ideelle Interessen
- i.R.d. Arglistanfechtung 170 f.
- im Kapitalmarktrecht 100 ff.
- im Lauterkeitsrecht 198 ff.
- im Schadensrecht 124 ff.
- i.R.d. vorvertraglichen Informationshaftung aus c.i.c. 179 ff.

immaterielle Interessen, siehe ideelle Interessen
Infomatec-Rechtsprechung 89 f., 90 ff.
Informationsasymmetrien 21 ff.
– am Kapitalmarkt 97 f.
Informationseffizienz, siehe *Efficient Capital Market Hypothesis*
Informationshändler 75, 104 f., 110 f., 123 f., 136, 217
informationsökonomische Kategorien
– Bedeutung ~ im Lauterkeitsrecht 219 ff.
– Begriff 21 ff.
Irreführung
– von Abnehmern 197 ff.
– von Anlegern 140 ff.
– von Wettbewerbern 50

kapitalmarktrechtlicher Individual- und Institutionenschutz 79 ff., 101 ff., 103
kapitalmarktrechtliches Täuschungsverbot 97 ff.
– Schutzzweck 100 ff., 105
kaufrechtliche Äußerungshaftung (§ 434 Abs. 1 S. 3 BGB) 61 f., 155 ff.
Kausalität 113 ff., 128 ff., 174 ff.
Kursdifferenzschaden 112 ff., 118 ff.

Leitungsaufgaben des Vorstands 57 f.
Lieferkette 146, 147 f.
– vertragliche CSR-Klauseln 147 ff.

Multicorporate-Codes 13, 27 ff.
Multistakeholder-Codes 13

Nachhaltigkeitspräferenzen 18 f., 46 f., 56 f., 105, 140, 205 ff.
nichtfinanzielle Erklärung (§§ 289b-e; §§ 315b, c HGB) 70 ff.
– Funktion 72 ff.
– Inhalt 70 ff.
– Schutzgesetzeigenschaft 77 ff.

Preisbildungsmechanismus am Kapitalmarkt 79 f., 101 ff.
Primärmarkt, Haftung am 138 ff.
private Schäden 133 ff., 233

Produktbezogene Faktoren
– Begrenzung der vorvertraglichen Informationshaftung aus c.i.c. auf ~ 191 ff.
– Begriff 11 f.
– und Beschaffenheit der Kaufsache 156
Prospektbegriff 86 ff.
Prospekthaftung
– bürgerlich-rechtliche ~ im eigentlichen (engeren) Sinn 85 ff.
– im uneigentlichen (weiteren) Sinn 85
– rechtsgeschäftliche Theorie der ~ 58 ff.
– spezialgesetzlich geregelte 65 ff.
prozessorientierte Versprechen
– Begriff 12 ff.
– und kaufrechtlicher Beschaffenheitsbegriff 159 f.
– und lauterkeitsrechtliches Irreführungsverbot 199 ff.

qualitätsbezogene Faktoren 11

Rechtsbindungswille 28 ff., 59 f., 149 f., 154
– Relevanz des Wortlauts zur Bestimmung des ~ 30 ff.
– Relevanz wirtschaftlicher Argumente zur Bestimmung des ~ 34 ff.
Rechtsbruch (§ 3a UWG) 38 f.
Relevanz 223 ff.
– Bestimmung 223 ff.
– gerichtliches Prognoseargumentarium 226 ff.
Reputation 16 f., 36 ff., 113, 137, 146, 148, 189 f., 223, 229
– Branchen~, siehe Branchenruf
~sschaden unternehmerischer Abnehmer 178, 197
reputation commons, siehe Branchenruf
Richtigkeitsanreize 136, 192
Rückabwicklungslösung 112 f., 118 ff.
– und Überkompensation der Anleger 118 ff.

Schadensvermeidungskosten 130 ff.
Schiedsrichterfunktion 198 f.

Sachregister

Schutzgesetzeigenschaft
– kapitalmarktrechtlicher Publizitätspflichten 77 ff.
– von § 93 AktG 58
– von § 331 HGB 83 f.
– von § 5 Abs. 1 UWG 232 f.
Signalwirkung von CSR 19, 145 f., 219 ff.
Sittenwidrigkeitsregel 90 ff., 96 f.
socially responisble investing (SRI) 56 f., 106 f., 112 f., 120 f.
soziale Schäden 130 ff.
spillover effect, siehe Branchenruf
SR-Investoren, siehe *socially responisble investing*
stakeholder value 44 ff., 46

Transaktionskausalität 113 ff., 128 ff.

University of Wisconsin-Madison v Adidas 147 ff.
unternehmensbezogene Faktoren
– und Arglistanfechtung 171 f.
– Begriff 12
– und c.i.c. 191 ff.
– und kaufrechtlicher Beschaffenheitsbegriff 157 ff.
– und lauterkeitsrechtliches Irreführungsverbot 199 ff.
Unverhältnismäßigkeit der Rückabwicklungskosten i.S.d. § 251 Abs. 2 S. 1 BGB 124 ff.

Verbraucherleitbild, europäisches 162 ff.
Verhaltenskodex i.S.d. § 5 Abs. 1 S. 2 Nr. 6 UWG
– Begriff 42 ff.
– Erfordernis einer Marktverhaltensregel 42 ff.
– sanktioniertes Verhalten 41 f.
Verhaltenskodizes, siehe CSR-Codes
Verkehrskreise, relevante 202 ff.
Verkehrskreisverständnis, Bestimmung des 210 ff.
verständiger Anleger 110 f.
Vertrauenseigenschaften (-güter), 21 ff., 99, 146 f., 192 f., 220 f.
– Begriff, siehe informationsökonomische Kategorien
Vertrauenshaftung
– negative, siehe vorvertragliche Informationshaftung
– positive 60 f., 155
Verwässerung von CSR-Strategien 229 ff.
Vorsatzerfordernis des § 826 BGB 115 f., 130 ff.
Vorsprungsgedanke 47 f.
vorvertragliche Informationshaftung (c.i.c.) 178 ff.
– Entstehen der Sonderverbindung bei Publikumswerbung 182 f.

wettbewerbsrechtlicher Marktbezug 44 ff.

Schriften zum Unternehmens- und Kapitalmarktrecht

herausgegeben von
Jörn Axel Kämmerer, Karsten Schmidt und Rüdiger Veil

Die Schriftenreihe *Schriften zum Unternehmens- und Kapitalmarktrecht (SchrUKmR)* wurde 2012 gegründet. Sie reflektiert die Tatsache, dass das Unternehmens- und Kapitalmarktrecht in besonderer Weise von der internationalen Wirtschaftspraxis und Erkenntnissen anderer Disziplinen, insbesondere der Wirtschaftswissenschaften, beeinflusst wird. Die Globalität der Finanzmärkte spiegelt sich in einem hohen Grad internationaler Rechtsvereinheitlichung wider und bei der Fortbildung des Rechts sind Gesetzgeber und Gerichte auf Erkenntnisse der Rechtsvergleichung angewiesen. Die Reihe *SchrUKmR* verfolgt das Ziel, zur Diskussion über grundlegende Themen des Gesellschafts-, Kapitalmarkt- und Bankrechts, insbesondere an der Schnittstelle zu anderen Gebieten des Wirtschaftsrechts oder des Verfassungs- und Europarechts, beizutragen. Die Reihe ist offen für Habilitationsschriften, herausragende Dissertationen und vergleichbare Monographien.

ISSN: 2193-7273
Zitiervorschlag: SchrUKmR

Alle lieferbaren Bände finden Sie unter *www.mohrsiebeck.com/schrukmr*

Mohr Siebeck
www.mohrsiebeck.com